mandelbaum *verlag*

Louise Michel

DIE PARISER COMMUNE

Aus dem Französischen
von Veronika Berger
Die Gedichte übersetzte Eva Geber

mandelbaum *verlag*

INHALTSVERZEICHNIS

VORWORT DER ÜBERSETZERIN

Als Louise Michel *La Commune* 1895 ihrem Verleger übergab, lagen die Ereignisse, die sie darin beschreibt, bereits 24 Jahre zurück. Zwischen der blutigen Maiwoche und der Fertigstellung des Buches standen Einkerkerung, Prozess, Deportation und die Rückkehr in ein paranoides, immer noch vom Ausgang des Deutsch-Französischen Krieges gebeuteltes, vom Militär beherrschtes Frankreich. Auf dem Schiff in die Verbannung erkennt sie, dass sie, nach allem, was sie erlebt und gesehen hat, Anarchistin geworden ist, weil jegliche Macht verflucht ist, weil auch der Redlichste, Ehrenvollste entweder von der Macht korrumpiert werden muss, wenn er schwach ist, oder an ihr sterben muss, weil er sich aufopfert.

Letzteres war vielen ihrer Mitstreiter und Mitstreiterinnen widerfahren: Sie hatten sich ehrenvoll verhalten, zu ehrenvoll, wie Michel in diesem Buch nicht aufhören wird zu betonen, denn sie hatten nicht mit der Rachsucht der Bourgeoisie gerechnet, die in blutigem Vernichtungswillen enden musste, sie hatten geglaubt, man könne auf Augenhöhe verhandeln, sich mit Humanismus und geistiger Größe die Freiheit verdienen.

Louise Michel will mit ihrer *Commune* all diesen Menschen ein Denkmal setzen, sie will dem Vergessen entgegenwirken, vor allem will sie zukünftigen Generationen ein Vermächtnis hinterlassen, damit sie verstehen, lernen und manche Fehler nicht mehr machen müssen; aber auch damit sie glauben können: an den Fortschritt der Menschheit, an ihren Mut, an die Kraft, mit der Völker immer wieder aufgestanden sind, aufstehen und aufstehen werden, um gegen Unrecht zu kämpfen.

Sie realisiert dieses Projekt mit großer Akribie, mit besonderer Redlichkeit und Genauigkeit, denn wir sollen uns mit ihrer Hilfe an alles erinnern. Niemand, der in diesem unglaublichen Kraftakt, den die Commune darstellt, eine Rolle spielte, soll vergessen werden. Und das nimmt Louise Michel so ernst, dass sie nicht müde wird, Namen zu nennen, von Angeklagten in den Prozessen gegen die Erste Internationale, von Anwesenden bei wichtigen Beschlüssen, von Kämpfern und Kämpferinnen, von Toten. Sie will alle gleichermaßen genannt haben, denn es kommt im Ernstfall nicht nur auf jeden, auf jede an, sondern vielmehr muss auch jeder, jede gewürdigt werden, damit Gerechtigkeit geschehen kann. Einem heutigen Leser, einer Leserin der Gegenwart, vor allem im deutschsprachigen Raum, werden sicherlich einige dieser Namen nichts bedeuten, weshalb über viele von ihnen, soweit sie uns nachverfolgbar waren, im Glossar am Ende des Buches weitere Informationen nachzulesen sind.

Louise Michel holt weit aus, um zu erklären, was der Commune voranging, warum es zu einer Commune kommen musste. Wir lesen im Briefverkehr von Offizieren mit dem Kriegsministerium, damit wir begreifen, dass dieser Krieg für Frankreich von vornherein verloren war. Wenn wir sehen, welche Auswirkungen der verlorene Krieg in den Köpfen vieler Franzosen und Französinnen zeigte, welche tiefe Verbitterung und Feindschaft diese Niederlage hinterließ, dann verstehen wir vielleicht, dass dieser Exkurs in den Dschungel militärischer Depeschen wichtig gewesen sein mag, um darüber aufzuklären, dass der wirkliche Feind der französischen Bevölkerung die eigene Regierung war.

Louise Michel war Lehrerin, und sie unterrichtete gern, vielmehr noch erfüllte sie aber der Wille zu kämpfen. Nicht ohne Augenzwinkern und Selbstironie beschreibt sie sich als Frau mit der Flinte in der Hand. Wir können regelrecht sehen, wie sie aufblüht, wenn sie draußen im Feld steht, auf einem Hügel, der gerade beschossen wird, in einem Graben, in den Granaten einschlagen. Da spürt sie sich und lebt, gerade weil das Sterben so nahe kommt. Ihr Zorn gegen die Mächtigen kann manchmal in Übermut umschlagen, wenn sie den Tod herausfordert, wenn sie Richter provoziert, sie mögen sie doch hinrichten lassen, damit endlich klar würde, was von einer Regierung zu halten sei, die sich an Frauen vergreift.

Michels Buch lässt uns sehr nahe an die Geschehnisse herankommen, die der Commune vorangingen, und es lässt uns die Ereignisse hautnah miterleben, die sie formten und die zu ihrem Untergang führten.

Wir hören die Zwischenrufe der Internationalisten während der Prozesse und können nicht umhin, über deren Klarsicht und Klugheit zu staunen: Es war alles bereits da, man wusste, was Kapitalismus bedeutete, man wusste, wozu er fähig war und wovor man sich schützen sollte. Man wusste auch, wie staatliches Spitzelwesen funktionierte, und man genoss den Wortwitz, mit dem man sich diesem System entgegenstellte.

Wir dürfen an den Entscheidungen der Kommunarden und Kommunardinnen teilhaben und uns daran freuen, dass es hier, wenn auch für so kurze Zeit, möglich war, Strukturen der Gleichberechtigung zu verwirklichen.

Wir müssen leiden, wenn wir lesen, auf welche Weise das Projekt Commune zerschlagen wurde, wenn wir erfahren, wie Menschen an dem, was sie mitansehen mussten, verrückt wurden, weil sie bis dahin an Menschlichkeit geglaubt hatten.

Wir sehen, hören und fühlen, wie vor 150 Jahren Menschen für ein besseres Leben, eine bessere Welt gekämpft haben, und wir stehen am Ende dankbar auf, weil sie es auch für uns getan haben.

Für die Übersetzerin stellte die Stilvielfalt in Michels Buch durchaus ebenso eine Herausforderung dar wie das Faktum, dass Michel eine zeitgenössische Leserschaft vor Augen hatte, der sie bestimmte Details der französischen Politik, bestimmte Namen nicht erst erklären musste, da sie noch gegenwärtig waren. Auch hier soll das Glossar dienlich sein. Die Begriffe, die Sie im Glossar erklärt finden, sind im Text mit einem Sternchen versehen.

Louise Michel konnte in glühender Leidenschaft für eine Sache entbrennen; dann bediente sie sich einer sehr lyrischen, expressiven, ja durchaus exaltierten Sprache. Da sie Lyrikerin war, was sie mit Victor Hugo eng verband, der ihre Gedichte sehr schätzte, wird jedes Kapitel mit ein paar Versen eingeleitet und in vielen Kapiteln begleiten Gedichte den Bericht. Eva Geber hat diese Gedichte mit feiner Feder übersetzt und, wo es ohne Verdrehung des Inhalts ging, auch deren Reim und Rhythmus ins Deutsche herübergerettet.

Mögen Michels Aufzeichnungen über die Pariser Commune uns helfen, ein klareres Bild vom Kampf für eine bessere Zukunft zu erhalten.

VERONIKA BERGER, Oktober 2020

An der Mauer stehend, vor der man im Mai 1871 die Kommunarden erschoss, sende ich meinen Gruß an jene Toten, mit denen man heute die Massengräber füllt: an die Märtyrer auf dem Montjuich, an die Armenier, deren Kehlen durchschnitten wurden, an Spaniens unterworfene Massen, an die vielen Menschen, die man in Mailand und andernorts abgeschlachtet hat, an Griechenland, das man unter das Joch gezwungen hat, und an Kuba, das nicht müde wird, sich immer wieder zu erheben, sowie an das edle Volk der Vereinigten Staaten, das für die Freiheit kämpft, um dieser heldenhaften Insel beizustehen.

Da man uns nun nicht mehr erlaubt, diese Dinge laut auszusprechen, widme ich diesen Toten mein Buch. Aus jeder Seite steigt, wenn man sie hebt wie die Platte auf dem Grab, das es zu öffnen gilt, die Erinnerung an sie empor.

L. MICHEL, Paris, den 10. Juni 1898

VORWORT

Wenn das Volk, heute noch still,
Brüllt wie der Ozean,
Zu sterben bereit ist und will,
Bricht die Commune sich Bahn.
Wir werden kommen, ohne Zahl,
Rächende Geister verlassen die Nacht,
Wir werden kommen von überall,
Hand fest in Hand – wir sind erwacht.
Der Tod wird das Banner tragen;
Die schwarze Fahne voll von Blut;
Und purpurn blühen wird die Erde,
Frei unter des Himmels Glut.
L. M., Chanson des prisons, Mai '71

Zum gegenwärtigen Zeitpunkt ist die Commune reif für die Geschichte.

Aus der Distanz von 25 Jahren zeichnen sich die Fakten unter ihrem wahren Antlitz ab.

Weit hinter dem Horizont häufen sich die Ereignisse heute auf ähnliche Weise, mit einem Unterschied, dass nämlich damals vor allem Frankreich erwachte, heute aber die Welt es tut.

Wenige Jahre vor seinem Ende klammerte sich das röchelnde Kaiserreich an alles: an den Grashalm wie an den Felsen; der Fels selbst bröckelte, das Kaiserreich klammerte sich mit blutenden Krallen umso stärker an, dauerte fort, auch wenn unter ihm nur noch der Abgrund gähnte.

Schließlich fiel es, zermalmt von dem Berg, der mit ihm fiel.

Seit Sedan* leben wir in einer gespenstischen Zeit, und wir selbst sind Schreckgespenste, da wir durch so viele Tote hindurch unser Leben gelebt haben.

Diese unsere Epoche ist der Prolog zu jenem Drama, das die Ausrichtung menschlicher Gesellschaften grundlegend verändern wird. Unsere Sprache ist unvollkommen und vermag die Größe unserer Vergangenheit und zugleich ihre Schrecken nicht wiederzugeben; diese Vergangenheit verschwindet und vermischt sich mit der Zukunft, die vor uns aufsteht. In diesem Buch habe ich versucht, das Drama von 1871 wieder aufleben zu lassen.

.....

Eine Welt, die aus den Trümmern der alten, sterbenden Welt emporsteigt.

Ja, die heutige Zeit ähnelt wohl dem Ende des Kaiserreichs, ähnlich die heftige Gewalt der Repression, die scharfe Wildheit, mit der blutige Gräueltaten begangen werden, die man von einer grausamen Vergangenheit abkupfert.

Als ob irgendetwas die übermächtige Anziehungskraft verhindern könnte, die der Fortschritt auf uns ausübt! Man kann Gedanken weder mit Kanonenkugeln töten noch ihnen Daumenschrauben anlegen.

Das Ende kommt bald, je realer die ideale Zeit erscheint, stark und schön, wirklicher als alle erfundenen Geschichten, die ihr vorangingen.

Je schwerer die Gegenwart, je mehr sie die Massen zu zerquetschen sucht, umso schneller werden diese der Befreiung entgegeneilen.

Dieses Buch zu schreiben bedeutet, die schrecklichen Tage wieder zu erleben, in denen die Freiheit uns mit ihrem Flügel streifte, als sie sich vom Schlachthof erhob; es bedeutet, das blutige Grab wieder zu öffnen, in dem die schöne Commune sich unter einer tödlichen Feuerkuppel zu ihrer Vermählung mit dem Tod, zu einer roten Märtyrerhochzeit schlafen legte.

Für diese ihre schreckliche Größe, für ihren Mut in der letzten Stunde seien ihr die Skrupel, sei ihr das übergroßer Ehrbarkeit geschuldete Zögern verziehen.

In den Kämpfen, die noch kommen werden, wird man diese großzügige Zurückhaltung nicht mehr finden, denn wenn ein Volk unterliegt, lässt man es wie Schlachtvieh ausbluten; was man also finden wird, ist unerbittliche Pflichterfüllung.

Auf der Seite von Versailles[1] gab es eine winzige Handvoll Toter, doch ein jeder davon verursachte tausende Opfer, die er auf dem Altar seiner Vorfahren schlachtete. Auf der Seite der Commune gab es Opfer ohne Namen, ohne Zahl; man konnte die Leichen auf den Haufen nicht zählen; die offiziellen Listen gaben 30.000 zu, aber der Wahrheit entsprechen wohl 100.000 und mehr.

Obwohl man die Toten karrenweise wegbrachte, gab es ohne Unterlass neue Leichenberge; wie Weizen, der haufenweise zur Aussaat bereitliegt, wurden sie hastig verscharrt, und die Fliegenschwärme rund um die Massengräber versetzten die Schlächter in Angst und Schrecken.

1 Auf der Seite der unter Thiers gegen die Commune vorgehenden Versailler Republikaner.

Einen Augenblick lang hatte man gehofft, im Frieden Erlösung zu finden; die Welt wartete und wartet immer noch auf die Marianne* unserer Väter, die Schöne, wie sie sie nannten. Wir erhoffen sie noch schöner, da sie sich so lange Zeit lässt.

Hart sind die Etappen, sie werden nicht ewig dauern. Ewig ist der Fortschritt, der neue Ideale auf den Horizont schreibt, wenn das erreicht sein wird, was gestern utopisch schien.

Denn diese unsere abscheuliche Zeit hätten jene Menschen paradiesisch genannt, die ihre Beute und ihre Lagerstatt gegen große Raubtiere verteidigen mussten.

Wie auch die Zeit der Höhlen verging, wird unsere Zeit verschwinden; gestern wie heute, eine tot wie die andere.

Während all der Nachtwachen ließen wir die vergangenen Freiheitskämpfe gern immer wieder aufleben, und so erinnern wir uns nun in Erwartung eines neuen Aufbruchs an die Tage der Commune und an die 25 Jahre, die uns vom Massengrab von 1871 bis zur gerade aufgehenden Morgenröte länger scheinen als ein ganzes Jahrhundert.

Heroische Zeiten brechen an; die Massen versammeln sich wie Bienenschwärme im Frühling; die Barden stehen auf und singen von den neuen Taten, und das Mai-Gespenst[2] wird seine Stimme unter all den Waffen erheben, die dem Morgen entgegenschauen.

London, am 20. Mai 1898

2 Das Mai-Gespenst ist das Gespenst des Massakers an den Kommunarden im Mai 1871.

1

DIE AGONIE DES KAISERREICHS

I
Das Erwachen

Das Empire siecht dahin und tötet nach Laune.
In seinem Haus, wo der Boden nach Blut riecht,
regiert es; aber im Äther tönt als leises Raunen
die Marseillaise. Die Sonne geht auf im blutroten Licht.
L. M., Chanson des geôles

Frankreich schien tot in dieser Nacht des Entsetzens, die seit Dezember über dem Dritten Kaiserreich* lag. Aber immer dann, wenn Nationen gleichsam wie im Grab schlafen, regt sich im Geheimen das Leben, dehnt sich aus und verzweigt sich. Ereignisse rufen hinaus, antworten einander wie Echos, wie eine vibrierende Saite, die eine weitere in Schwingung versetzt.

Das Erwachen aus diesem Scheintod ist grandios, und die langsam in evolutionären Prozessen gereiften Veränderungen brechen nun auf.

Nun werden alle Wesen von einem Hauch eingehüllt, der sie zusammenführt, der sie trägt, so dass die Tat dem Willen vorauszugehen scheint. Die Ereignisse überschlagen sich, und in dieser Stunde werden Herzen geschmiedet wie Schwerter in lodernder Hitze.

Dort, wo die Wirbelstürme Himmel und Erde zu einer einzigen Nacht zusammenwachsen lassen, wo Fluten, die wie aus menschlicher Brust ächzen, ihre weißen Schaumkrallen unter dem Brüllen des Windes wütend gegen die Felsen werfen, dort fühlt man sich inmitten entfesselter Elemente in die Tiefe der Zeit zurückgeschleudert.

Im Sturm der Revolution schaut man hingegen nach vorn.

Die Überschrift dieses Kapitels mag vermitteln, was die Menschen, die sich für den Freiheitskampf entschieden hatten, am Ende des Kaiserreichs empfanden.

Die Freiheit kam über die Welt, die Internationale war ihre Stimme und schrie über alle Grenzen hinweg die Forderungen der Enterbten hinaus.

Polizeikomplotte wurden aufgedeckt und zeigten ihre im Hause Bonaparte erdachten Machenschaften:

Die Zerschlagung der Römischen Republik*, die hässliche Kehrseite der chinesischen und mexikanischen Expeditionen*, das Andenken an die Toten des Staatstreichs, all dies formte den traurigen Marsch für jenen, den Victor Hugo »Napoleon den Kleinen« nannte und der bis zum Bauch seines Pferdes in Blut watete.

Überall stieg wie in einer Flutwelle das Elend, und es waren nicht die Kredite an die Gesellschaft des kaiserlichen Prinzen, die groß dafür verantwortlich waren, obwohl Paris schwere Steuern für diese Gesellschaft zahlte und immer noch um die zwei Millionen Schulden hat.

Napoleon III. umgab ein unüberwindlich scheinendes Bollwerk bestehend aus dem Terror, der rund um den Elysée-Palast tobte, während man darin feierte, aus der Legendenbildung des Ersten Kaiserreichs und weil sieben Millionen Stimmen ihn aus Furcht oder Bestechlichkeit gewählt hatten.

Der Mann mit dem verschleierten Blick hoffte ewig fortzudauern, doch die Festungsmauer bekam Risse und durch jenen von Sedan kam schließlich die Revolution.

Niemand von uns dachte damals, dass es etwas geben könnte, das den Verbrechen des Kaiserreichs gliche.

Jene Zeit und die unsere ähneln einander, wie Rochefort es ausgedrückt hat, wie zwei Blutstropfen.

In jener Hölle sangen, wie heute, die Dichter das Lied von Leben und Tod, die einen in glühenden Strophen, die anderen mit bitterem Lachen.

So viele unserer damaligen Lieder sind heute aktuell.

Das Brot ist teuer, an Geld fehlt's sehr,
Herr Haussmann lässt die Mieten heben,
Das Regime geizt und gibt nichts her,
Nur Spitzeln mag es gerne geben!

Das lange Fasten drückt sie nieder,
Die Armen, und nimmt alle Kraft.
Und doch kann's sein, die müden Glieder
Fühl'n sich zum Widerstand erwacht!

Tanzen wir den Bonaparte,
Wir sind es nicht, die sich vollfressen,
Tanzen wir den Bonaparte,
und statt Essen
setzen wir Geigen auf die Karte!

J.-B. CLÉMENT

.....

Wir waren nicht um Worte verlegen, wenn es darum ging, den Machthabern ihre Schandtaten an den Kopf zu werfen.

Das Lied der »Badinguette«* brachte die kaiserlichen Banden dazu, vor Wut zu brüllen.

Freunde der Macht,
Wollt ihr wissen,
Wie Badinguette
Mit einem Schlag
Zufällig
zu Madame César gerät?
Die Schöne lebte in Spanien,
Ganz hinten.
Ah! Wie genießt sie es, Champagner
Zu trinken!
Freunde der Macht, etc.
Ob mein Volk schreit oder flucht –
mir ist's gleich!
Wer in England Schnüffler wurde,
dann Henker,
wird ohne Skrupel und ganz leicht
Zuhälter.
Freunde der Macht, etc.

HENRI ROCHEFORT

Zu den freudigen Erinnerungen an unsere Gefängniszeit zählt dieses Badinguette-Lied, das wir, eine große Zahl gefangener Frauen, eines Abends auf dieser Baustelle in Versailles aus vollen Kehlen hinausschmetterten, zwischen zwei rauchenden Lampen, die unsere auf dem Boden ausgestreckten, gegen die Mauern gelehnten Leiber beleuchteten. Die Soldaten, die uns bewachten und für die das Kaiserreich noch fortdauerte, empfanden zugleich Entsetzen und Wut. Wir würden, so brüllten sie, einer exemplarischen Strafe unterzogen, weil wir Seine Majestät den Kaiser beleidigt hätten.

Auch folgendes Couplet, das vom Volk direkt aus den Fetzen, die von des Kaisers Kleidern überblieben, herausgeschüttelt worden war, besaß die Macht, unsere Bezwinger in Rage zu versetzen:

Die zwei und das ganze Packel,
Vater und Mutter Badingue
Und Badinguet, der kleine Lackel!

Die Überzeugung, das Kaiserreich würde weiterbestehen, hielt sich in der Versailler Armee derart hartnäckig, dass ich davon, wie zweifellos auch viele andere, in meiner Anklageschrift, die mir im Straflager von Versailles ausgehändigt wurde, in Kenntnis gesetzt wurde:

> Gemäß dem Bericht und der Ansicht des Herrn Berichterstatters und den Schlussfolgerungen von Monsieur, *dem Kaiserlichen Kommissar,* der dazu tendiert, die Angeklagte vor den 6. Kriegsrat zu stellen usw.[3]

Die Regierung meinte, es würde sich nicht auszahlen, die Formulierung zu ändern.

Lange empörten wir uns über die Bereitschaft der Massen, sich in den letzten stürmischen Jahren von Napoleon III. mit dem Leiden abzufinden. Wir, die Enthusiasten der Befreiung, sahen diese so lange im Voraus kommen, dass unsere Ungeduld größer war. Ich erinnere mich an Fragmente dieser Zeit.

Denen, die Sklaven bleiben wollen
Da das Volk will, dass des Kaiseradlers Schwingen
Über seine Erniedrigung wachen,
Da es schläft, zerschmettert von eisigen Winden
Seiner ewigen Knechtschaft;

Dass man sie würgt, woll'n alle, immer wieder,
Die Brust dem Messer darbieten,
Dann, Freunde, werfen wir den Henker nieder,
Wir werden die Herde befrei'n!

Ein Einziger ist Legion, gibt er sein Leben,
Nachdem er allen ruft sein Adieu:
Einzeln geh'n wir, denn Mut kann erschrecken,
Wir haben das Schwert und das Feuer!

Schluss mit Feigheit, Feige sind Verräter;
Ja, trink, iss, schlaf, Meute;
Da du warten willst, wart, schleim dich ein bei den Herr'n.
Hast du noch nicht genug Tote?

3 Zu dieser Zeit, also nach der Niederschlagung der Commune 1871, herrschte in Frankreich bereits die Republik unter Thiers.

Das Blut deiner Kinder färbte die Erde,
Schlaf im Kerker, stumm jede Wand.
Schlaf, sieh, Biene für Biene drängt sich als Herde
Das heroische Volk vom Stadtrand!

Montmartre, Belleville, ihr kühnen Legionen,
Kommt, Zeit ist's für ein Ende.
Auf! Die Schmach wiegt schwer, schwerer die Ketten.
Auf! Dafür zu sterben ist schön!

L. M.

Oh! Wie lange schon hätte man sich das blutende Herz aus der Brust reißen wollen, um es dem kaiserlichen Monster ins Gesicht zu schleudern!

Wie lange schon sprachen wir, kalt entschlossen, diese Verse der *Châtiments**:

Harmodius, es ist Zeit,
Du kannst diesen Mann ruhigen Gewissens schlagen.

So hätten wir es gemacht, so wie man einen störenden Stein von den Geleisen entfernen würde.

Damals hatte die Tyrannei nur einen Kopf, der Traum einer Zukunft hüllte uns ein. Der Dezembermann* schien uns das einzige Hindernis auf dem Weg zur Freiheit zu sein.

II
Die Literatur am Ende des Kaiserreichs – Friedensbekundungen

Raben, kommt. Kommt ohne Zahl.
Ihr werdet alle satt.
L. M., Chansons de ’78

Die seit zwanzig Jahren in der Stille gärende und aufgestaute Wut wurde überall hörbar; Die Gedanken befreiten sich von ihren Ketten, Bücher, die bislang nur geheim nach Frankreich gelangt waren, wurden plötzlich in Paris verlegt. Das Kaiserreich erschrak und setzte sich eine Maske auf, es ließ sich »liberal« nennen, aber niemand glaubte daran, und jedes Mal, wenn es an ’89[4] erinnern wollte, dachte man an ’52[5].

L'Échéance de ’69 (»Das Zahljahr ’69«) von Rogeart fasst die bereits ab ’66 herrschende allgemeine Stimmung zusammen.

»Die Niederlage von ’69«[6], so sagte er, »ist ein Schicksalsdatum«. Mit einer Stimme erwartet man ’69 das Ende des Kaiserreichs. Man erhofft die Freiheit, wie Millenaristen die Rückkehr des Messias erhofften. Man weiß es, wie ein Astronom das Gesetz einer Sonnenfinsternis kennt; man muss nur seine Uhr ziehen und das Phänomen beobachten, während man die Minuten zählt, die »Frankreich noch vom Licht trennen«.

Die tieferen Ursachen liegen im konstanten und unabänderlichen Gegensatz zwischen den Neigungen der Regierungen und denen der Gesellschaft, in der permanenten Vergewaltigung aller Interessen der Regierten, im Widerspruch zwischen

4 1789: Beginn der Französischen Revolution.

5 1852: Dezemberputsch Napoleons III., mit dem er sich unumschränkte Macht holte.

6 Bei den Wahlen von 1869 kamen die regierungsnahen Kandidaten auf 4,4 Millionen Stimmen. Für die Opposition stimmten über 3,3 Millionen Wähler.

> dem, was die Regierenden sagen und tun. In der Berufung auf die Prinzipien von '89 und der Anwendung jener von '52.
> In der Notwendigkeit für Regierende, Krieg zu führen, vor allem Eroberungskriege, die ein existenzielles Prinzip der militärischen Monarchie darstellen, und in der Unbeliebtheit des Eroberungskrieges, der Annexion, der Plünderung und Invasion in einem Jahrhundert der Arbeit, der Industrie, der Bildung, einem etwas vernünftigeren Jahrhundert, als es die vorhergehenden waren.
> In der Notwendigkeit, politische Polizei und politische Verwaltungsapparate einzusetzen, in einem Land, in dem die Regierung gegen die Nation kämpft, in einer Notwendigkeit, die Verwaltung und Polizei entehrt, die Missetäter beruhigt, aber ehrliche Menschen entmutigt.
> ROGEART, Echéance de '69, bei V. PARENT,
> 10, Montagne de Sion, 1866

In ebendiesem Werk schreibt Rogeart weiter:

> Wir erleben einerseits eine spürbare Ausdehnung des Volkswillens und zugleich die Rückkehr kaiserlicher Unterdrückung; wenn etwas auf der einen Seite zusammengedrückt wird, während es sich von der anderen Seite her ausdehnt, dann ist klar, dass die Maschine in die Luft fliegen wird.
> Ich sehe diesen Todeskampf wie Sie auch und ich will nicht warten. Die Volksmeinung wächst tatsächlich schnell, unwiderstehlich, ich gebe es zu, aber warum sollen wir dem Strom sagen: »Das bringt dich nicht schneller voran?«
> Das Kaiserreich liegt im Sterben, das Kaiserreich ist tot, und mit solchen Aussagen hält man es am Leben. Es geht darum, ihm den Gnadenstoß zu versetzen, nicht ihm beim Röcheln zuzuhören. Wir sollten ihm nicht den Puls fühlen, sondern zum letzten Aufgebot blasen.
> ROGEART, ebenda

Antonin Dubost, seitdem Siegelbewahrer, Justizminister der 3. Republik, Chronist der »lois scélérates«*, schrieb damals in *Les Suspects*, einem Werk, das über die Verbrechen des Kaiserreichs berichtete:

> Als wir ihre Namen aufschrieben, war uns, als sähen wir ihre Köpfe, einen nach dem anderen, unter der Axt des Henkers fallen. Uns diesem Akt der Wiedergutmachung widmend, wollten wir das Andenken an die Toten rächen.

> Die Stunde war gekommen, in welcher sie, ohne Motiv, ohne Erklärung, ohne Urteil in die Kerker der Macht geworfen und nach Cayenne oder Afrika transportiert werden würden.
>
> ANTONIN DUBOST, 1868

Die Financiers, denen Napoleon III. Mexiko ausgeliefert hatte, erhofften von einem weiteren Eroberungskrieg[7] neue Beute, die sie verschlingen könnten. Dieser Krieg versetzte dem Kaiserreich den Todesstoß. Einzelne ließen sich mitreißen, wie man etwa Meuten zur Jagdzeit mitziehen kann, aber weder die Fanfaren der Blechmusik noch die Versprechen der Pfaffen konnten die Massen begeistern, also stimmte das Kaiserreich die Marseillaise an. Nun standen sie auf, bewusstlos, und sangen, weil sie glaubten, mit der Marseillaise die Freiheit zu erlangen.

Denunzianten und Dummköpfe schrien: »Auf nach Berlin! Auf nach Berlin!«

»Auf nach Berlin!«, wiederholten die Leichtgläubigen, während sie sich vorstellten, den *Deutschen Rhein* zu singen, wenn sie dort ankämen. Aber diesmal konnte unser Glas den Rhein nicht fassen und es war unser Blut, in dem die Hufe der Pferde ihre Abdrücke hinterließen.

Die Financiers betraten die Bühne, einer von ihnen, Jecker, war bereits hinlänglich bekannt. Rochefort spricht in *Les Aventures de ma vie* folgendermaßen über ihn:

> Man weiß, vielleicht aber weiß man es auch nicht mehr, dass dieser Finanzmann, korrupt wie übrigens alle Finanzmänner, der Regierung von General Miramont zu einem drei- bis vierhundertfach erhöhten Wucherzins allerhöchstens fünfzehnhunderttausend Francs geliehen, allerdings fünfundsiebzig Millionen in Schuldscheinen zurückerhalten hatte. Als der Präsident der mexikanischen Republik, Juarez, an die Macht kam, verweigerte er natürlich die Auszahlung der Schuldscheine, deren Unterschriften auf solch unverschämte Weise abgepresst worden waren.
>
> Jecker, ausgestattet mit seinen papierenen fünfundsiebzig Millionen, ging zu Morny*, dem er dreißig Prozent Prämie versprach, wenn er den Kaiser dazu überredete, von Juarez die Einhaltung des Vertrags mit Miramont zu verlangen.
>
> 1870 hatte ich den Auftrag, Papiere, die man in den Tuilerien gefunden hatte, zu sichten, welche nach der Flucht der Kaise-

7 Gemeint ist der bevorstehende Deutsch-Französische Krieg.

rin und ihrer Diener, von denen die Mehrheit versprochen hatte, für sie zu sterben, zurückgelassen worden waren, und ich fand den materiellen Beweis für die Verstrickung Mornys in diese Affäre: Er hatte uns nach dem Versprechen Jeckers, ihm von den fünfundsiebzig Millionen zweiundzwanzig zu überlassen, in einen die Freiheit zerstörenden Krieg verwickelt, der uns mehr als eine Milliarde kosten und Sedan vorbereiten würde.

Dieser Jecker, ein Schweizer, hatte von heute auf morgen die französische Staatsbürgerschaft erhalten, und es war in seinem Namen, dass dem tapferen Juarez die Forderung unterbreitet wurde. Diese Vorgangsweise wurde übrigens in annähernd exakt gleicher Weise bei der tunesischen Expedition wiederholt.

H. ROCHEFORT[8]

Einige Zeit nach dem Mexikokrieg schlug ein amerikanisches Duell* zwischen dem Journalisten Odysse Barot und dem Financier Jecker umso höhere Wellen, als Barot, den man im Voraus bereits für tot erklärte, da er eine Kugel in die Brust erhalten hatte, sich plötzlich wohler befand und sich schließlich ganz erholte, wobei er verkündete, dass die Feinde des Kaiserreichs zwar ein hartes, aber auch ein zähes Leben hätten. Seither hat man Finanzgeschäfte gesehen, die noch monströser waren als die in jener Zeit. Angesichts der Kriegstreiberei fanden Demonstrationen für den Frieden statt, an denen Studenten, Internationalisten und Revolutionäre teilnahmen.

Folgende Verse, die ich eine Nacht danach schrieb, vermitteln einen Eindruck davon:

Friedenskundgebung

Es ist Abend, wir marschieren in langen Reihen,
Rufen: Frieden! Frieden! entlang den Boulevards.
Im Schatten lauern die sklavischen Meuten.
Oh Freiheit! Kommt niemals dein Tag?

8 Direkt aus Henri Rochefort, *Abenteuer meines Lebens*, Band I, autorisierte deutsche Bearbeitung von Heinrich Conrad, Verlag von Robert Lutz, Stuttgart, 1900, Seiten 249 bis 264. Die Rechtschreibung ist der neuen angepasst worden.

Und das Pflaster, die Stöcke schlagen es schwer,
Dumpf wiederhallend, der Verbrecher weicht nicht;
Blut soll auffrischen den welkenden Lorbeer,
Dazu braucht er Kampf, auch wenn Frankreich dran bricht.
Verfluchter! Fühlst du sie vor des Palastes Fenster?
Es ist dein Ende! Dein Albtraum zeigt, wie alles zerbirst,
So zieht durch Paris der Zug deiner Gespenster.
Hörst du's? Im Paris, dessen Blut du trinken wirst?

Und der Marsch, skandiert von dem seltsamen Takt,
Zieht quer durch das Schlachtfeld, gleich einer Herde;
Und hundertfach schwenkt Caesar die Phalanx,
Um Frankreich zu schlagen, schärft er sein Schwert.

Da es Kämpfe geben muss, man will ja den Krieg,
Volk, den Kopf gekrümmt, trauriger als der Tod,
Nur zusamm' gegen den Tyrann führt der Sieg:
Für Bonaparte und Wilhelm dasselbe Los!
L. M., 1870

Da Rochefort in der *Marseillaise*[9] geschrieben hatte, dass der Weg nach Berlin kein einfacher militärischer Spaziergang werden würde, zerstörten Agenten, die man »Blouses blanches«[10] nannte, weil sie sich als Arbeiter verkleideten, und die eine aufgebrachte Menschenmenge ohne Bewusstsein mit sich zogen, die Druckmaschinen der Zeitung.

Und doch übertönte der Schrei »Frieden! Frieden!« manchmal das »Auf nach Berlin!«, das die imperialen Banden grölten:

Paris entfernte sich mehr und mehr von Bonaparte; der Adler bekam Blei in die Flügel.

Die Revolution rief alle, die jung, voller Leidenschaft und intelligent waren. Oh! Wie schön war damals die Republik!

Rocheforts *Lanterne* leuchtete die Tiefen der Räuberhöhle aus. Über allem schwebte die eherne Stimme der *Châtiments*:

Läutet heute die Totenglocken,
das Brummen von Notre-Dame,
Heute läutet die Totenglocken
und morgen die des Sturms.
VICTOR HUGO, Châtiments

9 Von Rochefort herausgegebene Zeitung.
10 »Weißblusen«.

Malon zeichnete ein sehr präzises und wahrheitsgetreues Bild vom Ende des Kaiserreichs:

> Zu jener Zeit krachte das Korsett, in dem die Menschheit erstickte, an allen Enden; ein unbekanntes Zittern bewegt beide Welten. Das indianische Volk revoltiert gegen die englischen Kapitalisten. Nordamerika kämpft für die Befreiung der Schwarzen und triumphiert. Irland und Ungarn bewegen sich. Polen erhebt sich. Die liberale Opposition in Russland erzwingt erste Schritte zur Befreiung der slawischen Bauern, während junge Russen, begeistert von Tchernichenski, de Herzen und Bakunin, sich für die soziale Revolution stark machen.
>
> Deutschland, bewegt durch Karl Marx, Lassalle, Boeker, Bebel und Liebknecht, tritt in die sozialistische Bewegung ein. In ehrfürchtiger Erinnerung an Ernest Jones* und Owen* vereinigen sich die englischen Arbeiter. In Belgien, in der Schweiz, in Italien und Spanien werden sich die Arbeiter bewusst, dass ihre Politiker sie betrügen, und suchen nach Wegen, ihre Situation zu verbessern.
>
> Die französischen Arbeiter erwachen aus der Starre, in die sie seit Juni und Dezember verfallen sind. – Allenthalben verstärkt sich die Bewegung und die Proletarier vereinigen sich, um ihre noch vagen, aber bereits leidenschaftlichen Forderungen zu stellen.
>
> J.-B. MALON, 3. Niederlage des Proletariats, Seite 2

Alle intelligenten Menschen bekämpften den Krieg: Michelet schrieb einem befreundeten Journalisten folgenden Brief zur Veröffentlichung:

> Lieber Freund,
>
> niemand will etwas von diesem Krieg wissen, wir werden ihn führen und werden Europa glauben machen, dass wir ihn wollen.
>
> Das ist ein Überraschungsschlag und ein Winkelzug.
>
> Millionen Bauern haben gestern ihr Kreuz blind gesetzt. Warum? Als sie meinten, eine Erschütterung vermeiden zu können, vor der sie Angst hatten, glaubten sie da, für den Krieg, für den Tod ihrer Kinder zu stimmen?
>
> Es ist abscheulich, diese unbesonnene Stimmabgabe auszunutzen.

.....

Aber das Allerschändlichste, der Tod einer jeden Moral wäre, dass Frankreich dies alles seinen Gefühlen, seinen Interessen zuwider mit sich machen ließe. Lassen wir das Volk abstimmen, aber diesmal ernsthaft! Befragen wir sowohl die Reichsten wie auch die Ärmsten, die Städter wie die Landbevölkerung; lasst uns die Nation fragen, jene, die gerade erst eine Mehrheit schufen, die ihre eigenen Versprechen vergessen hat: Jedem von ihnen hatte man gesagt: »Ja! aber vor allem kein Krieg!«
Sie erinnern sich nicht, aber Frankreich erinnert sich, und es wird mit uns eine Depesche der Brüderlichkeit für Europa unterzeichnen, des Respekts für Spaniens Unabhängigkeit.
Lasst uns die Fahne des Friedens pflanzen. Krieg nur denen, die den Krieg auf dieser Welt wollen.

MICHELET, 10. Juli 1870

Der große Historiker konnte wohl kaum ignorieren, dass die Mächtigen es nicht gewohnt sind, sich der Vernunft zu beugen. Nur Gewalt im Dienste des Rechts, angewandt gegen Napoleon III. und gegen Bismarck, hätte deren Komplott gegen all die Menschenleben beenden können, die den Krähen zum Fraß vorgeworfen werden sollten.

Am 15. Juli wurde der Krieg erklärt! Marschall Lebeuf verkündete am nächsten Tag, dass es der Armee bis zum letzten Gamaschenknopf an nichts mangele!

III

Die Internationale – Ihre Gründung und die Prozesse gegen sie – Die Proteste der Internationalisten gegen den Krieg

Die Polen leiden, aber es gibt eine Nation auf der Welt, die man noch mehr unterdrückt: das Proletariat.

Gründungssitzung der ERSTEN INTERNATIONALE
am 28. September 1864

Am 28. September 1864 fand in der Londoner Saint Martin's Hall eine Versammlung statt, die man wegen Polen* einberufen hatte. Delegierte aus allen Ländern zeichneten ein derart eindrucksvolles Bild von der Verzweiflung der Arbeiter, dass man entschied, das allgemein menschliche Leid als gemeinsame Sache der Entrechteten zu betrachten.

Das war die Geburtsstunde der Internationale und dank der in den letzten Jahren des Kaiserreichs gegen sie angestrengten Prozesse entwickelte sie sich schnell.

Wenn man knapp vor '71 die staubige Treppe dieses Hauses in der »Corderie* du Temple« hinaufstieg, wo die Sektionen der Internationale sich versammelten, meinte man tatsächlich, die Stufen eines Tempels zu erklimmen. Es war in der Tat ein Tempel, nämlich der des Friedens in einer freien Welt.

Die Internationale hatte ihre Manifeste in sämtlichen Zeitungen Europas und Amerikas veröffentlicht. Aber das – wohl aus realistischer Selbsteinschätzung heraus übernervöse – Kaiserreich beschloss, sie als Geheimgesellschaft zu betrachten.

Nichts war sie weniger als das, hatten ihre Sektionen sich doch in aller Öffentlichkeit formiert; dennoch wurde dies als illegaler Zusammenschluss gewertet.

Als Verbrecher und Staatsfeinde erschienen die Internationalisten erstmals am 26. März 1868 vor der 6. Kammer des Pariser Strafgerichts, der Delesveaux vorsaß. Es waren 15 Angeklagte:

Chémalé, Tolain*, Héligon, Murat, Caméliat, Perrachon, Fournaise, Dantier, Gautier, Bellamy, Gérardin, Bastier, Guyard, Delahaye und Delorme.

Die beschlagnahmten Unterlagen schienen eine extreme Gefahr für die Staatssicherheit darzustellen. Leider traf das gar nicht zu. Tolain präsentierte die allgemeinen Schlussfolgerungen aus der Sicht der Angeklagten folgendermaßen:

> Was Sie gerade seitens der Staatsanwaltschaft gehört haben, beweist am besten, welche Gefahr den Arbeitern droht, wenn sie die Fragen untersuchen wollen, die ihre ureigenen Interessen darstellen, wenn sie danach trachten, einander aufzuklären und schließlich die Wege zu erkennen, auf denen sie bisher als Blinde dahingewandert sind.
> Was auch immer sie anstellen, mit welchen Vorsichtsmaßnahmen sie sich auch zu schützen versuchen, wie sehr sie auch Vorsicht und guten Willen zeigen, sie werden immer bedroht, verfolgt und der Strafverfolgung ausgesetzt werden.

Dieses Mal wurden sie ihr ausgesetzt, wie immer, aber das Urteil fiel mild aus, wenn man es mit denen vergleicht, die noch folgen sollten.

Jeder der Angeklagten musste 100 Francs Strafgebühr zahlen und die Internationale wurde aufgelöst, was den besten Weg darstellte, sie größer zu machen.

Da die Tribunale in Frankreich die einzige Tribüne darstellten, wurde jedes Urteil zu jener Zeit gut erinnert. Vor Gericht wurden die Prinzipien, nach denen die Internationale funktionierte, offengelegt: Ihre Mitglieder erklärten, dass sie ihre Energie nicht mehr darauf verschwenden wollten, Herren zu sortieren oder für die Wahl von Tyrannen zu kämpfen. Jedes Individuum in dieser freien Gruppierung war frei.

Es war bewegend anzusehen, wie diese wenigen Menschen sich in den Tribunalen dem Kaiserreich entgegenstellten. Tolain, der üblicherweise die Conclusio sprach, endete diesmal so:

> Das Wort »willkürlich« verletzt Sie. Aber was ist uns denn passiert? Eines Tages stieg ein verdrossener Beamter aus dem Bett, irgendein Ereignis erinnerte ihn an die Vereinigung der Internationale, und da er trotzdem immer noch alles schwarz sah, wurden wir, gestern noch unschuldig, plötzlich und ohne es zu wissen zu Schuldigen. Also drang man mitten in der Nacht in die Wohnungen derer ein, die man als die Chefs auszumachen

> glaubte, als ob wir unsere Mitglieder anführen würden, während wir ganz im Gegenteil bestrebt sind, uns von ihrem Geist inspirieren zu lassen, ja ihre Entscheidungen zu verwirklichen. Man hat alles durchsucht und alles möglicherweise Verdächtige mitgenommen, man fand nichts, das zu irgendeiner Anklage führen konnte. Man findet bei der Internationale nur, was jedermann bekannt ist und was schon längst überall publiziert worden ist.
>
> Geben Sie also zu, dass der Prozess, den man uns heute macht, ein tendenziöser ist, der nicht dazu dient, uns für begangene Delikte zu verurteilen, sondern für welche, die wir einmal begehen könnten.

Erinnert das nicht an die modernen Prozesse gegen Anarchisten, die man auch Schurkenprozesse nennt?

Das Urteil wurde bestätigt, obwohl, wie jeder sehen konnte, die als geheim eingestuften Unterlagen allesamt publiziert worden waren.

Die Propaganda durch das Tribunal machte die Internationale umso beliebter und am folgenden 23. Mai erschienen neue Vorgeladene unter denselben Anschuldigungen, die an Perfidie fast an die »lois scélérates« heranreichten.

Die Vorgeladenen waren Varlin*, Malon, Humber, Grandjean, Bourdon, Charbonneau, Combault*, Sandrin und Moilin.

Sie erklärten, dass sie aktive Propagandisten der Internationale seien, und Combault äußerte seine persönliche Ansicht, dass Arbeiter das Recht hätten, sich um ihre eigenen Belange zu kümmern. Delesveaux rief aus: »Es ist ein Kampf gegen das Recht!« »Es ist, im Gegenteil, der Kampf für das Recht«, konterte Combault, dem seine Mitangeklagten beipflichteten.

Die Zitate, die die Richter aus den konfiszierten Unterlagen vortrugen, wurden zu Waffen gegen sie selbst, wie etwa der Brief des Doktor Pallay der Universität Oxford, in dem stand, dass Elend nicht durch das Auslöschen der Elenden verschwinden solle, sondern durch Teilnahme aller am Leben. »Die Antike«, so schrieb er, »starb, weil sie die Wunde der Sklaverei in ihrer Flanke trug. Das moderne Zeitalter bereitet sein eigenes Ende vor, wenn es weiterhin glaubt, dass alle arbeiten und verzichten müssen, um Luxus für einige wenige zu beschaffen.«

Als man, wie üblich, die Internationale als aufgelöst erklärte und die Angeklagten zu je drei Monaten Gefängnis und 100 Francs Bußgeld verurteilt wurden, ahnte man einen anderen Prozess voraus. Da die Unterlagen der Internationale vom Untersuchungsrichter einbehalten wurden, gaben Combault, Murat und Tolain ihre Buchführung in einem im *Réveil* veröffentlichten Brief bekannt (ein erschwerender Umstand, der als Beweis dafür herhalten sollte, dass sich die Internationale mit Geheimnissen umgab und die Medien kontrollierte).

Im Folgenden kommen wir zu den großen Prozessen:

Da jede Auflösung der Internationale direkt zu einer Vermehrung ihrer Mitglieder führte, gab es im letzten Prozess 37 Angeklagte, obwohl er, aus einer mir nicht erfindlichen Neigung zu runden Zahlen, der »Prozess der dreißig« genannt wurde.

Sie wurden in zwei Kategorien eingeteilt: in jene, die man als Chefs bezeichnete, und die andere, die man Anhänger nannte, ohne dass man recht wusste, warum, denn die Anklagen lauteten gleich.

Die erste Gruppe bestand aus Varlin, Malon, Murat, Johannard, Pindy, Combault, Héligon, Aviral, Sabourdy, Colmia, auch Franquin genannt, Passedouet, Rocher, Assi, Langevin, Pagnerre, Robin, Leblanc, Carle und Allard.

Die zweite aus: Theisz, Collot, Germain Casse, Ducauquie, Flahaut, Landeck, Chalain, Ansel, Berthin, Boyer, Cirode, Delacour, Durand, Duval*, Fournaise, Frankel, Girot und Malezieux.

Aulois war der Staatsanwalt, Lachaux, Bigot, Lenté und Rousselle waren die Verteidiger. Laurier sollte allgemeine Betrachtungen präsentieren.

Man hörte *schreckliche* Details über die Ermittlungsergebnisse; über die *Gefahr*, die daraus erfolgte, wenn man *diese Kriminellen ungestraft ließe*, diese Verbrecher, welche *Staat*, *Familie*, *Besitztümer*, *Vaterland* und Napoleon III. obendrein bedrohten.

Es gab heftige Reden, die sich auf Streiks bezogen, welche man in der *Marseillaise*, der *»Mentorin des Aufstands«*, angekündigt hatte.

Varlin hatte am 29. April '70 in den Räumen der *Marseillaise* gesagt:

> Schon hat die Internationale Vorurteile überwunden, die die Völker trennten. Wir wissen, woran wir bei der Vorsehung sind, deren Vorliebe immer den Millionen galt. Der liebe Gott hat seine Zeit gehabt, jetzt ist es genug. Wir appellieren an alle, die leiden und kämpfen; wir sind die Kraft und das Recht; wir müssen uns selbst genügen.
> Alle unsere Anstrengungen haben sich gegen die Ordnung der Gesetze, der Wirtschaft und der Religion zu richten.

Die Angeklagten pflichteten bei, Combault rief aus:

.....

> Wir wollen die soziale Revolution mit allen Konsequenzen!

Die dreitausend Personen, die sich in den Saal gequetscht hatten, standen auf und applaudierten und das vor Aufregung kopflose Tribunal mischte aus Wörtern wie *»Pottaschepikrat«*, *»Nitroglyzerin«*, *»Bomben«* und *»in den Fingern einer Handvoll Individuen«* und dergleichen mehr eine grauenhafte Pantscherei.

Avrial sagte:

> Die Internationale ist keine Handvoll Individuen, sondern die große Masse der Arbeiter, die ihre Rechte fordert; es ist die Härte, mit der wir ausgebeutet werden, die uns zur Revolte treibt.

Es gab in einigen der konfiszierten Briefe Einschätzungen, die mit Anklagepunkten vermischt wurden, ohne dass man so recht verstand, was das bedeutete.

In einem Brief von Hins las man folgende prophetisch anmutende Botschaft:

> Ich verstehe dieses Wettrennen um den Kirchturm der Macht nicht, das die Sektionen der Internationale veranstalten. Warum wollt ihr in diese Regierungen eintreten? Kameraden, lasst uns nicht dieses Ziel verfolgen!

Es gab Neueintritte direkt vor dem Tribunal: »Ich bin nicht Mitglied der Internationale«, sagte Assi, »aber ich hoffe, eines Tages dazuzugehören.« Er wurde auf der Stelle aufgenommen.

Man scheute aus Vorsicht davor zurück, die Anklage aufrechtzuerhalten, es wäre ein Komplott gegen das Leben Napoleons III. geschmiedet worden. Der Gedanke schwebte bereits in der Luft und man fürchtete, das Ereignis hervorzurufen.

Der Generalstaatsanwalt war derart verwirrt, dass er Vokabel aus der Arbeitswelt, die in einem von der schwarzen Kammer[II] beschlagnahmten Brief verwendet wurden, als Geheimzeichen interpretierte: Das in Belgien übliche Wort »Genosse« wurde inkriminiert. Germain Casse und Combault drückten die Gedanken der Angeklagten aus:

> Wir werden nicht versuchen, durch eine Lüge einigen Monaten Gefängnis zu entkommen; das Gesetz ist nichts mehr als

II Zensurbehörde.

> eine Waffe im Dienst der Rache und der Leidenschaft; man kann es nicht mehr respektieren. Wir wollen, dass es der Gerechtigkeit und der Gleichheit unterstellt wird.

Er endete mit den Worten:

> Erlauben Sie mir, Herr Generalstaatsanwalt, Sie mit den Worten meines Freundes Mallet zu warnen: Greifen Sie das Beil nicht an, diese Waffe ist schwer, Ihre Hand ist hinfällig und unser Stamm ist knorrig.

Combault wies die Behauptung des Gerichtshofs zurück, dass es in der Internationale Anführer und Geführte gäbe:

> Jeder von uns ist frei und handelt frei; es gibt keinerlei Druck auf die Gedanken der Internationalisten … Es fällt mir darum umso schwerer zu verstehen, warum die Staatsanwaltschaft darauf besteht, uns Dinge vorzuwerfen, die wir nicht getan haben, wo sie doch gut zu tun hätte, uns für die Dinge anzuklagen, die wir zugeben getan zu haben: etwa die Propaganda für die Internationale, mit der wir ganz offen den Artikeln 291 und 292 zuwiderhandeln, mit denen die Auflösung der Vereinigung angeordnet wurde. Trotz dieser Auflösung versammelt sich das Pariser Bureau weiterhin.
> Ich selbst habe mich noch nie so oft mit den Mitgliedern dieses Bureaus getroffen wie in den drei Monaten zwischen 15. Juli und 15. Oktober 1868.
> Jeder von uns handelte von sich aus; wir tragen keine Ketten; jeder entwickelt seine Kräfte auf seine persönliche Weise.

Dieser Prozess war spannender als alle anderen. Chalin, der die gemeinsame Verteidigung vorbrachte, sagte aus, dass die Verurteilung der Internationale einen Angriff auf die Proletarier in aller Welt bedeutete.

Hunderttausende neue Mitglieder folgten innerhalb weniger Wochen dem Aufruf, beizutreten, als alle Delegierten im Gefängnis saßen oder verbannt wurden. Chalin sagte:

> Es gibt in diesem Moment eine Art heiliger Allianz zwischen den Regierungen und den Reaktionären gegen die Internationale …
> Mögen Monarchisten und Konservative zur Kenntnis nehmen, dass die Internationale der Ausdruck einer allzu richtigen

> und allzu sehr den gegenwärtigen Sehnsüchten entsprechenden sozialen Forderung ist, als dass sie fallen könnte, bevor ihr Ziel erreicht ist.
>
> Die Proletarier sind es leid zu resignieren und sie sind es leid zu sehen, wie ihre Versuche, Gleichberechtigung zu erlangen, immer wieder zurückgedrängt werden, immer wieder mit Repression beantwortet werden; sie sind es leid, hoffnungslos zur Arbeit verdammte Opfer von Parasiten zu sein, verdammt zu einer Unterwerfung, die keine Grenzen kennt, leid, ihr ganzes Leben von Erschöpfung und Verzicht aufgefressen zu sehen, leid, ein paar Brösel vom Bankett aufzuklauben, dessen Kosten sie ganz getragen haben.
>
> Was das Volk will, ist zuerst sich selbst zu regieren, ohne Mittler und vor allen Dingen ohne Retter, das ist vollkommene Freiheit.
>
> Was auch immer euer Urteil sein wird, wir werden wie auch in der Vergangenheit unsere Taten offen in Einklang mit unseren Überzeugungen ausführen.

Nach den Beschimpfungen von Seiten des kaiserlichen Anwalts fügte Combault hinzu:

> Es ist ein tödliches Duell zwischen uns und dem Gesetz: Das Gesetz wird unterliegen, weil es schlecht ist. Wenn ihr uns im Jahr '68, als wir noch wenige waren, nicht umbringen konntet, glaubt ihr, es nun zu können, wo wir tausende sind? Ihr könnt die Menschen treffen, nicht aber die Idee auslöschen, denn die Idee wird jede Art der Verfolgung überdauern.

Es folgten die Verurteilungen:

Zu einem Jahr Gefängnis und 100 Francs Strafgeld Varlin, Malon, Pindy, Combault, Héligon, Murat, Johannard. Zu zwei Monaten Gefängnis und 25 Francs Strafgeld Avrial, Sabourdy, Colmia, genannt Franquin, Passedouet, Rocher, Langevin, Pagnerie, Robin, Leblanc, Carle, Allard, Theisz, Collot, Germain Casse, Chalain, Mangold, Ansel, Bertin, Royer, Cirode, Delacour, Durand, Duval, Fournaise, Giot, Malezieux.

Assi, Ducanquie, Flahaut und Landeck wurden freigesprochen. Allen wurden gleichermaßen die Bürgerrechte entzogen und sie wurden zur Bezahlung der Prozesskosten verurteilt.

Diejenigen unter den Internationalisten, die ein Jahr im Gefängnis zubringen sollten, saßen dieses nicht ab, denn die Ereignisse befreiten sie.

.....

Diese vor der kaiserlichen Justiz so standhaften Männer würden später mit anderen Revolutionären, mit Blanquisten* und Sprechern diverser Klubs, die Commune bilden, in der die Rechtmäßigkeit, die Bürde der Macht ihre Kraft zunichtemachen würde. Erst der Moment des äußersten Kampfes würde sie frei machen und ihre Willenskraft zurückbringen.

Frankreich war bereits unter dem Kaiserreich das am wenigsten freie Land Europas.

Tolain, seit '68 Delegierter auf dem Brüsseler Kongress, äußerte durchaus vernünftig, dass in einem Land, in dem es »weder Versammlungsfreiheit noch Vereinsfreiheit gebe«, große Vorsicht geboten sei, und er fügte hinzu: »Aber auch wenn die Internationale nicht mehr offiziell in Paris existiert, so bleiben wir doch alle Mitglieder der großen Vereinigung, und wenn wir jeder für sich isoliert mit London, Brüssel oder Genf verbunden wären. Wir erhoffen uns vom Brüsseler Kongress eine feierliche Verbindung der Arbeiter aller Länder gegen den Krieg, der zu allen Zeiten ausschließlich zum Vorteil der Tyrannen gegen die Freiheit der Völker geführt wurde.«

Tatsächlich wurde überall gegen den Krieg protestiert.

Die französischen Internationalisten sandten den deutschen Arbeitern folgende Botschaft:

> Brüder in Deutschland,
> im Namen des Friedens, hört nicht auf die gedungenen, auf die servilen Stimmen, die euch über die wahre Gesinnung Frankreichs täuschen möchten.
> Bleibt unsinnigen Provokationen gegenüber taub, denn ein Krieg zwischen uns wäre Brudermord.
> Bleibt ruhig, wie es ein großes und mutiges Volk bleiben kann, ohne seine Würde zu kompromittieren.
> Unsere Divisionen würden auf beiden Rheinseiten ausschließlich dem Despotismus vollkommenen Triumph bereiten.
> Brüder in Spanien*, auch wir glaubten vor 20 Jahren die Morgenröte der Freiheit aufsteigen zu sehen; möge die Geschichte unserer Fehler euch wenigstens als Beispiel dienen. Da ihr heute eure Geschicke selbst in der Hand habt, beugt euch nicht wie wir unter neuerlicher Vormundschaft.
> Die Unabhängigkeit, die ihr bereits erkämpft, mit eurem Blut besiegelt habt, ist der gute Herrscher; glaubt uns: Sie zu verlieren bereitet erwachsenen Völkern schmerzliche Reuegefühle.
> Arbeiter aller Länder, was auch immer aus unseren gemeinsamen Anstrengungen werden möge, wir, die Mitglieder der Internationale der Arbeiter, die keine Grenzen mehr kennen, wir

richten die Wünsche und Grüße von Frankreichs Arbeitern als Pfand unauflöslicher Solidarität an euch.

Die französischen INTERNATIONALISTEN

Die deutschen Internationalisten antworteten:

Arbeiter Frankreichs,
auch wir wollen Frieden, Arbeit und Freiheit. Darum schließen wir uns aus ganzem Herzen eurem Proteste an, angetrieben von hoher Begeisterung gegen alle Hemmnisse, die man unserer friedlichen Entwicklung in den Weg legt, und hauptsächlich gegen den brutalen Krieg. Von brüderlichen Gefühlen beseelt reichen wir euch die Hand und versichern euch als Männer von Ehre, die der Lüge unfähig sind, dass unsere Herzen nicht den mindesten nationalen Hass hegen, dass wir Gewalt unterliegen und dass wir nur gewaltsam und gezwungen in jene Kriegerbanden eintreten, welche bald Not und Elend über die friedlichen Gefilde unserer Länder verbreiten werden.
Auch wir kennen den Kampf, doch wollen wir durch friedliche Arbeit und mit all unserer Kraft für das Wohl der Unsrigen sowie das der Menschheit kämpfen; wir wollen für Freiheit, Gleichheit und Brüderlichkeit kämpfen, gegen die Tyrannei derer, die unsere heilige Freiheit unterdrücken, gegen Lüge und Niedertracht, woher diese auch kommen mögen.
Feierlich versprechen wir euch, dass weder Trommellärm noch Kanonendonner, weder Sieg noch Niederlage uns abwendig machen sollen von unserem Wirken für die Vereinigung der Proletarier aller Länder.
Auch uns sind Grenzen fremd geworden, denn wir wissen, dass zu beiden Seiten des Rheins, dass im alten Europa wie auch im jungen Amerika unsere Brüder leben, mit denen wir bereit sind, für das Ziel unserer Anstrengungen in den Tod zu gehen: für die soziale Republik. Mögen Frieden, Arbeit, Freiheit leben!
Im Namen der Mitglieder der internationalen Vereinigung der Arbeiter in Berlin.

GUSTAV KWASNIEWSKI

Dem Manifest der französischen Arbeiter wurde Folgendes hinzugefügt:

.....

AN DIE ARBEITER ALLER LÄNDER.
Wir protestieren gegen die systematische Zerstörung der menschlichen Rasse, gegen die Verschwendung des Goldes, das dem Volk gehört und nur dazu dienen darf, Boden und Arbeit zu düngen, gegen das Blut, das für die abscheuliche Befriedigung von Eitelkeit und Eigenliebe sowie für den frustrierten und ungestillten Ehrgeiz der Monarchie vergossen wird. Ja, wir protestieren mit all unserer Kraft gegen den Krieg, als Menschen, als Bürger, als Arbeiter.
Der Krieg ist das Erwachen roher Instinkte und nationalen Hasses.
Der Krieg ist ein Mittel für die Regierenden, durch Ablenkung bürgerliche Freiheiten zu ersticken.
Die französischen INTERNATIONALISTEN

Diese gerechten Forderungen wurden durch das Kriegsgeschrei der kaiserlichen Horden beider Länder erstickt, durch welche die französische wie auch die deutsche Herde zum Schlachthof getrieben wurden.

Möge das Blut der Proletarier beider Länder das Fundament für die Vereinigung der Völker gegen ihre Unterdrücker bilden!

IV
Victor Noirs Begräbnis – Rochefort erzählt die Affäre

Wir waren dreihunderttausend, die ihre Tränen erstickten,
Vor ihnen die Gewehre, aufrecht zu sterben bereit.

CHANSON DE VICTOR NOIR, 1870

Das Jahr '70 beginnt tragisch mit der Ermordung von Victor Noir* durch Pierre Bonaparte in dessen Haus in Auteuil, wo Noir sich mit Ulrich de Fonvielle als Sekundant von Paschal Grousset eingefunden hatte.

Dieser kaltblütige Mord setzte dem Grauen, das die Bonapartes einflößten, die Krone auf.

Wie der Stier, der in der Arena seine von Pfeilen durchbohrte Haut bewegt, so bebte die Menge.

Victor Noirs Begräbnisfeierlichkeiten schienen wie geschaffen dafür, die Lösung herbeizuführen. Der Mord war eines dieser schicksalsträchtigen Ereignisse, die jede Tyrannei stürzen konnten, auch wenn diese noch so fest im Sattel saß.

Fast jeder, der sich dem Begräbniszug anschloss, meinte, er würde entweder als Bürger einer Republik oder gar nicht mehr nach Hause zurückkehren.

Man hatte sich mit allem bewaffnet, das in einem Kampf um Leben und Tod dienlich sein konnte, vom Revolver bis zum Zirkel.

Endlich schien man sich an die Kehle des imperialen Monsters werfen zu können.

Ich hatte selbst einen Dolch dabei, den ich schon vor einiger Zeit meinem Onkel gestohlen hatte, als ich von Harmodius* geträumt hatte, und ich war als Mann verkleidet, um weder zu stören noch gestört zu werden.

Die Blanquisten, eine nicht unbeträchtliche Menge Revolutionärer, alle aus Montmartre kommend, waren bewaffnet. Der Tod war spürbar, man sah die nahe Befreiung.

Auf der kaiserlichen Seite waren alle Kräfte versammelt worden, man hatte seit Dezember keinen solchen Aufmarsch mehr gesehen.

Der Zug war endlos lang und verbreitete eine Art Schrecken um sich herum. Ab und zu zogen Dinge vorüber, die einen seltsamen Eindruck hinterließen; wir froren und unsere Augen brannten, als bestünden sie aus Flammen; es schien, als herrsche hier eine Kraft, der niemand widerstehen würde können; schon sahen wir die siegreiche Republik vor uns.

Aber auf dem Weg wollte der alte Delescluze*, der doch selbst einige Monate danach den Heldentod sterben sollte, das unnötige Opfer von so vielen tausenden Menschen verhindern, und so brachte er Rochefort davon ab, die Leiche quer durch Paris zu führen, und schloss sich denen an, die sie direkt zum Friedhof bringen wollten. Wer kann schon sagen, ob das Opfer unnötig gewesen wäre? Alle warteten auf den Angriff des Kaiserreichs und hielten sich bereit.

Die Hälfte der Gewerkschaftsdelegierten war der Meinung, man solle die Leiche quer durch Paris bis zur *Marseillaise*[12] tragen, die andere Hälfte, man solle den Weg zum Friedhof nehmen.

Louis Noir, von dem wir glaubten, er würde sich auf der Stelle rächen wollen, beendete die Debatte, indem er verkündete, er wolle für seinen Bruder kein blutiges Begräbnis.

Zunächst verweigerten die, die die Leiche durch Paris tragen wollten, den Gehorsam.

So gespalten waren die Absichten, dass es einen Moment gab, in welchem die Menge schäumte, die menschlichen Wogen überrollten einander, zerteilten den Zug und ließen weite, leere Flächen zwischen sich.

Wir gingen heim, mit gesenkten Köpfen und immer noch unter dem Kaiser; einige dachten daran sich umzubringen, dann aber meinten sie, dass die große Anzahl der kaiserlichen Verbrechen neue Anlässe für die Befreiung schaffen würde. Was für ein Witz!

Die Mehrheit meinte allerdings, dass aus dem der Verzweiflung entsprungenen Plan ein Massaker entstanden wäre, waren doch alle kaiserlichen Streitkräfte zusammengezogen worden.

Varlin, ebenso mutig wie Delescluze, schrieb aus dem Gefängnis, dass, hätte der Kampf an diesem Tag begonnen, die tapfersten Soldaten der Revolution gestorben wären, und er beglückwünschte Rochefort und Delescluze für ihre Einschätzung der Lage.

Pierre Bonaparte wurde im Juni '70 in Tours vor Gericht gestellt; es war ein Witzgericht, vor dem die lächerliche Entschädigung von 25.000 Francs für die Familie von Victor Noir ausverhan-

12 Noir hatte der oppositionellen linken Zeitung *Marseillaise* angehört.

delt wurde, was der Entsetzlichkeit dieses Verbrechens noch die Krone aufsetzte.

Mehr als irgendein anderer war Rochefort in die Affäre Victor Noir verwickelt, daher wird sein Bericht von besonderem Interesse sein.

Dass Pierre Bonaparte sich mit der Familie Napoleons III. überworfen hatte, war kein Geheimnis. Badingue*[13] hatte seinen umtriebigen Verwandten beleidigt, ihm seine unehelichen Kinder vorgehalten, als der ihn bekniet hatte, ihm seinen korsischen Besitz abzulösen.

Pierre Bonaparte hatte sich gerächt, indem er die Verbindung seines Cousins mit Mademoiselle de Montijo* anprangerte.

Rochefort meinte:[14]

> In politischen Kreisen war diese Familienfeindschaft sehr gut bekannt und Pierre Bonaparte war dadurch beinahe interessant geworden.
>
> Ich war daher sehr überrascht, als ich in meinem Redaktionszimmer bei der *Marseillaise* einen Brief mit folgenden Ausdrücken vorfand:
>
> »Mein Herr!
>
> Nachdem Sie, einen nach dem anderen, jeden Angehörigen meiner Familie beschimpft und dabei weder die Frauen noch die Kinder verschont haben, beleidigen Sie mich durch die Feder eines Ihrer Handlanger.
>
> Das war ganz natürlich – ich musste auch einmal an die Reihe kommen.
>
> Indessen habe ich vielleicht einen Vorteil vor den meisten anderen, die meinen Namen tragen: Obwohl ich Bonaparte heiße, bin ich doch einfacher Privatmann.
>
> Ich richte daher an Sie die Frage, ob Sie mit Ihrer Brust für Ihr Tintenfass einstehen? Ich muss bekennen, dass ich nur ein recht mäßiges Vertrauen auf den Erfolg dieser Frage habe, denn wie ich in den Zeitungen lese, haben Ihre Wähler Ihnen die formelle Verpflichtung auferlegt, jeden Ehrenhandel abzuweisen und so Ihr kostbares Leben zu erhalten.

13 Badingue war ja der Spitzname für Napoleon III.

14 Der folgende Text ist direkt aus Henri Rochefort, *Abenteuer meines Lebens,* Band I, autorisierte deutsche Bearbeitung von Heinrich Conrad, Verlag von Robert Lutz, Stuttgart, 1900, Seiten 249 bis 264, entnommen. Die Rechtschreibung ist der neuen angepasst worden.

Trotzdem will ich das Abenteuer versuchen in der Hoffnung, dass ein schwacher Rest französischen Gefühls Sie veranlasst, zu meinen Gunsten auf die Vorsichtsmaßregeln zu verzichten, hinter denen Sie Zuflucht gesucht haben.
Wenn Sie also zufällig einverstanden sein sollten, die zwiefachen schützenden Riegel zurückzuschieben, die Ihre ehrenwerte Persönlichkeit doppelt unverletzlich machen, so werden Sie mich weder in einem Palast noch in einem Schlosse finden. Ich wohne ganz einfach in der Rue d'Auteuil Nummer 59, und ich verspreche Ihnen, wenn Sie sich bei mir einfinden, so wird man Ihnen nicht sagen, ich sei ausgegangen.
Ich erwarte Ihre Antwort, mein Herr, und habe außerdem noch die Ehre, Sie zu grüßen.«
Pierre NAPOLEON BONAPARTE

Dieser Brief war, abgesehen von den gröblichen Beleidigungen, die er enthielt, zugleich ganz und gar inkorrekt in Hinsicht auf das allgemein übliche Vorgehen bei einer Herausforderung. Der Artikel, der den Anlass dazu lieferte, war nicht von mir verfasst, sondern von einem Mitarbeiter, Ernest Lavigne. Er hatte in maßvollen Ausdrücken auf eine Stelle aus einem von Pierre Bonaparte gezeichneten Artikel geantwortet, in welchem über die Republikaner die folgende niedrige Äußerung getan wurde:
»Wie viele tapfere Soldaten, geschickte Jäger, kühne Seeleute und fleißige Landarbeiter leben auf Korsika, die diese Tempelschänder verabscheuen und ihnen schon längst die Kutteln aufgeschlitzt haben würden, wenn man sie nicht zurückgehalten hätte.«
Wenn man eine Genugtuung mittelst Waffen wünscht, so schreibt man seinem Beleidiger: »Ich fühle mich durch den und den Satz Ihres Artikels beleidigt und sende Ihnen zwei Freunde zu, die Sie gütigst mit zweien von den ihrigen in Verbindung setzen wollen.«
Pierre Napoleon, der in Rom wegen eines in Italien begangenen Totschlags zum Tode verurteilt worden war, hatte sich oft genug geschlagen, um zu wissen, dass bei Ehrenhändeln die Bedingungen durch Vermittlung der Zeugen und nicht zwischen den Gegnern selbst festgesetzt werden.
Diese sonderbare Art, mich in seine Wohnung zu bestellen, wo ich nichts zu suchen hatte, sah aus wie ein Hinterhalt, in den er mich augenscheinlich durch seine Beschimpfungen locken wollte. Denn seine Unverschämtheiten entbehrten jeder tat-

sächlichen Begründung, indem ich mich niemals geweigert hatte, mich zu schlagen. Gerade weil ich mich zu oft geschlagen hatte, war in einer Wahlversammlung, bei der ich nicht einmal anwesend war, eine Tagesordnung angenommen worden, die mir die Verpflichtung auferlegte, »es nicht wieder zu tun«.
Endlich war es sehr eigentümlich, dass gerade jener Bonaparte im Namen seiner Familie Rechenschaft von mir verlangte, der selbst dem Kaiser Napoleon in beleidigenden Ausdrücken seine Mesalliance, d.h., seine Heirat mit Fräulein von Montijo, vorgeworfen hatte.
Woher also dieser plötzliche Umschwung? Es ist leicht zu erraten. Prinz Pierre hatte sich nur vorübergehend in seine Würde eines Geächteten gehüllt. Er hatte genug an der schwarzen Suppe und hatte mit sehr schönem gesundem Menschenverstand gedacht, das sicherste Verfahren, um sich mit seinem Vetter auszusöhnen, wäre, wenn er ihn von mir befreite.
Aber ich war jung und gewandt. Ich focht, wenn auch nicht gut, so doch ziemlich gefährlich. Er selbst war sehr fettleibig, litt noch dazu an der Gicht, und wenn ich ihn, wie man zu sagen pflegt, abgestochen hätte, so wäre das, wie man ebenfalls zu sagen pflegt, »eine böse Pflaume« für den Ruhm der Bonapartes gewesen.
Tatsache ist – und das ist der Punkt, der am schwersten gegen ihn ins Gewicht fällt –, dass er nach dieser überaus heftigen Herausforderung, die er mir ins Gesicht geschleudert, nicht einmal seine Zeugen bestimmt hatte. Er erwartete also in seiner Wohnung, wohin er mich bestellte, nicht meine Zeugen, sondern mich selbst. Erst später, als ich nach Noirs Ermordung den Brief wieder überlas, begriff ich die ganze niederträchtige Hinterlist, die sich darin verbarg. Aber im ersten Augenblick bemerkte ich darin nur die Flut von Beschimpfungen und beauftragte meine beiden Mitarbeiter, Millière und Arthur Arnould, sich wegen der sofortigen Austragung des Handels mit ihm in Verbindung zu setzen.
Ich hätte es begreiflich gefunden, wenn Ernest Lavigne, als Verfasser und Unterzeichner des Artikels, den ich selbst nicht einmal gelesen hatte, den Anspruch erhoben hätte, an meiner Stelle sich zu schlagen – was ich ihm übrigens würde verweigert haben. Aber ich habe mich seitdem oft gefragt, was für ein Teufel unseren Mitarbeiter Paschal Grousset plagte, dass er dem Prinzen Pierre Bonaparte, der seinen Namen nie genannt und keinen Grund hatte, sich mit ihm zu beschäftigen, ebenfalls seine Zeugen zusandte. Es geschah, wie es scheint, in sei-

ner Eigenschaft als Korrespondent des korsischen Blattes *La Revanche*, über das der Vetter des Kaisers eine Äußerung getan hatte.
Der ermordete Victor Noir war also nicht, wie man allgemein geglaubt und oft erzählt hat, mein Zeuge, sondern der unseres Mitarbeiters Grousset, der ihn und Ulrich de Fonvielle nach Auteuil geschickt hatte, ohne mir auch nur ein Wort davon zu sagen. Erst im Lauf des Tages erfuhr ich von seinem Vorgehen; da ich indessen sicher war, dass Pierre Bonaparte auf diese neue Forderung sich nicht einlassen würde, so wartete ich im Gesetzgebenden Körper auf die Rückkehr meiner Zeugen Millière und Arnould, die mit denen des Prinzen alles zu einem Zweikampf auf den nächsten Tag verabreden sollten.
[Ich zeigte mehreren Mitgliedern der Linken den provokanten Brief, den er an mich adressiert hatte, und Emmanuel Arago vermutete darin sofort eine Falle.
»Seien Sie vorsichtig, was den Ort anbelangt«, sagte er mir, »und gehen Sie um alles in der Welt nicht selbst zu ihm. Er hat bereits üble Geschichten gehabt.«
Tatsächlich wäre die Geschichte übel ausgegangen, denn][15] Paschal Groussets Zeugen fanden den Prinzen in seinem Salon, wo er im Schlafrock, einen geladenen Revolver in der Tasche, nicht sie, sondern mich erwartete.
[Hier fehlt etwa eine halbe Seite der französischen Fassung, was meiner Meinung nach aber nicht wichtig ist und nur wieder die aufgeblasene Eitelkeit von Rochefort unterstreichen würde, abgesehen davon, dass er sich elendiglich oft wiederholt! Offenbar hatte auch Conrad das Bedürfnis, etwas zu kürzen.]
Es ist meine Überzeugung, die ich mir sofort nach dem Ereignis bildete: Er hatte sich niemals mit mir schlagen wollen, sondern ganz einfach beschlossen, mich niederzuschießen, um wieder das Wohlwollen des Kaisers und besonders das der Kaiserin zu erlangen.
Nach dem 4. September hat mir sogar ein früherer Diener im Tuilerienschloss anvertraut, dass allerdings nicht Napoleon III., wohl aber dessen Frau von den Plänen des angeheirateten Vetters Kenntnis hatte. Er nannte mir noch ein anderes Mitglied der Familie, das den Unterhändler zwischen der Spanierin und dem korsischen Prinzen gemacht haben sollte. Da indessen die-

15 Der Teil zwischen eckigen Klammern wurde nicht von Heinrich Conrad übersetzt, sondern stammt von V. B.

se immerhin nicht ganz unwahrscheinliche Erzählung durch kein anderes Zeugnis oder ein schriftliches Beweisstück unterstützt worden ist, so habe ich ihr nur eine ganz geringe Bedeutung beigemessen.

Gegen 5 Uhr abends wollte ich gerade vom Palais Bourbon nach einem Fechtboden gehen, um ein bisschen das Handgelenk zu üben, da empfing ich von Paschal Grousset ein Telegramm: »Victor Noir hat vom Prinzen Pierre Bonaparte einen Revolverschuss bekommen. Er ist tot.«

Ich wusste nicht, dass seine Zeugen vor den meinigen nach Auteuil hinausgefahren waren; im ersten Augenblick war mir daher diese Depesche unverständlich. Erst auf dem Bureau der *Marseillaise*, wohin ich mich eilends begab, erfuhr ich die Geschichte mit allen ihren Einzelheiten.

[Victor Noir war ein großer und sehr junger Mann von etwa einundzwanzig Jahren, mit einem überaus heiteren Gemüt, sehr impulsiv und mitteilsam, der uns des Öfteren mit Glossen und Neuigkeiten aus erster Hand für unsere Zeitung versorgte. Er war immer bereit, uns in gefährlichen Situationen zu begleiten, und ein wahrer Freund des Hauses.

Sein tragischer Tod, für den er so gar nicht bestimmt zu sein schien, erschütterte uns derart, dass wir uns von einer rasenden Wut geradezu erstickt fühlten. Millière und Arnould, die zehn Minuten nach Noir und Fonvielle an den Ort des Verbrechens gelangt waren, wurden von einer Menschenmenge, die sich bereits vor der Rue d'Auteuil Nummer 59 versammelte, am Eintreten gehindert.

»Gehen Sie nicht hinein!«, schrie man ihnen zu, »dort drinnen wird gemordet!«

Sie sahen den armen Victor Noir mit zerfetzter Brust auf dem Gehsteig ausgestreckt liegen und hoben seinen Hut, der ihm aus der Hand gerollt war, auf.][16]

Sehr enttäuscht, dass statt meiner, auf dessen Besuch er hoffte, fremde Leute erschienen, die er nicht erwartete, hatte Pierre Bonaparte nach einem kurzen Gespräch einen zehnläufigen[17]

16 Zwischen den eckigen Klammern von V. B. übersetzt, fehlt bei Conrad, ist aber doch eine wichtige Beschreibung der Dinge.

17 Bei Conrad gibt es hier folgende Fußnote: »Eine kleine Übertreibung Rocheforts. Es war ein gewöhnlicher fünfläufiger Revolver.« Er unterschlägt außerdem Rocheforts beißenden Kommentar zwischen eckigen Klammern, von V. B. übersetzt.
Vermutlich handelte es sich auch nicht um einen fünf- oder zehnläufigen, sondern eher um einen fünf- oder zehnschüssigen Revolver.

Revolver aus der Tasche seines Schlafrocks gezogen[, wahrscheinlich, weil er glaubte, sich mit 9 Schüssen absichern zu können, wenn der erste sein Ziel verfehlen sollte,] und diese vielläufige Waffe[, die nach Ansicht französischer Waffenkunst zum letzten Schrei, also zum Schrei des Todes gehörte,] aus nächster Nähe auf Victor Noir abgefeuert. Nachdem er auf Ulrich de Fonvielle ebenfalls zwei Kugeln abgeschossen hatte, die zum Glück aber nur dessen Kleider trafen, erfand er zur Erklärung seines Angriffes auf Victor Noir eine Fabel, die er unzweifelhaft schon zum Gebrauch gegen mich bereitgehalten hatte. Er behauptete, dass sein Opfer ihm eine Ohrfeige gegeben habe, und er würde dies, wenn ich seiner Einladung folgend bei ihm erschienen wäre, auch von mir behauptet haben. Ich war zu vier Monaten Gefängnis verurteilt worden wegen meines tätlichen Angriffes auf den Buchdrucker Rochette[18]. Man würde also die eigens für diesen Fall bestellten Geschworenen leicht überredet haben, dass ich mich wie gewöhnlich von meinem Temperament habe fortreißen lassen und dass daher der Prinz in berechtigter Notwehr gehandelt habe.
Dies würde allerdings noch nicht erklärt haben, warum der Prinz mit einem Revolver in der Schlafrocktasche in seinem Salon spazieren ging, und vor allem nicht, warum er angesichts eines unvermeidlichen und von ihm selbst gesuchten Zweikampfes nicht für die erforderlichen Zeugen gesorgt hatte – aber ich war einmal der Feind, und das würde für diese Geschworenen genügt haben.
[Die Kaiserin persönlich äußerte angesichts der Nachricht über die Ermordung einen Satz, der ihren Seelenzustand wie auch den ihrer Entourage gut wiedergab:
»Ach, der gute Verwandte!«, rief sie aus, wobei sie vom Mörder sprach, ohne sich mit dem Ermordeten aufzuhalten.
Die offiziellen Zeitungen hatten in ihrer platitüdenhaften Naivität keinerlei Schwierigkeit, diesen verräterischen Ausruf abzudrucken und zugleich der Kaiserin Ehre zu erweisen.][19]

18 An dieser Stelle eine Fußnote des Herausgebers der deutschen Übersetzung von Conrad: »Bei dieser Durchprügelung Rochettes war Victor Noir einer von Rocheforts beiden Begleitern gewesen. Er hatte außerdem schon mehrfach Schlägereien in Wirtschaften gehabt. Dies alles fiel bei der Gerichtsverhandlung sehr zu Gunsten des Prinzen ins Gewicht. Victor Noir war ein blutjunger Mensch, höchstens ein- bis zweiundzwanzig Jahre alt; er stammte aus einer armen jüdischen Familie und hieß eigentlich Samson. A.d.H.«

19 Zwischen den eckigen Klammern von V. B. übersetzt, fehlt bei Conrad.

Die Aufregung in Paris war ungeheuer. Es ist mir unbekannt, ob dieser heimtückische Streich Pierre Napoleon und die Tuilerien miteinander aussöhnte, aber jedenfalls entzweite er für immer die Tuilerien und Frankreich.
Um 5 Uhr abends hatte ich die Nachricht von dem Verbrechen erhalten, um 6 Uhr schrieb ich den [berühmt gewordenen][20] Artikel, den wir in so großer Schrift druckten, dass er eher einem Plakat glich:

»Ich habe die Schwachheit begangen zu glauben, dass ein Bonaparte etwas anderes sein könnte als ein Mörder.
Ich habe mir einzubilden gewagt, dass in dieser Familie, in der Mord und Hinterhalt ein überlieferter Brauch sind, ein ehrlicher Zweikampf möglich wäre.
Unser Mitarbeiter, Paschal Grousset, hat meinen Irrtum geteilt, und heute beweinen wir unseren armen lieben Freund Noir, der ermordet ist von dem Banditen Pierre Napoleon Bonaparte.
Seit achtzehn Jahren stöhnt jetzt Frankreich unter den bluttriefenden Fäusten dieser Strauchdiebe, die, nicht damit zufrieden, die Republikaner auf den Straßen niederkartätschen zu lassen, sie auch noch in schändliche Fallen locken, um sie bei sich zu Hause abzuschlachten!
Französisches Volk, findest du wirklich nicht, es sei jetzt endlich genug?
HENRY ROCHEFORT«

Dieser Sturmglockenruf wurde den Gerichten umgehend als ein Aufruf, zu den Waffen zu greifen, dargestellt, obwohl er ebenso gut für einen Aufruf zum allgemeinen Urnengang gehalten werden konnte. Zugleich verhaftete man auch den Mörder, um der entrüsteten öffentlichen Meinung wenigstens einen Schatten von Genugtuung zu geben. Pierre Bonaparte wurde nach der Conciergerie verbracht, und zwar in die Wohnung des Direktors, an dessen Tisch er speiste.
Sofort nach dem Abfeuern des Revolvers hatte der Prinz einen Arzt holen lassen, der sich natürlich beeilt hatte, auf der Wange des Mörders die Spur einer Ohrfeige festzustellen, denn die Ärzte konstatieren alles, was man will, und bescheinigen jeden Tag kleinen Schauspielerinnen irgendwelche Krankheiten, die

20 Ausnahmsweise brüstet sich Rochefort einmal nicht; die in eckigen Klammern befindlichen Attribute wurden von Conrad dazugedichtet.

es ihnen unmöglich machen, am Abend aufzutreten, aber sie durchaus nicht daran hindern, in die teuersten Restaurants zum Souper zu gehen.

Hätte Victor Noir wirklich vergessen, was er als Kartellträger zu tun hatte, und sich so weit hinreißen lassen, den Gegner seines Auftraggebers zu ohrfeigen, so würde ich persönlich ganz bestimmt von einer solchen Gewalttat und der Veranlassung dazu Kenntnis erhalten haben.

Ulrich de Fonvielle, auf den Pierre Bonaparte zwei Fehlschüsse abgegeben, hätte vielleicht ein Interesse daran haben können, vor dem Gerichtshof die angebliche Ohrfeige abzuleugnen, aber mir, seinem Mitarbeiter und Chefredakteur, hatte er nichts zu verbergen. Ich erkläre hiermit auf mein Ehrenwort, dass er mir stets versichert hat, unser Freund habe dem Prinzen nicht nur keine Ohrfeige gegeben, sondern er sei sogar stets in der ruhigsten Haltung dagestanden, immer mit dem Hut in der behandschuhten Hand, und habe nicht die geringste Bewegung gemacht, aus der man auf die Absicht eines tätlichen Angriffs hätte schließen können.

Übrigens ließ sich niemand durch dies Märchen täuschen, weder die Geschworenen, die auf Befehl ihren Freispruch fällten, noch der Oberstaatsanwalt Grand-Perret, der das Blaue vom Himmel herunterlog, noch der infame Émile Ollivier, der in diesem Handel wie später bei Ausbruch des Deutsch-Französischen Krieges sich als erbärmlichsten Spießgesellen napoleonischer Rachepläne erwies. Der elende Minister fand kein Wort des Tadels gegen den Mörder, kein Wort des Bedauerns für den als Opfer gefallenen biederen Jüngling.

[Hätte er, statt seiner Pfaueneitelkeit nachzugeben, nach diesem Verbrechen sein Amt resolut dem Kaiser vor die Füße geworfen, hätte sich dieser Trottel selbst bei den Gemäßigten, an die er sich gern anschließen wollte, wunderbaren Anhang geschaffen, und er hätte sich zugleich der Verantwortung für alle nachfolgenden Katastrophen entziehen können. Eine Demission am Abend von Victor Noirs Tod hätte ihm einige Monate später die schändliche Entlassung und den Abscheu der gesamten Nation erspart.

Aber der traurige Herr hatte viel zu lange antichambriert, um sich nun, da man ihm endlich den Zugang zum Salon gewährte, ja ihm sogar einen Platz anbot, zum Verlassen desselben entschließen zu können.

Die niederschmetternde Kunde des Attentats hatte noch am selben Abend zahlreiche Protestversammlungen zur Folge.

Amouroux*, der seitdem Mitglied der Commune wurde, den das Kriegstribunal von Versailles zu Zwangsarbeit verurteilte und der als Mitglied des Pariser Gemeinderats starb, breitete ein großes schwarzes Tuch auf der Tribüne aus. Zornesrufe erschallten auf den Straßen. Es wurden Gruppen gebildet, die den Leichnam entführen sollten, der in Neuilly in einer Privatunterkunft aufgebahrt lag, und die ihn nach Paris, ins Bureau meiner Zeitung, der *Marseillaise*, bringen wollten, von wo der Leichenzug losgezogen wäre.

Man tobte regelrecht vor Rachegefühlen.

In Wahrheit hatte die Verhaftung des Mörders zu nichts anderem gedient, als ihn der Menge zu entreißen, die ihn andernfalls gelyncht hätte. Man sprach davon, die Conciergerie zu stürmen und den Pseudo-Gefangenen zu schlachten.

Dass das Komplott scheiterte, hatte, wie mir nach dem 4. September hinterbracht wurde, die Herrschaften der Tuilerien in Angst und Schrecken versetzt, denen ja an meinem und keineswegs an Victor Noirs Tod lag, der der Regierung teuer zu stehen kommen sollte.][21]

Als ich am nächsten Tage ganz blass und verstört im Sitzungssaal des Gesetzgebenden Körpers erschien, wurde ich mit einem Schweigen empfangen, das für das Kaiserreich beunruhigender war als für mich.

Ich wusste bereits, dass Ollivier mich seinen Bedienten vom Zuchtpolizeigericht überantwortet hatte. Auf dem Korridor hörte ich ihn einem Abgeordneten, der ihn auf die große Gefahr einer solchen gerichtlichen Verfolgung aufmerksam machte, erwidern: »Man muss einmal ein Ende machen. Mit Rochefort kann man unmöglich regieren.«

Ich verlangte sofort das Wort. Der Zwischenfall spielte sich nach dem Bericht des *Officiel* in folgender Weise ab:

Henri Rochefort: Ich wünsche dem Herrn Justizminister eine Frage zu stellen.

Präsident Schneider: Haben Sie ihm davon Mitteilung gemacht?

Rochefort: Nein, Herr Präsident.

Präsident: Sie haben das Wort. Der Herr Minister wird selbst entscheiden, ob er Ihnen sofort antworten will.

Der Justizminister Émile Ollivier: Ja, sofort.

21 In den eckigen Klammern von v. b. übersetzt, da diese Passage bei Conrad fehlt.

Rochefort: Es ist gestern ein Mord vollbracht worden an einem jungen Mann, der durch einen geheiligten Auftrag geschützt war, denn er kam als Kartellträger, d.h., als Parlamentär. Der Mörder ist ein Glied der kaiserlichen Familie.
Ich frage den Herrn Justizminister, ob er die Absicht hat, die Gerichtsverhandlung und wahrscheinliche Verurteilung durch eine Klageabweisung zu vereiteln, wie in früheren Fällen, wo Bürger durch Großwürdenträger des Kaiserreichs betrogen, ja sogar misshandelt wurden.
Die Lage ist ernst, die Aufregung ungeheuer (Zwischenrufe). Der Ermordete ist ein Kind des Volkes … (Lärm).
Präsident: Es ist gestern beschlossen worden, dass parlamentarische Anfragen kurz und bündig zu stellen sind und dass ihnen keine Erläuterungen folgen dürfen. Sie haben Ihre Frage gestellt, sie ist klar und deutlich. Jetzt steht es beim Minister, zu sagen, ob er sie heute beantworten will. (Sehr richtig!)
Rochefort: Ich sage: Der Ermordete ist ein Kind des Volkes. Das Volk verlangt, selbst über den Mörder zu richten. Es verlangt, dass die gewöhnliche Jury … (Zwischenrufe und Lärm).
Präsident: Wir alle sind Kinder des Volkes! Jedermann ist vor dem Gesetz gleich. Es kommt Ihnen nicht zu, Unterschiede zu machen. (Sehr gut!)
Rochefort: Warum beruft man dann Richter, die der kaiserlichen Familie besonders ergeben sind?
Präsident: Sie verdächtigen Richter, die Sie nicht kennen. Ich fordere Sie auf, sich auf Ihre Frage zu beschränken; andere Bemerkungen kann ich nicht zulassen.
Rochefort: Gut! So frage ich, angesichts einer Tat wie der gestrigen, angesichts der Taten, die seit vielen Jahren begangen werden, ob wir es mit Bonapartes oder mit Borgias zu tun haben! (Unterbrechungen, Rufe: Zur Ordnung! Zur Ordnung!) Ich fordere alle Bürger auf, zu den Waffen zu greifen und sich selbst Gerechtigkeit zu verschaffen!
Ollivier gab schleunigst dem Präsidenten Schneider einen Wink, die Debatte zu schließen, denn meine Rede begann bereits die Tribünen in Aufruhr zu bringen. Nachdem er das Wort erhalten hatte, nannte er das Verbrechen »das beklagenswerte Ereignis«.
»Sagen Sie: ›den feigen Meuchelmord‹«, rief Raspail ihm zu.
Der Justizminister setzte hierauf auseinander, dass das Hausgesetz für die kaiserliche Familie vom Jahre 1852 nicht gestatte, den Prinzen Pierre vor das Schwurgericht zu stellen[, das ihn

unfehlbar verurteilt haben würde][22]. Alles, was man tun könnte, wäre, ihn vor ein »Höchstes Gericht« zu stellen[, dessen Mitglieder man natürlich einzeln aussuchte und von denen eine Freisprechung als Entgelt für alle möglichen Gunstbezeichnungen und Ordensauszeichnungen sicher war].
Er kehrte seine Achtung vor der Gleichheit hervor und schloss mit den gegen uns gerichteten Drohungen:
»Wir sind die Mäßigung, wir sind die Freiheit; und wenn Sie uns dazu zwingen, so werden wir die Kraft sein.«
Dieser Wink mit den Bajonetten erntete den lebhaftesten Beifall von Seiten jener Mehrheit, die wenige Monate später lautlos im Schlamm des Zusammenbruchs verschwand und deren Mitglieder vor mir katzbuckelten und mir oftmals sagten: »Wie recht hatten Sie damals!«
Raspail ergriff nach dem Minister das Wort und gab seiner Entrüstung Ausdruck.
[»Es wurde«, sagte er, »ein Mord begangen, der den Eindruck, den die Verbrechen von Troppman (dem man damals gerade den Prozess machte) machen, übertrifft, und doch ist das Recht, dem Sie diesen Mord überantworten, nicht rechtens. Was wir brauchen, ist eine Jury, die sich nicht aus Feinden des Volkes zusammensetzt.«
Da man ihm die Unabhängigkeit der Richterschaft ins Gedächtnis rief, rief er aus:
»Ich kenne sie, Ihre Obersten Gerichte, ich habe sie am eigenen Leib erlebt!«
Raspail wurde durch den Präsidenten unterbrochen, der verkündete, dass er in diesem Augenblick vom Generalstaatsanwalt Grandperret erfahre, er wolle gegen mich wegen Beleidigung des Kaisers, nämlich Anstiftung zum Aufruhr und Aufruf zum Bürgerkrieg, Anklage erheben.
Fünf Minuten vorher hatte Émile Ollivier behauptet, er würde meine Angriffe nicht ernst nehmen. So sah das Ganze nicht aus.
Es ist mir wichtig, der Öffentlichkeit das Wesen dieses Teils der Verhandlung zu zeigen, in dem Raspail und ich allein auf der Bühne standen.][23]

22 Diese und die folgende eckige Klammer sind so auf Seite 260 der deutschen Übersetzung von Conrad zu finden. Die übersetzten Bemerkungen stehen durchaus ohne Klammer bei Michel, die aus Rocheforts Memoiren zitiert.

23 Der Text zwischen den eckigen Klammern wurde von v. b. übersetzt. Er fehlt in der deutschen Übersetzung von Conrad.

Aber kein einziges Mitglied der Linken trat auf, weder Gambetta noch Jules Favre* noch Ernest Picard. Der zynische Ollivier konnte daher mit Recht bemerken – und er machte überreichlich Gebrauch davon –, dass alle meine Genossen von der Opposition, außer einem einzigen, es ablehnten, sich mit mir solidarisch zu erklären.
Das Leichenbegängnis war auf den nächsten Tag angesetzt. Es waren viele Anzeichen vorhanden, dass die Erregung einen furchtbaren Umfang annehmen würde. Schon vom frühesten Morgen an drängte sich in und vor dem Hause in der Rue du Marché in Neuilly, wo der Sarg auf zwei Stühlen stand, eine stets anwachsende Menschenmenge.
Als ich anlangte, war ich ganz erschöpft von all diesen Aufregungen, die mich so mitgenommen hatten, dass ich seit drei Tagen nicht hatte essen und seit drei Nächten nicht hatte schlafen können. Mit Mühe öffnet man mir einen Durchlass bis zur Haustür. Ich gehe die Treppe hinauf und finde oben Delescluze und den Bruder des Opfers, den angesehenen Romanschriftsteller Louis Noir.
Bald darauf kommt Flourens* an und es entspinnt sich ein heftiger Streit, ob man die Leiche nach Paris auf den Père Lachaise* bringen oder der Verabredung gemäß in Neuilly beisetzen solle. Hunderttausend Mann Infanterie und Kavallerie waren aus allen umliegenden Garnisonen herangezogen, um jeden Versuch einer Erhebung in Blut zu ersticken. Die Volksmenge war waffenlos. Von dem Drama von Auteuil gänzlich überrascht, hatte sie keine Zeit gehabt, sich zu organisieren oder auch nur zu verständigen.
[Von ein und demselben Gefühl des Zorns angetrieben, hatte sie sich zum spontanen Protest gegen zwei Mörder eingefunden, dem in den Tuilerien und dem anderen.][24]
Delescluze und ich hatten Ansprachen an unsere Freunde gehalten und die ungeheure Mehrzahl der Anwesenden hatten auf unseren Rat gehört und folgten uns nach dem Friedhof von Neuilly. Aber mitten auf dem Wege dorthin fielen plötzlich Flourens und mehrere unbekannte Leute, denen er leider ohne weiteres traute, obwohl sie höchstwahrscheinlich Werkzeuge der Polizei waren[25], den Pferden in die Zügel und ver-

24 Text zwischen den eckigen Klammern von V. B. übersetzt.
25 Bei L. M. steht das anders: »Flourens und mehrere Männer, die ihn umgaben und deren Beziehungen er, vertrauensselig wie er war, unglücklicherweise nicht genügend überprüft hatte.«

suchten, sie nach Paris umzukehren. Da der Kutscher des Leichenwagens hiergegen Einspruch erhob, schnitten sie die Stränge durch, um sich selbst vor das traurige Gefährt zu spannen.
Ich ging an der Spitze des Trauerzuges oder vielmehr der Zug drückte mich vor sich her, denn mehrere Male wurde ich von dem Menschenstrom bis dicht an die Räder des Wagens herangepresst, die bei der geringsten Stockung und bei einem Rückprall über meinen Leib hinweggegangen sein würden. Man hob mich deshalb auf den Leichenwagen selbst hinauf und da saß ich mit herabhängenden Beinen neben dem Sarg. [Von diesem traurigen Hochsitz aus sah ich Menschen schwanken, hinfallen, wieder aufstehen, wie andere wiederum fast unter die Pferdehufe oder unter den Wagen geschoben wurden, ununterbrochen der Gefahr ausgesetzt, zermalmt zu werden. Ich schrie ihnen verzweifelt zu, sie sollten zur Seite gehen, meine Rufe erreichten sie nicht im tosenden Marschlärm.][26] Die kalte Luft, der ich jetzt plötzlich ausgesetzt war, wirkte auf meinen seit drei Tagen fast leeren Magen und ein Anfall von Heißhunger benahm mir die letzten Kräfte. Ohne anscheinenden äußeren Anlass befiel mich ein heftiger Schwindel und ich sank wie tot vom Leichenwagen herab. Als ich wieder zu mir kam, saß ich mit Jules Vallès und zwei Redakteuren der *Marseillaise* in einer Droschke. Mein erstes Wort war: »Holen Sie mir geschwind irgendetwas zu essen. Ich sterbe vor Hunger.«
Vallès stieg selbst aus und kaufte bei einem Bäcker ein zweipfündiges Brot, von dem ich die Hälfte hinunterschlang und mit einem Schluck Wein anfeuchtete. Wir waren bereits in Paris, am Ende der Avenue des Champs-Elysées, an der Barrière beim großen Stern. Ich erinnerte mich dunkel, dass man mich in einen Spezereiladen gebracht, mir die Schläfen mit Essig gerieben und darauf die Droschke geholt hatte, in der ich wieder zu mir kam.
Das ist die Geschichte jener Ohnmacht, die die bonapartistische Reaktion mir so oft vorgeworfen hat. In Wirklichkeit war nur die ungeheure Schwäche daran schuld, die durch eine fünfundsiebzigstündige Überanstrengung ohne Nahrung und ohne Schlaf wohl begreiflich wird. Die menschliche Kraft hat ihre Grenzen. Die Grenzen meiner Kraft waren überschritten;

26 Text zwischen den eckigen Klammern von v. b. übersetzt.

es wäre mir unmöglich gewesen, länger aufrecht zu stehen oder auch nur zu sitzen.
Diese Erklärung – die einzig wahre und auch die einzig wahrscheinliche, denn welche Gefahr hätte ich in der Mitte von zweihunderttausend Begleitern befürchten sollen? – hielt die Regierungsblätter nicht ab, mich der Feigheit zu beschuldigen. Dies war lächerlich, denn nach einem kurzen Streit hatte die gesunde Vernunft die Oberhand behalten und die Beerdigung war, wie Delescluze und ich es gewünscht hatten, auf dem Friedhof von Neuilly vor sich gegangen.
Erst in Paris zeigte sich eine wirkliche Gefahr. Nach der Trauerfeier waren viele von den Unsrigen zu Fuß durch den Triumphbogen heimgekehrt. In der Gegend des Rondeaus bei den Champs-Elysées hielten mit gezogenen Säbeln mehrere Schwadronen Reiterei, die die Menge zerstreuen sollten, obwohl diese in Wirklichkeit nur aus Leuten bestand, die von einer Beerdigung zurückkamen und den einzigen Weg nach ihren Wohnungen benutzten.
Aber der Dummkopf Ollivier wollte den Beweis liefern, dass er wirklich »die Kraft« war, wie er gesagt hatte. Plötzlich sehe ich an unsere Droschke einen Polizeikommissar mit dreifarbigem Unterleib herantreten, der uns die Meldung macht, dass er nach einer dreimaligen Aufforderung zum Angriff übergehen werde.
Die Trommeln wirbeln zum ersten Mal.
Gekräftigt durch mein frugales Mahl, springe ich aus dem Wagen und gehe auf den Polizeikommissar zu. Ich rufe ihm entgegen: »Mein Herr, diese Bürger, die bei mir sind, kommen vom Begräbnis und gehen denselben Weg zurück, auf dem sie gekommen waren. Wagen Sie es wirklich, ihnen den Durchgang zu sperren?«
Die Trommeln wirbeln zum zweiten Mal.
»Alles, was Sie mir sagen und sagen wollen, ist ganz überflüssig«, erwidert mir der Mann mit dem bunten Bauch. »Ziehen Sie sich zurück. Man wird von der Waffengewalt Gebrauch machen. Sie werden in Stücke gehauen werden!«
»Ich bin Abgeordneter!«, antworte ich, indem ich meine Erkennungsmarke vorzeige. »Wollen Sie mich gefälligst durchlassen!«
»Nein«, sagt er, »und Sie werden gerade zuallererst niedergesäbelt werden.«

Ich sehe mich um, die Allee war beinahe leer, denn die meisten Manifestanten hatten sich rechts und links über die Straßengräben zurückgezogen.
»Macht Platz!«, sagte ich zu den anderen, »es hat keinen Zweck, euch hier ganz nutzlos niedermetzeln zu lassen. Übrigens kann das Kaiserreich machen, was es will: Es hat den Gnadenstoß erhalten!«
Alle folgten meinen Worten und die Kavallerie ritt ihren Angriff gegen die Bäume der Champs-Elysées. [Einer der Reiter fiel sogar vom Pferd und blieb bewegungslos liegen, was das Publikum, das sich außerhalb der Reichweite der Säbel aufhielt, sehr erheiterte. Die Leiche eines Feindes duftet immer gut.][27]
Bei dem Prozess gegen mich entfaltete die Regierung eine geradezu wunderbare Schnelligkeit; mit dem prinzlichen Gast der Conciergerie hatte sie es nicht so eilig. Schon am Tage, nachdem sie an die Kammer das Begehren meiner Verfolgung gestellt, fand die Verhandlung darüber statt. [Ollivier, der den Antrag unterstützte, verkündete, er wolle keine Verhandlungstage. Ich rief ihm von meinem Platz aus zu: »Aber den Tag des 2. Dezember[28], den wollen Sie schon!«][29]

HENRI ROCHEFORT. Abenteuer meines Lebens

27 Text zwischen den eckigen Klammern von V. B. übersetzt. Kommt bei Conrad nicht vor.

28 Siehe *Staatsstreich* im Glossar.

29 Der Text zwischen den eckigen Klammern wurde von V. B. übersetzt.

V
Der Prozess von Blois

Zwielichtige Polizei kriecht überall,
Alles ist Hinterhalt, man irrt brutal
In die Falle.
L. M., Le Coupe-Gorge

Wie alle Regierenden, die die öffentliche Meinung von sich ablenken müssen, erzeugte das Kaiserreich um sich herum eine ständige Gerüchteküche: von ihm selbst geschmiedete Komplotte, von Spitzeln übergebene Bomben, Skandale, Verbrechen, von denen man längst wusste, die man in petto gehalten hatte, um sie zum günstigen Zeitpunkt aufzudecken, von alledem gibt es knapp vor dem Abgang einer Herrschaft mehr als genug.

Es war nicht schwer, die mutigsten Revolutionäre in einige dieser Machenschaften zu verwickeln. Der Polizist, der Projektile angeboten hätte, wäre auf nicht nur eine, sondern hundert ausgestreckte Hände gestoßen, die sie in Empfang nehmen wollten, aber die so von Denunzianten angebotenen Dinge kommen nie zum richtigen Zeitpunkt. Die Zeit wäre reif gewesen für ein richtig großes Komplott unter freiem Himmel, in ganz Frankreich, auf der ganzen Welt – eines, bei dem die Schnur unter den Hampelmann rutscht. Guérin, der Verräter, und andere seiner Sorte hatten keine Mühe, ihren Herren den Anschein einer Konspiration zu liefern.

Inmitten des Gewitters, das sich über dem Kaiserreich zusammenbraute, schusterte man den Prozess von Blois zusammen.

Da Guérin die Bomben geliefert hatte, wusste er, wo sie zu finden waren, und er zeigte bei der Hausdurchsuchung, wo sie lagen.

Aber die Szene war armselig zusammengezimmert worden, wenn man die Bedeutung der Einzelteile richtig bemaß; man hätte vor dem Hintergrund dieser wahrhaft riesenhaften Begebenheit ein Stück schreiben können, das den Dezembermann selbst entzückt hätte. Spitzel haben üblicherweise einen kurzen Atem und das Szenario war absurd.

Das Theater, das man für die Inszenierung einer Anklage ausgewählt hatte, mit der man die Welt entsetzen wollte, indem man ihr revolutionäre Machenschaften vorführte, war der Gerichtssaal von Blois.

Das Kaiserreich wollte einen Eklat herbeiführen, und es bekam ihn, jedoch ganz gegen seine Absichten.

Wir selbst fanden, dass die grandiosen Kulissen denen gut zu Gesicht standen, die im kaiserlichen Zeugenstand den Kampf für Gerechtigkeit führten, und sie fühlten sich darin auch wohl und warfen von dort aus die Wahrheit ins Gesicht der Richter.

Die Angeklagten waren: Bertrand, Drain, Th. Ferré*, Ruisseau, Grosnier, Meusnier, Ramey, Godinot, Chassaigne, Jarrige, Grenier, Greffier, Vité, Cellier, Fontaine, Prost, Benel, *Guérin*, Claeys, Lyon, Sapia, Mégy, Villeneuve, Dupont, Lerenard, Tony Moilin, Perriquet, Blaizot, Letouze, Cayol, Beaury, Berger, Launay, Dereure, Laygues, Mabille, Razoua*, Notril, Ochs, Rondet, Biré, Evilleneuve, Gareau, Carme, Pehian, Joly, Ballot, Cournet*, Pasquelin, Verdier, Pellerin und Bailly.

Die Rechtsanwälte Potot und Floquet, von denen es hieß, sie hätten dem Zaren »Es lebe Polen, mein Herr!« zugerufen, bildeten die Verteidigung.

Einige Angeklagte, die einander noch nie begegnet waren, knüpften hier solide Freundschaften.

Wie für die Prozesse der als Verbrechervereinigung abgestempelten Internationale wurden auch hier die Angeklagten in zwei Kategorien eingeteilt, obwohl alle lautstark ihren Hass und ihre Verachtung gegenüber dem Kaiserreich und ihre Liebe für die Republik herausriefen.

Die wütenden Richter verloren den Kopf. Vielleicht sahen auch sie die Revolution herannahen, von der die Angeklagten mutig sprachen.

Es wurden die einen zu Gefängnis, andere zu Strafarbeit verurteilt, ohne dass das Motiv für das eine oder das andere eingeleuchtet hätte.

Die Anklagen hatten so wenig Bestand, dass in ein und demselben Akt eine Sache die andere wieder aufhob.

Daher gab es gezwungenermaßen einige Freisprüche, unter anderem für Ferré, der das Tribunal beleidigt hatte, aber gegen den man auf derart ungeschickte Weise Anklagepunkte angehäuft hatte, dass diese vor einem erstaunten Publikum in sich zusammenfielen. Was man ihm vorhielt, hatte nie stattgefunden, die widersprüchlichen Zeugenaussagen zeigten ausschließlich die dumme Vorgehensweise der Polizei auf.

Die Verurteilten, die deportiert hätten werden sollen, konnten aus Zeitmangel nicht mehr weggebracht werden.

.....

Das Kaiserreich hatte sich vergeblich auf die Wirkung des Prozesses von Blois verlassen, den es mit 15. Juli knapp vor die Kriegserklärung[30] platziert hatte, in der Hoffnung, damit nicht nur diesen Krieg, diesen Auswuchs einer Übereinkunft von Despoten, als notwendig und ruhmreich darzustellen, sondern zugleich die Verfolgung von Revolutionären zu rechtfertigen.

Die Männer im Prozess von Blois waren wohl fähig, gegen Napoleon III. zu kämpfen und gegen ihn zu konspirieren, aber sie hatten es nicht so angestellt, wie die Polizei es glauben machen wollte. Es waren mutige Männer, und man hatte es nicht zuwege gebracht, ihnen die Rollen maßzuschneidern, die zu ihrem Charakter gepasst hätten. Zwischen dem Terror der Revolution und dem Triumphmarsch nach Berlin fragte sich Napoleon III., dem man gratulierte, weil er einem Anschlag auf sein Leben entkommen sei, ob die Machenschaften der Polizei nicht der Entstehung eines echten Komplotts Vorschub leisteten.

Währenddessen träumten die alten Burggrafen Bismarck und Wilhelm von einem Kaiserreich des Okzidents, von Karl dem Großen und seinesgleichen.

Guérin, der Verräter, stand mit den anderen vor Gericht, aber sein verdächtiges Verhalten, die Ungeschicklichkeiten des Hohen Gerichts, alte Zweifel, die schon von früher gegen ihn aufgekommen waren und die nun durch die Befragung sich wieder meldeten, verfestigten die Meinungen über die schändliche Mission, die er erfüllt hatte.

Da wir über dieses Individuum nichts weiter zu berichten haben werden, werden wir hier über die letzte Phase seiner Existenz sprechen.

Er konnte nun der Präfektur nicht mehr dienen, weil er aufgeflogen war, und er fand sie undankbar.

Guérin wusste nicht mehr, wie er seine Existenz bestreiten sollte, was aus ihm werden sollte. So ging er nach London, und zwar zur selben Zeit, in der auch die verbannten Kommunarden dort um Asyl baten.

Er gab sich bei denen, die ihn nicht kannten, als politischer Flüchtling aus, wobei er klug genug war, seinen Namen zu ändern, und er suchte Arbeit.

Unter diesen Umständen sprach Guérin bei Varlet vor, einem der Exilierten, der ihn davor nie gesehen hatte, und bat ihn um Hilfe bei der Arbeitssuche.

30 Frankreich erklärte Deutschland am 19. Juli 1870 den Krieg.

Da ihn die Verzweiflung dieses Mannes, den keiner kannte, rührte, verwies ihn Varlet an einen ebenfalls aus Frankreich verbannten Freund.

Kaum aber hatte Guérin das betreffende Haus betreten, flüchtete er entsetzt daraus, denn er erkannte die Stimme von Mallet, der unbestreitbare Beweise gegen ihn hatte.

Guérin ist heute ein verarmter, schmutziger Alter mit ängstlichem Auftreten.

Er dreht häufig den Kopf, so als ob er etwas hinter sich wähnte; das, was er dort sieht, ist sein Verrat.

VI
Der Krieg – Offizielle Depeschen

Napoleon III., der am 2. Dezember seinen 18. Brumaire* erlebt hatte, wollte nun sein Austerlitz*. Das war der Grund, warum von Anfang an alle Niederlagen Siege genannt wurden.

Da erhoben sich diejenigen, die inmitten der Totschlagargumente »Frieden, Frieden!« gerufen hatten, jene, die geschrieben hatten: »Wir werden keinen militärischen Spaziergang nach Berlin machen!«, weil sie die Invasion ablehnten.

Das Volk fühlte wie diese Menschen, da man hinter dem offiziellen Hochstapeln die Wahrheit ahnte, die seitdem, da die amtlichen Depeschen veröffentlicht worden sind, klar und deutlich ans Tageslicht geholt wurde.

In der behördlichen Enquete über den Krieg von '71 kommt die Wahrheit zu Tage, wie man sie durch alle Verschleierung hindurch vermutet hatte.

Im Folgenden seien die Informationen wiedergegeben, die aus den östlichen Provinzen ans Kriegsministerium geschickt worden waren, welches wiederum versicherte, dass es der Armee bis zum letzten Gamaschenknopf an nichts fehle, und die Reklamationen links liegen ließ.

> Metz, am 19. Juli 1870
> General Failly teilt mir mit, dass die 17. Bataillone seines Armee-Korps nun angekommen sind und ich transkribiere im Folgenden seine Depesche, deren Dringlichkeit groß scheint. Ohne irgendwelche Ressourcen und ohne Geld in den Kassen oder in meinem Korps verlange ich klingendes Geld. Wir brauchen alles in allen Bereichen. Schickt Wagen für die Führungsspitze, niemand hat welche. Schickt auch Feldkasten*.

Am folgenden Tag, dem 20. Juli, schrieb Intendant General Blondeau, Leiter der Kriegsverwaltung, nach Paris:

> Metz, am 20. Juli 1870, 9 Uhr 50 früh
> Es gibt in Metz weder Zucker noch Kaffee, weder Reis noch Schnaps noch Salz, wenig Speck, wenig Zwieback. Schickt dringend mindestens eine Million Rationen nach Thionville.

General Ducrot* schrieb am selben Tag an das Kriegsministerium:

> Straßburg, am 20. Juli 1870, 7 Uhr 30 abends
> Morgen werden wir kaum 50 Männer für die Bewachung von Neuf-Brissac und von Fort Mortier zur Verfügung haben. – Die Petite Pierre und Lichlemberg sind ebenfalls unbemannt. All dies ist die Konsequenz der Befehle, die wir ausführen. Es scheint gesichert, dass die Preußen bereits alle Stellungen im Schwarzwald eingenommen haben.

In den ersten Augusttagen bewachten weniger als 200.000 Mann die Grenzen.

Man rüstete die mobilen Garden aus, die bisher nur zum Niederwalzen von Aufständen geholt worden waren und die in Friedenszeiten nur im Registerbuch des Kriegsministeriums aufschienen.

Paris erfuhr, man wusste nicht wie, dass ein gewisser General seine Truppen nicht gefunden hatte. Allerdings konnte niemand diesen Witz so recht glauben. Erst viel später erfuhr man, dass die Sache der Wahrheit entsprach, als man in der Enquete über den Krieg von '70 nachlesen konnte:

> General Michel an Kriegsministerium, Paris
> Bin in Belfort angekommen, »meine Brigade nicht gefunden«, den Divisionsgeneral nicht gefunden. Was soll ich tun? Weiß nicht, wo meine Regimente sind.

Wie wir dem Schreiben des kommandierenden Generals des 4. Korps an den Generalmajor in Paris entnehmen können, kamen die am 20. Juli von General Blondeau dringend geforderten Waren am 24. nicht in Thionville an:

> Thionville, am 24. Juli 1870, 9 Uhr 12 früh
> Das 4. Korps hat noch immer weder Getränke- noch Sanitätskasten und auch keine Kutschen für Offiziere und Führungsspitzen. Alles ist leergeplündert.

Das unglaublich anmutende Vergessen setzt sich fort:

Intendant des 3. Korps an Kriegsministerium
Metz, am 24. Juli 1870, 7 Uhr abends
Morgen fährt das 3. Korps nach Hause. Ich habe weder Sanitäter noch Kommissposten, keinen Feldkasten, kein Heu, keinen Nachschub, keine Wiegeinstrumente und in der 4. Kavalleriedivision habe ich nicht einmal einen Beamten.

Das geht ohne Unterbrechung von Juli bis August so weiter. War es Fatalismus, Panik oder Ignoranz? Die Depeschen zeugen von Sorglosigkeit.

Quartiermeister an Kriegsministerium, 6. Division, Versorgungsbureau, Paris
Mézières, 25. Juli 1870, 9 Uhr 20 früh
Es existieren heute im Ort Mézières weder Zwieback noch Pökelfleisch.

Regimentskommandeur Parc, 3. Korps
An Leiter der Artillerie im Kriegsministerium, Paris
Die Munition für die Kanonen kommt nicht!

Oberster Zugführer an Kriegsministerium, Paris
Metz, am 27. Juli 1870, 1 Uhr 15 abends
Die Sondertruppen, die zur Armee stoßen, kommen nach wie vor ohne Patronen und ohne Lagerausrüstung an.

Oberster Zugführer an Kriegsministerium, Paris
Metz, am 29. Juli 1870, 5 Uhr 36 früh
Es fehlt mir an Zwieback, um vorwärts zu kommen.

Marschall Bazaine an General Lamirault in Thionville,
Boulay, am 30. Juli 1870
Sie müssen das Informationsblatt Nr. 5 erhalten haben, in dem man Ihnen große Truppenbewegungen an der Sarre sowie die Ankunft des preußischen Königs in Koblenz ankündigt. Gestern habe ich den Kaiser in Saint-Cloud gesehen. Es ist noch nichts bekannt über die nächsten Schritte, die die französische Armee unternehmen soll. Es scheint jedoch, als würde man zu einer Offensive im Vorfeld des 3. Korps neigen.

In diesem Augenblick sagte Rouher* zu seinem Herrscher: »Dank Ihrer Umsicht, Sire, ist Frankreich bereit!«

Beinahe zeitgleich entdeckte man, dass nichts, nicht einmal ein Zehntel des Notwendigen, bereit war.

Während diese – zu jenem Zeitpunkt noch geheimen – Depeschen hin und her geschickt wurden, verschwand die Handvoll an den Grenzen verstreuter Männer unter der Überzahl von Wilhelms Soldaten.

40.000 Preußen trafen entlang den Ufern der Lauter auf einzelne Banden, die sie im Vorbeigehen zermalmten. Es war die Division von General Douay*.

In Froeschwiller wartete Mac-Mahon, der sich auf der einen Seite auf Reichshoffen, auf der anderen auf Elsanhaussen stützte, seelenruhig auf de Failly, der nicht kam, und er merkte nicht, dass preußische Soldaten nach und nach, immer eine Handvoll da und dort, ins Tal heraufschwappten. Das war das Heer von Friedrich von Preußen. Als es schließlich 120.000 Männer waren, die 400 Kanonen mit sich führten, griffen sie an, und sie durchstießen beide Flügel der Franzosen zugleich.

Mit seinen 40.000 Mann wurde Mac-Mahon also überrascht, und wie früher opferten sich seine Kürassiere*. Man spricht vom Gegenangriff von Reichshoffen.*

Am selben Tag die Niederlage des 2. Korps. Das Debakel kam schnell. Eine nach der anderen folgten die jämmerlichen Depeschen aufeinander.

> Unterdivisions-Kommandeur an Divisionskommandeur Metz
> Verdun, am 7. August 1870, 5 Uhr 45 Minuten abends
> Es fehlen in Verdun an Lebensmitteln: Wein, Schnaps, Zucker und Kaffee; Speck, getrocknetes Gemüse und frisches Fleisch, dringende Bitte, die 4.000 waffenlosen Mobilisierten zu versorgen.

Nichts konnte geschickt werden, wie Folgendes beweist:

> Proviantmeister, 6. Korps, an Kriegsministerium, Paris
> Lager von Châlons, am 8. August 1870, 10 Uhr 52 Minuten früh
> Ich erhalte vom Chefintendanten der Rheinarmee die Forderung, 500.000 Rationen Lebensmittel zu liefern.
> Ich habe nicht eine Ration, weder an Zwieback noch anderem Proviant, außer Zucker und Kaffee.

Folgende Erklärung von General Frossard* über die Gesamtsituation lässt keinen Zweifel offen:

.....

> Alles in allem hatten wir zu Beginn kaum 200.000 Mann, nach Eintreffen diverser Kontingente konnten wir 250.000 verzeichnen, aber nie mehr.
> Der oberste Generalstab spricht von 243.171 Männern am 1. August 1870.
> Die Ausstattung mit Material war unvollständig, die Bataillonskommandeure hatten keinerlei Kenntnisse über Schlachtpläne. Wir wussten nur, dass wir es mit etwa 250.000 Mann starken deutschen Streitkräften zu tun haben würden, die in sehr kurzer Zeit verdoppelt werden könnten.

In den *Forteresses françaises pendant la guerre de 1870* liest sich ein Beitrag des Oberstleutnants Prévost nicht minder bestürzend:

> Als man Preußen den Krieg erklärt hatte, besaß keine der an der deutschen Grenze liegenden Städte irgendwelche geeignete Bewaffnung. Es fehlte vor allem an Standwaffen: Neue Kanonen waren selten, auch fehlte es an Munition sowie an Lebensmitteln aller Art.

In den Werken des Generals de Palikao findet sich auch dieser Brief eines Offiziers:

> Als ich vor etwa 12 Tagen in Straßburg ankam, war ich betroffen von der Mangelhaftigkeit der Administration und der Artillerie. Man wird es kaum glauben, dass es in Straßburg, in diesem großen Arsenal des Ostens, unmöglich war, Nadeln, Scheiben und Zündhütchen für unsere Gewehre zu bekommen. Das Erste, was uns die Kommandanten der Mitrailleusenbataillone* sagten, war, dass man an Munition sparen sollte, denn es gäbe keine.
> Tatsächlich verließen die Männer der Mitrailleusenbataillone und andere auch in der Schlacht des 7. lange Zeit das Schlachtfeld, um vom Munitionslager, das selbst schon ziemlich leer war, Nachschub zu holen.
> Als wir am 6. den Befehl erhielten, eine Brücke zu sprengen, fand sich nirgends Schießbaumwolle, weder bei der Artillerie noch im Lager noch sonst wo.

Die Preußen enterten Frankreich zugleich über Nancy, Toul und Lunéville.

Friedrich marschierte bei der Verfolgung von Mac-Mahon auf Paris zu, wobei Letzterer eigensinnig und einfach gestrickt die Heilige Jungfrau von Auray beschwor, oder vielleicht betete er inbrünstig gemeinsam mit Eugénie, die diese Serie desaströser Niederlagen »ihren Krieg« nannte, zu irgendeiner andalusischen Madonna.

Der junge Bonaparte, den wir den kleinen Badingue nannten und den die alten Schachteln von vornherein Napoleon IV. hießen, klaubte albern Kugeln in den Feldern auf – nach der Schlacht –, in einem Alter, in dem während der Maitage so viele heldenhafte Kinder wie Männer kämpften.[31]

Hier vermischte sich das Groteske mit dem Grauenhaften.

31 Gemeint sind die Kinder, Straßenkinder, auch »verlorene Kinder«, »enfants perdus« genannt, die bei den Barrikadenkämpfen und im Feld für die Commune kämpften und vielfach ihr Leben ließen.

VII
Die Affäre von La Villette – Sedan

Wir rufen: Vorwärts, hoch die Republik!
Ganz Paris stimmt ein. Es erhebt sich ganz Paris,
Ganz Paris ergriffen, heroisch,
Fort spült mit seinen Blutströmen das Empire.
Die große Stadt war stumm.
Jedes Fenster geschlossen, die Straße leer.
Und wir, wir schrien voll Wut: Nieder mit den Preußen!
L. M.

Nur die Republik konnte Frankreich vor der Invasion retten, es von zwanzig Jahren Kaiserreich reinwaschen, die es ertragen hatte müssen, die Pforten, die noch von Leichenhaufen verschlossen wurden, ganz groß in die Zukunft öffnen.

Überall, in Montmartre, Belleville, im Quartier Latin, riefen revolutionäre Geister, und die Blanquisten am lautesten von allen, zu den Waffen.

Alle wussten von den Niederlagen, von denen die Regierung nur eine zugab: die des Gegenangriffs der Kürassiere.

Man wusste, dass alles, was vom Heer von Frossard übrigblieb, viertausend Leichen und ein Rest Gefangene waren.

Man wusste, dass die Preußen sich in Frankreich eingerichtet hatten. Aber je schrecklicher die Situation, umso größer der Mut aller. Die Republik würde die Wunden schließen und die Seelen befreien.

Die Republik! Es genügte nicht, für sie zu leben, man wollte in ihr sterben.

Mitten in diese Bestrebungen fiel am 14. August 1870 die Affäre von La Villette.

Vor allem die Blanquisten glaubten, die Republik ausrufen zu können, bevor das wurmstichige Kaiserreich von selbst zusammenfallen würde.

Man brauchte dafür Waffen, und da man nicht genug davon besaß, wollte man damit beginnen, die Feuerwehrkaserne zu stürmen, die sich auf dem Boulevard de La Villette, wie ich meine auf Nr. 141, befand und aus der man sich Waffen besorgen wollte.

Man sagte, ein Feuerwehrmann sei getötet worden. Er war nur verletzt worden und hatte es seitdem selbst bekanntgegeben. Der Posten war gut besetzt und gut bewaffnet. Von irgendwem alarmiert rückte die Polizei an und traf auf die Revolutionäre. Die aus Montmartre Kommenden sahen auf dem leeren Boulevard, an dem man die Fensterläden krachend dichtgemacht hatte, nur noch den Wagen mit Eudes* und Brideau* als Gefangene, umringt von Denunzianten und Dummköpfen, die »Auf die Preußen!« schrien.

Für dieses Mal war alles zu Ende, aber es würde neue Gelegenheiten geben.

Am 16. August wurde eine Art Vorteil, der in Borny von Bazaine* erkämpft worden war, bewusst von der Regierung aufgeblasen, damit sie ihn vor der Leichtgläubigkeit ihres Volkes hin und her wedeln konnte, dabei schien der Marsch der französischen Armee tatsächlich verlangsamt.

Die Kämpfe um Gravelotte, Rézonville, Vionville und Mars-la-Tour waren die letzten, bevor die beiden preußischen Heere sich zusammentaten, um die französische Armee in einem Halbkreis zu umzingeln.

Bald würde der Kreis sich schließen, doch die Regierung verkündete weiterhin nur Siege.

Diese Gerüchte erleichterten es, Eudes und Brideau zum Tode zu verurteilen.

Selbst einige Radikale nannten die beiden Helden von La Villette Banditen. Gambetta hatte zunächst ihre sofortige Exekution ohne Gerichtsurteil verlangt.

Einige Zeit lang stand das Komplott von La Villette auf der Tagesordnung einer entsetzten Bourgeoisie.

Aber es waren nicht nur die Revolutionäre, die die Situation und die Menschen richtig einschätzten.

Es gab selbst in der Armee einige republikanische Offiziere, unter anderem Nathaniel Rossel*, der an diesem selben 14. August, an dem man versucht hatte, in Paris die Republik auszurufen, seinem Vater folgenden im Nachlass aufbewahrten Brief schrieb:

> Seit Kriegsbeginn habe ich zahlreiche ziemlich seltsame Abenteuer erlebt, aber eine Sache, die dich erstaunen wird, ist die, dass ich nie an die Front geschickt worden bin. Ich bin einige Male dort gewesen, aber aus eigenem Antrieb, und nur wenigen Gefahren ausgesetzt gewesen.
>
> In Metz erkannte ich schnell, wie unfähig unsere Chefs, Generäle und Generalstabsmitglieder sind. Eine Unfähigkeit, gegen die kein Kraut gewachsen ist und die von der ganzen Ar-

mee zugegeben wird, und da ich es gewohnt bin, meine Schlussfolgerungen in die Tat umzusetzen, träumte ich von den Mitteln, noch vor dem 14. die ganze Bande hinauszuwerfen.

Mir war dazu einiges eingefallen, das nicht undurchführbar gewesen wäre. Ich erinnere mich an abendliche Spaziergänge mit meinem Kameraden X, einem großmütigen und resoluten Geist, der von meinen Ideen sehr angetan war. Wir schlenderten vor diesen lauten Hotels in der Rue des Clercs auf und ab, die zu jeder Zeit voller Pferde, Wagen, paillettenbesetzter Versorgungsoffiziere und dem ganzen Tumult eines frechen und wohllebenden Generalstabs stehen. Wir prüften die Eingänge, wie die Türen platziert waren und wie wir mit fünfzig resoluten Männern diese Lumpen entführen könnten. Wir suchten die fünfzig Männer und fanden nicht einmal zehn.

Gegen Abend des 14. August sahen wir von der Stadtmauer von Serpenoise aus den ganzen Horizont von Saint-Julien bis Queuleu hell erleuchtet vom Schlachtfeuer. Am 16. hatte die Armee die Mosel überquert und fand sich vor dem Feind wieder. Sobald ich Ausgang hatte, kamen Züge von Verletzten an, eine große Schlacht ankündigend. Zu Pferd eilte ich über Moulins und Châtel bis zum Plateau von Gravelotte, wo ich einem Teil der Kampfhandlungen assistierte, gleich neben einer Stellung von Mitrailleusen, die hervorragend geführt wurde (ich habe den Hauptmann dieser Abteilung einmal noch, nämlich am Tag der Kapitulation, wiedergesehen).

Am 18. begab ich mich abends erneut zum Schlachtfeld, wo ich General Grenier begegnete. Er hatte seine Division verloren, die sich seelenruhig die Beine vertrat, da sie sieben Stunden ohne Ablösung gekämpft hatte. Am nächsten Tag war die Blockade abgeschlossen.

Ich war weiterhin auf der Suche nach Feinden dieser unfähigen Generäle.

Am 31. August und am 1. September versuchten sie, eine Schlacht zu schlagen, und wussten doch nicht, wie sie ihre Truppen hinführen sollten.

Der unselige Lebœuf versuchte, so sagt man, sich töten zu lassen, aber es gelang ihm in seiner Dummheit nur, viele brave Leute um ihr Leben zu bringen.

Am Abend des 31. begab ich mich zum Fort von Saint-Julien, um die Schlacht zu sehen, und am nächsten Tag, den 1. September, traf ich in den hintersten Reihen des Schlachtfeldes

Saillard, den Kommandanten der Schwadron, der mit zwei Stellungen darauf wartete, den Kampf aufzunehmen.

Selten habe ich ein größeres Herzeleid empfunden wie in diesen Momenten, als ich sah, wie die letzten Chancen, die uns blieben, auf so schändliche Weise vertan wurden, denn jedes Mal, wenn gekämpft wurde, fasste ich neuen Mut.

Aus der Hinterlassenschaft von ROSSEL,
von JULES AMIGUES gesammelt

War es nicht seltsam, dass diese einander völlig unbekannten Männer gleichzeitig und zur selben unheilvollen Stunde, in der die Despoten ihr Werk vollendeten, ihren Traum erfüllen wollten – die einen, indem sie die Republik und die Freiheit ausrufen, die anderen, indem sie die Armee von den frechen Lebemännern des Generalstabs säubern wollten?

Während per Depesche Sieg um Sieg verkündet wurde und Niederlagen verschwiegen wurden, hätte man Eudes und Brideau hingerichtet, wenn die Exekution nicht durch einen Brief von Michelet verschoben worden wäre, auf dem tausende Unterschriften gegen diese kriminelle Maßnahme protestierten.

So groß aber war die Furcht, die sich in dieser letzten Phase der kaiserlichen Agonie über Paris legte, dass jene, die zuerst ihre Unterschrift mit Begeisterung gegeben hatten, sie nun zurückforderten (denn, so sagten sie, ihr eigener Kopf sei in Gefahr).

Da es immer noch vor allem um den Kopf unserer Freunde Eudes und Brideau ging, gebe ich gern zu, dass ich keine einzige dieser Unterschriften, die mir anvertraut worden waren, zurückzugeben gedachte.

Adèle Esquiros, André Léo* und ich wurden beauftragt, den umfangreichen Akt zum Gouverneur von Paris zu tragen – das war der General Trochu*.

Es war nicht leicht, zu ihm vorzudringen, aber man hatte zu Recht auf den weiblichen Wagemut gezählt.

Je mehr uns gesagt wurde, dass es unmöglich sei, zum Gouverneur durchzukommen, umso weiter schoben wir uns vor.

Es gelang uns, eine Art Vorzimmer zu stürmen, in dem Bänke die Wände säumten.

In der Mitte stand ein mit Papieren beladenes Tischchen. Hier warteten üblicherweise diejenigen, die den Gouverneur sehen wollten. Wir waren allein.

Man hoffte, uns höflich verjagen zu können, aber wir setzten uns auf eine der Bänke und erklärten, dass wir im Namen des Volkes von Paris gekommen seien, um Trochu persönlich Papiere zu überreichen, von denen er wissen sollte.

Diese Worte »Im Namen des Volkes« ließen die Leute ein wenig nachdenken und man wagte es nicht, uns hinauszuwerfen, sondern versuchte, uns mit sanfter Güte dazu zu bewegen, die Unterlagen auf den Tisch zu legen. Das aber erreichte man von uns nicht.

Einer der Anwesenden entfernte sich und kam mit einem Individuum zurück, das, wie man uns erklärte, Trochus Sekretär wäre.

Der Mann verhandelte mit uns, versicherte, dass er in Trochus Abwesenheit den Befehl hatte, die an den General gerichteten Dinge zu übernehmen. Er war bereit, die Übernahme der Unterlagen in einem Buch zu bestätigen, und wir übergaben sie ihm, nachdem er uns nachweislich davon überzeugt hatte, dass er uns nicht betrügen wolle.

Dieser Sekretär schien unseren Anliegen nicht feindlich gesonnen und er fand unsere Sicherheitsvorkehrungen nur natürlich.

Die Zeit drängte und obwohl der Sekretär uns versichert hatte, dass der Gouverneur von Paris großen Respekt vor dem Willen des Volkes hätte, lebten wir in ständiger Furcht, plötzlich erfahren zu müssen, dass die Hinrichtung in einem Anfall von kaiserlichem Delirium doch durchgeführt worden sei.

Die Franzosen zogen sich nach Sedan zurück, als klar wurde, dass ein Teil der deutschen Armee die Meuse herunterkam.

Diese Sache kann man im offiziellen Bericht des Generals Ducrot nachlesen, der nur tot oder siegreich heimkehren wollte, aber weder das eine noch das andere wahrmachte: »Dieser Ort Sedan war strategisch wichtig, denn er verband alle anderen Orte über Mézières und Huson und stellte daher die einzige Möglichkeit für eine im Norden bei Metz operierende Armee dar, an Nachschub zu gelangen. Dieser Ort war ungeschützt und hatte keinerlei Nahrungsmittel, Munition oder anderen Proviant. Manche Kanonen hatten noch dreißig Schuss, andere nur sechs, den meisten fehlte es aber an Kanonenbürsten.«

Am 1. September wurden die Franzosen von der deutschen Artillerie, die die Anhöhen besetzt hielt, eingekesselt und wie in einem Mörser zerstoßen.

Zwei Generäle fielen: Treillard wurde getötet, Margueritte tödlich verletzt.

Da hetzte Bauffremont* auf Befehl von Ducrot alle Divisionen auf die preußische Armee.

Es waren das 1. Regiment der Husaren und das 6. der Jäger aus Tillards Brigade sowie das 1., 2. und 4. der afrikanischen Jäger aus der Brigade von Margueritte.

Es war schrecklich und schön, und man nennt es die Schlacht von Sedan. Der Eindruck, den sie hinterließ, war so groß, dass der alte Wilhelm ausrief: »Oh, die tapferen Leute!«

So umfassend war das Schlachten, dass die Stadt und die umliegenden Felder von Leichen bedeckt waren.

Mit diesem Blutsee hätten die Kaiser von Frankreich und von Deutschland ihren Durst wohl stillen können.

Am 2. September sang das siegreiche Heer, im Abendnebel auf den Anhöhen stehend, einen Lobgesang, mit dem es dem Gott der Armeen dankte, dessen Gnade Bonaparte und Trochu ebenfalls erflehten.

Die melodischen deutschen Stimmen schwebten träumend und unbewusst über dem vergossenen Blut.

Napoleon III. verwarf die Aussichten, die aus der Verzweiflung erwachsen wären, er ergab sich und mit ihm 80.000 Männer, ihre Waffen, die Fahnen, 100.000 Pferde sowie 650 Kanonen.

Das Kaiserreich war fertig und so tief begraben, dass nichts davon je wieder zurückkehren kann. Der Dezembermann, der als Mann von Sedan endete, zog die gesamte Dynastie mit sich fort.

Es ist für immer erledigt. In Zukunft wird man nur noch in der Asche der kaiserlichen Legende stochern können.

Auf dem Hügel von Sedan zieht, einem Geisterflug gleich, der kaiserliche Festzug vorbei, und die Offenbach'schen Götter begleiten ihn mit den spöttischen Klängen der »Schönen Helena«*. Zugleich steigt schemenhaft das Meer der Toten empor.

Seitdem hat man Galliffet* die Taten von Bauffremont[32] zugesprochen, um das unvergessliche Schlachten von Paris[33] etwas kleiner zu reden. Wir wissen, dass Galliffet in Sedan war, da er Marguerittes weiß gefiederten Hut aufhob; es ändert aber nichts am Blut, in dem er badete und das er niemals abwaschen wird können.

Die Gefangenen von Sedan wurden nach Deutschland gebracht.

Sechs Monate danach räumte die Kommission zur Sanierung der Schlachtfelder die Gräben auf, in denen die Toten eilig gestapelt worden waren. Man goss Pech über sie und zündete das ganze mithilfe von Lärchenholz an. Damit auch alles verbrenne, warf man auf die Überreste ungelöschten Kalk. In diesen Jahren war ungelöschter Kalk ein furchtbarer Menschenfresser.

32 Übersetzt auf der Basis von Wikipdia.fr.

33 Gemeint ist das spätere Massaker an Kommunarden und Zivilisten in den Maitagen der Commune und danach.

WILHELM I. KÖNIG VON PREUSSEN

GROSSER
SIEG D.
DEUTSCHEN
1870
ÜBER DIE
FRANZOSEN

Preußische Truppen während der Belagerung von Paris

2

DIE REPUBLIK DES 4. SEPTEMBER

I
Der 4. September

Freunde, unter dem verfluchten Empire
Wie schön war da die Republik!
L. M., Chanson des geôles

Durch den Schrecken hindurch, den das Kaiserreich einflößte, verbreitete sich der Gedanke, es gehe dem Ende zu, in ganz Paris, und wir träumten voller Begeisterung von der sozialen Revolution, die wir uns so ideal vorstellten, wie wir nur konnten.

Die, die früher »Auf nach Berlin« gebrüllt hatten, äußerten nun feige Bemerkungen zu Gunsten einer Kapitulation, obwohl sie zugleich daran festhielten, dass die französische Armee überall siegreich wäre. Wir stopften ihnen das Maul, indem wir versicherten, dass Paris lieber sterben würde als aufzugeben und dass jeder, der den Gedanken an eine Kapitulation verbreiten wolle, in die Seine geworfen werde. Sie beschlossen, ihr Kriechertum anderswo auszuleben.

Am Abend des 2. September ließen uns Gerüchte irgendwelcher Siege, aus verdächtiger Quelle, nämlich von der Regierung kommend, befürchten, alles sei verloren.

Eine bewegte Volksmenge füllte tagsüber die Straßen und wurde nachts noch größer.

Am 3. fand in der Gesetzgebenden Versammlung eine Nachtsitzung statt, die auf Drängen von Palikao einberufen worden war, der zugab, dass ernste Depeschen vorlagen.

Die Place de la Concorde war voller Menschengruppen, andere folgten den Boulevards und unterhielten sich mit ernster Miene: Angst lag in der Luft.

Seit dem frühen Morgen erzählte ein junger Mann fassungslos, was er als einer der Ersten auf dem Regierungsaushang lesen hatte müssen. Sofort umringten ihn Menschen, die »Auf die Preußen!« riefen, und man führte ihn auf den Polizeiposten von Bonne-Nouvelle, wo ein Beamter sich auf ihn stürzte und ihn dabei tödlich verletzte.

Ein anderer, der versicherte, dass er auf diesem Plakat soeben von der Katastrophe erfahren hatte, wurde auf der Stelle niedergeschlagen, als einer der Angreifer, ein Gutgläubiger, zufällig die Augen auf die Kundmachung richtete, die in diesem Moment ganz Paris verblüffte:

> Der Ministerrat an das französische Volk
> Ein großes Unglück ist über unsere Heimat hereingebrochen. Nach drei Tagen heroischer Kämpfe seitens der Armee von Marschall Mac-Mahon gegen dreihunderttausend Feinde wurden vierzigtausend Männer gefangen genommen.
> General Wimpfen, der den *schwer verletzten* Marschall Mac-Mahon an der Spitze der Armee abgelöst hat, unterschrieb eine Kapitulation: Dieser grausame Rückschlag wird unseren Mut nicht erschüttern.
> Paris muss nun verteidigt werden, die Streitkräfte des Landes organisieren sich, in wenigen Tagen wird eine neue Armee vor den Mauern von Paris stehen.
> Ein weiteres Heer formiert sich gerade an den Ufern der Loire.
> Euer Patriotismus, eure Einigkeit und eure Kraft werden Frankreich retten.
> Während der Kämpfe wurde der Kaiser gefangen genommen.
> Die Regierung ergreift in Abstimmung mit den Staatsorganen alle Maßnahmen, die dem Ernst der Lage angemessen sind.
> Der Ministerrat,
> GRAF VON PALIKAO, HENRI CHEVREAU, ADMIRAL RIGAULT DE GRENOUILLY, JULES BRAME, LATOUR-D'AUVERGNE, GRANDPERRET, CLÉMENT DUVERNOIS, MAGNE, BUSSON, BILLOT, JÉRÔME DAVID

Wie geschickt diese Kundmachung auch formuliert war, es glaubte niemand daran, dass das Kaiserreich die Kapitulation einer Armee mit ihren Kanonen, ihren Waffen, ihrer Ausrüstung, kurz allem, was sie brauchte, um zu kämpfen und zu siegen, überleben würde.

Paris hielt sich nicht damit auf, sich Sorgen um Napoleon III. zu machen. Die Republik existierte, bevor sie ausgerufen war.

Höher bewertet als die Niederlage, die dem Kaiserreich zur Last gelegt wurde, ließ die Nennung der Republik die Gesichter leuchten und die Zukunft breitete sich glanzvoll aus.

Ein menschliches Meer füllte die Place de la Concorde.

Ganz hinten standen kampfbereit die letzten Verteidiger des Kaiserreichs, Stadtwachen und Stadtpolizisten, die meinten, der Disziplin des Staatsstreichs von '51* Folge leisten zu müssen, aber alle wussten, dass sie diesen nicht mehr von den Toten auferstehen lassen konnten.

.....

Gegen Mittag kamen durch die Rue Royale bewaffnete Nationalgardisten an.

Vor diesen formierten sich die Stadtwachen mit gezücktem Säbel zu einem dichten Bataillon. Sie zogen sich mit den Stadtpolizisten zurück, als die Nationalgardisten mit bajonettbewehrten Gewehren vorrückten.

Da erhob sich ein Schrei aus der Menge, stieg zum Himmel empor, als hätte der Wind ihn verbreitet: »Vive la République!«

Die Stadtpolizei und die Stadtwachen umringten die Gesetzgebende Versammlung, aber die Menge drang bis zu den Toren vor und rief: »Vive la République!«

Die Republik! Es war wie eine Vision, wie ein Traum! Sollte sie jetzt tatsächlich kommen?

Die Säbel der Stadtpolizisten fliegen in die Luft, die Gitter zerbrechen, die Menschenmenge und die Nationalgarden stürmen die Gesetzgebende Versammlung.

Bis hinaus hört man den Lärm der Diskussionen, ab und zu unterbrochen durch den Ruf: »Vive la République!« Die es bis hinein geschafft haben, werfen Zettel mit den Namen, die man für die provisorische Regierung vorgeschlagen hat, beim Fenster hinaus.

Die Menschenmenge singt die Marseillaise. Aber das Kaiserreich hat sie entweiht und wir, die Aufständischen, wir sagen sie nicht mehr auf.

Das Lied vom »Gevatter« kommt von irgendwo daher und zerschneidet die Luft mit seinem vibrierenden Refrain:

Bonhomme, bonhomme,
Schärf deine Sense flott!

Wir fühlen, dass wir selbst die Revolte sind, und wir wollen sie.

Immer noch werden Namen herumgereicht, bei manchen, wie bei Ferry*, wird gemurrt, andere sagen: »Egal, da wir jetzt die Republik haben, werden wir die austauschen, die nichts wert sind.« Es sind die Regierenden, die die Listen schreiben. Auf der letzten stehen Arago, Crémieux*, Jules Favre, Jules Ferry, Gambetta, Garnier-Pagès, Glais-Bizoin, Eugène Pelletan*, Ernest Picard, Jules Simon und Trochu, Gouverneur von Paris.

Die Menge ruft: »Rochefort!« Man setzt ihn auf die Liste, es ist jetzt die Volksmenge, die das Sagen hat.

Wieder erhebt sich ein Schrei beim Rathaus! So schön es in der Gesetzgebenden Versammlung war, noch viel schöner ist es draußen! Die Menge wälzt sich zum Rathaus: Sie erlebt gerade ihre Tage des Ruhms.

Die provisorische Regierung ist schon hier. Ein Einziger trägt die rote Schärpe, es ist Rochefort, der gerade aus dem Gefängnis kommt.

Weitere Rufe: »Vive la République!«

Wir atmen die Befreiung, so glauben wir.

Rochefort, Eudes, Brideau und vier Unglückliche, die wegen falscher Aussagen von Polizeispitzeln für die Affäre von La Villette (von der sie nichts wussten) verurteilt worden waren, wurden ebenso wie die Verurteilten des Blois-Prozesses und einige andere, die man unter dem Kaiser verfolgt hatte, in die Freiheit entlassen.

Am 5. September warteten Blanqui*, Flotte, Rigaud, Th. Ferré, Breullé, Granger, Verlet (Henri Place), Ranvier* und alle anderen auf das Erscheinen von Eudes und Brideau, für die Eugène Pelletan die Entlassungspapiere aus dem Gefängnis Cherche-Midi unterschrieben hatte.

Wir glaubten, mit der Republik Sieg und Freiheit errungen zu haben.

Wer davon gesprochen hätte zu kapitulieren, wäre zermalmt worden.

Paris zog unter der Septembersonne fünfzehn Befestigungen auf, die von mutigen Matrosen bewachten Kriegsschiffen glichen. Welches Heer würde es wagen, sie zu entern?

Außerdem gäbe es keine lange Belagerung, vielmehr jede Menge Ausfälle: Das war nicht mehr Badingue, das war die Republik!

Die universelle Republik
Erhebt sich in den flammenden Himmel,
Legt schützend ihren Flügel über alle Völker
Wie eine Mutter über ihre Kinder.

Im Orient wird hell der frühe Morgen!
Das Morgenrot der ungeheuer großen nächsten 100 Jahre,
Auf! Warum noch schlafen!
Auf, Volk, sei stark und groß!

Die Regierung[34] schwor, dass wir uns niemals ergeben würden.

Jeder zeigte den guten Willen, sich bis zum Tod hinzugeben, und wir hätten gern tausend Leben gehabt, um sie alle zu opfern.

Die Revolutionäre waren überall, vervielfältigten sich. Wir fühlten eine ungeheure Lebenskraft und es schien, als wären wir selbst die Revolution.

34 Die republikanische Übergangsregierung.

Wir sangen eine lebendige Marseillaise statt jener, die vom Kaiserreich entweiht worden war.

»Es wird nicht dauern«, sagte der alte Miot, der sich an '48 erinnerte.

Eines Tages schloss Jules Favre uns, Rigaud, Ferré und mich, vor dem Tor des Rathauses fest in seine Arme und nannte uns seine lieben Kinder.

Ich kannte ihn seit Langem. Er war wie Eugène Pelletan Präsident der Gesellschaft für Grundschulpädagogik gewesen und in der Rue Hautefeuille, in der die Kurse stattfanden, rief man lang vor dem Ende des Kaiserreichs: »Es lebe die Republik!«

An all diese Dinge dachte ich während jener Maitage in Satory vor der blutigen Lache, in der die Sieger ihre Hände wuschen, dem einzigen Wasser, das die im Regen, im blutigen Schlamm des Lagerhofes liegenden Gefangenen zu trinken bekamen.

II
Die nationale Reform

Freunde, es geht zur Republik.
Der alte Schatten vergeht.
Auf, 's ist die Stunde der Kühnheit,
Stark ist, wer den Tod nicht scheut.
L. M., Respublica

War es denn die Macht, die die September-Männer derart veränderte?

Sie, die dem Kaiserreich stolz getrotzt hatten, schreckten entsetzt vor der Revolution zurück.

Sie weigerten sich, vor dem Abgrund, den es zu überspringen galt, Anlauf zu nehmen. Sie versprachen, schworen, betrachteten die Situation, in der sie ewig ausharren wollten, von allen Seiten. Mit ganz anderen Gefühlen verstanden auch wir.

Wilhelm kam näher, umso besser! Paris würde den Feind wie ein Gewittersturm überrennen, die Invasion niederwalzen! Die Provinzheere würden dazustoßen, hatten wir nicht die Republik?

Nachdem der Frieden zurückerobert wäre, wäre die Republik keine kriegerische mehr, keine, die anderen Völkern aggressiv begegnen würde. Die Internationale würde die Welt erfüllen und mit ihr das lodernde Feuer des sozialen Germinal*.

In der tiefen Überzeugung, eine Pflicht zu erfüllen, verlangten wir Waffen, die die Regierung uns versagte. Vielleicht fürchtete sie die Bewaffnung revolutionärer Kräfte, vielleicht waren wirklich zu wenig Waffen vorhanden; man versprach, das war alles. Die Preußen rückten immer näher, so weit vor, dass die Eisenbahn nach Paris eingestellt wurde, näher, immer näher.

Gleichzeitig mit den Pressemeldungen über die heranrückenden Preußen beruhigte eine offizielle Notiz über die Vorratsbestände die Menge.

In den verschiedenen Parks wie dem Luxembourg oder dem Bois de Boulogne starben 200.000 Schafe, 40.000 Rinder, 12.000 Schweine, dicht gedrängt vor Hunger oder Trostlosigkeit, die armen Tiere! Aber sie gaben sichtbare Hoffnung für jene, die sich ängstigten.

Die Mehlbestände aller Bäcker zusammengenommen zählten mehr als 500.000 Doppelzentner, 10.000 Doppelzentner Reis, weitere 10.000 an Kaffee, 30.000 bis 40.000 an Pökelfleisch, nicht mitgerechnet die enorme Menge an Lebensmitteln, die Spekulanten hereinbrachten, welche die Preise verhundertfachten. Im äußersten Fall wären sie sicher mit den anderen Nahrungsmitteln für die Allgemeinheit aufgegangen.

Die Bahnhöfe, die Hallen, alle öffentlichen Gebäude waren voll.

Unter der neuen Oper, an der die größten Arbeiten gerade fertiggestellt waren, ließ der Architekt Garnier die Betondecke, auf der die Grundmauern ruhten, anbohren, so dass ein Bach, der von Montmartre herunterkam, hindurchfließen konnte: Wir würden Wasser haben.

Es wäre besser gewesen, wenn es an allem gefehlt hätte. Ein Provisorium in den ersten Tagen hätte den heldenhaften Schwung von Paris nicht behindert und man hätte die Invasion noch aufhalten können.

Die Bürgermeister[35] einiger Bezirke von Paris hielten sich Seite an Seite mit dem Pariser Volk: Malon in Batignolles, Clemenceau* in Montmartre zeigten sich offen revolutionär.

Die Bürgermeisterei von Montmartre mit Jaclard, Dereure und Lafont als Clemenceaus Adjudanten ließ die Reaktion zeitweilig erzittern.

Sie beruhigte sich bald wieder, denn der höchste Stolz und der größte Mut erübrigten sich unter dem alten Mahlwerk des Kaiserreichs, mit dem man unter neuem Namen fortgesetzt die Entrechteten zermalmte.

Die Preußen gewannen Land, am 18. September standen sie an den Befestigungen, am 19. richteten sie sich auf dem Plateau von Châtillon ein. Aber statt sich zu ergeben würde Paris wie einst Moskau brennen.

Es begannen Gerüchte zu kursieren, in welchen vom Verrat der Regierung gesprochen wurde. Sie war nur unfähig. Die Macht vollstreckte ihr ewiges Werk und sie wird es so lange tun, wie sie auf der Seite der Privilegien steht.

Es kam der Augenblick, in dem es niemanden überrascht hätte, wenn die Regierenden die Mündungen ihrer Kanonen auf die Revolutionäre gerichtet hätten.

35 Hier und im Folgenden wird mit »Bürgermeister« der Bezirksvorsteher oder Gemeinderatsvorsitzende eines Bezirks von Paris bezeichnet. Da von »maires« und »mairies« die Rede ist, was Bürgermeister bzw. Bürgermeisterei heißt, wird in der Übersetzung der entsprechende Begriff beibehalten.

Je mehr aber die Situation sich verschlechterte, umso stärker wuchs die Leidenschaft für den Kampf.

So umfassend war der Elan, dass alle die Notwendigkeit empfanden, die Situation zu beenden.

Selbst der *Siècle** veröffentlichte am 5. September einen Artikel mit der Überschrift »Appell an die Wagemutigen«, der folgendermaßen begann:

> Wir rufen die Wagemutigen. Unter schwierigen Bedingungen braucht es schnelle Intelligenz und noch nicht dagewesene Kühnheit.
>
> Wir rufen die Jungen. Die Kühnen, die undiszipliniert Waghalsigen sind unsere Männer. Idee und Handlung müssen frei sein. Lasst euch nicht mehr behindern, weg mit den Vorschriften, entledigt euch jetzt und für immer der alten Fesseln und Ketten: Dies ist der Rat, den unser Freund Joigneaux vor Kurzem äußerte, und dieser Rat ist die Rettung.
>
> LE SIÈCLE am 7. September 1870

Die Wagemutigen kamen in großen Scharen und man musste sie nicht erst rufen, es war ja die Republik! Doch bald war durch das langsame Schalten der Behörden, derselben wie unter dem Kaiserreich, alles gelähmt.

Nichts hatte sich geändert, da die Räderwerke nur andere Namen hatten, sie waren Masken, das war alles.

Die falschen Zahlen über Munition, über Lieferungen, die nur auf dem Papier existierten, der Mangel an allem, was für den Kampf am allerwichtigsten gewesen wäre, die skandalösen Gewinne der Lieferanten, die unzureichende Bewaffnung zeigten ohne Zweifel: Es war dasselbe.

Der Kriegsminister gab zu, dass das einzige vollständig bewaffnete Bataillon das der Angestellten der Ministerien sei.

General Guyard hatte über die Hinterlader gesagt: »Lassen Sie mich mit diesem Unsinn in Ruhe!« Doch die schlechtesten unter ihnen hätten dem verzweifelten Elan von Männern gut genug genutzt, die entschlossen waren, ihre Freiheit zurückzuerobern.

Der allzu argwöhnische Félix Pyat (den man dafür bezahlte) und die, die den Junitagen und dem Dezemberputsch entkommen waren, sahen die Tage wieder vor sich, die sie bereits erlebt hatten. Die Revolutionäre, die hofften, siegen zu können, wenn sie an der Regierung vorbei handelten, wandten sich in Wachsamkeitskomitees und in Klubs vor allem an das Volk von Paris.

Straßburg, das am 13. August eingeschlossen worden war, hatte sich am 18. September noch nicht ergeben. Da wir an diesem Tag in Paris noch angespannter waren, weil wir den Todeskampf von Straßburg fühlten, das nicht sterben wollte, gefiel einigen von uns, vor allem Frauen, die Idee, uns zu bewaffnen und uns durch alle Fronten durchzuschlagen, um Straßburg bei der Verteidigung zu helfen oder mit ihm unterzugehen.

Auf dem Weg zum Rathaus rief unsere kleine Gruppe laut: »Nach Straßburg! Nach Straßburg! Freiwillige für Straßburg!«

Auf Schritt und Tritt kamen neue Demonstranten hinzu, Frauen und junge Leute, die meisten Studenten.

Bald waren wir eine beträchtliche Masse.

Auf den Knien der Statue von Straßburg lag offen ein Buch, in dem wir zum Zeichen unseres freiwilligen Engagements unsere Unterschrift setzten.

Von dort bewegten wir uns schweigend zum Rathaus, schon waren wir wie eine kleine Armee.

Es waren einige Lehrerinnen aus der Rue du Faubourg-du-Temple gekommen, die ich seither wiedergesehen habe. Zum ersten Mal traf ich Madame Vincent, die vielleicht von dieser Demonstration die Idee von Frauenzusammenschlüssen beibehielt.

André Léo und ich wurden beauftragt, Waffen zu besorgen.

Zu unserem großen Erstaunen empfing man uns ohne Schwierigkeiten und wir glaubten, man würde unsere Forderung erfüllen, als man uns in einem großen Saal einschloss, in dem es nur Bänke gab.

Es waren bereits zwei Gefangene da: ein Student, der zu den Demonstranten gezählt hatte, und eine alte Frau, die man festgenommen hatte, als sie mit ihrem gerade eben gekauften Ölkännchen den Platz überqueren wollte. Sie wusste nicht, warum sie hier war, und ebenso wenig wussten es diejenigen, die sie geschnappt hatten. Sie zitterte so stark, dass das Öl rund um sie herumspritzte und ihr Kleid durchtränkte.

Nach drei oder vier Stunden kam ein Oberst herein, um uns zu befragen, aber wir wollten nicht antworten, bevor man die arme Alte frei ließ. Sowohl ihr Entsetzen wie auch das Ölkännchen, das in ihren Händen hin und her schwankte, bewiesen zur Genüge, dass sie nicht demonstriert hatte.

Schließlich einigten wir uns und sie verließ den Raum auf zitternden Beinen, das Kännchen fest umklammernd, aus dem das Öl sich immer noch ringsum verteilte.

Nun schritt man zu unserer Befragung und als wir die Gelegenheit beim Schopf packten, Waffen für unser Freiwilligenbataillon zu fordern, rief der Offizier, der uns nicht zu verstehen schien, ganz dumm: »Was kann Ihnen das schon ausmachen, wenn Straßburg draufgeht? Sie sind doch nicht dort!«

Er war ein dicker Mann mit regelmäßigen und blöden Gesichtszügen, breiten Schultern, der breitbeinig vor uns stand, ein golden gestreiftes Exemplar von einem Oberst.

Es gab keine Antwort auf das, was er gesagt hatte, als ihm direkt ins Gesicht zu starren.

Als ich die Nummer, die auf seiner Kappe stand, laut vorlas, begriff er vielleicht, was er gerade von sich gegeben hatte, und ging.

Einige Stunden später ließ ein Regierungsmitglied, das aus dem Rathaus eingetroffen war, den Studenten, André Léo und mich frei. Die Demonstration war halb durch Gewalt, halb durch Lügen aufgelöst worden.

An diesem Tag fiel Straßburg.

Es wurde viel von der Loire-Armee gesprochen; Wilhelm, so erzählte man sich, würde zwischen dieser Armee und einem formidablen Ausfall der Pariser eingekeilt werden.

Aber das Vertrauen in die Regierung wurde von Tag zu Tag geringer und man hielt sie für unfähig, wie übrigens jede Regierung, aber man rechnete mit der Kraft der Pariser Bevölkerung.

In der Zwischenzeit übte jeder in irgendwelchen Baracken das Schießen. Ich für meinen Teil war richtig gut geworden, was wir später in den Marscheinheiten der Commune feststellen konnten.

Paris wachte in Verteidigungsstellung.

Der föderative Rat der Internationalen tagte in der Corderie du Temple. Hier versammelten sich die Delegierten der verschiedenen Klubs und so bildete man das Zentralkomitee der zwanzig Bezirke, von dem aus wiederum in jedem Bezirk Wachsamkeitskomitees agierten, die aus glühenden Revolutionären zusammengesetzt waren.

Eine der ersten Handlungen des Zentralkomitees bestand darin, der Regierung den Willen von Paris vorzulegen. Dieser war in wenigen Worten auf einem roten Plakat ausgedrückt, welches im Zentrum der Stadt von den Ordnungskräften zerrissen, in den Vororten jedoch bejubelt wurde, während die Regierung es dumm als Werk preußischer Agenten ansah, was sich in ihren Reihen mittlerweile zur Obsession auswuchs. Hier nun der Text des Plakats:

MASSENAUFGEBOT!
BESCHLEUNIGUNG DER ALLGEMEINEN BEWAFFNUNG!
RATIONIERUNG!

Unterzeichnet hatten Avrial, Beslay*, Briosne, Chalain, Combault, Camélinat, Chardon, Demay, Duval, Dereure, Frankel, Th. Ferré, Flourens, Johannard, Jaclard, Lefrançais*, Langevin, Longuet, Malon, Oudet, Pottier*, Pindy, Ranvier, Régère, Rigaud, Serrailler, Tridon, Theisz, Trinquet, Vaillant, Varlin und Vallès.

Als Antwort auf dieses Plakat, das wirklich den Willen von Paris ausdrückte, verbreitete man, wie im Kaiserreich, Siegesgerüchte und kündigte das Nahen der Loire-Armee an.

Es war jedoch nicht diese, die kam, sondern die Nachricht über die Niederlage von Bourget und die Kapitulation von Metz unter Maréchal Bazaine, der damit eine Position mit Befestigungen, Munition und 100.000 Männern dem Feind überließ, die dieser niemals zuvor erreicht hatte, so dass der gesamte Norden und Osten verteidigungslos blieben.

Am 4. September, als André Léo und ich durch Paris liefen, erzählte uns eine Dame, die uns in ihren Wagen eingeladen hatte, dass die Armee keine Vorräte, keine Munition, nichts mehr hätte. Sie beeilte sich, der Anklage, die man später, nach der Einnahme von Metz, gegen Bazaine erhob, zuvorzukommen und versicherte, er würde Frankreich niemals verraten. Es war seine Schwester.

Vielleicht war er ja mehr Feigling als Verräter, das Resultat war dasselbe.

Am 27. Oktober veröffentlichte die Zeitung *Le Combat* von Félix Pyat die Nachricht, Metz sei gefallen. Er schrieb, die Nachricht käme aus sicherer Quelle, denn sie kam von Rochefort, den der Wille des Volkes am 4. September in die Regierung gehoben hatte und der nicht schweigen konnte, ohne seine Leute zu verraten. Er hatte die Nachricht Flourens, dem Kommandanten der Bataillone von Belleville, zukommen lassen.

Dieser hatte sie an Félix Pyat weitergegeben, der sie im *Combat* veröffentlichte.

Die Nachricht wurde alsbald dementiert und die Druckmaschinen des *Combat* wurden von den Ordnungshütern zerstört, aber jeder Augenblick brachte neue Beweise, denn auch Pelletan[36] hatte das Schweigen über die Kapitulation von Metz gebrochen.

Die anderen Mitglieder der Nationalen Verteidigung waren wie hypnotisiert von ihrem bösen Geist, dem Zwerg Foutriquet*, der in Paris ankam, nachdem er an allen Höfen Europas die Kapitulation angekündigt hatte. Seine Anhänger leugneten weiterhin, in Panik sowohl vor der Niederlage wie auch vor dem Volkszorn.

36 Eugène Pelletan war seit 4. September Mitglied der Regierung der nationalen Verteidigung.

Im *Journal officiel* erschien eine Meldung, wonach Félix Pyat sich vor dem Kriegsgericht zu verantworten habe. Hier ist die Notiz vom 28. Oktober 1870:

> Die Regierung lässt es sich nicht nehmen, die Pressefreiheit hochzuhalten, auch wenn dies in einer belagerten Stadt zu Unannehmlichkeiten führen mag. Sie hätte diese Freiheit im Namen des öffentlichen Wohls aufheben oder zumindest beschränken können.
>
> Sie will sich stattdessen an die öffentliche Meinung, ihre wahre Kraft, richten. Ihr will sie die abscheulichen Zeilen vorlegen, die hier folgen und die in der Zeitschrift *Le Combat* unter der Leitung von M. Félix Pyat erschienen sind:
>
> »Bazaines Kapitulation ist gesicherte und unleugbare Wahrheit, welche die Regierung der nationalen Verteidigung wie ein Staatsgeheimnis zurückhält. Wir prangern dieses Faktum als Hochverrat vor dem empörten Frankreich an.
>
> Der Maréchal Bazaine schickte einen Oberst zum preußischen König, um die Aufgabe von Metz sowie den Frieden im Namen seiner Majestät, Kaiser Napoleons III., zu verhandeln.«
>
> *Le Combat*
>
> Der Autor dieser infamen Verleumdung hat es nicht gewagt, seinen Namen zu nennen, vielmehr unterzeichnete er mit *Le Combat*[37]. Ganz sicher handelt es sich hierbei um Preußens Kampf gegen Frankreich, denn mangels einer Kugel, die das Herz des Landes treffen könnte, richten diese Worte gegen diejenigen, die unser Land verteidigen, eine doppelte, infame wie falsche, Anschuldigung.
>
> Der Autor behauptet, die Regierung würde die Öffentlichkeit täuschen, indem sie wichtige Nachrichten zurückhielte, und der ruhmreiche Soldat von Metz[38] würde sein Land durch einen Verrat entehren.
>
> Diesen beiden Gerüchten setzen wir entschieden unser Dementi entgegen.
>
> Vor einem Kriegsgericht müsste der Verursacher die schwerste Strafe befürchten. Wir meinen jedoch, dass die öffentliche Meinung eine wirksamere Strafe darstellen wird. Sie wird den Glanz dieser selbsternannten Patrioten verlöschen lassen, wie

37 »Le combat« heißt auf Französisch »der Kampf« und ist hier zugleich der Name des Journals von Félix Pyat. Insofern wird der Begriff in der Polemik der Regierung gegen Pyat doppeldeutig verwendet.

38 Gemeint ist Bazaine.

> sie es verdienen, denn sie verstehen sich gut darauf, den Feind zu stärken, indem sie Misstrauen in den eigenen Reihen schüren und mit ihren Lügen die Autorität jener untergraben, die diesen Feind bekämpfen.
> Seit 17. August konnte keine von Maréchal Bazaine direkt verfasste Depesche die Frontlinien passieren. Wir wissen aber, dass er, weit entfernt von jeglichem Treuebruch, den man ihm ohne zu erröten unterstellen will, nicht müde wurde, den Feind mit glänzenden Angriffen zu schwächen.
> General Bourbaki konnte fliehen und seine Beziehungen zur Delegation von Tours sowie die Tatsache, dass er ein wichtiges Kommando übernommen hat, demontieren anschaulich die erfundenen Nachrichten, welche wir hier der Empörung aller ehrlichen Leute ausliefern wollen.
>
> OFFIZIELLES REGIERUNGSJOURNAL, 28. Oktober 1870

Am nächsten Tag, dem 29., folgte diese Notiz der im *Combat* veröffentlichten Kundmachung der Regierung:

> Es ist Citoyen Flourens, der mir, zum Wohle des Volkes, Bazaines Pläne unterbreitete und der mir versicherte, diese direkt von Citoyen Rochefort erfahren zu haben, welcher seinerseits Mitglied der provisorischen Regierung der nationalen Verteidigung ist.
>
> FÉLIX PYAT, Le Combat, 29. Oktober 1870

Es handelte sich nun nicht mehr nur um den »Plan Trochu«, der, wie wir aus dem Lied wie auch aus der Geschichte wissen, bei Monsieur Duclou, seinem Notar, hinterlegt worden war, sondern auch um den »Plan Bazaine«, der darin bestand, alles fahren zu lassen.

Eine offizielle Depesche, die in Paris am 29. Oktober ausgehängt wurde, verkündete mit unendlicher Vorsicht die Einnahme von Le Bourget. Vor diesem mit »Schmidt« signierten Bericht mussten sich die Polizisten wenig regierungsfreundliche Bemerkungen der Pariser Bevölkerung anhören.

Dummköpfe behaupteten, die Depesche wäre falsch, und die Ordnungshüter beeilten sich, diese unsinnige Ansicht zu bestärken, um Zeit zu gewinnen. Am Abend des 30. beschrieb eine neuerliche Depesche das Massaker von Le Bourget beinahe so, wie es wirklich stattgefunden hatte.

Am nächsten Tag konnte man folgenden Aushang sehen:

Nach seiner heutigen Ankunft in Paris begab sich Monsieur Thiers auf der Stelle zum auswärtigen Amt, um der Regierung von seiner Mission zu berichten. Angesichts des starken Eindrucks, den der Widerstand von Paris in Europa erweckt, haben sich vier große neutrale Mächte, England, die Schweiz, Österreich und Italien, einem gemeinsamen Gedanken verschrieben. Sie schlagen den Kriegsgegnern einen Waffenstillstand vor, mit dem Ziel, eine Nationalversammlung einzuberufen.
Selbstverständlich muss ein solcher Waffenstillstand die Versorgung des ganzen Landes über die gesamte Dauer seines Bestehens zum Inhalt haben.

Unterzeichnet: Ministerium für auswärtige
Angelegenheiten, im Auftrag des Innenministeriums
JULES FAVRE

Es folgte die Nachricht der Kapitulation von Metz und der Aufgabe von Le Bourget.Jules Favre sagt in seiner *Geschichte der nationalen Verteidigung*:

> Wir konnten die Verbreitung der beiden ersten Nachrichten nicht zurückhalten. Da die Ankunft von Monsieur Thiers angekündigt worden war, musste man der Öffentlichkeit mitteilen, was er in Versailles vorhatte.
> Die Evakuation von Le Bourget war seit dem Morgen des 30. in Paris bekannt. Am Abend kannte sie jeder in Paris. Nur für Metz konnte man noch zögern, wir hatten keinen offiziellen Bericht, konnten jedoch unglücklicherweise nicht mehr zweifeln. Es schien, als hätten wir nicht das Recht zu schweigen. Wir hätten den Verleumdungen der Zeitschrift *Le Combat* recht gegeben. Gemäß unserer Entscheidung veröffentlichte *L'Officiel* vom 31. Folgendes:
> »Soeben erreichte die Regierung die schmerzhafte Nachricht der Kapitulation von Metz. Maréchal Bazaine und seine Armee mussten nach heldenhafter Anstrengung aus Mangel an Lebensmitteln und Munition aufgeben. Sie sind nun Kriegsgefangene.
> Dieser grausame Ausgang eines beinahe dreimonatigen Kampfes wird in ganz Frankreich tiefe und schmerzvolle Gefühle erzeugen, aber unseren Mut wird er nicht brechen. Die Stadt Paris wird sich der tapferen Soldaten, die ihre Anerkennung verdienen, würdig erweisen wollen, der großzügigen Bevölkerung, die Seite an Seite für unser Land gekämpft hat. Pa-

ris wird sich am Beispiel dieser Menschen aufrichten und an der Hoffnung, sie rächen zu können.«

Schließlich verlautbarte der Militärbericht in folgenden Worten die Katastrophe und die Aufgabe von Le Bourget.

> 30. Oktober, 1 Uhr 30 nachts
> Le Bourget, ein Dorf an vorderster Front, das unsere Truppen besetzt hielten, wurde den ganzen gestrigen Tag ohne Erfolg vom Feind beschossen.
> Heute früh erschienen mehr als 18.000 Mann Infanterie mit schwerer Artillerie an der Front, während andere von Dugny und Blanc-Mesnil kommend das Dorf umstellten.
> Eine Anzahl unserer Männer, die im Norden von Le Bourget standen, wurden vom Hauptkörper abgeschnitten und blieben in den Händen des Feindes. Die genaue Zahl ist nicht bekannt; mehr wird morgen darüber bekannt sein.
> Das seit nur 24 Stunden besetzte Dorf Drancy konnte auf seiner linken Flanke nicht mehr gesichert werden und konnte aus Zeitmangel nicht mehr in einen Zustand wirksamer Verteidigung gebracht werden.
> Es wurde seine Evakuation angeordnet, um die vorhandenen Truppen nicht zu gefährden. Le Bourget war nicht Teil unseres allgemeinen Verteidigungsaufbaus, seine Besetzung war nachrangig und die Gerüchte, die den dargelegten Ereignissen Bedeutung zumessen, haben ihrerseits keine Bedeutung.
> *L'Officiel* vom 31. Oktober, zitiert von JULES FAVRE im 1. Band der *Geschichte der nationalen Verteidigung*

Mit diesem Sprühregen höfischen Weihwassers wurde die Katastrophe zugegeben. Nichts blieb von den wilden Rednern, die das Kaiserreich bekämpft hatten: Wie Hamster waren sie in den Stall eingetreten, in dem andere vor ihnen gelaufen waren. Traten unnütz dasselbe Rad, das andere vor ihnen getreten hatten und wieder andere nach ihnen treten würden.

Von diesem Rad, dem Rad der Macht, werden die Entrechteten auf immer und ewig zerquetscht.

III
Der 31. Oktober

Die Gewissheit ist tot in den harten Herzen,
Mann, du lügst, Sonne, Himmel, ihr lügt!
Blast sie fort, Winde der Nacht, hinweg, hinweg
Ehre und Moral, die düst're Schimären.

VICTOR HUGO

Die Nachrichten über Niederlagen, die empörende Geheimniskrämerei, mit der die Regierung diese Niederlagen vertuschen wollte, der Entschluss, niemals aufzugeben, und die Gewissheit, dass insgeheim aufgegeben wurde, erzeugten einen eisigen Luftzug in einem ausbrechenden Vulkan. Man atmete Feuer, glühenden Rauch.

Paris, das sich weder ergeben noch aufgegeben werden wollte und das von den offiziellen Lügen genug hatte, stand auf.

Wie man am 4. September »Vive la République!« gerufen hatte, so rief man am 31. Oktober: »Vive la Commune!«

Diejenigen, die am 4. September zur Kammer[39] marschiert waren, richteten ihre Schritte nun zum Rathaus. Ab und zu traf man unterwegs auf irgendein Grüppchen Schafe, die behaupteten, dass die preußische Armee von ich weiß nicht mehr wem beinahe in zwei oder drei Teile zerschlagen worden wäre, oder die bedauerten, dass die französischen Offiziere keinen Schleichweg kannten, der sie direkt ins Herz der feindlichen Truppen geführt hätte. Wieder andere fügten hinzu: »Wir halten alle Hauptrouten!« Die drei Teile waren drei deutsche Armeen und es waren sie, die die Hauptrouten besetzt hielten.

Einige von Spitzeln fehlgeleitete Dummköpfe wurden nicht müde, vor den Aushängen der Regierung herumzubrüllen, dass dies falsche Depeschen seien, die Félix Pyat, Rochefort und Flourens verfasst hätten, um Verwirrung zu stiften und dem Feind durch Meuterei in die Hände zu spielen. Seit Beginn des Krieges und während seiner gesamten Dauer war dies der Satz der Wahl,

39 Wahrscheinlich ist hier die Chambre des Députés, die Kammer der Abgeordneten, also das Parlament gemeint.

um Widerstand zu schwächen und jede großzügige Vorwärtsbewegung zu verhindern.

Von überall her flossen Menschenströme hinzu und bewegten sich auf das Rathaus zu, Ungläubige und Spione wurden zur Seite gestoßen und das menschliche Meer schwoll an.

Vor den Gittertoren hatte sich die Nationalgarde versammelt und Spruchbänder wurden in der Menschenmenge herumgereicht:

KEIN WAFFENSTILLSTAND
DIE COMMUNE
WIDERSTAND BIS ZUM TOD
ES LEBE DIE REPUBLIK!

Die Menge applaudierte und ab und zu schwoll, da sie den Feind im Nacken fühlte, ein gewaltiger Schrei an: »Nieder mit Thiers!«, es klang wie ein tödlicher Kampfschrei. Viele von denen, die man getäuscht hatte, riefen lauter als alle anderen: »Verrat! Verrat!«

Erste Abgeordnete komplimentierte man mit dem üblichen Schwur von der Bühne, dass Paris niemals aufgegeben werde.

Trochu versuchte zu sprechen, behauptete, dass es nur noch galt, die Preußen zu schlagen und sie mit Patriotismus und Einigkeit davonzujagen.

Man ließ ihn nicht weitersprechen und wie am 4. September stieg ein einziger Schrei gen Himmel: »Die Commune! Es lebe die Commune!«

Mit gewaltiger Schubkraft wälzte sich die Menge auf das Rathaus zu, wo die mobilen bretonischen Einheiten sich im Stiegenhaus zusammenquetschten. Mitten unter ihnen Lefrançais und der alte Beslay mit Lacour von der Gewerkschaft der Buchbinder auf seinen Schultern, den er durch ein kleines Fenster neben der großen Tür hievte. Freiwillige von Tibaldi* stürzten darauf zu, die Tür war offen und durch sie verschwand so viel von der Menschenmenge, wie die Räume drinnen noch aufnehmen konnten.

Um den Tisch im großen Saal befanden sich Trochu, Jules Favre und Jules Simon, von denen das Volk Antwort verlangte, warum die Regierung so feig gewesen war.

Trochu, dessen Sätze von empörten Zwischenrufen unterbrochen wurden, erklärte, dass es für Frankreich von Vorteil gewesen wäre, die Stellungen, die am Vorabend von der deutschen Armee eingenommen worden waren, aufzugeben, wenn man die Umstände in Betracht zog!

Der sture Bretone[40] fuhr trotzdem fort, doch plötzlich erbleichte er: Man hatte ihm soeben ein Papier gereicht, auf dem der Wille des Volkes stand:

RÜCKTRITT DER REGIERUNG
DIE COMMUNE
WIDERSTAND BIS ZUM TOD
KEIN WAFFENSTILLSTAND

Aus tiefster Überzeugung heraus verkündete Trochu: »Das ist Frankreichs Ende!«

Endlich begriff er, was man seit Stunden unermüdlich wiederholte: Dass die Regierung der nationalen Verteidigung gescheitert war.

In diesem Augenblick nahm Trochu eine Auszeichnung, die er trug, ab und reichte sie an einen Offizier der mobilen Bretonen.

»Das ist ein Signal!«, schrie Cipriani*, Flourens' Gefährte.

Trochu, der sich ertappt fühlte, blickte umher und schien sicherer zu werden, da er sah, wie Reaktionäre sich in großer Zahl in den Saal schlichen.

Die Regierungsmitglieder zogen sich zur Beratung zurück und baten Rochefort, die Ernennung der Commune zu verkünden, denn ihnen glaubte keiner mehr. Rochefort stellte sich an eines der Fenster des Rathauses und teilte der Menge das Versprechen der Regierung mit. Er deponierte seinen Rücktritt auf dem Tisch und schloss sich den Revolutionären an, die ihn nach Belleville brachten, wo man ihn erwartete.

Rund um Trochu versammelten sich Bretonen, wie er naiv und stur, ihn bewachend, wie sie es im Heideland ihrer Heimat mit einer Mutter Gottes getan hätten. Sie erwarteten seine Befehle, aber Trochu gab keine.

Währenddessen verließen einige Regierungsmitglieder, die mit der Gutgläubigkeit von Flourens und seiner Nationalgarde rechneten, unter irgendeinem Vorwand den Saal, um in aller Ruhe den Verrat vorzubereiten.

Picard ließ die Trommel rühren und das 106. Bataillon der Nationalgarde, welches ausschließlich aus Reaktionären bestand, kam unter dem Kommando von Ibos, der, mutig, wie er war, einer besseren Sache würdig gewesen wäre, an die Eingangstore des Rathauses. Weil das 106. »Es lebe die Commune!« rief, ließ man es hinein.

40 Gemeint ist Trochu.

Bald scharten sich 40.000 Mann um das Rathaus und, »um einen Konflikt zu vermeiden«, wie Jules Ferry so schön sagte, »da nun mal Tatsachen geschaffen worden« waren, mussten sich die Truppen von Flourens zurückziehen.

Hauptmann Greffier, der weniger naiv war als die anderen, ließ Ibos verhaften, doch Trochu, Jules Favre und Jules Ferry, die ein weiteres Mal »ihr Wort« gaben, »dass die Commune ausgerufen« werde, versprachen außerdem jedem die Freiheit, »gleichgültig, welchen Ausgang die Ereignisse nehmen würden«.

Die im Rathaus verbliebenen Regierungsmitglieder stellten sich in eine Fensteröffnung, von der aus man die Männer des 106. gut überblicken konnte.

Millière*, der in diesem Augenblick an einen möglichen Verrat dachte, wollte die Nationalgarden der Vorstädte rufen, aber Flourens lehnte ab, weil das unnötiges Misstrauen ausdrücken würde, immerhin hätten alle ihr Wort gegeben. Millière ordnete sich unter und schickte sein Bataillon, das bereits angerückt war, wieder fort.

Die Menge beruhigte sich vor dem Plakat, das die Ausrufung der Commune mittels Wahlen ankündigte. Diejenigen, die vertrauensvoll nach Hause gingen, erfuhren am nächsten Tag völlig überrascht vom neuerlichen Verrat der Regierung.

Ferry, der Picard aufgesucht hatte, kam an der Spitze zahlreicher kampfbereiter Kolonnen wieder.

Zugleich kam durch den unterirdischen Gang, der von der Napoleon-Kaserne zum Rathaus führte, Verstärkung durch mobile Bretonen. Trochu hatte es gesagt, sie sangen:

Monsieur de Charette[41] hat den Unsrigen gesagt:
Kommt alle,
wir müssen die Wölfe bekämpfen.

Da das Gas aus Gründen der Verdunkelung abgedreht worden war, glitten die Bretonen mit nach vorn ausgestreckten Bajonetten durch den unterirdischen Gang, während die Ordnungshüter unter dem Kommando von Jules Ferry durch das Tor kamen.

Blanqui, der nicht daran dachte, dass man sein Wort auf solche Weise brechen konnte, befahl gerade Constant Martin*, die Bürgermeisterei des 1. Bezirks umzubesetzen und Doktor Pilot statt des Bezirksvorstehers Tenaille-Saligny als Bürgermeister einzuset-

41 »Monsieur de Charette«, auch bekannt unter »Grégoire, nimm dein Gewehr«, ist ein royalistisches Kampflied.

zen. Am Eingang des Bürgermeisteramtes will ein Soldat Constant Martin mit gehobenem Bajonett den Zugang verwehren, doch Martin hebt seinerseits das Gewehr und geht mit seinen Freunden hinein. Der entsetzte Méline* holt den nicht minder entsetzten Bürgermeister aus dem Ratssaal. Dieser übergibt den Gesandten von Blanqui die Schlüssel und den Geldschrank.

Am Abend jedoch war das Bezirksamt zurückerobert worden. Flourens und der alte Tamisier* waren zwischen einem Spalier von Soldaten herausgekommen. Blanqui und Millière ebenfalls, da die Regierung zunächst nicht wagte, ihren Verrat am gegebenen Wort zuzugeben.

Am selben Abend des 31. Oktober fand an der Börse eine Versammlung der Offiziere der Nationalgarde statt, die zum Zweck hatte, die Ereignisse der letzten drei Tage zu reflektieren.

Von draußen ertönten Schreie, alle Offiziere waren auf ihrem Posten, ein Mann stürzte mit einem weißen Plakat in Händen ins Büro, in Paris war der Generalstreik ausgebrochen. Das Plakat bestellte die Truppen der Nationalgarde für den nächsten Tag ein, zum Zwecke der Ausrufung der Commune!

»Vive la Commune!«, riefen die anwesenden Nationalgardisten. Eine Stimme ließ hören: »Es wäre besser gewesen, die Menge hätte die Commune ausgerufen.«

»Egal!«, rief Rochebrune*, »Hauptsache, wir erreichen damit, dass Paris vor der Einnahme verteidigt wird.«
Wie Lullier* einige Wochen zuvor äußerte Rochebrune die Ansichtt, dass die Deutschen im Fall einer Belagerung von Paris immer nur wenige tausend Mann auf jedem strategischen Punkt aufstellen würden, mit denen ein Ausfall von 200.000 Leuten fertig werden müsste.

Schon erheben sich Stimmen, die Rochebrune zum General der Nationalgarde erheben wollen, doch dieser ruft aus:

»ZUERST DIE COMMUNE!«

Doch jetzt wirft sich ein Neuer auf die Tribüne, der erzählt, dass das 106. Bataillon die Regierung befreit hat, dass das Plakat gelogen hat, dass die Nationale Verteidigung gelogen hat, dass Trochus Pläne mehr denn je sowohl den Marsch wie auch die Niederlagen regeln, dass Paris mehr denn je auf sich selbst achten müsse, auf dass es nicht ausgeliefert werde. Man ruft: »Vive la Commune!«

Ein dicker Mann, der auf irgendetwas zu warten scheint, mischt sich unter die Nationalgardisten und ergreift das Wort:

»Man braucht immer Chefs«, sagt er, »man braucht immer eine Regierung, die einen führen kann.«

Das muss ein Redner der Reaktion sein, man hat wirklich Besseres zu tun, als ihm zuzuhören.

Ja, das Plakat hatte gelogen, die Regierung hatte gelogen.

Paris rief seine Commune nicht aus.

Alle am Vortag Bejubelten waren nun angeklagt: Blanqui, Millière, Flourens, Jaclard, Vermorel, Félix Pyat, Lefrançais, Eudes, Levrault, Tridon, Ranvier, Razoua, Tibaldi, Goupil, Pillot, Vésinier, Régère, Cyrille, Maurice Joly und Eugène Chatelain.

Einige waren bereits im Gefängnis, Félix Pyat, Vésinier, Vermorel, Tibaldi, Lefrançais, Goupil, Tridon, Ranvier, Jaclard und Bauër* waren bereits festgenommen. Die Gefängnisse füllten sich, weil neben den Revolutionären wie immer irrtümlich eine große Zahl armer Leute verhaftet worden war, die nichts getan hatten. Diese traurigen Figuren kommen in allen Revolten vor. Einige von ihnen lernen auf diese Weise, warum es Aufständische gibt.

Die Richter im Dienste der nationalen Verteidigung nannten das Ereignis die Affäre des 31. Oktober, ein Attentat mit dem Ziel, einen Bürgerkrieg zu entfachen, indem man die Bürger bewaffnete, um aufeinander loszugehen, unter Einbeziehung willkürlicher Freiheitsberaubung und Drohungen.

»Wird denn nun das Kaiserreich wiederkommen?«, fragten die Naiven. Es war ja nie verschwunden gewesen, seine Gesetze waren immer noch wirksam, sie wurden sogar noch härter durchgesetzt. Wenn die Fluten sich zurückziehen, wütet der Sturm am schlimmsten.

Die Richter, die mit dem Akt des 31. Oktober beauftragt wurden, hießen Quesenet, ein ehemaliger Richter des Kaiserreichs, und Henri Didier, Anwalt der Republik.

Leblond, der Generalstaatsanwalt (derselbe Leblond, der einen der Angeklagten am obersten Gerichtshof in Blois verteidigt hatte), wand sich, um die Wahrheit zu sagen, und meinte, er führe nur das Mandat von Jules Favre und Emmanuel Arago aus.

Edmond Adam*, ein Polizeipräfekt, kündigte, weil er die ihm befohlenen Verhaftungen nicht durchführen wollte.

Im Rathaus fragten sich die mobilen Bretonen, ihre blauen Augen auf einen vagen Horizont gerichtet, ob Monsieur Trochu nicht endlich mit den Kriminellen aufräumen würde, die so viel Unheil in Frankreich anrichteten, damit sie selbst endlich das Meer wieder sehen könnten, die Felsen, die so hart waren wie ihre Birne, die Heide, wo sich die Rebhühner tummelten und wo an den Festtagen ihrer bretonischen Heimat zum Tanz aufgespielt wurde.

.....

IV

Vom 31. Oktober zum 22. Januar

Da sind sie, eingehüllt im Grabtuch des Empire,
Begraben sich und Frankreich gleich mit ihnen,
Und der lächerliche Zwerg, der Nornen-Gnom,
Näht das Horrortuch mit seinen Krallenfingern.
L. M., Les Spectres

Ja, es war tatsächlich wie unter dem Kaiser! Volle Gefängnisse, Furcht und Denunziation als Tageslosung, Niederlagen, die man auf Plakaten zu Siegen schönredete.

Ausgehverbot; der Name des alten Blanqui wurde wie ein Schreckgespenst vor der Nase der menschlichen Dummheit geschüttelt.

Die gegenüber der Invasion ach so langsamen Generäle beeilten sich, die Menge zu bedrohen.

Am Horizont zeigten sich Juni und Dezember in ihrer zukünftigen Wiederholung noch fürchterlicher als damals.[42]

Jules Favre, dem man nicht vorwerfen kann, die Dinge aus revolutionärer Sicht zu betrachten, erzählt vom Vorgehen der Armee in folgenden Worten:

> General Ducrot, der (am 31. Oktober) die Porte Maillot besetzt hielt, wartete keine Befehle ab, als er vom Scheitern der Regierung erfuhr. Er ließ seine Truppe zu den Waffen greifen, die Kanonen startklar machen und marschierte auf Paris zu. Erst als alles vorbei war, trat er den Rückzug an.

Diesmal war Ducrot pünktlich, denn hier handelte es sich um die Massen.

Im selben Buch äußert sich Jules Favre zur Theorie von Trochu über die von der Armee verlassenen Plätze.

> Was den Verlust von Le Bourget anbelangt, erklärte der General, dass es »keinerlei militärische Bedeutung habe« und dass

42 Erinnerung an den Juniaufstand 1848 und den Dezemberputsch 1851.

die Pariser Bevölkerung sich »ganz zu Unrecht darüber alteriert hatte«. Die Besetzung des Dorfes war ohne entsprechenden Befehl erfolgt und man hätte sich »immer« zurückziehen müssen, »im Gegensatz zu dem, was die Pariser Regierung als Generalanweisung erlassen hatte«.

JULES FAVRE, Die Regierung der nationalen Verteidigung, Band 1

Das kam tatsächlich vom selben Jules Favre, der unter dem Kaiserreich kühn gesagt hatte: »Dieser Prozess kann als Fragment eines zerbrochenen Spiegels betrachtet werden, in dem sich das Land in seiner Ganzheit betrachten kann (er sprach dabei von den Korruptionsfällen des kaiserlichen Regimes); aber kein Mensch widersteht der Macht, sie muss fallen.«

Die Septemberrepublik griff zum Mittel der Volksabstimmung, doch dieses Mittel ergibt in einem Klima von Angst und Ignoranz immer ein Votum gegen das Recht, das heißt: für die Regierung, die die Abstimmung veranlasst.

Die Soldaten, Seeleute und Flüchtlinge aus der Umgebung von Paris stimmten militärisch ab und wenn man vielleicht auch die 300.000 Pariser, die sich enthalten hatten, hinzuzählte, dann erhielt die Nationale Verteidigung 321.273 »Ja«.

Die Gerüchte über Siege wollten nicht enden. General Cambriels* hatte derart viele Heldentaten vollbracht, dass man keine einzige davon glaubte.

Man erzählte sich das Gerücht, dass die Übeltäter des 31. Oktober Silber und die Staatssiegel aus dem Rathaus entwendet hatten.

Nach der Volksabstimmung des 3. November kündigte die Regierung an, dass sie ihre Versprechen umsetzen wolle und Gemeinderatswahlen vorbereiten würde.

Währenddessen saßen die am 31. Oktober Verhafteten immer noch im Gefängnis; als sie jedoch drei Monate später vor einem Kriegsrat erschienen, musste man alle Anwesenden freisprechen, denn sie waren als »Feinde des Kaiserreichs« angeklagt worden und da man sich ja für eine Republik hielt, fiel die Anklage in sich zusammen. Constant Martin wurde diesmal vergessen, erst 26 Jahre später sollte man das Versäumte nachholen.

Einige von denen, die man beschuldigt hatte, wurden aus Protest in die verschiedenen Bezirksämter von Paris gewählt, die Bezirksvorsteher und deren Stellvertreter wurden neu gewählt.

In verschiedenen dieser Ämter als Vorsteher oder Stellvertreter: Rancier, Flourens, Lefrançais, Dereure, Jaclard, Millière, Malon,

Poirier, Héligon, Tolain, Murat, Clemenceau, Lafont. (Ranvier, Flourens, Lefrançais, Millière und Jaclard saßen immer noch im Gefängnis.)

Montmartre, sein Bezirksamt, seine Wachsamkeitskomitees, seine Klubs und seine Einwohner bildeten zusammen mit Belleville für die Ordnungskräfte ein Schreckgespenst.

In diesen ärmeren Bezirken kümmerte man sich kaum um die Regierenden. Es war die Freiheit, die hier anführte, und sie würde niemals kapitulieren.

In den Wachsamkeitskomitees trafen sich Männer, die sich der Revolution verschrieben hatten und die von vornherein dem Tod geweiht waren. Hier wurde Mut geboren.

Hier fühlte man sich frei, schaute in die Vergangenheit, ohne 1793[43] allzu sehr zu kopieren, und in die Zukunft, ohne das Unbekannte zu fürchten.

Man kam, weil man die Anziehungskraft spürte, weil die Charaktere miteinander harmonierten, die Begeisterten wie die Skeptiker, alle waren sie fanatisch von der Revolution durchdrungen und wollten sie schön und auf ideale Weise groß.

Wenn man sich einmal im Haus Nr. 41 der Chaussée Clignancourt versammelt hatte, weit öfter vom Feuer der Ideen als von Holz oder Kohle gewärmt, außer man empfing irgendeinen Delegierten und warf aus diesem besonderen Anlass ein Wörterbuch oder einen Stuhl in den Kamin, dann konnte man sich kaum mehr lösen.

Man kam gegen 5 oder 6 Uhr abends, besprach die Arbeit des vergangenen Tages und die, die man am nächsten Tag vorhatte. Man plauderte und nutzte auch noch die letzte Minute bis acht, wo jeder zu seinem bestimmten Klub aufbrach.

Manchmal gingen mehrere zusammen, um in irgendeinen reaktionären Klub einzufallen und dort republikanische Propaganda zu machen.

Im Wachsamkeitskomitee von Montmartre und in der »Patrie en danger« habe ich während der Belagerung meine schönsten Stunden verbracht. Wir lebten dort ein wenig voraus, fühlten die Freude, inmitten des intensiven Kampfes für die Freiheit in unserem Element zu sein.

43 1793 wurden nicht nur König Ludwig XVI. und seine Frau Marie-Antoinette geköpft, es ist auch das Jahr der radikalsten revolutionären Umwandlungen mit dem Sturz der Girondisten, Siegen über ausländische Kriegsgegner und der Niederschlagung des Aufstands in der Vendée.

Den Vorsitz mancher Klubs machten Mitglieder der Wachsamkeitskomitees, Burlot in »Reine-Blanche«, Avronsart in einem weiteren, Ferré im Klub der »salle Perot« und ich in dem der »justice de la paix«. Die beiden Letzteren nannte man die Revolutionsklubs des »Distrikts der großen Steinbrüche«, eine Bezeichnung, die denen besonders unangenehm war, die sich dabei an 1793 erinnerten.

»Vorsitzen« bedeutete nicht etwa eine honorige Funktion, sondern Akzeptanz von Seiten der Regierung. Es bedeutete Verantwortung, die auch im Gefängnis enden konnte, und die Pflicht, auf seinem Posten zu bleiben, wenn es um die Einhaltung der Versammlungsfreiheit ging, und zwar im Widerstand gegen die reaktionären Truppen, die bis in die Säle kamen, um die Redner zu bedrohen und zu beschimpfen.

Üblicherweise hatte ich in meiner Reichweite auf dem Schreibtisch eine kleine alte Pistole ohne Hahn, die, geschickt platziert und im richtigen Moment ergriffen, öfter imstande war, Ordnungskräfte aufzuhalten, wenn diese, ihre mit Bajonetten bestückten Gewehre auf den Boden stoßend, bei uns eindrangen.

Die Klubs des Quartier Latin und die der Armenviertel zogen an einem Strang.

Ein junger Mann sagte am 13. Januar in der Rue d'Arras: »Die Situation ist verzweifelt, aber die Commune wird an den Mut, die Weisheit, die Energie und an die Jugend appellieren, sie wird die Preußen mit unbezähmbarer Energie zurückdrängen, wenn die aber die soziale Republik akzeptieren, werden wir ihnen die Hand reichen und die neue Zeit des Glücks für alle Völker einläuten.«

Obwohl Paris auf Kampfhandlungen drängte, stimmte die Regierung erst am 19. Jänner zu, dass die Nationalgarde versuchen sollte, Montretout und Buzenval zurückzuerobern.

Zunächst schien die Aktion von Erfolg gekrönt, aber da die Männer bis zu den Knöcheln im Morast einsanken, konnten sie die Kanonen nicht auf die Hügel bringen und mussten sich zurückziehen.

Hunderte ließen dort ihr Leben, Nationalgardisten wie auch Männer des Volkes, Künstler, junge Leute. Die Erde trank das Blut dieser ersten Pariser Hekatombe und ward davon gesättigt.

Lasst uns Cipriani, der Teil des 19. Regiments unter Rochebrune war, von der Schlacht von Montretout erzählen:

> Wir verließen Paris am Morgen des 18. Am Abend stellten wir in der Nähe von Montretout unser Lager auf.

Am 19., um 5 Uhr morgens, machten wir uns nach einem Stück Brot und einem Glas Wein zum Schlachtfeld auf. Um 7 Uhr waren wir an der Front.
Man schlug sich bereits seit zwei Stunden.
Rochebrune drang rasch in das dichteste Getümmel ein. Ein von de Boulen angeführtes Bataillon war auf dem Bauernhof von La Fouilleuse geblieben, zwei Kompanien platzierten sich am Pavillon von Chayne. Der Rest des Regiments begab sich tapfer in die vordersten Reihen. Wir kämpften noch weitere zwei Stunden, dann drehte sich Rochebrune zu mir um und sagte:
»Geht das Bataillon von La Fouilleuse holen!«
Als ich dort angekommen war, gab ich den Befehl an Zugführer de Boulen weiter. Der antwortete: »Ich brauche den Marschbefehl des Generalmajors.«
»Wie?«, fragte ich ihn. »Ihr Regimentskommandeur verlangt, was der Kampf gebietet, und Sie lehnen ab?«
»Ich kann nicht«, sagte er.
Ich musste Rochebrune diese feige Antwort übermitteln, der sich, als er sie hörte, in die Hände biss und rief: »Überall Verrat!« Er stieg auf die Mauer, die diese Seite abschirmte, und befahl uns, ihm zu folgen. In diesem Augenblick fiel er tödlich getroffen.
Ich habe an einigen Schlachten teilgenommen, aber in keiner sah ich Soldaten auf so verlorenem Posten wie unsere tapferen Nationalgardisten an diesem 19. Januar.
Die Preußen durchsiebten sie von vorn und von hinten schickten die Truppen vom Mont Valérien ihre Geschosse auf uns, weil sie glaubten, die feindliche Armee zu treffen. Dort hatte sich der berühmte Gouverneur von Paris eingeschlossen, der sich niemals ergibt. Zu unserer Rechten wurden wir von einer weiteren in Rueil stationierten französischen Einheit beschossen, die sich nicht entblödete, uns für Preußen zu halten.
Trotz dieser Lage bewegte sich keiner von seinem Platz und jene, die keine Patronen mehr hatten, nahmen die der Toten.
Um 4 nachmittags, als wir seit neun Stunden kämpften, kam die Order von Ducrot, sich zurückzuziehen.
Wir lehnten ab und schossen weiter bis 10 Uhr. Wir hätten immer weiter machen können, denn die Ersten, die ihre Siebensachen bereits zusammengerafft hatten, wollten uns keineswegs mehr überfallen. An diesem 19. Januar wäre ohne Verrat und Dummheit *der Durchbruch geschafft, Paris geräumt, Frankreich befreit gewesen.*

.....

Trochu, Ducrot, Vinoy* und *der ganze Rest* wollten es nicht. – Die siegreiche Republik hätte die Hoffnungen des Kaiserreichs weit zurückgedrängt und die Unfähigkeit der Generäle von Napoleon III. auf immer bewiesen. Für die Wiederherstellung des Kaiserreichs musste die Republik fallen, und das war es, was hier versucht wurde.

Während der Dauer der Schlacht um Montretout sah ich Ducrot hinter einer Mauer versteckt, mit einem Priester an seiner Seite und zu ihren Füßen einen Schwarzen, dessen Kopf von einer Granate vom Mont Valérien weggeblasen worden war.

Diese Schlacht kostete mehrere tausend Männer das Leben.

Gegen 11 Uhr abends machten sich die Überreste des 19. Regiments auf nach Paris, um Rochebrune zu beerdigen.

Die Nachricht der Niederlage von Montretout hatte die Pariser derart aufgeregt, dass der ach so tapfere Trochu sich dort nicht mehr blicken lassen wollte. Vinoy nahm seinen Platz ein.

Am 20. Januar wurden wir zum Boulevard Richard Le Noir gerufen, um der Bestattung unseres armen Freundes Rochebrune beizuwohnen.

Überall forderten laute Stimmen, man solle sich derer entledigen, die bis zu diesem Tag Verrat geübt hatten.

Man sprach davon, die Leiche von Rochebrune zu entführen und vor das Rathaus zu bringen. Doch hatte man nicht die Zeit gehabt, die Männer der Armee von Garibaldi* oder die der republikanischen Liga und der Internationale einzuweihen, die auf verschiedene Bataillone der Nationalgarde aufgeteilt waren. Eine Handvoll resoluter Männer fanden sich zum Treffpunkt ein, aber diese Handvoll war zu wenig, denn die, denen die Menge vertraute, befanden sich im Gefängnis.

Daher spielte sich die Beerdigung von Rochebrune ohne Zwischenfall ab, außer dass ich de Boulen sah, der mir die Hand schütteln wollte und mich tapfer nannte, ich lehnte ab und antwortete: »Vielleicht bin ich das, aber das können Sie nicht wissen, denn Sie hatten sich versteckt. Sie sind ein Verräter.«

Um mit diesem Elenden abzuschließen, werde ich hier noch berichten, dass ich ihn einige Tage darauf noch einmal zu sehen bekam. Zu meiner großen Überraschung war er mit dem Orden der Ehrenlegion ausgezeichnet und Oberst geworden. Das war der Preis seines Verrats.

Auch ein anderer wurde dekoriert, und zwar Hauptmann D…, der während der ganzen Zeit überhaupt nicht auf dem Schlachtfeld erschienen war.

> Die beiden einzigen Feiglinge, die ich in Montretout gesehen hatte, wurden zu Rittern der Ehrenlegion geschlagen.
>
> AMILCARE CIPRIANI

In Montretout wurde auch Gustave Lambert getötet, der kurz vor dem Krieg eine Nordpolexpedition über die Beringstraße organisiert hatte.

In diesen Jahren beschäftigte man sich viel mit den Polen der Erde: 1870 wollte man sogar eine Ballonfahrt dorthin machen.

In ebendiesem Jahr 1870/71 gab es drei Forscher, von denen jeder über einen anderen Weg zum Pol gelangen wollte: Es gab einen Amerikaner, einen Engländer und einen Franzosen. Nur der Letztgenannte, Lambert, fuhr nicht.

Die spannenden Expeditionen fanden in unseren Reihen begeisterte Anhänger und Anhängerinnen.

Zum heutigen Tag werden wieder ähnliche Reisen vorbereitet, und wieder sind es drei Forscher: ein Amerikaner, Peary, ein Engländer, Jackson, und ein Norweger, Jansen.

Ein weiterer Norweger, Nansen, ist gerade zurückgekommen und erzählt von seiner Reise auf seinem unzerstörbaren Schiff, der »Fram«.

Wie schon vor fünfundzwanzig Jahren träumen viele unter uns von dieser ersehnten Zeit, in der im großen Frieden der Menschheit die Erde bekannt und die Wissenschaft allen zugänglich werde, in der Flotten die Luft durchqueren und in den Tiefen der Ozeane, dort, wo Korallenwälder unzählige Schiffswracks bedecken, dahingleiten werden, dann, wenn die Elemente gezähmt sein werden, die raue Natur sich dem bewussten und freien Menschenwesen milder zeigen wird, das uns nachfolgen wird.

Oft tauchten vom Grund meiner Gedanken die Namen aus dem Revolutionsklub auf. Zwar rufen mich Gespenster, aber den ewigen Fortschritt zu sehen heißt in wenigen Stunden ewig zu leben.

V
Der 22. Januar

Die Herrscher schärfen schon ihr Schwert und
zimmern das Schafott.
Bonhomme, bonhomme, wetz deine Sense flott.
DEREU, Chanson du bonhomme

Am Abend des 21. Januar versammelten sich Delegierte aus allen Klubs in der Reine-Blanche in Montmartre, um vor der endgültigen Niederlage die wichtigste Entscheidung zu fällen.

Die Kompanien der Nationalgarde kamen »Rücktritt!« rufend von Rochebrunes Beerdigung zur Reine-Blanche. Die Nationalgarden von Montmartre vereinbarten, sich am nächsten Mittag bewaffnet auf dem Rathausplatz zu treffen.

Die Frauen sollten sie begleiten, um gegen die letzte Brotrationierung zu protestieren, die man zwar durchaus ertragen wollte, aber nur für die Befreiung.

Zum Zeichen des Protests wollte ich, wie die Kameraden, mein Gewehr tragen.

Da das Maß der Schande und der Feigheit voll war, hatte niemand etwas gegen das morgige Treffen einzuwenden, an dem wir ein Mahnschreiben an die Regierung richten wollten.

Brot gäbe es nur mehr bis zum 4. Februar, hatte man uns verkündet, aber wir würden nicht aufgeben, und wenn wir Hungers sterben oder uns unter den Ruinen von Paris ein Grab schaufeln müssten.

Die Delegierten von Batignolles versprachen, ihren Bürgermeister und seine Adjudanten, angetan mit ihren Insignien, zum Rathaus zu bringen.

Die aus Montmartre begaben sich sofort zu ihrem Bürgermeisteramt. Clemenceau war nicht da, aber die Adjudanten versprachen zu kommen und kamen tatsächlich.

Die Wachsamkeitskomitees, die Klubdelegierten und die Nationalgarde waren sich über alle Punkte einig.

Die Sitzung wurde mit »Vive la Commune!«-Rufen aufgehoben.

.....

Am Nachmittag des 21. Januar gingen Henri Place, damals unter dem Pseudonym Varlet[44] bekannt, Cipriani und mehrere Blanquisten zum Gefängnis von Mazas, wo Greffier einen Wächter sehen wollte, den er als Gefangener kennengelernt hatte.

Man ließ ihn und seine Begleiter hinein und er stellte fest, dass nur ein einziger Wachposten vor dem großen Eingangstor stand.

Rechts von diesem Tor gab es eine kleinere Tür mit einer Glasscheibe, wo sich Tag und Nacht ein Wächter aufhielt und durch die man in das Gefängnis eintrat.

Gegenüber befand sich ein Torhaus, wo diensthabende Nationalgardisten schlafen konnten: Das war ein Posten. Harmlos mit dem Wächter plaudernd, fragte Varlet nach dem Alten. So nannte man Gustave Flourens freundschaftlich, wie auch seit Langem Blanqui, der ja wirklich alt war.

Gang B, Zelle 9, antwortete der Wächter naiv.

Tatsächlich sahen sie rechts einen Gang mit dem Buchstaben B.

Man sprach von anderen Dingen und als sie alles, was sie brauchten, ausgekundschaftet hatten, gingen sie wieder.

Um 10 Uhr an diesem Abend fanden sich fünfundsiebzig bewaffnete Männer in der Rue des Couronnes in Belleville ein.

Die kleine Truppe, die das aktuelle Losungswort kannte, verwandelte sich kurzfristig in eine Patrouille, die allfälligen Entgegenkommenden Rede und Antwort stehen konnte. Ein Gefreiter mit zwei Männern kam, um sie zu überprüfen, und ließ sie zufrieden passieren.

Das Vorhaben konnte nur gelingen, wenn es sehr schnell ging. Die ersten zwölf Männer mussten den ersten Wachposten entwaffnen, die vier weiteren den erwischen, der bei der kleinen Glastür stand.

Dreißig weitere mussten sich in das Torhaus stürzen, sich zwischen den Gewehrständer und die Betten stellen, in denen die Gardisten schliefen, und anlegen, um sie außer Gefecht zu setzen.

Die restlichen fünfundzwanzig mussten zu den Zellengängen hinauf, die sechs Wächter dort gefangen nehmen, sich die Zelle von Flourens öffnen lassen, wo sie das Wachpersonal einsperren würden, schnell hinunterlaufen, die Glastür zum Boulevard zusperren und sich entfernen.

Dieser Plan wurde mit mathematischer Präzision durchgeführt. Cipriani erzählt:

44 »Varlet« heißt »Schelm«.

Nur der Direktor ließ sich ein bisschen bitten, aber vor dem auf sein Gesicht gerichteten Revolver gab er nach und Flourens war frei.

Die kleine triumphale Truppe ging von Mazas zur Bürgermeisterei des XX., wo Flourens zum Stellvertreter ernannt worden war, sie ließen Sturm läuten und riefen zu zwanzig die Commune aus. Aber niemand antwortete, denn alle glaubten an eine Falle der Ordnungshüter.

Im Rathaus hielten die Regierungsmitglieder eine Nachtsitzung ab. Man hätte sie dort festnehmen können.

Flourens hatte in seinem Gefängnis die Größe der revolutionären Bewegung nicht mitverfolgt und wandte ein, dass wir zu wenige seien.

Aber war nicht bereits der erste Schlag gelungen? Die äußerste Entscheidung, mit Kraft durchgeführt, hat dieselbe Wirkung wie die Schleuder auf den Stein, den sie wirft.

Am Morgen des 22. wurde ein wütender Aushang von Clément-Thomas*, dem Stellvertreter von Tamisier in der Kommandantur der Nationalgarde, in ganz Paris plakatiert.

Dieses Plakat stellte die Revolutionäre außerhalb der Gesetze und sie wurden darauf Unruhestifter genannt, die von den Ordnungskräften beseitigt werden sollten.

Es begann so:

»Gestern Abend stürmte eine Bande Aufrührer das Gefängnis von Mazas und befreite ihren Chef Flourens.«

Es folgten Beschimpfungen und Drohungen.

Die Eroberung von Mazas und die Befreiung von Flourens hatten die Regierungsmitglieder mit Schrecken erfüllt. Aus Angst, einen weiteren 31. Oktober zu erleben, wandten sie sich an Trochu, der das Rathaus mit seinen mobilen Bretonen füllte.

Chaudey*, dessen Ablehnung der Commune bekannt war, hatte das Kommando.

Zu Mittag füllte eine riesige Menschenmenge, in ihrer Mehrheit unbewaffnet, den Rathausplatz.

Eine große Zahl Nationalgardisten trugen ihre Gewehre ohne Munition, die aus Montmartre waren bewaffnet.

Junge Leute waren auf die Straßenlaternen geklettert und riefen »Rücktritt!«, der Lockenkopf von Bauër zeigte sich höchst bewegt.

Ab und zu brandeten Rufe und Tumult auf.

Alle, die versprochen hatten zu kommen, aber auch viele, die nichts gesagt hatten, darunter viele Frauen, waren da: André Léo, die Damen Blin, Excoffon*, Poirier und Danguet.

Die Nationalgardisten, die ihre Munition nicht dabei hatten, begannen dies zu bereuen.

Es kündigte sich ein besonderer Tag an, daran bestand kein Zweifel. Was würde danach sein? Seit dem Vortag hatte sich das Rathaus hinter Erdsäcken verschanzt. Die mobilen Bretonen, die es bis in den letzten Winkel füllten, quetschten sich in den Fensteröffnungen zusammen und betrachteten uns mit bleichen, unbewegten Gesichtern, ihre blauen Augen richteten sich mit stählernem Glanz auf uns.

Für sie ist nun die Wolfsjagd eröffnet.

Da Herr Trochu zu denen in Ancenis sprach:
»Meine Freunde, der König bringt die Lilien wieder.«

Wie am 31. Oktober kamen immer mehr Menschen an.

Hinter dem Gitter, vor der Fassade, standen der Oberstleutnant der Mobilen, Léger, und der Gouverneur des Rathauses, Chaudey, dem wir misstrauten.

Er hatte gesagt: »Die Stärkeren werden die anderen erschießen.«

Die Regierung besaß die stärkeren Kräfte.

Delegierte wurden geschickt, die sagten, dass Paris seinen Willen, sich niemals zu ergeben und sich nicht aufgeben zu lassen, bestätige. Sie wollten eingelassen werden, aber umsonst, denn die Tore waren verschlossen, die Bretonen wachten immer noch an den Fenstern.

Das Rathaus ähnelte in diesem Moment einem Dampfer, seine Luken sahen zum Ozean, die menschlichen Wogen brandeten zuerst noch auf, standen dann ganz still.

Niemand zweifelte mehr an der Art, wie die Regierung, die den von Wilhelm abgeschleppten Badingue hinter sich herzog, diejenigen empfangen würde, die von einer Kapitulation nichts wissen wollten. Und wenn sie nicht die beiden Kaiser im Schlepptau hatte, dann zumindest die Schande. Es war zu viel.

Plötzlich betrat Chaudey das Rathaus. Man munkelte, dass er nun auf die Menge schießen lassen würde. Dennoch versuchten einige, das Gitter zu erklimmen, hinter dem Offiziere derb herüberschimpften.

»Ihr wisst nicht, was euch erwartet, wenn ihr euch dem Willen des Volkes widersetzt!«, rief der alte Mabile, einer von Flourens' Schützen, den Offizieren zu.

»Das ist mir wurscht!«, antwortete der Offizier, der gerade Flüche ausgesandt hatte, und er richtete seinen Revolver auf den Nebenmann von Mabile, der seinerseits auf ihn zuging.

Einige Augenblicke, nachdem Chaudey im Inneren verschwunden war, hörte man eine Art Schlag wie von einem Türklopfer hinter einer der Türen, und dann ertönte ein einzelner Schuss.

Weniger als eine Sekunde später fegten Gewehrkugeln über den Platz. Sie klangen wie Hagel in einem Sommergewitter.

Die Bewaffneten unter uns antworteten. Die Bretonen schossen kaltblütig weiter, hörten nicht auf. Ihre Kugeln drangen in lebendiges Fleisch, es fielen Passanten, Schaulustige, Männer, Frauen und Kinder um uns herum.

Einige Nationalgardisten gaben später zu, dass sie nicht auf die Schützen gefeuert hatten, sondern auf die Mauern, wo tatsächlich die Spur ihrer Kugeln eingraviert war.

Ich war keine von denen. Wenn man so handelt, bleibt die ewige Niederlage mit ihren Leichenhaufen und ihrem langen Elend, bis hin zum Verrat.

Vor diesen verdammten Fenstern stehend konnte ich meine Augen nicht von diesen bleichen Raubtiergesichtern lassen, die ohne jegliche Gefühlsregung, gleichsam automatisch, auf uns schossen wie auf ein Rudel Wölfe. Ich dachte mir: »Eines Tages werden wir euch Banditen umdrehen, weil ihr tötet, aber glaubt. Man betrügt euch, aber man kann euch nicht kaufen, wir brauchen die, die sich nie verkaufen.« Und in meinem Kopf zogen die Erzählungen des alten Großvaters vorbei, von jener Zeit, wo Held gegen Held unerbittlich gegeneinander kämpfte, die Bauern aus Charette de Cathelineau und aus Larochejardin gegen die Armee der Republik.

Neben mir wurden aus einem Fenster heraus eine große schwarzgekleidete Frau, die mir ähnlich sah, und ein junger Mann, der sie begleitete, getötet. Wir haben ihre Namen nie erfahren und niemand kannte sie.

Zwei große alte Männer schossen, aufrecht auf der Barrikade der Avenue Victoria stehend, ruhig wie zwei Statuen aus homerischen Zeiten: Es waren Mabille und Malézieux.

Diese Barrikade, die man aus einem umgeworfenen Omnibus errichtet hatte, hielt dem Feuer aus dem Rathaus einige Zeit stand.

Als Cipriani mit Dussali und Sapia in der Avenue Victoria ankam, wollte er die Rathausuhr anhalten; er schoss auf das Zifferblatt und zertrümmerte es. Es war 4 Uhr 5 Minuten.

In diesem Augenblick wurde Sapia durch eine Kugel in die Brust getötet.

Henri Place hatte einen gebrochenen Arm, aber wie immer und immer wieder setzte sich die Mehrheit der Opfer aus harmlosen Menschen zusammen, die zufällig da waren.

In benachbarten Straßen wurden Passanten von Querschlägern getötet.

Nachdem wir so lange wie möglich von niedrigeren Gebäuden auf der gegenüber der Rathausfassade liegenden Platzseite geschossen hatten, mussten wir uns zurückziehen.

Wenn man das erste Mal seine Sache mit Waffen verteidigt, lebt man den Kampf so vollständig, dass man selbst zum Projektil wird.

Am selben Abend sahen wir Père Malezieux, immer noch in seinen großen Umhang gekleidet, der von Kugeln durchsiebt war.

Dereure, der eine Zeit lang allein am Rathaustor die Stellung gehalten hatte, war, immer noch die rote Schärpe am Gürtel tragend, in die Bürgermeisterei von Montmartre zurückgekehrt.

»Man braucht furchtbar viel Blei, um einen Menschen zu töten«, sagte Malezieux, der alte Aufständische der Juni-Revolte*.

Für ihn brauchte man tatsächlich viel Blei, denn keine der vielen Kugeln der blutigen Woche* erreichte ihn, so dass er nach seiner Rückkehr aus der Deportation Selbstmord beging, weil die Bourgeois ihn für's Arbeiten zu alt fanden.

Man begann die Aufständischen des 22. Januar sofort zu verfolgen.

Die Regierung schwor immer noch, dass sie sich nie ergeben würde, und versuchte die Wachsamkeitskomitees der Kammern, die Klubs, zum Schweigen zu bringen. Ab da wurde alles zum Klub, die Straße zur Tribüne, die Pflastersteine erhoben sich von selbst.

Tausende Haftbefehle waren ausgestellt worden, aber man konnte nur die spontanen Verhaftungen vornehmen, denn die Bürgermeistereien verweigerten Auslieferungen, weil man damit Revolten hervorrufen würde.

Oft hat man sich seither gefragt, warum unter allen Regierungsmitgliedern, von denen keines sich den Umständen gewachsen zeigte, vor allem Jules Ferry der Stadt solchen Horror einflößte; vielleicht lag es an seiner furchtbaren Doppelgesichtigkeit.

Am Tag nach dem 22. Januar hatte er folgenden Lügenaushang plakatieren lassen:

RATHAUS VON PARIS

22. Januar, 4 Uhr 52 Minuten nachmittags

Einige umstürzlerische Mitglieder der Nationalgarde des 101. haben das Rathaus zu stürmen versucht, auf Offiziere geschossen und einen Adjutant-Major der mobilen Garde schwer verletzt. Die Truppe beantwortete das Feuer. Das Rathaus wurde von Fenstern der Häuser auf der gegenüberliegenden Platzseite aus beschossen, die man bereits im Vorfeld besetzt hatte.

Man warf Bomben und explosive Munition auf uns. Die Aggression war von Anfang an eine feige und abscheuliche, denn man schoss mehr als hundert Mal auf den Kommandanten und seine Offiziere, in dem Moment, in welchem sie eine Delegation verabschiedeten, die sie knapp vorher im Rathaus empfangen hatten. Nicht weniger feige wurden wir später von den gegenüberliegenden Fenstern aus beschossen, als nach dem ersten Schusswechsel der Platz sich geleert hatte und wir das Feuer eingestellt hatten.

Teilt das alles der Nationalgarde mit und sagt mir Bescheid, ob die Ordnung wiederhergestellt wurde.

Die republikanische Garde und die Nationalgarde besetzen den Platz und die Umgebung.

JULES FERRY

Ein mit der Regierung der nationalen Verteidigung sympathisierender Schriftsteller, der wie die Bourgeoisie zu denken wusste, hat irgendwo die folgende unumwundene Bemerkung zu den Repressalien rund um den 22. Januar niedergeschrieben:

> Man musste sich damit begnügen, Gustave Flourens, Blanqui und Félix Pyat in Abwesenheit zum Tod zu verurteilen.
>
> SEMPRONIUS, Die Geschichte der Commune, Dezember, Alonier

Verstand Jules Favre, dass es ohne Nutzen wäre, Paris die Waffen wegzunehmen, und dass ein solcher Versuch zweifellos die Revolution zur Folge hätte, oder blieb ihm dieses Gefühl von Gerechtigkeit, dass die Nationalgarde die ihren behalten solle? Jedenfalls stand es nie zur Debatte, die Nationalgardisten zu entwaffnen, auch wenn sein Aushang vom 28. Januar den Waffenstillstand ankündigte, gegen den Paris immer protestiert hatte.

Man hatte kapituliert, nur das Datum blieb unsicher, an dem die Eroberungsarmee in der ausgelieferten Stadt eintreffen sollte.

.....

Diejenigen, die so lange betont hatten, dass die Regierung sich niemals ergeben würde, dass Ducrot nur siegreich oder tot heimkehren würde, dass keine Daumenbreite des Territoriums, kein einziger Stein aus den Befestigungen je ausgeliefert werden würde, sahen, dass man sie getäuscht hatte.

Die Gefangenen des 22. Januar wurden wie folgt behandelt, und jene, die man nach Vincennes transferiert hatte, konnten nicht wie Flourens befreit werden.

> Die Unglücklichen, die man nach Vincennes gebracht hatte, blieben dort acht Tage ohne Heizung. Es schneite durch die Fensteröffnungen des Verlieses im Burgfried herein, in dem sie eingesperrt waren und wo sie auf einer Fläche von etwa 150 Quadratmetern und buchstäblich im dreckigsten Schlamm durcheinander lagen.
> Einer von ihnen, Citoyen Tibaldi, den man für den 31. Oktober verhaftet hatte und der in Cayenne, wo das Kaiserreich ihn dreizehn Jahre lang gefangen gehalten hatte, alle Arten physischer und seelischer Folter erduldet hatte, sagte aus, er habe nie etwas Vergleichbares wie in Vincennes gesehen.
> Nachdem sie von Vincennes zur Santé verlegt worden waren, wo sie fünfzehn Tage in ungeheizten Zellen blieben, an deren Wänden das Wasser herunterlief (und zwar so, dass weder Wäsche noch Bettzeug trocken bleiben konnte), wurden sie nach Pélagie geführt, wo sie zwei Monate auf das Urteil des Kriegsgerichts warten mussten.
> Unter den am 22. Januar Verhafteten war auch Delescluze in diese Hölle geworfen worden.
> 65 Jahre alt, hinfällig, an einer akuten Bronchitis erkrankt, verließ der Chefredakteur des *Réveil*, den man eingestellt hatte, das Gefängnis halb tot. Nach den Wahlen des darauffolgenden 8. Februar schickte man ihn in die Legislativversammlung nach Bordeaux.
> Ein Arbeiter, Citoyen Magne, war in dem Moment verhaftet worden, in dem er von seinem Betrieb nach Hause gehen wollte. Bereits krank, starb er nach einem Monat in Pélagie als Opfer der Behandlung, die ihm zuteil worden war.
>
> G. LEFRANÇAIS,
> Studie zur Bewegung der Commune, 1871

Am Abend des 22. Januar wurde folgendes Dekret aufgehängt, das die Schließung aller Klubs in Paris veranlasste.

.....

In Anbetracht dessen, dass als Folge krimineller Verhetzung, deren Ursprung in bestimmten Klubs geortet wird, von einigen der Agitatoren unter Missbilligung der gesamten übrigen Bevölkerung der Bürgerkrieg angezettelt wurde, und angesichts der Notwendigkeit, diese verabscheuungswürdigen und das Vaterland gefährdenden Machenschaften zu beenden, da sie, wenn sie sich wiederholten, die bisher untadelige Ehre der Verteidigung von Paris beflecken würden, verfügt die Regierung der nationalen Verteidigung Folgendes:
Alle Klubs werden bis zum Ende der Belagerung aufgelöst, die Örtlichkeiten, in denen sie ihre Versammlungen abhalten, werden unverzüglich geschlossen. Zuwiderhandelnde werden gemäß den Gesetzen bestraft.
Artikel 2. Der Polizeipräfekt wird mit der Durchführung beauftragt.

General TROCHU, JULES FAVRE,
EMMANUEL ARAGO, JULES FERRY

Solange der Beschuss von Paris anhielt, gab es immer noch Hoffnung auf den letzten Kampf.

Als das Gefechtsfeuer nach dem 28. verstummte, fühlten wir uns verraten und es blieb nur der Ausweg, zu sterben, im Fall, dass die Revolte scheitern sollte.

Wie konnte es sein, dass all die in den Ackerfurchen sich stapelnden Toten, alle auf dem Pflaster der Straßen Gefallenen, alle Alten, die durch das Elend der Belagerung umgekommen waren, nur der Feststellung dienen sollten, dass das Volk erniedrigt und die Bezeichnung »Republik« eine bloße Maske war?

War es also das, was man von Weitem ruhmreich nannte?

Wer Republikaner war, wurde von der Republik zum Feind deklariert.

Jules Favre, Jules Simon und Garnier Pagès klapperten die Départements ab; Gambetta hatte soeben die Gemeinden von Lyon und Marseille, die am 4. September aufgestanden waren, mit derselben Ungeniertheit niedergemacht, mit der er am Tag nach dem 14. August die Todesstrafe über »die Banditen von La Villette« verhängte.

VI
Einige Republikaner in Armee und Flotte – Die Pläne von Rossel und Lullier

Trotz der Disziplin denkt man manchmal nach,
und dann entflieht der Geist der Hölle der Kasernen.
L. M., Les Prisons

Nach der Kapitulation sollte die Versammlung von Bordeaux für den 8. Februar konstituiert werden, alsbald zusammentreten und über die Friedensbedingungen entscheiden.

Der Eindruck, den diese Feigheit hinterließ, war derart, dass Offiziere in Armee und Flotte sich der Niederlage verweigerten, wie auch Paris sich verweigerte; ihre Pläne waren logisch und einfach.

Die posthum gefundenen Papiere von Rossel und die, welche man bei Lullier fand, zeigten wieder einmal, dass es selbst mit militärischer Prägung möglich gewesen wäre, der Invasion standzuhalten und sie zu besiegen.

Hier sind einige dieser Fragmente.

DER KAMPF BIS ZUM BITTEREN ENDE

Der Kampf bis zum bitteren Ende, die Fortsetzung des Kampfes bis zum Sieg ist keine Utopie, ist kein Fehler.

Frankreich besitzt immer noch riesige Bestände an Kriegsmaterial und eine große Zahl Soldaten.

Die Loire-Linie, die eine ausgezeichnete Position bedeutet, ist kaum gefährdet, solange Bourges nicht verloren ist. Selbst wenn sie in feindliche Hände gerät, wird der Angriff auf südliche Provinzen schwierig, denn das Massiv der Auvergne zwingt den Feind, seine Anstrengungen zwischen Lyon und Bordeaux aufzuteilen, eine preußische Niederlage auf einer dieser beiden Linien würde beide frei machen.

Widerstand hat oft glückliche Fügungen, erinnern Sie sich zum Beispiel an die Schlacht von Cannes, die Eroberung Hollands durch Ludwig XIV. an der Spitze von vier der mächtigsten Armeen Europas, angeführt von Turenne und Condé, und

> an die Eroberung Spaniens durch Napoleon 1808. Hier hat man drei Situationen, die um vieles verzweifelter aussahen, um vieles niederdrückender, die viel geringere Chancen eines ehrenhaften Ausgangs ahnen ließen als unsere Situation nach der Einnahme von Paris.
>
> Und doch gingen alle drei glücklich aus und dies war kein Zufallsprodukt, sondern vielleicht das Produkt einer Gesetzmäßigkeit, von der ein Merkmal die Schwächung siegreicher Armeen ist.
>
> Eine Armee, die einen aktiven Krieg führt, zerstört sich selbst, selbst wenn sie leicht neue Rekruten findet. Diese erhalten wohl die zahlenmäßige Macht der Armee, aber vermögen nicht die alten Soldaten oder Offiziere zu ersetzen, die sie verloren hat.
>
> Durch diesen Mangel an Offizieren ist Napoleons Armee ins Verderben geraten, wie auch jene von Hannibal, und so wird es auch mit der preußischen Armee gehen, und zwar noch schneller, wenn man bedenkt, dass der Tod von Bismarck oder Moltke alles verändern kann.
>
> Der Tod des siegreichen Pyrrhus stellt kein Paradoxon dar. Oft entsteht für die Eroberer ein Moment, in dem im Sieg der Keim des Debakels steckt: Solche Momente sind Cannes oder die Moskowa. – Warum sollten die Preußen nicht das gleiche Abenteuer erleben?
>
> Man muss nur den Augenblick abwarten, in welchem sie verbraucht und müde geworden sind, statt sie Capua* in unseren Städten finden zu lassen. Niemals sollten wir mit ihnen über unser Lösegeld verhandeln!
>
> Es mangelt uns an Geduld, wir schließen Frieden so unüberlegt, wie wir Krieg geführt haben. Dieses Volk ist zu beweglich und zu skeptisch. Vor vierundzwanzig Jahren konnte man es mit Freiheitsideen aufwiegeln, mit Ideen egalitärer Propaganda und universeller Demokratie. Wem wird man jetzt glauben? …

Ein General wie Rossel wäre durchaus nützlich gewesen, wenn es darum ging, mit einer disziplinierten Armee gegen einen Eroberungskrieg anzutreten. Als er später aus der Nationalgarde eine reguläre Armee machen wollte, verstand Rossel nicht, dass der revolutionäre Schwung angesichts der Eile, die nottat, und des Zeitmangels und des Mangels an Männern genutzt hätte werden müssen.

In verzweifelten Situationen soll aber jeder das Mittel einsetzen, das er kennt. Die Armee, die man kennt, ist die beste, er kannte das Kriegshandwerk gut und in diesem Fall hätten ergebene Kräfte seine Disziplin erduldet.

Rossel schrieb aus Nevers, um die von den Generälen des Kaiserreichs, die die Septemberrepublik an der Spitze ihrer Heere beibehielt, begangenen Fehler aufzuzeigen.

> Die militärischen Manöver waren kontinuierlich unglücklich. Inkompetenz verdarb alle Pläne, machte alle Führer unfähig. Vielleicht zeigte allein Chancy Talent, aber er wird erst beurteilt werden können, wenn man wissen wird, welche Streikräfte vor ihm standen.
> Und dieser einzige General wurde außerhalb des Schachbretts damit beschäftigt, mit ungenügendem Kontingent durch die Bretagne und das Poitou zu stürmen.
>
> *
>
> Gambetta war ein Mann der Politik geworden, er hätte ein Mann des Krieges werden sollen, das war unsere Hoffnung gewesen, seit wir, in Metz eingeschlossen, die Unfähigkeit unserer Generäle zu spüren bekamen. Gambetta aber wollte nicht.
> Wir haben allen zum Stab gehörenden Gichtkranken gehorcht, die bereit waren, die Verantwortung zu übernehmen, wobei sie sich vor Angst die Haare ausrissen und vielmehr aus eigener Machtlosigkeit als etwa wegen der Geschicklichkeit des Feindes umkamen. Alle Operationen waren zum Scheitern verurteilt.
> Dass Orléans zurückerobert wurde, ist einem kindischen Fehler zu verdanken, der in allen Abhandlungen strategischer Kunst besprochen wird und dort unter »Konzentration auf einen vom Feind besetzten Punkt« aufscheint. Die zweite Einnahme von Orléans wird ebenfalls unter den großen Fehlern aufgelistet: Es handelt sich um einen »divergenten Rückzug«.
> Die Schlacht von Amiens nennt sich passive Defensive, wie auch alle Operationen, die der Aufgabe von Orléans an die Preußen vorangingen.
>
> *
>
> Bourbakis Marsch im Osten wurde verpfuscht. Das Verbrechen, eine Armee an einer neutralen Grenzlinie kleben zu lassen und sich über 150 Kilometer völlige Blöße zu geben, hat in der militärischen Diktion keinen Namen.
> Gambettas schöne Strategie hätte niemals zu einem so schändlichen Desaster werden können, hätte er selbst sie ausgeführt,

statt die Durchführung einem alten, verbrauchten, nur mehr widerwillig marschierenden Soldaten zu überlassen.
In dieser Sache hat sich die Republik ebenso schuldig gemacht wie das Kaiserreich, weil sie in der Wahl ihrer Anführer ebenso unintelligent gehandelt hat.
Es mag richtig sein, dass sich die Regierung von Bordeaux über die von Paris beklagt, aber ebenso richtig beklagen wir uns über die Regierung von Bordeaux, wenn ich daran denke, wie hinfällig alles war, was von ihrer Seite unternommen wurde, wie sehr die unselige Erbschaft aus der Kaiserzeit zwischen unseren Händen zerbröselte.
Wir leiden unter der Trennung der regulären und der mobilen Streitkräfte, aber wir sind es, die die Mobilisierten erfanden, die Uniformen und Systeme vervielfachten, die verheiratete Männer unter fadenscheinigen Begründungen, sie würden dem Land schaden, aus der nationalen Verteidigung ausschlossen. Ist dem Land nicht auf alle Zeiten und zur Genüge geschadet worden?
Welch unfähige Organisatoren. Sie fürchteten nur eines: zu viele Leute instruieren zu müssen. Sie haben so viele wie nur möglich aus der Rekrutierung ausgeschlossen, sie wussten nicht, wie man Leute wirbt, und ebenso wenig, wie man sie anführt, während die Regierung ihre Arbeit noch vergrößerte, indem sie unsinnigerweise Ausbildungslager schuf.

*

Sie hatten doch in einer begrenzten Zeit eine klar abgegrenzte Aufgabe zu erfüllen. Soldaten mit dieser schwierigen Aufgabe vertraut zu machen bedeutete zusätzlich, zahlreiche Barackenlager zu bauen und neue Corps zu bilden.
Wir hatten es eilig, aber haben wir unsere Bewaffnung vereinfacht? Nein. Wir haben sie noch komplizierter gemacht, indem wir die Kanone mit gezogenem Lauf einführten. Unsere Niederlagen waren nicht einem defekten Arsenal geschuldet, sondern wesentlich höher angesiedelten Ursachen.
Der gezogene Lauf ist gut für Schaulustige, trachten wir lieber danach, uns der glatten Läufe zu bedienen.
Ebenso systematisch wie die Artillerie ging die Kavallerie vor, und sie war ebenso unfähig auf dem Schlachtfeld.

ROSSEL, posthume Papiere, 1871 von Jules Amigues zusammengetragen

Auch Lullier, ein Marineoffizier, den die Verzweiflung über die Niederlage zur Commune brachte, sprach vom verpfuschten Marsch in den Osten. Nach der Affäre um den Mont Valérien (wo er, auf das Ehrenwort des Postenkommandanten dieses Forts vertrauend, den ersten Ausfall gegen Versailles in einem Desaster enden ließ) litt er unter schrecklichen Anfällen.

Lullier hatte am 25. November 1870 folgenden Plan geschickt, in den er tiefes Vertrauen setzte, dem man jedoch die Antwort schuldig blieb.

Wie einfach es gewesen wäre, zumindest zu versuchen, Paris zu befreien, das ja nur darauf wartete, sich heldenhaft zu verteidigen, mutet heute geradezu seltsam an.

> 1. Das gemeinsame operative Ziel der republikanischen Heere muss die Aufhebung der Blockade von Paris sein. Um dies zu erreichen darf man nicht den Fehler begehen, jede dieser Armeen einzeln und isoliert, wenn auch in simultanen Bewegungen marschieren zu lassen, denn die deutschen Einheiten besetzen mit ihren versammelten Kräften den Ort in konzentrischer Position und es wäre ihnen ein Leichtes, ihre Bewegungen zu versammeln und getrennt und hintereinander jede der französischen Einheiten, die sich auf einem der Kreissegmente präsentieren würde, zu bedrängen. Für diese wäre es im Gegensatz dazu sehr schwierig, ihre Angriffe zu koordinieren, wenn man berücksichtigt, wie die Kräfte verteilt sind.
> Direkt nach Paris zu marschieren heißt den Feind direkt im Zentrum seiner Macht anzugreifen, dort, wo seine Ressourcen sich befinden, das hieße, den Stier bei den Hörnern zu nehmen.
> Andererseits weist Paris keine gewöhnlichen örtlichen Bedingungen … auf. Innerhalb seiner Mauern befindet sich eine Armee von etwa 390.000 Mann, deren Organisationsstruktur, Ausbildung und Bewaffnung täglich perfekter werden, ein Heer, das bald in der Lage sein wird, nach außen zu treten und dort effizient zu kämpfen.
> Um Paris zu befreien reicht es, den Feind zu zwingen, vorübergehend einen größeren Teil seiner Kräfte, die sich um die Hauptstadt legen, zu zerstreuen und sie nur so viel weiter weg zu bewegen, damit die umzingelte Armee 48 Stunden lang Zeit hätte, sich soweit frei zu bewegen, dass sie einen gemeinsamen Ausfall gegen die belagernde Armee machen könnte. Wenn man in der Provinz Manöver unternimmt, wird man diesen Plan leicht umsetzen können und Paris teilweise befreien können.
> Was ist zu tun?

.....

2. Alle verfügbaren Kräfte im Süden bei Lyon versammeln, die im Zentrum bei Nevers, die westlichen bei Tours. Die Armee der Loire sich mittels Schienenverkehrs auf Tours zurückziehen lassen. Alle diese Kräfte in einer gemeinsamen Bewegung auf Langres konzentrieren.
In weniger als 15 Tagen ist es möglich, 300.000 Mann unterhalb dieser befestigten Stadt zu konzentrieren. Auf ihrer Rechten wird diese Armee von Besançon und Belfort gedeckt werden, so wird sie in der Lage sein, sich entweder über Vitry-le-François nach Châlons oder zwischen Toul und Nancy zu begeben. Ist letztere Stadt ihr Ziel, fällt dadurch die Meuse-Linie, die ohnehin schlecht verteidigt und schlecht zu verteidigen ist.
Durch eine dieser Marschrichtungen bedroht die in Langres konzentrierte Armee direkt die feindlichen Telegraphenlinien, welche sich über 110 Meilen über Châlons, Verdun und Nancy und von Straßburg nach Paris ziehen. So wird der Feind gezwungen, Paris teilweise zu verlassen, um einen beträchtlichen Teil seiner Kräfte auf Châlons oder Metz zu konzentrieren, um seine bedrohten Telegraphenlinien zu retten.
Sollte die Armee von Langres besiegt werden, wird sie sich auf die Strecke Paris–Lyon zurückziehen, ihre natürliche Rückzugslinie, auf der sie sich ohnehin bewegt und auf der sie in Lyon mit seinen Befestigungen sowie in Dijon als Proviant- und Verteidigungsstützpunkt jeweils eine Basis hat. Was auch geschehen möge, das Ziel, die Nachrichtenverbindungen des Feindes zu bedrohen, ohne die eigenen zu offenbaren, wird erreicht sein.
Zur selben Zeit möge das Heer im Norden zwischen Chagny und Creil an das Oise-Ufer vorrücken, um, sich dann auf seiner Linken konzentrierend, nach Reims auf die feindlichen Nachrichtenlinien zuzumarschieren, die Armee von Langres unterstützend. Oder, je nach Umständen, sich zur Rechten zusammenballend über Saint-Denis nach Paris zu gehen, um dort die Armee bei ihrem Generalausfall zu unterstützen.
3. Die Nachrichtenstützpunkte des Feindes bedrohen, um diesen zum Rückzug zu zwingen, ist eines der gängigsten Kriegsmanöver. In der gesamten Militärgeschichte zeigt die Erfahrung, dass ein solches Manöver, selbst wenn es mittelmäßig ausgeführt wurde, beinahe immer von Erfolg gekrönt war.
1800 ging der österreichische General Melas im Var gegen Frankreich vor. Seine Nachrichtenlinien zogen sich über Coni, Alexandria und das rechte Po-Ufer. Mit 36.000 Männern

überquerte Bonaparte den Sankt Bernhard und setzte sich zu Pferd bei Marengo auf diese Linie.
Da Melas fürchten muss, von Mantua und der Etsch, seiner Basis, abgeschnitten zu werden, konzentriert er sich eilends auf Alexandria.
Als er vor diesem Ort besiegt wird, bleibt ihm nur die Wahl, sich dort einzuschließen oder einen Vertrag zu unterzeichnen, der uns Italien ausliefert.
1812, nachdem er die Schlacht bei Borodino verloren hatte und nach Moskau ausgewichen war, platzierte sich der russische Generalissimus Mutusow südlich der Nachrichtenlinie der französischen Armee. Alsbald musste Napoleon kontern und wurde nach dem ungewissen Ausgang der Schlacht von Malojaroslawez vom russischen General noch weiter nach Westen abgedrängt, gezwungen, Moskau Hals über Kopf zu verlassen, weil er fast von seiner Basis, Polen und der Beresina, abgeschnitten worden war.
1813 muss Napoleon, als die Alliierten sich auf Leipzig konzentrieren, seine Position in Dresden aufgeben, um seinen bedrohten Nachrichtenlinien zu Hilfe zu eilen. Nach den drei Schlachten bei Leipzig muss er sich schleunigst auf seine Basis am Rhein zurückziehen.
Im selben Jahr, 1813, evakuierten, als der englische General Wellington sich anschickte, von Valladolid nach Burgos zu marschieren, König Josef und die französischen Generäle überstürzt Madrid, weil sie von ihrer Basis in den Pyrenäen abgeschnitten werden sollten.
1814 bereitete Wellington in Bordeaux einen Marsch auf Paris vor. Doch General Soult, der Kommandant der spanischen Armee, zog sich parallel zur Grenze nach Toulouse zurück.
Wellington, der sein Heer nicht an seiner Nachrichtenlinie postieren konnte, sah sich gezwungen, dem französischen General die Stirn zu bieten und ihm bei der Schlacht von Toulouse offen gegenüberzutreten.
Im selben Jahr 1814, nach dem ungewissen Ausgang der Schlacht von Bar-sur-Aube, marschierte Napoleon auf dem Weg nach Lothringen nach Saint-Dizier. In Lothringen wollte er die Nachrichtenstützpunkte der deutschen Armee angreifen. Obwohl er zu diesem Zeitpunkt nur über 65.000 Mann verfügte, wäre dieser Marsch entscheidend gewesen, hätte Paris nur zwei Wochen standhalten können.
4. Der Plan, unsere Einsatzkräfte konzentriert von Langres aus marschieren zu lassen, den wir mit 300.000 Männern mit

15. Dezember durchführen können, entspricht also den Prinzipien strategischer Wissenschaft, sein Erfolg wird von vornherein durch die Erfahrung, die uns die Geschichte lehrt, garantiert. Außerdem entspricht er dem vernünftigen Menschenverstand.

Frankreich ist verwundet, es bleibt ihm nur noch ein Arm, aber der ist noch in der Lage, ein Schwert zu halten. Vom Erfolg ermutigt legt der Feind seine Hand auf Paris. Entweder die Hauptstadt kann diese Hand fassen oder der Feind wird stärker zudrücken und sie mit der anderen Hand beiseite wischen. Wenn sie jedoch mit dem verbleibenden Arm den Gegner bedroht, wird dieser sogleich loslassen. Der Arm der Preußen erstreckt sich von Straßburg bis Paris, wir müssen diesen Arm mit allen verfügbaren Kräften bedrohen.

Damit unsere Vorschläge von Erfolg gekrönt werden, bedarf es zweier Dinge:

1. Das Vorhaben muss geheim bleiben und darf nur in letzter Minute durch seine Ausführung bekannt werden, wenn der Feind keine Zeit mehr für Gegenmanöver hat. Kriegskunst ist nur deshalb so schwierig, weil man zugleich die eigenen Pläne vor dem Feind verbergen muss, während man in sein Denken eindringen muss.
2. Die genaue Abstimmung der Details, das Rekrutieren des Materials, die Transportwege sowie die Dauer der Transporte mit der Eisenbahn. Die notwendige Menge an Munition und Proviant, so dass keine Einheit ohne Bewaffnung oder Lebensmittel bleibt. Im Krieg zählt die exakte Berechnung von Zeit und Weg alles.

Der schönste Plan scheitert, wenn eine Armeeeinheit um einige Stunden zu spät zum Schlachtfeld kommt.

Kommt sie vier Stunden zu spät, gerät sie in ein Debakel und verschlimmert es noch. Vier Stunden früher kann sie eine Katastrophe in einen Sieg umwandeln.

Tours, am 25. November 1870

CHARLES LULLIER

Frankreich wurde weder militärisch noch revolutionär gerettet, sondern von degenerierten Bourgeois wie eine Viehherde abgeschlachtet, und doch wird die Zukunft der befreienden Revolution gehören.

Obige Fragmente scheinen tausend Jahre alt zu sein, da die Kunst der Kriegsführung stirbt, weil der Krieg unter den Völkern stirbt. Trotz der Bemühungen von Tyrannen liegt sie in den letzten

Zuckungen und wird sich nicht mehr erheben. Aber Rossel und Lullier waren große Geister, verbrannt von den Ereignissen wie Nachtfalter von der Flamme.

Heute ist es vorbei mit der Disziplin; die Männer, die sie erzog, stoßen sich am freien Flug der Menschheit die Köpfe wund.

VII
Die Versammlung von Bordeaux – Der Einmarsch der Preußen in Paris

Ländliche Mehrheit, die Schande Frankreichs!
GASTON CRÉMIEUX

Eine zweite Frist wurde bis zum 28. Februar eingeräumt und die Regierung, die Paris misstraute, erreichte, dass die deutsche Armee erst am 1. März in die Stadt einrücken würde. Trochu war zurückgetreten, um sein Wort zu halten oder eher um so zu tun als ob (»der Gouverneur von Paris wird nicht kapitulieren!«). Vinoy, der Napoleon III. am 2. Dezember die Stange gehalten hatte, ersetzte Trochu.

Wie in ganz Frankreich erstellte man auch in Paris Listen, wo die Grenzen zwischen Republikanern und Internationalisten verschwammen.

Diejenigen, die noch etwas Vertrauen in die Urnen hatten, erlebten Überraschungen, wie zum Beispiel, dass Monsieur Thiers, der am Vortag der offiziellen Ausrufung 61.000 Stimmen gehabt hatte, was bereits übertrieben schien, am nächsten Tag 103.000 verkündete! Das sind die Geheimnisse des allgemeinen Wahlrechts.

Aus einigen Listen, die man die der vier Komitees nannte, wurde der Name Blanqui verbannt. Auch wenn mehrere Internationalisten darauf standen, war Blanqui das Schreckgespenst.

Die Klubs wählten die Namen der Internationalisten aus, den von Liebneck, der energisch gegen den Krieg protestiert hatte, ebenso wie die französischer Internationalisten.

Viele Revolutionäre verzichteten, weil sie dem allgemeinen Wahlrecht misstrauten, das so wenig allgemein war wie noch nie. Man ersetzte sie, wie bereits für die vorhergehende Volksabstimmung, durch Flüchtlinge, Soldaten und mobile Bretonen.

Thiers, der die Kampagne in den Provinzen führte, bediente jede Betroffenheit, alle Reaktionen, wusste der Feigheit zu schmeicheln, und zwar so gut, dass er in dreiundzwanzig Départements gewählt wurde. Man nannte ihn den König der Radikalen.

In der ersten Sitzung dieser reaktionären Versammlung[45] konnte sich Garibaldi kein Gehör verschaffen, weil die Zwischenrufe seine Stimme übertönten, während er seine Söhne der Republik anbot.

Während der Greis inmitten des Tumults aufrecht stehen blieb, rief Gaston Crémieux aus Marseille, der wenige Wochen später füsiliert werden sollte, unter dem Applaus der auf den Tribünen sich drängenden Volksmenge: »Ländliche Mehrheit, die Schande Frankreichs!«

Bis zum Schluss blieb die Versammlung von Bordeaux ihren Anfängen treu, und es war für jeden, der frei denken wollte, unmöglich, sich in dieser Umgebung länger aufzuhalten, die jeglicher Großzügigkeit des Denkens feindlich gegenüberstand.

Rochefort, Malon, Ranc, Tridon und Clemenceau traten zurück.

Was vier von ihnen dazu äußerten, galt für alle und war in folgende Worte gefasst:

> Citoyen Président, die Wähler haben uns das Mandat erteilt, die Französische Republik zu vertreten.
> Aber mit der Abstimmung des 1. März hat die Nationalversammlung die Zerstückelung Frankreichs eingeleitet, den Ruin unseres Landes, und damit ihre Beschlüsse ad absurdum geführt:
> Die Stimmen von vier Generälen und die Enthaltung dreier weiterer strafen die Behauptungen des Monsieur Thiers Lügen.
> Wir können keinen Tag länger in dieser Versammlung bleiben.
> Wir verkünden daher, Citoyen Président, dass uns nichts übrig bleibt, als uns zurückzuziehen.
>
> HENRI ROCHEFORT, MALON von der Internationale
> RANC, TRIDON von der Goldküste

Garibaldi, Victor Hugo, Félix Pyat und Delescluze traten als Abgeordnete ebenfalls zurück.

Die Regierung, die man *neu* nannte, vor allem, weil sie gleich war wie die alte, wurde also von der Versammlung der Kapitulierer gebildet:

THIERS, Chef der Exekutive
JULES FAVRE, Außenminister
ERNEST PICARD, Inneres
DUFAURE, Justiz

45 Gemeint ist die Gesetzgebende Versammlung von Bordeaux.

General LE FLO, Krieg
POUYER-QUERTIER, Finanzen
JULES SIMON, öffentliche Bildung
Admiral POTHUAU, Marine
LAMBRECHT, Handel
DELAREY, Bau und Verkehr
JULES FERRY, Bürgermeister von Paris
VINOY, Gouverneur von Paris

Die Friedensbedingungen lauteten:

- Abtreten des Elsass und eines Teils von Lothringen mit Metz.
- Fünf Milliarden Entschädigungszahlungen, zu leisten innerhalb von drei Jahren.
- Die Besetzung des Territoriums bis zur vollständigen Begleichung der fünf Milliarden.
- Schrittweiser Rückzug, proportional zur bezahlten Summe.

Am 27. Februar verbreitete sich das Gerücht in Paris, die deutsche Armee sei in der Stadt.

Sofort waren die Champs-Élysées voll von Nationalgardisten. Die Nacht schallte vom Appell wider.

Man erinnerte sich daran, dass auf der Place Wagram Kanonen standen, welche von Nationalgardisten der Außenbezirke per Subskription für die Verteidigung von Paris gekauft worden waren und also ihnen gehörten.

Auch auf der Place des Vosges standen Kanonen, die von den Bataillonen des Marais gekauft worden waren, und so hatte jedes Viertel seine eigenen. Männer, Frauen und Kinder spannten sich davor, die Kanonen aus Montmartre werden bis zum Boulevard Ornano gerollt und auf den Hügel von Montmartre gezogen.

Belleville und La Villette ziehen die ihrigen auf die Hügel von Chaumont.

Die von Le Marais bleiben auf der Place des Vosges, denn es ist der beste Ort für einen Artillerie-Park.

Zweitausend Nationalgardisten versammeln sich im Zentralkomitee. Man bereitet für den nächsten Tag folgende Aushänge vor:

> Die Nationalgarde protestiert kraft ihres Zentralkomitees gegen jeden Versuch, sie zu entwaffnen, und erklärt, sie werde sich bei Bedarf mit Waffen verteidigen.
>
> Das ZENTRALKOMITEE DER NATIONALGARDE

Folgendes Manifest wurde am 28. und am darauffolgenden Tag ausgehängt:

.....

Da die Revolutionäre nicht unnötigerweise einen Teil der Bevölkerung abschlachten lassen wollen, deren Gefühl nicht gegen das Eindringen der Preußen in die Stadt Paris zu opponieren scheint, erklärt das Zentralkomitee, das eine gegenteilige Ansicht veröffentlicht hatte, dass es sich folgendem Vorschlag anschließt:

Rund um die Viertel, die vom Feind besetzt werden sollen, wird eine Reihe von Barrikaden errichtet, die dazu dienen sollen, diese Teile der Stadt vollkommen von den anderen abzuschotten.

Die Einwohner der abgegrenzten Stadtteile müssen diese unverzüglich verlassen.

Die Nationalgarde wird gemeinsam mit der Armee rund um diese Teile Kordons bilden und darauf achten, dass der in dem augenblicklich nicht mehr zur Stadt gehörigen Gebiet isolierte Feind in keiner Weise mit den anderen Teilen von Paris kommunizieren kann.

Das Zentralkomitee ersucht die Nationalgarde, ihre Unterstützung bei der Durchführung notwendiger Maßnahmen, die zu diesem Ziel führen sollen, zu garantieren und jede Art von Aggression zu vermeiden, die den sofortigen Sturz der Republik zur Folge hätte.

Für das Zentralkomitee der Nationalgarde.

ALAVOINE, BOUIT, FRONTIER, BOURSIER, DAVID, BOISON, BAROUD, GRITZ, TESSIER, RAMEL, BADOIS, ARNOLD, PICONEL, AUDOYNARD, MASSON, WEBER, LAGARDE, LAROQUE, BERGERET, POUCHAIN, LAVALETTE, FLEURY, MALJOURNAL, CHONTEAU, CADAZE, CASTRONI, DUTIL, MATTÉ, OSTYN.

Die Armee zog sich auf das linke Seineufer zurück und die Nationalgarde exekutierte ihr Programm allein, ohne Störung, ohne Provokation, ohne Schwäche.

Diese Nacht hinterließ den Eindruck von Größe.

Es schien, als würde man von irgendeinem Punkt im Weltall im Schatten einer toten Stadt das Phantom einer Armee vorbeiziehen sehen.

Die schneidenden Halbtöne der Sturmglocke fielen auf die Schwärze der leeren Straßen herab.

Die beiden Riesentrommeln von Montmartre schlugen entlang der Rue Ramey ihre dumpfe Mahnung wie zu einem Trauermarsch.

Einzelne Atemstöße einer Revolte zogen durch die Luft, aber die geringste Aggression hätte, wie das Zentralkomitee es einschätzte, dem Vorwand gedient, unter Wilhelms Schutz die Dynastie wieder einzuführen.

Einige Augenblicke lang klatschten an einigen Fenstern schwarze Fahnen im Wind, dann gab es keinen Sterbenshauch mehr.

Man sah vom Wachsamkeitskomitee nichts als die Dunkelheit und hörte nichts als das Läuten der Sturmglocke. – Die Nacht ging schwer zu Ende.

Auf den Champs Élysées zertrümmerte man in einem Café, das für die Preußen geöffnet hatte, ruhig einer Pflicht nachgehend den Tresen und alles, was ihnen gedient hatte, und aus diesem selben Pflichtverständnis heraus, mitleidslos, aber auch ohne Zorn, peitschte man die unglücklichen Weiber aus, die sich, um die Eroberer zu sehen, im Feststaat auf die andere Seite der Barriere begeben hatten.

Ach, warum war es nicht möglich, statt an diesen armseligen Produkten der alten Welt ein Exempel zu statuieren, ihrer gesamten verfaulten Gesellschaft Gerechtigkeit widerfahren zu lassen?

Die Versammlung von Bordeaux fuhr fort, eine Reihe schändlicher Maßnahmen zu verabschieden. Die Vertreter dieser Regierung in Paris gaben sich, da sie nicht wie die Nationale Verteidigung geschworen hatten, eher zu sterben, als sich zu ergeben, aus vollem Herzen der Infamie hin.

Da sie alle Mutigen fürchtete, die sie den Abschaum der Außenbezirke nannte, bereitete die Versammlung, die es nie gewagt hätte, Paris direkt anzugreifen, einen Verrat vor, um die »Akropolis des Aufstands«, Montmartre, welches wir gemeinsam mit der »ruchlosen Masse«* die Zitadelle der Freiheit, den heiligen Hügel nannten, ihrer Kanonen zu berauben.

Es gab einen Augenblick, in dem die Ordnungspartei in der Masse versank und Paris nur aus einer einzigen heldenhaften Seele bestand, die der Freiheit entgegenschrie.

Thiers, der zwischen seinen Gnomenkrallen die Versammlung von Bordeaux gepackt hatte, knetete diese, wie es ihm gefiel; und diese Versammlung hieß Frankreich, hieß die Republik!

VIII
Weltweite Erhebungen für die Freiheit

Schmettert, schmettert immer, Posaunen des Denkens.
VICTOR HUGO

Rund um 1871 kam es auf der ganzen Welt zu Aufständen der Gedanken.

Ein Sturm blies sie in die Welt hinaus, sie verzweigten sich, wuchsen im Schatten und inmitten der Massaker heran. Heute blühen sie; die Früchte kommen noch.

Um 1870, vorher, nachher, immer, bis die Umwandlung der Welt völlig erreicht ist, wirkt die Anziehungskraft des wahren Ideals weiter und weiter.

Kann man denn die Ankunft des Frühlings verhindern, selbst wenn man alle Wälder der Erde abholzt?

Um 1870 forderten Kuba, Griechenland und Spanien die Befreiung: Überall schüttelten Sklaven ihre Ketten, die Völker Indiens standen für die Freiheit auf, wie sie es auch heute tun.

Trunken von ihren Idealen erhoben sich die Herzen. Während die Unerbittlicheren unter den Herren ihre bewusstlosen Meuten bewaffneten und auf menschliches Wild scharf machten, erwachte die Revolte, immer und immer wieder, und immer war sie in Blut getränkt. Überall stieg die Flut auf zur neuen, höheren Stufe der Menschheit, sichtbar schon, doch noch nicht erreicht.

Entfesselte Repression, wilder und dümmer, je näher das Ende kam, suchte die Unterstützung der panischen und fallenden Macht.

Im November '70 waren die Verliese Russlands brechend voll. Männer und Frauen, wie viele von uns junge Schüler, waren der Internationale beigetreten und versuchten die seit so langer Zeit über ihrer harten Zemlia gekrümmten Muschiks[46] aufzuwecken.

46 »Zemlia« heißt auf Russisch »Erde«. Die Muschiks waren die leibeigenen Bauern.

Zu diesen einfachen Menschen musste man mit einfachen Worten, in Bildern sprechen (*»die Worte«* von Bakunin), die sie wie der morgendliche Hahnenschrei aus dem Schlaf holen würden.

> Das russische Volk befindet sich heute in einer ähnlichen Lage wie jener, die es zum Aufstand unter Zar Alexis, dem Vater Peters des Großen, zwang. Damals war es Stanka Razine, ein Kosake und Anführer der Aufständischen, der sich an die Spitze setzte und den Weg in die Emanzipation wies.

Weiter führt Bakunin aus:

> Seit fast sechsundzwanzig Jahren wartet das Volk, um sich zu erheben, auf einen neuen Stanka Razine, und diesmal wird die Legion der deklassierten jungen Leute, die jetzt das einfache Leben leben, an seine Stelle treten. Stanka Razine steht hinter ihnen, nicht als individueller, sondern als kollektiver Held und daher unbezwingbar. Sein Geist wird über dieser prachtvollen Jugend schweben.
>
> MICHAEL BAKUNIN

In einem Gedicht von Ogareff, einem Freund von Bakunin (*»Der Student«*), sahen die jungen Menschen mit ihren leidenschaftlichen und großzügigen Herzen einen von ihnen, dem es gelang, mitten im Überlebenskampf von Wissenschaft und Humanismus zu leben.

Durch die Rache des Zaren und der Bojaren zum Nomaden geworden, wanderte er von Sonnenaufgang bis Sonnenuntergang umher und rief den Bauern zu: »Vereinigt euch! Steht auf!« Von der kaiserlichen Polizei verhaftet, lag er in der eisigen sibirischen Ebene im Sterben und wiederholte bis zu seinem letzten Atemzug, dass jeder Mann sein Leben für die Erde und die Freiheit geben müsse.

Während die Commune Fortschritte machte, wurde den Internationalisten in Russland mit all der Grausamkeit, die vom Entsetzen aller Despoten vor der Wahrheit inspiriert ist, der Prozess gemacht.

In Amerika hatte die Volksbewegung 1866 in Philadelphia begonnen, wo Uriah Stephens die Idee einer Vereinigung zur Verteidigung der Arbeiter gegen Ausbeutung verbreitete.

Mehrere Jahre lang blieben die Versammlungen der »knights of labour«, der Ritter der Arbeit, geheim, bis sich James Wright, Robert Macauley, William Cook, Joseph Kennedy und andere mit Uriah Stephens verbanden und eine erste Propagandagruppe bildeten, der bald weitere folgten; heute sind es nicht nur hunderte, sondern hunderttausende »knights of labour«.

Sie tauschen sich über Streiks mit den Trade Unions und den Arbeitervereinigungen Nordamerikas aus und mit denen in Irland, wenn es um Kündigungen geht.

Seit frühester Zeit ist diese Vereinigung der Beraubten wider die Räuber eine Realität, durch alle Zeitalter hindurch und mit all den Namen, die der Aufstand annimmt. War sie zu manchen Zeiten, wie 1871 wie auch heute, naiv, so zittert sie nunmehr vor den immer größeren Verbrechen gegen sie. Vielleicht ist es ja Zeit, ein Glied der langen Kette der Sklaverei zu zerschlagen.

1870 schöpfte das unter der Eroberung gebeugte Algerien aus seinem Leid den Mut der Revolte.

Jules Favre selbst sagt:

> Unsere Verwaltung erntete so die traurigen Früchte der Politik, der sie während langer Jahre die kolonialen Interessen geopfert hatte.
>
> JULES FAVRE, Einfacher Bericht eines Mitglieds der nationalen Verteidigung, 2. Band, Seite 269

Gegen Ende Februar begannen die Araber, die den militärischen Despotismus kannten, aber im Zivilleben keine Erfahrung damit hatten und das bekannte Übel dem unbekannten vorzogen, sich immer stärker darüber zu beklagen, dass Franzosen, für die sie stets Besiegte bleiben würden, alle Bereiche ihres Lebens, ja auch die Familie kontrollieren würden. Sie verlangten in den Ämtern ihresgleichen, fürchteten, die zivile Verwaltung könne sich noch mehr in ihre Angelegenheiten einmischen.

Der bei unterworfenen Völkern unentwegt unter der Asche glosende Aufstand breitete sich schnell aus.

Scheich Haddah kam aus dem Verlies, in dem er sich seit über dreißig Jahren, solange sein Volk unter der Knechtschaft leiden musste, verschanzt hatte, heraus und hob an, den Heiligen Krieg zu predigen.

Seine beiden Söhne, Mohamed und Ben Azis, El Mokrani, Ben Ali Chérif und andere führten die Kabylen[47] zum Aufstand. Bald hatten sie eine kleine Armee beisammen und um den 14. März herum schickte der Bachaga der Medjana ritterlich eine Kriegserklärung an den Gouverneur von Algerien.

47 Eine in der in Nordost-Algerien gelegenen Kabylei lebende Subgruppe der Berber.

Acht Tage lang belagerten die Araber Bordjibou-Arreridj, aber Bonvalets Kolonnen aus mehreren tausend Männern schlossen sie ein.

Einer der Scheichs stieg vom Pferd und bestieg langsam einen Hügel, über den das Mitrailleusenfeuer fegte.

Dazu Jules Favre:

> Er empfing den Tod, den er, ehrgeizig und stolz wie nach einem Triumph, gesucht hatte.
>
> JULES FAVRE, Einfacher Bericht eines Mitglieds der nationalen Verteidigung, 2. Band, Seite 273

Genauso würde Delescluze im Mai 1871 handeln.

Man könnte meinen, Jules Favre erinnerte sich, als er dies schrieb, an jene Zeit, als er, umringt von jungen Schülern, wie ein Vater für uns war und als wir ihn liebten, wie wir auch den Aufstand für die Republik und für die Freiheit liebten.

Oh, wie war die Res Publica, von der wir damals träumten, groß und schön gewesen!

IX
Die Frauen von 1870

Es schien, als würde Gallien in ihnen erwachen;
Frei, mit dem Willen zu sterben, wuchs ihr Mut
Für größere Gefahren.

L. M.

Unter den unerbittlichsten Kämpfern, die sich der Invasion entgegenstellten und die Republik als Morgenröte der Freiheit verteidigten, befanden sich zahlreiche Frauen.

Man hat versucht, aus den Frauen eine Kaste zu machen. Die Auslese fand unter den zermalmenden Kräften im Lauf der Geschichte statt. Man hat uns nicht gefragt, wie wir das finden, und wir brauchen niemanden zu fragen. Die neue Welt wird uns mit einer freien Menschheit vereinen, in der jedes Wesen seinen Platz hat.

Mit Maria Deresme* marschierte Frauenrecht mutig vorwärts, aber ausschließlich für eine Seite der Menschheit, nämlich die der berufsbildenden Schulen der Damen Jules Simon*, Paulin und Julie Toussaint. Die Grundschulpädagoginnen unter Madame Pape-Carpantier*, die sich in der Rue Hautefeuille in der Vereinigung für Grundschulpädagogik trafen, hatten sich unter dem Kaiserreich zusammengeschlossen, und zwar in so großer Bandbreite, dass die Aktiveren unter ihnen in allen Gruppen zugleich Mitglied waren. Wir hatten einen Komplizen, Monsieur Francolin von der Grundschulpädagogik, den wir, weil er aussah wie ein Weiser aus der Zeit der Alchemisten, aber auch aus Freundschaft »Doktor Francolinus« nannten.

Er hatte fast ganz allein eine kostenlose Berufsschule in der Rue Thévenot gegründet.

Dort fanden abends Kurse statt. Diejenigen unter uns, die welche hielten, konnten sich nach ihrem Unterricht in die Rue Thévenot begeben, wir waren fast alle Lehrerinnen – Maria La Cécilia*, noch ein junges Mädchen, die Direktorin war Maria Andrieux, mehrere andere Frauen leiteten Kurse. – Ich selbst hatte drei: Literatur, was es mir einfach machte, Zitate früherer Autoren zu finden, die sich auf die heutige Situation anwenden ließen, alte Geografie, wo vergangene Namen und Erkenntnisse heutige Namen und Erkenntnisse bereicherten, wo es wohltat, aus den Ruinen die Zukunft abzulesen. Ach, was konnte ich mich für diese Kurse begeistern!

Ich hatte am Donnerstag noch einen Kurs, Zeichnen, bei dem eines Tages die kaiserliche Polizei mir die Ehre erwies, für die Betrachtung eines Victor Noir auf seinem Totenbett hereinzukommen. Auf schwarzer Tafel mit weißer Kreide gezeichnet, die Konturen mit dem Finger verwischt, wirkte er wie ein sanft verträumtes Relief.

Als die Ereignisse sich überschlugen, nahmen mir Charles de Sivry den Literatur- und Fräulein Potin aus der Nachbarklasse, meine Freundin, den Zeichenkurs ab.

Alle Frauenvereinigungen, ausschließlich konzentriert auf die schreckliche Stunde, in der wir uns befanden, schlossen sich zur Gesellschaft für Kriegsopferhilfe zusammen, wo die Bürgerlichen, die Frauen jener Mitglieder der Nationalen Verteidigung, die so wenig verteidigten, sich als Heldinnen bewährten.

Wenn ich behaupte, dass beim Komitee für Kriegsopferhilfe Großzügigkeit und Weltoffenheit herrschten, so geschieht das bar jeden Sektierertums, da ich selbst viel öfter bei der »patrie en danger« und beim Wachsamkeitskomitee war als beim Komitee für Kriegsopferhilfe.

Man half, ja man tat mehr als das, um all diese Verzweiflung etwas zu lindern und auch um Mut zuzusprechen, dass man nicht aufgeben sollte.

Hätte jemand vor dem Komitee für Kriegsopferhilfe von Kapitulation gesprochen, hätte man ihn genauso energisch vor die Tür gesetzt wie in den Klubs von Belleville und Montmartre.

Wir waren die Frauen von Paris und der Vorstädte. Ich erinnere mich gut an die Gesellschaft für Grundschulpädagogik, wo ich in dem kleinen Kabinett rechts neben dem Bureau, auf der Kiste, in der das Skelett untergebracht war, meinen Platz hatte. In der Hilfsvereinigung war mein Platz auf einem Schemel, zu Füßen der Madame Goodchaux, die unter ihrem weißen Haar einer Marquise von früher ähnelte und ab und zu lächelnd einen Tropfen kalten Wassers auf meine Träume warf.

Warum war ich dort überall privilegiert? Ich weiß es nicht. Vielleicht stimmt es, dass Frauen den Aufstand lieben. Wir sind nicht besser als die Männer, aber uns hat die Macht noch nicht korrumpiert.

Tatsache war, dass sie mich liebten und ich sie liebte.

Als ich nach dem 31. Oktober die Gefangene von Monsieur Cresson* wurde, nicht, weil ich etwa an einer Demonstration teilgenommen hatte, sondern weil ich gesagt hatte: »Ich war nur da, um mit den Frauen, die die Regierung nicht anerkennen, die Gefahr zu teilen!«, kam Madame Meurice zur selben Zeit wie auch im Namen der Klubs Ferré, Avronsart und Christ, um meine Freilassung zu verlangen.

Wie viele Dinge unternahmen die Frauen im Jahr 1871! Alle, überall! Zuerst richteten wir in den Befestigungen Sanitätslager ein, und da wir entgegen dem, was wir gewohnt waren, von der Nationalen Verteidigung empfangen wurden, begannen wir an eine Regierung zu glauben, die bereit war für den Kampf. Doch sie schickten ebenfalls eine Menge völlig unnötiger, ignoranter junger Gecken in die Befestigungen, die ständig ihre Ängste hinausschrien, während die Forts zu überleben versuchten. Eine nach der anderen kündigten wir, um uns anderswo nützlicher machen zu können. Erst letztes Jahr traf ich eine dieser mutigen Sanitäterinnen, Madame Gaspard, wieder.

Die mobilen Krankenstationen, die Wachsamkeitskomitees, die Bureaus der Bürgermeistereien, wo, vor allem in Montmartre, die Damen Poirier, Excoffon, Blin und Jarry einen Weg fanden, den Lohn auf alle Frauen gleichermaßen aufzuteilen.

Die Revolutionsküche, mit der Madame Lemel von der Gewerkschaft der Buchbinder es während der gesamten Belagerung, ich weiß nicht wie, schaffte, so viele Menschen vor dem Hungertod zu bewahren, war ein Kraftakt an Hingabe und Intelligenz.

Die Frauen fragten sich nicht, ob etwas möglich, sondern ob es nützlich wäre, dann gelang die Durchführung.

Eines Tages wurde beschlossen, dass Montmartre zu wenig Krankenstationen habe, also beschloss ich mit einer blutjungen Freundin aus der Gesellschaft der Grundschulpädagogik, eine aufzubauen. Es war Jeanne A., seitdem Madame B.

Wir hatten keinen Sou, aber eine Idee, wie wir Geld sammeln könnten.

Wir nahmen einen Nationalgardisten mit, groß, mit einem Antlitz wie aus einer Gravur von 1793. Er schritt mit aufgestecktem Bajonett voran. Angetan mit breiten roten Schärpen trugen wir selbst Börsen, die wir für diesen Anlass gemacht hatten. Wir gingen also alle drei mit finsteren Gesichtern zu den reichen Leuten – fingen mit den Kirchen an: Während der Gardist den Mittelgang entlangschritt und sein Gewehr auf den Bodenfliesen aufschlug, bearbeiteten wir jeweils eine Seite des Kirchenschiffs, nachdem wir die Kollekte mit den Priestern am Altar begonnen hatten.

Die frommen Frauen schütteten, blass vor Angst, zitternd ihr Kleingeld in unsere Spendenbüchsen, manche allerdings gern; alle

Pfarrer gaben. Dann waren einige jüdische, auch christliche Financiers dran, dann die guten Leute, ein Apotheker aus Montmartre spendete das Material. Die Ambulanz war gegründet.

In der Bürgermeisterei von Montmartre wurde über diese Expedition, die niemand unterstützt hätte, wenn wir vor unserem Erfolg davon gesprochen hätten, herzlich gelacht.

Der Tag, an dem die Damen Poirier, Blin und Excoffon mich in meiner Klasse aufsuchten, um das Wachsamkeitskomitee der Frauen zu gründen, bleibt mir wie gestern im Gedächtnis.

Es war Abend, nach dem Unterricht, und sie saßen mit den Rücken an die Wand gelehnt. Excoffon mit ihrem wirren blonden Haarschopf, Mutter Blin, schon alt, mit einer Wollmütze, Madame Poirier mit ihrer Kapuze aus rotem Kattun. Ohne Gruß, ohne Zögern sagten sie einfach: »Sie müssen mit uns kommen«, und ich antwortete ihnen: »Ich komme.«

Damals saßen in meiner Klasse fast zweihundert Schüler, sechs- bis zwölfjährige Mädchen, die meine Begleitlehrerin und ich unterrichteten, auch ganz kleine Kinder zwischen drei und sechs Jahren, Jungen wie Mädchen, um die sich meine Mutter kümmerte, die sie zu sehr verwöhnte. Die Großen aus meiner Klasse halfen ihr abwechselnd.

Die Kleinen, deren Eltern vom Land nach Paris geflüchtet waren, waren von Clemenceau geschickt worden. Die Bürgermeisterei kümmerte sich um ihre Nahrung, sie bekamen Milch, Pferdefleisch, Gemüse und sehr oft etwas Naschwerk.

Eines Tages wurde die Milch zu spät geliefert und die Jüngsten, die es nicht gewohnt waren zu warten, fingen an zu weinen. Meine Mutter tröstete sie und weinte mit ihnen. Ich weiß nicht, warum mir das einfiel, aber um zu erreichen, dass sie geduldiger warteten, drohte ich damit, sie zu Trochu zu schicken, wenn sie nicht still wären.

Alsbald schrien sie erschrocken auf: »Mademoiselle, wir werden ganz brav sein; bitte, schicken Sie uns nicht zu Trochu!«

Dieser Aufschrei und die Geduld, mit der sie warteten, zeigten mir, dass bei ihnen zu Hause die Regierung von Paris gering geschätzt wurde.

Man hat oft von Eifersüchteleien unter den Lehrerinnen gesprochen, ich habe sie nicht erlebt. Vor dem Krieg tauschten meine nächste Nachbarin, Mademoiselle Potin, und ich Unterrichtsstunden, sie gab bei mir Zeichenunterricht und ich Musikstunden bei ihr, und wir führten abwechselnd unsere ältesten Schülerinnen zu den Kursen in die Rue Hautefeuille. Als ich während der Belagerung im Gefängnis saß, unterrichtete sie meine Klasse.

.....

Marie Ferré

Nathalie Lemel

Paule Minck (r.) mit Louise Michel

André Léo

3

DIE COMMUNE

I
Der 18. März

Das außergewöhnliche Keimen der neuen Ideen
Überraschte und erschreckte sie, der Geruch von Pulver
Schlug sich auf den Magen; Schwindel erfasste sie,
Und das werden sie uns nicht verzeihen.
J. B. CLÉMENT, La Revanche de la Commune

D'Aurelle de Paladines befehligte die Nationalgarde von Paris, die ihm nicht gehorchen wollte, da sie sich Garibaldi wünschte.

Brunet und Piaza, die am 28. Jänner von den Nationalgardisten ebenfalls zu Anführern auserkoren, aber vom Kriegsrat zu zwei Jahren Gefängnis verurteilt worden waren, wurden in der Nacht vom 26. auf den 27. Februar befreit.

Man gehorchte nicht mehr: Die Kanonen der Place des Vosges, die der Gouverneur von seiner Artillerie requirieren lassen wollte, wurden dieser verweigert, ohne dass sie es gewagt hätte zu widersprechen, und zu den Hügeln von Chaumont gezogen.

Die Zeitungen, denen die Reaktion vorwarf, sie würden mit dem Feind paktieren, waren seit dem 12. März eingestellt: *Le Vengeur* von Félix Pyat, *Le Cri du Peuple* von Vallès, *Le Mot d'Ordre* von Rochefort, gegründet am Tag nach dem Waffenstillstand, *Le Père Duchesne* von Vermesch, Humbert, Maroteau und Guillaume, *La Bouche de Fer* von Vermorel, *La Fédération* von Odysse Barot, *La Caricature* von Pilotelle.

Also ersetzten Aushänge die Zeitungen und dann wurden die, auf denen an die Soldaten appelliert wurde, Paris nicht abzuschlachten, sondern die Republik zu verteidigen, von ebendiesen gegen die Polizei verteidigt.

Thiers, Frankreichs böser Geist, erhielt, nachdem er von seinen vielen Reisen zurückgekehrt war, folgenden unglaublichen Brief von Jules Favre:

> Paris, am 10. März 1871, Mitternacht
> Lieber Präsident und geschätzter Freund, der Rat erhielt soeben mit großer Freude die gute Nachricht vom Abstimmungsergebnis der Versammlung.

.....

Diese Ehre verdanken wir Ihrem unermüdlichen Einsatz und wir sehen darin einen wiederholten Grund, ihnen dankbar zu sein. Ich freue mich über alles, was damit einhergeht, und sehe dieses Ergebnis als Pfand Ihrer Verbundenheit mit der Versammlung, als Grund, zu uns zurückzukehren und die vielfältigen Aufgaben, die auf uns warten, in Angriff zu nehmen.
Wir müssen unser armes, allzu unglückliches und zutiefst verstörtes Land sicher machen und verteidigen. Wir müssen damit beginnen, die Gesetze zu exekutieren. Heute Abend ließen wir fünf Zeitungen, die täglich Mord und Totschlag predigen, einstellen: *Le Vengeur, Le Mot d'Ordre, La Bouche de Fer, Le Cri du Peuple* und *La Caricature.*
Wir sind entschlossen, mit den Befestigungen von Montmartre und Belleville aufzuräumen, und hoffen, dass sich das ohne Blutvergießen erledigen lässt.
Der Kriegsrat hat am heutigen Abend eine zweite Serie der Angeklagten vom 31. Oktober verurteilt, davon in Abwesenheit Flourens, Blanqui und Levrault zum Tode, den anwesenden Vallès zu sechs Monaten Gefängnis.
Morgen früh gehe ich nach Ferrière, um mich mit den preußischen Verantwortlichen über eine Fülle von Details zu einigen. Die Preußen bleiben weiterhin unerträglich, ich werde versuchen, mich mit ihnen auf Maßnahmen zu einigen, die die Situation unserer bedauernswerten Mitbürger zu lindern imstande sind.
Ich hoffe, Sie können morgen, Samstag, zurückkehren. – Sie werden Paris und Versailles zu Ihrem Empfang bereit finden und in Paris jemanden antreffen, den Ihre Rückkehr sehr glücklich macht.
Tausend herzliche Grüße

JULES FAVRE

Am Abend des 17. wurden Regierungsaufrufe an den Mauern von Paris plakatiert, damit man sie früh am nächsten Morgen lesen würde, doch am Morgen des 18. kümmerte sich niemand mehr um diese Erklärungen.

Folgender Regierungsaufruf war jedoch eigenartig, denn die Männer, die ihn verfasst hatten, glaubten, sich dabei geschickt angestellt zu haben. Blind für die Gefühle der Pariser Bevölkerung, sprachen sie eine seltsame Sprache, die keiner hören wollte, nämlich jene der Kapitulation.

EINWOHNER VON PARIS

Wir wenden uns wiederum an euch und euren Patriotismus und hoffen, gehört zu werden.

Eure große Stadt, die nur durch die Ordnung leben kann, wird in einigen ihrer Viertel zutiefst erschüttert, und die Verwirrung, die in diesen Vierteln herrscht, reicht, auch wenn andere Stadtteile nicht davon betroffen sein mögen, aus, um die Rückkehr zu Arbeit und Wohlstand zu verhindern.

Seit einiger Zeit haben sich Männer mit schlechten Absichten, unter dem Vorwand, den Preußen, die sich nicht mehr zwischen euren Mauern aufhalten, Widerstand zu leisten, zu Herrschern eines Teils der Stadt aufgeschwungen. Sie haben in diesen Stadtteilen Barrikaden errichtet, Wachposten aufgestellt, *zwingen euch*, den Befehlen eines *mysteriösen* Komitees zufolge, ebenfalls Wache zu halten, eines Komitees, das sich selbst als Anführer eines Teils der Nationalgarde bezeichnet und damit die Autorität von General Aurelle missachtet, der so würdig ist, euch anzuführen, und dem es ein Anliegen ist, eine durch das allgemeine Wahlrecht bevollmächtigte Regierung zu bilden.

Diese Männer, die euch bereits so viel Schaden zugefügt haben, die ihr selbst am 31. Oktober auseinandergetrieben habt, geben vor, euch gegen die Preußen zu verteidigen, welche gerade erst zwischen euren Mauern aufgetaucht sind, und sie verzögern deren endgültigen Aufbruch gerade durch diese Unordnung, richten Kanonen gegen sie, die doch nur eure Häuser, eure Kinder und euch selbst zerstören würden.

Schließlich kompromittieren sie die Republik, statt sie zu verteidigen, denn würde sich in Frankreichs Öffentlichkeit die Ansicht festsetzen, dass die Republik notwendig Chaos mit sich bringt, dann wäre die Republik verloren. Glaubt ihnen nicht und hört die Wahrheit an, die wir euch in aller Aufrichtigkeit unterbreiten.

Die von der gesamten Nation eingesetzte Regierung hätte die dem Staat entwendeten Kanonen längst requirieren können, die im Augenblick nur euch bedrohen, sie hätte diese lächerlichen Elemente, die den Handel behindern, längst entfernen können, diese Kriminellen, die nicht davor zurückschrecken würden, dem Krieg gegen das Ausland einen Bürgerkrieg folgen zu lassen, längst der Justiz ausliefern können. Aber sie wollte den Getäuschten Zeit lassen, sich von jenen zu trennen, die sie täuschen.

.....

Doch die Zeit, die man den aufrechten Menschen gewährt hat, damit sie sich von den Böswilligen trennen können, fehlt euch für eure Ruhe, für euer Wohlbefinden, für das Wohl ganz Frankreichs. Man darf diese Zeit nicht unendlich verlängern.

Solange dieser Zustand andauert, stockt der Handel, sind eure Geschäfte leer, werden die Bestellungen aus aller Welt nicht ausgeliefert, hängen eure Arme untätig herunter und Kredite bleiben eingefroren. Jegliches Kapital, das die Regierung braucht, um unser Land von der Anwesenheit des Feindes zu befreien, zögert seine Unterstützung hinaus. Die Regierung ist in eurem Interesse, aber auch in dem der Stadt und Frankreichs entschlossen zu handeln. Die Schuldigen, die vorgaben, eine Regierung zu bilden, werden vor Gericht gestellt werden. Die dem Staat entwendeten Kanonen werden den Arsenalen zurückerstattet und um diesen dringend notwendigen Akt der Gerechtigkeit und der Vernunft auszuführen, rechnet die Regierung mit eurer Mitarbeit.

Mögen sich die guten von den schlechten Bürgern trennen, mögen sie die Polizeikräfte unterstützen, statt ihnen Widerstand entgegenzusetzen. Nur so werden sie dazu beitragen, dass bald wieder Wohlstand in die Stadt zurückkehrt, und sie werden der Republik dienen, denn diese sinkt in der Achtung der Franzosen, wenn sie durch Unordnung regiert wird.

Volk von Paris, wir wenden uns auf diese Weise an euch, weil wir eure Vernunft, eure Weisheit und euren Patriotismus schätzen. Ihr seid gewarnt und werdet uns zustimmen, wenn wir zu gewaltvollen Maßnahmen greifen, denn die Ordnung, Grundbedingung eures Wohlergehens, muss um jeden Preis, unverzüglich und zur Gänze wiederhergestellt werden.

Paris, am 17 März 1871

THIERS, Chef der Exekutive

Man kümmerte sich um diese Ankündigung von Thiers noch weniger, als wäre sie von König Dagobert[48] gekommen.

Jedermann wusste, dass die Kanonen, von denen behauptet wurde, dass sie dem Staat entwendet worden waren, der Nationalgarde gehörten und dass sie zurückzugeben bedeutet hätte, der Restauration Tür und Tor zu öffnen.

48 Hinweis auf das Kinderlied über den guten König Dagobert, der seine Hose verkehrt herum angezogen hat und auch sonst recht eigenartige Dinge tut.

Herr Thiers hatte sich in seiner eigenen Falle verstrickt, denn seine Lügen waren allzu offensichtlich, zu klar die Drohungen.

Mit der Unbewusstheit, die der Macht eigen ist, erzählt Jules Favre von einer geplanten Provokation:

> Vinoy hätte wollen, dass man den Kampf eröffnete, indem man der Nationalgarde den Sold vorenthielt. Wir fanden dieses Mittel gefährlicher als den direkten Angriff.
>
> JULES FAVRE, Geschichte der Regierung der nationalen Verteidigung, 2. Band, Seite 209

Man versuchte also die direkte Provokation, aber die vergangenen Ereignisse hatten wachsam gemacht. Man wusste nach dem 31. Oktober und dem 22. Januar, wozu Bürgerliche, die vom roten Gespenst besessen sind, fähig sind.

Zu nahe waren Sedan und die Kapitulation, als dass Soldaten, die von der Pariser Bevölkerung brüderlich mit Nahrung versorgt wurden, gemeinsame Sache mit den Unterdrückern machen wollten. – Allerdings, bemerkt Lefrançais, fühlte man, dass ohne schnelles Handeln Republik und Freiheit wie am 2. Dezember in Scherben lägen.

In der Nacht vom 17. auf den 18. stürmte die Armee die Vorstädte. Obwohl Pariser Gendarmen und Gardisten auch einige Schüsse abgaben, verbündeten sie sich mit der Nationalgarde.

Auf dem Hügel von Montmartre stand ein Posten des 61. Regiments, der vor der Rue des Rosiers Nummer 6 Wache stand. Dardelle hatte mich hingeschickt und ich blieb dort.

Zwei Verdächtige waren am Abend erschienen und wurden gut bewacht zur Bürgermeisterei begleitet, von der sie vorgaben, hergekommen zu sein, wo sie aber keiner kannte. Man setzte sie unter Arrest und sie flohen am Morgen während des Angriffs.

Ein drittes verdächtiges Individuum, Souche, der unter fadenscheinigem Vorwand gegen Ende der Nacht zu uns gestoßen war, erzählte gerade Lügen, die keiner glaubte, weshalb ihn alle genau beobachteten, als Wachmann Turpin von einer Kugel getroffen fiel. Der Posten war überrascht worden, da der Warnschuss, der im Fall eines Angriffs abgefeuert werden sollte, ausblieb. Wir fühlten, dass das noch nicht das Ende des Tages sein würde.

Eine Marketenderin und ich verbanden Turpin mit von unseren Kleidern abgerissenen Stoffstreifen, da kam Clemenceau daher, der noch nicht wusste, dass der Verletzte bereits versorgt war, und verlangte nach Stoff, um ihn zu verbinden. Nachdem wir uns gegenseitig versichert hatten, dass wir zurückkommen würden, lief ich mit dem Gewehr unter meinem Mantel den Hügel hinunter und schrie: »Verrat!« Alsbald formte sich eine Kolonne, das ganze Wachsamkeitskomitee war da: Ferré, der alte Moreau, Avronsart, Lemoussu, Burlot, Scheiner und Bourdeille. Montmartre erwachte, man rief zum Appell, ja, ich kam zurück, aber mit allen anderen, um den Hügel zu erstürmen.

Als die Sonne aufging, hörte man die Sturmglocke. Wir stürmten den Hügel im Bewusstsein, dass uns oben eine geordnete Armee empfangen würde. Wir wollten für die Freiheit sterben.

Wir flogen, wie von der Erde abgehoben, denn Paris wäre nach unserem Tod aufgestanden. Die Massen sind in manchen Stunden die Vorhut des menschlichen Ozeans.

Der Hügel war in weißes Licht gehüllt, in einen prächtigen Sonnenaufgang der Befreiung.

Plötzlich sah ich meine Mutter neben mir und fühlte entsetzliche Angst; sie hatte sich Sorgen gemacht und war gekommen, wie alle Frauen auf unerklärliche Weise zugleich mit uns heraufgekommen waren.

Nicht der Tod erwartete uns auf den Hügeln, auf denen die Armee bereits die Geschütze aufgestellt hatte, um sie mit denen von Batignolles, die sie in der Nacht entwendet hatte, abzufeuern, sondern der überraschende Sieg der Massen.

Zwischen uns und der Armee warfen sich die Frauen auf die Kanonen und Mitrailleusen. Die Soldaten bewegten sich nicht.

Während General Lecomte befahl, auf die Menge zu schießen, verließ ein Unteroffizier die Reihe, stellte sich vor seine Kompanie und rief lauter als Lecomte: »Ergebt euch!«, und die Soldaten gehorchten. Das war Verdaguerre, der, vor allem für diese Tat, einige Monate später von Versailles hingerichtet werden sollte.

Die Revolution war ausgebrochen.

Als Lecomte zum dritten Mal Schießbefehl gab, nahm man ihn fest und führte ihn zur Rue des Rosiers, wo Clément-Thomas ihm Gesellschaft leisten sollte, den man erkannt hatte, wie er in Zivilkleidung die Barrikaden von Montmartre untersuchte.

Gemäß dem Kriegsrecht mussten sie sterben.

In Château-Rouge, dem Hauptquartier von Montmartre, hatte General Lecomte die Evakuierung der Hügel unterschrieben. Als man Clément-Thomas und Lecomte von Château-Rouge in die Rue des Rosiers brachte, waren ihnen vor allem ihre eigenen Soldaten feindlich gesinnt: Sie hatten stillschweigend alle Folter ertragen, die militärische Disziplin auferlegen kann, und damit unversöhnlichen Groll in sich angesammelt.

Die Revolutionäre von Montmartre hätten die Generäle vielleicht vor dem wohlverdienten Tod gerettet, obwohl Clément-Thomas bereits vor langer Zeit von den Davongekommenen des Juni-Aufstands verurteilt worden war, und Garibaldis Hauptmann Herpin-Lacroix riskierte gerade sein Leben, um sie zu verteidigen, obwohl klar war, dass beide Täter waren. Der Zorn entfachte sich, ein Schuss löste sich, die Gewehre feuerten sich von selbst ab.

Clément-Thomas und Lecomte wurden gegen 4 Uhr in der Rue des Rosiers erschossen.

Clément-Thomas starb tapfer.

In der Rue Houdon wurde ein Offizier, der einen seiner Soldaten wegen dessen Weigerung, in die Menge zu schießen, verletzt hatte, selbst getroffen.

Die hinter den Barrikaden der äußeren Boulevards versteckten Gendarmen mussten aufgeben und Vinoy flüchtete von der Place Pigalle, wo er, wie man sich erzählte, seinen Hut verlor. Der Sieg war vollkommen und er wäre von Dauer gewesen, wenn man bereits am nächsten Tag in Massen nach Versailles marschiert wäre, wohin sich die Regierung geflüchtet hatte.

Viele von uns wären unterwegs gefallen, aber die Reaktionäre wären in ihrer Höhle erstickt. Aber wie immer enterten Gesetzestreue und allgemeines Wahlrecht, diese Skrupel, mit denen Revolutionen gestürzt werden, die Reihen.

Am Abend des 18. März wurden die Offiziere, die mit Lecomte und Clément-Thomas gefangen genommen worden waren, von Jaclard und Ferré auf freien Fuß gesetzt.

Weder wollte man Schwäche zeigen noch unnötige Grausamkeit.

Einige Tage später starb Turpin, glücklich, so sagte er, die Revolution gesehen zu haben. Er bat Clemenceau, für seine mittellos zurückbleibende Frau zu sorgen.

Eine wogende Menge gab Turpin ihr Geleit zum Friedhof.

»Auf nach Versailles!«, rief Th. Ferré auf dem Leichenwagen.

»Nach Versailles!«, wiederholte die Menge.

Es schien, als wäre man schon auf dem Weg dorthin, in Montmartre dachte keiner daran zu warten.

Aber es war Versailles, das kommen sollte, denn es wurde so viel Rücksicht genommen, auf seine Ankunft zu warten.

II

Die Lügen von Versailles – Das Manifest, das Zentralkomitee

Zukunftszeit, erhabene Vision!
VICTOR HUGO

Am 19. März nahm Brunet gemeinsam mit der Nationalgarde die Kaserne Prince Eugène ein, Pindy und Ranvier besetzten das Rathaus. Während einige Kompanien der Mitte, Schüler des Polytechnikums und eine kleine Gruppe Studenten, wiewohl sie bis jetzt ganz vorn dabei gewesen waren, den Tod von Clément-Thomas und Lecomte beklagten, versammelte sich das Zentralkomitee im Rathaus und verkündete, sein Mandat sei abgelaufen, es werde nur bis zur Ernennung der Commune an der Macht bleiben.

Oh! Hätten diese opferbereiten Männer nur weniger Respekt vor dem Gesetz gehabt, wie gut wäre die Commune auf revolutionärem Weg, auf dem Marsch nach Versailles ernannt worden!

Die Manifeste des Zentralkomitees antworteten mit ihrer Darstellung der Ereignisse des 18. März auf die der Regierung, die immer noch log. Selbst die Bataillone der Mitte lasen mit Erstaunen, welche Erklärungen Thiers und seine Kollegen abgaben, denn Letztere machten nicht den Eindruck, die Situation zu verstehen. Vielleicht verstanden sie sie ja tatsächlich nicht.

AN DIE NATIONALGARDEN VON PARIS

Französische Republik, 18. März 1871

Man verbreitet das unsinnige Gerücht, die Regierung bereite einen Staatsstreich vor.

Die Regierung der Republik kann kein anderes Ziel verfolgen als das Wohl der Republik. Die Maßnahmen, die sie ergriff, waren für die Aufrechterhaltung der Ordnung unerlässlich. Sie wollte und will mit einem aufständischen Komitee aufräumen, dessen Mitglieder der Bevölkerung mehrheitlich unbekannt sind und ausschließlich kommunistische Doktrin vertreten, die Paris der Plünderung preisgeben und Frankeich zu Grabe tragen würden, würden nicht die Nationalgarde sich erheben und mit uns Vaterland und Republik verteidigen.

Paris, den 18. März 1871

A. THIERS, DUFAURE, E. PICARD, J. FAVRE,
J. SIMON, POUYET-QUERTIER, General LE FLO,
Admiral POTHUAU, LAMBRECHT DE SARCY

General d'Aurelle de Paladines, der seinerseits meinte, die Nationalgarde von Paris zu befehligen, hatte an diese mit einer Proklamation appelliert:

AN DIE NATIONALGARDISTEN

Paris, den 18. März 1871

Die Regierung lädt euch ein, eure Stadt, eure Familien, euer Eigentum zu verteidigen.

Einige verirrte Männer, die sich über das Gesetz stellen und nur geheimnisvollen Führern folgen, richten die Kanonen, die den Preußen abgenommen wurden, gegen Paris. Sie widersetzen sich gewaltsam der Nationalgarde wie auch der Armee. Wollt ihr das dulden?

Wollt ihr vor den Augen ausländischer Mächte, die nur darauf warten, von unserer Uneinigkeit zu profitieren, Paris dem Aufstand überlassen? Wenn ihr den nicht im Keim erstickt, dann ist es um Paris, ja vielleicht um ganz Frankreich geschehen.

Ihr tragt beider Schicksal in euren Händen. Die Regierung wollte euch die Waffen lassen.

Ergreift sie entschlossen, um die Ordnung der Gesetze wiederherzustellen und um die Republik vor Anarchie und Untergang zu retten.

Schart euch um eure Anführer, nur so können wir dem Ruin und der Fremdherrschaft entgehen.

Der Innenminister E. PICARD
Der General und Oberkommandierende der Kräfte
der Nationalgarde, D'AURELLE

Jupiter blende jene, die er verderben wolle, so erzählten die Alten, dieser Jupiter ist die Macht.

Die Donnerschläge aus Versailles erreichten ihr Ziel mit mäßigem Erfolg, weil sie der Situation nicht entsprachen.

Das Zentralkomitee berichtigte die offiziellen Lügen mit wenigen Worten.

FREIHEIT, GLEICHHEIT, BRÜDERLICHKEIT
AN DIE FRANZÖSISCHE REPUBLIK

19. März 1871

AN DAS VOLK,

Citoyens, das Volk von Paris hat das Joch, das man ihm auferlegen wollte, abgeschüttelt.

Ruhig, gleichmütig in seiner Kraft hat es furchtlos und ohne selbst aggressiv zu werden auf die schamlosen Verrückten gewartet, die an der Republik rütteln wollten.

Dieses Mal wollten unsere Brüder der Armee ihre Hand nicht gegen die heilige Arche der Freiheit erheben. Dank an alle! Wir alle und ganz Frankreich wollen das Fundament für eine mit aller Konsequenz gefeierte Republik entwerfen, die einzige Regierungsform, die die Ära der Eroberungs- und der Bürgerkriege für immer beenden wird.

Der Belagerungszustand ist aufgehoben, das Volk von Paris ist aufgefordert, sich in seine Wahlkreise zu begeben, um Kommunalwahlen durchzuführen. Die Nationalgarde garantiert für die Sicherheit aller Bürger.

DAS ZENTRALKOMITEE
ASSI, BILLIORAY, FERRAT, BABIEK, ED. MOREAU,
CH. DUPONT, VARLIN, BOURSIER, MORTIER,
GOUHIER, LAVALETTE, JOURDE, ROUSSEAU,
CH. LULLIER, BLANCHET, GROLLARD, BARROUD,
H. DERESME, FABRE, FOUGERET

Eine zweite Erklärung mag die Situation in ihrem gesamten Umfang erklären.

FREIHEIT, GLEICHHEIT, BRÜDERLICHKEIT
AN DIE FRANZÖSISCHE REPUBLIK

Citoyens,
ihr habt uns aufgetragen, für die Verteidigung von Paris und eurer Rechte zu sorgen.

Wir können guten Gewissens behaupten, diese Mission mithilfe eures Großmuts und eurer bewundernswerten Selbstbeherrschung erfüllt zu haben.

Wir haben die Regierung, die uns verraten hat, davongejagt.

Nun ist unser Mandat abgelaufen und wir legen es in eure Hände zurück, denn wir möchten nicht den Platz derjenigen einnehmen, die gerade vom Volk gestürzt worden sind.

Bereitet also jetzt gleich eure Kommunalwahlen vor, führt sie ehebaldigst durch und gebt uns den einzigen Lohn, den wir

uns jemals erhofft haben: Dass wir sehen dürfen, wie ihr die wahrhafte Republik einrichtet.
Bis dahin bleiben wir im Namen des französischen Volkes im Rathaus.

Ebendort, den 19. März 1871
Das ZENTRALKOMITEE DER NATIONALGARDE

Ach, meine armen Freunde, niemand von euch sah, dass es keine eloquentere Erklärung geben konnte als die, dass die Revolution ihr Werk mit jenem Sieg endete, der in die Befreiung führte – wir hatten so sehr unsere Köpfe in Richtung 1789 und 1793 gedreht, dass wir immer noch die Sprache von damals sprachen.

Aber Versailles bediente sich einer noch viel älteren Sprache, versuchte sich an Mantel-und-Degen-Allüren, hinter denen die Falle hervorlugte.

Zuerst fiel die Provinz auf die Lügen herein, nach und nach, Tropfen für Tropfen gossen sie die Geister bis zur völligen Sättigung.

Der Gnom von Transnonain profitierte vom Vergehen der Zeit. Es ist seltsam, die Erklärungen dieses unheilbringenden Mannes zu lesen. Die, die er an die Verwaltungsbeamten richtete, erklärt sich von selbst:

> Laut Anweisung der Exekutive sind Sie eingeladen, sich nach Versailles zu begeben und sich dort zur Verfügung zu halten.
> Laut Befehl der Regierung darf keinerlei aus Paris stammende Korrespondenz transportiert oder verbreitet werden.
> Alle Schreiben, die Ihnen in Form versiegelter Depeschen aus Paris oder andernorts zukommen sollten, müssen ohne Ausnahme nach Versailles weitergeleitet werden.

Thiers berief sich auf diesen von den Provinzpostämtern ausgeführten Befehl, als er später der Commune vorwarf, Briefe abgefangen zu haben.

Das *Journal officiel* von Versailles, das in ganz Frankreich verbreitet wurde, enthielt folgende Bemerkung:

> Die Regierung, die einer durch das allgemeine Wahlrecht ernannten Versammlung entspringt, hat mehrmals erklärt, dass sie die Republik gründen wolle.
> Die Männer, die sie umstürzen wollen, dienen der Unordnung, sie sind Mörder, die nicht davor zurückscheuen, Schrecken und Tod in einer Stadt zu säen, die sich nur durch Ruhe und Gesetzestreue retten kann.

Diese Männer können nur vom Feind oder von der Tyrannei bezahlt sein. Ihre Verbrechen werden, so hoffen wir, den gerechten Zorn der Bevölkerung von Paris hervorrufen, die aufstehen wird, um ihnen die Strafe aufzuerlegen, die sie verdienen.

A. THIERS, Chef der Exekutive

Die Depesche, die dieser alte, tollwütige Bourgeois an die Bürgermeisterei von Rouen schickte, spricht noch deutlichere Worte. Da er aus Paris geflüchtet war, wollte er die Stadt gemütlich bei sich zu Hause umbringen, wie auch Pierre Bonaparte im Salon zu morden beliebte.

Versailles, den 19. März 1871, 8 Uhr 25 morgens
Der Präsident des Regierungsrates, Chef der Exekutive, an alle Präfekten, Generäle im Oberkommando der militärischen Divisionen, Präsidenten der Strafgerichtshöfe, Generalstaatsanwälte, Erzbischöfe und Bischöfe.
Die gesamte Regierung hat sich in Versailles versammelt, die Nationalversammlung ebenfalls.
400.000 Mann der Armee unter dem Kommando von General Vinoy sind vor Ort konzentriert.
Alle politischen Organe, alle Armeechefs sind eingetroffen.
Die zivilen und militärischen Behörden werden keine anderen Befehle ausführen als die der regulären Regierung, die in Versailles sitzt. Zuwiderhandlung wird als Treuebruch gewertet.
Die Mitglieder der Nationalversammlung werden aufgefordert, ihre Rückkehr zu beschleunigen, um bei der Sitzung des 20. März anwesend sein zu können.
Dieses Rundschreiben wird der Öffentlichkeit unterbreitet.

A. THIERS, Chef der Exekutive

Um diese Epoche noch einmal zu durchleben, muss man Dokument um Dokument hervorholen, man muss die Sprache dieser Vergangenheit von vor sechsundzwanzig Jahren sprechen, eine tausend Jahre alte Sprache, so alt, weil heroische Männer mit ihren kindlichen Skrupeln ihr Leben so billig hergaben.

Das Zentralkomitee glaubte, sich von den Anschuldigungen aus Versailles reinwaschen zu müssen.

Man warf ihm vor, verdeckt zu handeln, und doch hatten alle seine Mitglieder ihre Namen unter alle Aushänge geschrieben.

Es war nicht unbekannt, sondern von 215 Bataillonen gewählt worden.

Es hatte jeden scharfen Verstand, jede Kapazität um sich scharen können.

Seine Mitglieder wurden Mörder genannt, und sie hatten nie ein Todesurteil unterschrieben.

Es fehlte nicht viel, dass die Furchtsamsten meinten, das Zentralkomitee hätte gegen die Exekution von Lecomte und Clément-Thomas Einspruch erheben müssen. Aber denen gebot ein Wort von Rousseau Einhalt: »Gebt acht, dass ihr das Volk nicht verleugnet, denn sonst müsst ihr befürchten, dass es euch verleugnet.« Das räumte mit dem Gedanken auf, man könne sich der eigenen oder einer kollektiven Verantwortung im revolutionären Prozess entziehen.

Bei ihrer Flucht nach Versailles hinterließ die Regierung leere Kassen. Kranke in den Spitälern, Rettungsdienste und Friedhöfe blieben ohne Geld zurück, öffentliche Dienste brachen zusammen. Varlin und Jourde erhielten vier Millionen von der Bank, die Schlüssel waren aber in Versailles, und sie wollten den Tresor nicht aufbrechen. Sie erbaten von Rothschild einen Kredit über eine Million, den man der Bank zurückzahlte.

Man zahlte der Nationalgarde den Sold aus. Die Männer begnügten sich mit ihren 30 Sous, weil sie meinten, ein nützliches Opfer zu bringen.

Die Krankenhäuser und andere Dienste erhielten, was sie brauchten, und die »Mörder« und »Plünderer« des Zentralkomitees führten eine strenge Wirtschaftsführung ein, die bis zum Schluss gelten sollte und die von den »Räubern« der Commune fortgesetzt wurde.

Es ist erschreckend festzustellen, wie viele menschliche Opfer der Respekt forderte, den man vor der Bank, diesem Herzen des blutsaugerischen Kapitals, zeigte. – Hier war die wahre Geisel.

Die Commune, so geben heute ihre Gegner zu, hätte triumphiert, wenn sie es gewagt hätte, sich der Schätze, die allen gehörten, zu bedienen, um sie für die Allgemeinheit einzusetzen.

Der Beweis ist leicht erbracht, unter anderem durch diesen Ausschnitt eines Artikels des *Matin* vom 11. Juni 1897.

UNTER DER COMMUNE, GESCHICHTE DER BANK
WÄHREND UND NACH DEM AUFSTAND

> Auf der »Banque de France« lag also ein Vermögen von 3 Milliarden 323 Millionen, mehr als die Hälfte der Kriegsentschädigungsgelder.
>
> Was wäre wohl passiert, hätte die Commune sich dieses Schatzes bemächtigen können, was sie sehr leicht ohne Gegenwehr

tun hätte können, wie sie es mit allen öffentlichen Einrichtungen getan hatte, wenn die Bank eine staatliche gewesen wäre. Es besteht kein Zweifel daran, dass sie mit einem solchen Kriegsvorteil siegreich gewesen wäre.
Tatsächlich war die Bank gezwungen, der Commune mehrere Geldbeträge auszuzahlen. Die Konten von Jourde, dem Beauftragten des Finanzministeriums, zeigen Auszahlungen von 7.750.000 Francs. Aber was ist das schon, verglichen mit den dreieinhalb Milliarden, die in der Bank gehortet wurden …?
Die Infanterie, die die Bank bewacht hatte, war nach Versailles gegangen. Die Bank konnte sich nunmehr mit 130 Männern verteidigen, es waren ihre Angestellten, die M. Bernard, ebenfalls ein Angestellter und ehemaliger Bataillonschef, befehligte. Sie waren schlecht bewaffnet, hatten nur zehntausend Patronen. Am 23. März verließ M. Rouland die Bank, um nach Versailles zu gehen, und M. de Pleuc* wurde von der Regierung beauftragt, die Agenden zu übernehmen usw. …
Gleich bei seinem Einstieg erhielt M. de Pleuc einen Drohbrief von Jourde und Varlin: Er schickte daraufhin den Hauptkassier in den I. und II. Bezirk und zu Admiral Saisset*, um sich zu versichern, dass er mit Hilfe rechnen könne, wenn er den Kampf aufnehme.
Doch Admiral Saisset war nicht aus Versailles zurückgekehrt und blieb unauffindbar.
Der Verantwortliche des I. Bezirks ließ M. de Pleuc ausrichten, er möge den Kampf vermeiden und versöhnliche Töne anschlagen. Es war jedoch keinerlei Versöhnung möglich, außer die Herausgabe von Geld. Nachdem er sich mit seinem Aufsichtsrat abgesprochen hatte, ließ M. de Pleuc 350.000 der von Jourde geforderten 700.000 Francs auszahlen. Am selben Tag händigte er einem Schatzmeister, den Versailles geschickt hatte, 200.000 aus usw. …
Als das Zentralkomitee davon erfuhr, ließ es M. de Pleuc bestellen, dass jede Auszahlung an Versailles als Hochverrat angesehen werden würde.
Am 24. März konnte M. de Pleuc endlich Admiral Saisset treffen, der ihm vor den Herren Tirard und Schoelcher versicherte, er werde die Bank verteidigen. Beim Hinausführen seines Gastes gab er jedoch zu, dass er nicht in der Lage sei, sein Versprechen zu halten. Man konnte nur die Bank evakuieren, denn man hätte achtzig Wagen und ein Armeekorps gebraucht, um sie zu beschützen usw. …

> M. de Pleuc nutzte die Information dergestalt, dass er zweiunddreißig Druckplatten von Paris wegschaffen ließ, um den Druck von Geldscheinen im Fall der Übernahme der Bank durch die Commune zu behindern …
> De Pleuc überredete Beslay, mit dem er verhandeln sollte, einen Bevollmächtigten zu ernennen. Er würde Beslay selbst in einer solchen Funktion gern empfangen, wenn dieser sich damit begnügen würde, sein Mandat darauf zu beschränken, dass er erfuhr, in welchen Beziehungen die Bank zu Versailles und zur Stadt Paris stünde. »Schauen Sie, Monsieur Beslay«, sagte er, »die Aufgabe, die ich Ihnen anbiete, ist ehrenvoll genug, helfen Sie mir, das Vermögen Ihres Landes, das Vermögen Frankreichs zu retten.«
> Beslay ließ sich überzeugen und so begnügte sich die Commune mit einem bevollmächtigten Delegierten usw.
> Am Morgen des 24. erschienen zum ersten Mal seit siebenundsechzig Tagen Soldaten vor der Bank, die jedoch, statt sie unverzüglich gegen höhere Mächte zu verteidigen, daran vorbeizogen. Es folgte ein zweites Bataillon. Da ließ M. de Pleuc die Trikolore hissen. Um 8 Uhr betrat General Héritier die Bank und richtete sein Hauptquartier darin ein usw.
>
> *Le Matin*, 11. Juni 1897

Diese Soldempfänger von 30 Sous[49], deren Familien sich kaum Brot leisten konnten, hatten fast drei Monate lang die Tresore zu ihrer Verfügung und sie glaubten wie der alte Beslay, den man so abscheulich getäuscht hatte, dass sie die Zukunft Frankreichs bewachten.

Mit einer gemeinsamen Erklärung wollten mehrere Zeitungen Versailles und Paris miteinander versöhnen: Der Ruf der Bevölkerung zu den Urnen stelle einen Akt der Volkssouveränität dar, der nicht ohne Zustimmung der ihrerseits aus dem allgemeinen Wahlrecht hervorgegangenen Machthaber stattfinden könne. Zugleich habe am 18. März das Volk gesiegt. Tirard, Desmarets, Vautrin und Dubail begaben sich in die Bürgermeisterei des 1. Bezirks, wo Jules Ferry geblieben war. Dieser schickte sie zu Hendlé, dem Sekretär von Jules Favre, der erklärte, er wolle nichts mit Aufständischen zu schaffen haben.

49 Die Mitglieder des Zentralkomitees der Nationalgarde gestanden sich nur einen Sold von 30 Sous zu, um die Pariser Bevölkerung nicht allzusehr zu belasten.

Millière, Malon[50], Clemenceau, Tolain, Poirier und Villeneuve[51] baten das Zentralkomitee, sich ohne Kampf und ohne preußische Intervention in die Obhut jener Behörden zu begeben, die sich dafür einsetzten, dass die Gemeindewahlen frei abgehalten werden konnten. Da die Polizeipräfektur abgesetzt worden war, musste das Zentralkomitee für die Aufrechterhaltung der Sicherheit in Paris sorgen.

Varlin, der Sitzungspräsident des Zentralkomitees, antwortete, dass zwar die Regierung der Aggressor sei, aber weder das Zentralkomitee noch die Nationalgarde den Bürgerkrieg wünschten.

Varlin, Jourde und Moreau begleiteten die Delegierten zur Bürgermeisterei der Rue de la Banque, wo sie ohne Ergebnis und ohne das Zentralkomitee, das seinen Posten nicht verlassen konnte, verhandelten.

Bis zum 23. verstrich die Zeit mit Verhandlungen. An diesem Tag verlangten Millière, Clemenceau, Malon, Lockroy und Tolain während der Parlamentsversammlung Gemeindewahlen für Paris.

Nur der Bericht eines Delegierten vermag den Eindruck dieser Sitzung wiederzugeben. Hier der von Malon:

> 23. März '71, halb sieben Uhr morgens
> Ich verlasse den Palast der Nationalversammlung unter Schock und mit überaus schmerzlichen Gefühlen. Die Sitzung endete gerade mit einem dieser schrecklichen parlamentarischen Gewitterstürme, von denen wir nur durch die Annalen der Convention* Erinnerung behalten haben. Wenn man aber diese dunklen Seiten vom Ende des letzten Jahrhunderts liest, wird man durch den Ausgang der Geschichte über die tragischen Verwicklungen des Dramas selbst hinweggetröstet. Frankreich, die Republik, entsteigt diesen Krisen größer als zuvor und die stürmischste Debatte führt zu einer heroischen Resolution.
> Ihr werdet nichts dergleichen am Ende meines Berichts nachlesen können.
> Es öffnen sich rechts die ersten beiden Tribünen der ersten Galerie und die Zuschauer, die diese besetzten, erheben sich und gehen hinaus, dreizehn Bürgermeister von Paris erscheinen mit umgehängter Schärpe.
> Augenblicklich explodiert auf allen Bänken der linken Seite frenetischer Applaus und es wird wiederholt »Es lebe die Republik!«, von manchen auch »Es lebe Frankreich!« gerufen.

50 Mitglieder des Zentralkomitees der zwanzig Stadtbezirke.

51 Internationalisten.

Auf der Rechten herrscht nicht nur Zorn, es ist Wut, Delirium, man schreit, es handle sich um ein Attentat, und schüttelt die Fäuste gegen die Bürgermeister.
Viele Deputierte stürzen zur Tribüne, wo der unselige Baze herumtobt und die Faust schüttelt, die er gegen den Präsidenten erhebt. Der Tumult ist entsetzlich, unbeschreiblich.
Endlich beruhigt sich der Lärm, wahrscheinlich, weil alle müde geworden sind. Die extreme Rechte greift zu den Mänteln und bewegt sich auf die Tür zu.
Der Präsident, der während dieses Sturms unentwegt die Alarmglocke läutete, zieht seinen Mantel an und erklärt die Sitzung für aufgehoben, da die Tagesordnung ausgeschöpft sei. Auf den sich langsam leerenden Tribünen hat die Unruhe ihren Höhepunkt erreicht.
Die armen Bürgermeister stehen aufrecht, verlegen und mit bedrückten Gesichtern. Arnaud de l'Ariège* stößt zu ihnen und sie verlassen den Saal als Letzte.
Beim Ausgang sehe ich Frauen der besseren Gesellschaft, mit noblem Geist, großherzig, die über diese Aufführung, an der sie gerade teilhaben mussten, bittere Tränen weinen.
Ach, wie ich sie verstehe! Sollten wir diese düstere Seite der Geschichte, die wir seit einigen Monaten erschaffen, nicht mit all unseren Tränen schreiben? – Es war auf diese Weise, dass die Leute von Versailles uns verstanden und Versöhnung mit uns wollten.

BENOÎT MALON, Die dritte Niederlage des Proletariats

Clemenceau rief der Versammlung zu: »Ihr seid für das, was kommen wird, verantwortlich!«, und Floquet fügte hinzu: »Diese Leute sind wahnsinnig.«

Sie waren tatsächlich wahnsinnig, wahnsinnig vor Angst vor der Revolution. Aber geschah es denen nicht recht, die vermeinten, diese Rasenden aufsuchen zu müssen, dass sie derart empfangen wurden?

Die Mehrheit der Bürgermeister versuchte ein letztes Arrangement, das nicht zustande kam: Dorian* als Bürgermeister von Paris – Edmond Adam als Polizeipräfekt – Langlois* als General der Nationalgarde.

Während man aber diesen Vorschlag machte, versammelte Langlois die regulären Bataillone um sich und platzierte sie in Massen vor dem Grand Hôtel. Edmond Adam winkte ab.

Admiral Saisset, der seine Nominierung von Versailles ratifizieren hatte lassen, ließ verlautbaren, dass die Republik erhalten bliebe, ebenso wie die Rechte der Gemeinden, die Wahlen bald stattfinden würden, und er verkündete ein Miet- und Zinsgesetz.

Scheint es euch nicht so, als würde ein spanisches Ministerium Gesetze über Kubas Unabhängigkeit erlassen, mit Weyler* als oberstem Staatschef?

Paris wusste wohl, woran es sich halten sollte.

Am 25. Mai flehte ein Brief der Deputierten von Paris, den man in der Versailler Nationalversammlung abgegeben hatte, die Regierung an, die Stadt nicht länger ohne Gemeinderat zu lassen.

Der Brief wurde zu den Akten gelegt und nicht beantwortet.

Zwischen Zentralkomitee und Bürgermeistern gingen die Verhandlungen weiter. Das Komitee fühlte, dass jeder Versuch, Frieden zu stiften, scheitern musste, die Bürgermeister verbanden sich miteinander und mit dem Zentralkomitee.

Erklärung der Bürgermeister und Deputierten von Paris in der Ratsversammlung von Saint-Germain-l'Auxerrois,
am 25. März 1871
Die Deputierten von Paris, die Bürgermeister der Bezirke und ihre Stellvertreter sowie die Mitglieder des föderalen Zentralrates der Nationalgarde sind überzeugt, dass der einzige Weg, den Bürgerkrieg und Blutvergießen in Paris zu vermeiden und zugleich die Republik zu stärken, darin besteht, sofortige Wahlen abzuhalten, und fordern alle Bürger auf, sich morgen, Sonntag, in die Wahlbureaus zu begeben.
Diese werden um 8 Uhr morgens geöffnet und schließen um 12 Uhr.
Es lebe die Republik!
Die Bürgermeister von Paris und ihre Stellvertreter.
1. Bezirk: EDMOND ADAM, Stellvertreter: MÉLINE.
2. ÉMILE BRELAY, LOISEAU-PINSON.
3. BONVALLET, Bürgermeister, CH. MURAT, Stellvertreter.
4. VAUTRIN, Bürgermeister, DE CHATILLON, LOISEAU, Stellvertreter.
5. JOURDAN, COLLIN, Stellvertreter.
6. A. LEROY, Stellvertreter.
7. »
8. »
9. DESMARETS, Bürgermeister, E. FERRY, ANDRÉ NAST, Stellvertreter.
10. A. MURAT, Stellvertreter.
11. MOTTU, Bürgermeister, BLANCHON, POIRIER, TOLAIN, Stellvertreter.

.....

12. GRIVOT, Bürgermeister, DENISSON, DUMAS, TURILLON, Stellvertreter.
13. COMBES, LEO MEILLET. Stellvertreter.
15. JUBBES, DUVAL, SEXTUS-MICHEL. Stellvertreter.
16. CHAUDEY, SÉVESTRE, Stellvertreter.
17. FRANÇOIS FAVRE, Bürgermeister, MALON, VILLE-NEUVE, CACHEUX, Stellvertreter.
18. CLEMENCEAU, Bürgermeister, J. LAFONT, DEREURE, JUCLARD, Stellvertreter.
19. DEVEAUX, SALORY, Stellvertreter.
Die in Paris anwesenden Vertreter der Seine:
LOCKROY, FLOQUET, TOLAIN, CLEMENCEAU, SCHOELCHER, GREPPO
Das Komitee der Nationalgarde:
A. SOHN, A. ARNAUD, G. ARNOLD, ASSI, AUDIGNOUX, BOUIT, J. BERGERET, BABICK, BARON, BILLIORAY, BLANCHIT, L. BOURSIER, CASTIONI, CHONTEAU, A. DUPONT, FABRE, FERRAT, H. FORTUNÉ, FLEURY, FOUGERET, G. GAUDIER, GOUHIER, M. GÉRESME, GRÉLIER, GROLARD, JOURDE, JOSSELIN, LAVALETTE, LISBONNE, MALJOURNAL, E. MOREAU, MORTIER, PRUDHOMME, ROUSSEAU, RANVIER, VARLIN

Sobald dieses Manifest veröffentlicht war, ließ Thiers in seiner gewohnten Manier, also mit Provokationen und Lügen, in ganz Frankreich herumtelegraphieren.

> Das entschlossene, aufgebrachte Frankreich steht hinter der Regierung der Nationalversammlung und ahndet die Anarchie, die nach wie vor die Hauptstadt zu beherrschen versucht. Unter Ausschluss der Regierung haben sich die sogenannte Commune und die Bürgermeister zusammengetan, um zu Wahlen aufzurufen. Diese werden ohne Freiheit und daher ohne moralische Legitimation abgehalten werden.
> Wir fordern das Land auf, sich nicht darum zu kümmern und Vertrauen zu haben.
> Die Ordnung in Paris und anderswo wird wiederhergestellt werden.
> A. THIERS

Während Thiers und seine Komplizen diese Unwahrheiten verbreiteten, kam das Zentralkomitee der Nationalgarde, unterstützt von einigen leidenschaftlichen Revolutionären wie Eudes, Vaillant, Ferré und Varlin, den notwendigen Verpflichtungen nach und das *Journal officiel* verlautbarte in Paris folgende Maßnahmen.

> Der Belagerungszustand im Département Seine ist aufgehoben.
> Der ständige Kriegsrat der Armee ebenfalls.
> Vollständige Amnestie wird für politische Verbrechen erteilt.
> Alle Gefängnisdirektoren werden aufgefordert, sämtliche politischen Gefangenen mit sofortiger Wirkung freizulassen.
> Die neue Regierung der Republik hat gerade alle Ministerien und Behörden übernommen.
> Diese von der Nationalgarde durchgeführten Maßnahmen stellt die Bürger, die diese Aufgabe auf sich genommen haben, vor große Herausforderungen.
> Die Armee, die endlich begriffen hat, welche Stellung man ihr zugeteilt hatte und welche Pflichten ihr oblagen, hat sich mit den Einwohnern der Stadt zusammengetan. Bodentruppen, mobile Truppen und Marine haben sich für die gemeinsame Sache vereint.
> Lasst uns also diese Einigung nutzen, lasst uns zusammenrücken und ein für alle Mal dieser Republik zu einer ernstzunehmenden und unzerstörbaren Basis verhelfen.
> Möge die Nationalgarde, nun vereint mit den regulären Truppen, ihren Dienst mutig und aufopferungsvoll fortsetzen.
> Mögen die Marschregimente, deren Kader noch fast vollständig vorhanden sind, die Befestigungen und alle vorgelagerten Stellungen besetzen, um die Verteidigung der Hauptstadt zu gewährleisten.
> Die Stadtverwaltungen in den Bezirken, die vom selben Geist, demselben Patriotismus beseelt sind wie die Nationalgarde und die Armee, haben sich mit diesen vereinigt, um das Wohlergehen der Republik zu garantieren und um Kommunalwahlen vorzubereiten: Keine Zwietracht, vollständige Einigung und vollkommene, uneingeschränkte Freiheit.
>
> DAS ZENTRALKOMITEE DER NATIONALGARDE

·····

III
Die Affäre des 22. März

Der Aufruhr ist zu groß für euch,
Riskiert nicht dieses Spiel.
VIEILLE CHANSON

Die Anhänger der regulären Regierung, die Männer der Ordnung und der Reaktion, waren nicht zufrieden, nur in Versailles zu konspirieren. Sie versuchten in Paris einen konterrevolutionären Aufstand, waren aber so wenig dazu in der Lage, dass man beim Anblick ihrer Demonstration, die sich gegen 2 Uhr nachmittags des 22. März auf dem Platz der neuen Oper versammelte, eher an die Proben für ein historisches Drama dachte.

Es war ein Teil ihrer Absichten durchgesickert, nämlich die Wachen zu erdolchen, während sie sie umarmten, aber das wirkte eher wie eine Inszenierung als alles andere. Der Ort selbst war ja gut für das Proben eines Dramas gewählt und man fragte sich, worauf diese Leute tatsächlich hinauswollten.

Als genug Menschen sich versammelt hatten, bogen die mehrheitlich jungen und eleganten Demonstranten in die Rue de la Paix ein. Sie wurden von bekannten Bonapartisten angeführt, als da wären die Herren de Pène, de Coetlogon und de Heckeren. Eine Fahne ohne Inschrift wehte am vorderen Ende der Kolonne. Als unbewaffnete Nationalgardisten sich erkundigten, welches Ziel die Demonstration verfolgte, wurden sie beschimpft und grob behandelt. Sie erreichten die Place Vendôme, wo bewaffnete Kommunarden den Demonstranten entgegenstanden, allerdings mit dem Befehl, nicht zu schießen.

Als die beiden Gruppen aufeinander trafen, wurde die Demonstration aggressiv und begleitet von Rufen wie »Nieder mit dem Komitee!«, »Nieder mit den Mördern!«, »Räuber!« und »Es lebe die Ordnung!« verletzte ein Revolverschuss Maljournal vom Zentralkomitee.

Auch wenn die Nationalgardisten noch so guten Willens waren, mussten sie nun doch erkennen, dass sie es nicht mit einer friedlichen Veranstaltung zu tun hatten.

Bergeret stellte ein erstes Ultimatum zur Auflösung, dann ein zweites, es ging bis zehn.

Als dieses letzte gestellt wurde, ertönten Rufe wie »Es lebe die Ordnung, nieder mit den Mördern des 18. März!« und es fielen Schüsse. Da antwortete die Nationalgarde. Der Angriff musste zurückgedrängt werden.

Und wieder geschah etwas, das so typisch war für diese Kommunarden mit dem sanften Herzen, die ihr eigenes Leben so gering schätzten, aber mit dem Leben anderer so vorsichtig umgingen: Eine große Zahl unter ihnen schoss, wie bereits am 22. Januar, in die Luft.

Es fiel diesen *Mördern* vom 18. März so schwer, auf eine menschliche Brust zu zielen.

So war es nicht auf der Seite der Aggressoren. Man beteiligte sich auch von den Fenstern aus und wären die Kommunarden nicht so umsichtig gewesen, wäre der Platz von Leichen übersät gewesen.

Viele Demonstranten schossen wahrlich so schlecht, dass sie sich gegenseitig verletzten. Doch sie waren sosehr von ihrer Wut gegen die Nationalgarde angetrieben, dass von Letzteren dennoch mehrere verletzt wurden; zwei davon, Vahlin und François, starben. Auch auf der Seite der Demonstranten gab es einige Tote. Ein junger Mann, der Vicomte de Molinat, wurde von hinten, von jemandem aus seinen Reihen, erschossen und fiel mit dem Gesicht zu Boden. Man fand einen Dolch bei ihm, der durch eine kleine Kette an seinem Gürtel befestigt war, als hätte dieser junge Edelmann befürchtet, seine Waffe zu verlieren. Dieses kindliche Detail rührte einen der Nationalgardisten.

Monsieur de Pène wurde ebenfalls von hinten durch eine aus den eigenen Reihen kommende Kugel fast durchlöchert.

Nach der Flucht der Demonstranten war die Erde übersät von Waffen, Dolchen, Degen und Revolvern, die sie beim Weglaufen von sich geworfen hatten.

Doktor Rainlow, ehemaliger Generalstabs-Chirurg der Kaserne in Toulouse, und mehrere andere Ärzte liefen herbei und veranlassten den Transport der Toten und Verwundeten in die Krankenstation des Crédit Mobilier.

Unter den Nationalgardisten, die die jungen Leute bekämpft hatten, herrschte eine Art Trauer, obwohl sie extrem großmütig vorgegangen waren, derart sanften Herzens waren diese Männer.

Oft habe ich während der blutigen Repressalien durch Versailles an die Nationalgardisten vom 22. März und an die des gesamten Kampfes gedacht.

.....

Das Zentralkomitee ließ ein Plakat aushängen, auf dem strenge Strafen für diejenigen angekündigt wurden, die gegen Paris konspirierten, aber von diesem Zeitpunkt bis zum Ende der Commune konspirierte die Reaktion andauernd ungestraft.

Ihr tapferen Leute von 1871, ihr Tapferen, die dem Schlachten zum Opfer fielt! Ihr habt euer friedliches Gemüt mit unter die blutgetränkte Erde genommen und es wird erst wieder emporkommen, wenn der Kampf endet und der Frieden in eine neue Welt einziehen kann.

Lasst uns noch einmal schauen, was auf den Plakaten über die Einnahme von Paris durch die Revolution des 18. März gestanden hat, welche rührenden Worte das Drama wiederaufleben lassen.

So viele Ereignisse, eines blutiger als das nächste, haben sich seitdem aneinandergereiht, so viel menschlicher Staub ist in alle Winde verstreut worden, dass wir bei der Kälte heutiger Entscheidungen vergebens nach jenem Klima der Warmherzigkeit suchen würden.

Oh, welche Großzügigkeit, welche Reinheit im Herzen jener Männer, die mit ihrem wunderbaren Edelmut Geschichte schrieben!

Und ich selbst, die man grenzenlos gütig nennt, ich hätte, ohne blass zu werden, das Leben dieses Zwerges, der so viele Opfer nahm, genommen, wie man einen Stein von den Geleisen entfernt. Es hätten Ströme von Blut nicht fließen müssen, Berge von Toten hätten Paris nicht füllen, die Stadt nicht in ein einziges Schlachthaus verwandeln müssen.

Da ich das Werk dieses Bourgeois mit dem Raubtierherz vorausahnte, dachte ich, dass der Schrecken, der daraus folgen würde, wenn ich Thiers in der Nationalversammlung tötete, die Reaktion aufhalten könnte.

Wie sehr habe ich mir in den Tagen der Niederlage vorgeworfen, um Rat gefragt zu haben! Unsere beiden Leben hätten das Schlachten von Paris vermieden.

Ich vertraute meinen Plan Ferré an, der mir ins Gedächtnis rief, wie sehr der Tod von Lecomte und Clément-Thomas nicht nur in der Provinz, sondern sogar in Paris zum Vorwand gereicht hatte, Entsetzen zu verbreiten, ja fast dazu geführt hatte, dass wir durch die Menge verurteilt worden wären. Vielleicht würde mein Vorhaben die Bewegung stoppen.

Ich glaubte es nicht und mir war die Verurteilung gleichgültig, solange die Sache der Revolution diente; aber er mochte recht haben.

Rigaud war derselben Ansicht.

.....

»Und«, fügten sie hinzu, »Sie würden gar nicht bis nach Versailles kommen.«

Ich war so schwach zu glauben, sie könnten, was das Monster anbelangte, recht behalten. Aber was die Reise nach Versailles betraf, war ich sicher, dass ich mit ein wenig Willenskraft dorthin kommen könnte. Und das wollte ich beweisen.

Einige Tage später machte ich mich, so gut verkleidet, dass ich mich selbst nicht erkannte, ganz gelassen auf den Weg nach Versailles, wohin ich ohne Hindernis gelangte. Nicht weniger ungestört streifte ich durch den Park selbst, wo die hinfälligen Zelte herumstanden, die der Armee als Lager dienten, und machte dort Propaganda für die Revolution des 18. März.

Der schlechte Zustand der Zelte unter laublosen Bäumen war jämmerlich.

Ich weiß nicht mehr, was ich zu diesen Männern sagte, aber ich empfand es so tief, dass sie mir zuhörten.

Ein Offizier kam am nächsten Tag über Saint-Cyr nach Paris und versprach weitere Neuzugänge.

Die Armee war in diesem Moment nicht glorreich, die Kavallerie bestand aus klapperdürren Gäulen.

Nachdem ich den Park verlassen hatte, ging ich in eine große Versailler Buchhandlung, in der eine Dame stand, der ich viel Vertrauen einflößte. Ich nahm einen ganzen Haufen Zeitungen mit und fragte nach der Adresse eines Hotels, in dem man in Sicherheit wäre. Danach machte ich mich auf den Weg zurück nach Montmartre. Ich hatte, um mich zu amüsieren, nicht verabsäumt, alles Mögliche über mich zu erzählen, das mich an den Galgen hätte bringen können.

Lemoussu, Schneider, Diancourt und Burlot waren zu jener Zeit Kommissare in Montmartre. Ich ging zuerst in das Bureau von Burlot, von dem ich wusste, dass er die Meinung von Ferré und Rigaud teilte. Er erkannte mich nicht. »Ich komme gerade aus Versailles«, teilte ich ihm mit und erzählte ihm die Geschichte, die ich auch Rigaud und Ferré erzählte, während ich beide als Girondisten* beschimpfte, ohne jedoch sicher zu sein, ob sie nicht doch recht hatten und ob nicht das Blut dieses Monstrums der Todesstoß für die Commune gewesen wäre. Nichts konnte schrecklicher ausfallen als das Schlachten im Mai, aber vielleicht war die Vorstellung ja größer.

Einige Monate nach meiner Reise nach Versailles, als ich im Gefängnis Les Chantiers einsaß, wo manche Offiziere sich sonntags mit reich geschmückten Weibern umgaben, die uns besuchten, als säßen wir im Zoo, sagte mir plötzlich einer von ihnen:

.....

»Aber das sind doch Sie, die in den Park von Versailles gekommen ist!«

»Ja«, antwortete ich, »das bin ich, Sie können das gern herumerzählen, das wird sich gut machen und ich habe durchaus keine Lust, mich zu verteidigen!«

»Halten Sie uns für Spitzel?«, rief er wahrhaft empört aus.

Das Schlachten hatte kaum geendet, wir befanden uns unter dem Eindruck eines intensiven Grauens, und so sagte ich ihm grausam:

»Ihr seid durchaus Mörder!«

Er antwortete nicht und ich verstand, dass viele von ihnen grausam getäuscht worden waren und dass einige begannen, sich schuldig zu fühlen.

IV
Die Proklamation der Commune

Da standen sie, aufrecht – bereit für das Opfer.
GALLISCHE BARDEN

Als die Commune ausgerufen wurde, war das kein Fest der Machtergreifung, es war der Pomp des Opfergangs: Man konnte fühlen, dass die gewählten Vertreter bereit waren zu sterben.

Am Nachmittag des 28. März, der mit seinem strahlenden Sonnenschein an den Morgen des 18. März, an den 7. Germinal im Jahre 79 der Republik erinnerte, geleitete das Volk von Paris seine Commune, die es am 26. gewählt hatte, zur Amtseinführung ins Rathaus.

Ein Menschenmeer unter den Waffen, die Bajonette dicht an dicht wie Ähren auf dem Feld, die Blechmusik zerreißt die Luft, die Trommeln grollen dumpf, darunter der unverwechselbare Klang der beiden großen Trommeln aus Montmartre, mit deren gespenstisch klingenden, eine fremdartige Resonanz erzeugenden metallummantelten Schlegeln die Stadt in der Nacht gewarnt worden war, in der die Preußen nach Paris kamen, und die am Morgen des 18. März das Volk von Paris geweckt hatten.

Diesmal waren die Sturmglocken stumm. Der schwere Donner der Kanonen begrüßte in regelmäßigen Abständen die Revolution.

Auch die Bajonette verneigten sich vor den roten Fahnen, die sich großen Strahlenbündeln gleich um die Büste der Republik legten.

Ganz oben ein riesiges rotes Banner. Die Bataillone von Montmartre, Belleville und La Chapelle hatten auf ihren Fahnen die Phrygenmütze montiert; fast konnte man glauben, es wären Sektionen von 1793.

Soldaten aller Waffengattungen, die in Paris geblieben sind, stehen in ihren Rängen: Frontsoldaten, Marine, Artillerie, Zuaven.

Immer enger pressen sich die Bajonette aneinander, werden in die benachbarten Straßen gedrückt; sie gleichen tatsächlich einem Weizenfeld. Welche Ernte werden sie hervorbringen?

Ganz Paris ist aufgestanden, die Kanone donnert in Intervallen.

Auf einer Bühne steht das Zentralkomitee, davor stehen die Kommunarden, alle mit roter Schärpe.

Wenig wird gesprochen in den Pausen, die im Takt der Kanonen entstehen. – Das Zentralkomitee erklärt sein Mandat als beendet und übergibt die Macht an die Commune.

Man verliest die Namen; ein gewaltiger Schrei erhebt sich: »Vive la Commune!« Die Trommeln schlagen den Marsch, die Artillerie lässt den Boden erzittern.

»Im Namen des Volkes«, sagt Ranvier, »die Commune ist ausgerufen!«

Alles ist großartig an diesem Prolog der Commune, deren Höhepunkt der Tod sein wird.

Keine Reden. Ein gewaltiger Schrei, nur einer: »Vive la Commune!«

Alle Musikkapellen spielen die Marseillaise und das *Lied des Aufbruchs**. Ein Orkan von Stimmen fällt mit ein.

Einige Alte neigen ihre Köpfe zu Boden, man könnte meinen, sie hörten dort die Toten, die für die Freiheit gestorben sind, es sind Überlebende des Juni, des Dezember, einige ganz weiß Gekleidete sind von 1830, Mabile, Malezieux, Cayol.

Wenn eine Macht etwas ausrichten könnte, dann wäre es die Commune gewesen, diese Verbindung von intelligenten, mutigen und unglaublich ehrenhaften Männern, die allesamt, ob erst seit Kurzem oder seit Langem schon, unbestreitbare Beweise ihrer Aufopferung und ihrer Tatkraft geliefert hatten.

Sie wurden von der Macht zerbrochen, die ihnen nichts anderes mehr ließ als den unumstößlichen Mut, sich zu opfern, und sie starben als Helden.

Denn die Macht ist verflucht und das ist der Grund, warum ich Anarchistin bin.

Am selben Abend des 28. März hielt die Commune ihre erste Sitzung ab, die durch eine der Größe dieses Tages würdige Maßnahme eröffnet wurde: Um jede Frage von Persönlichkeit zu vermeiden, würden Manifeste, so beschloss man, in dem Augenblick, in welchem Individuen in die revolutionäre Masse eintraten, ausschließlich mit *»Die Commune«* unterschrieben werden.

Gleich bei dieser Sitzung wollten einige, die in der hitzigen Atmosphäre einer Revolution zu ersticken meinten, nicht weitergehen. Es gab sofortige Rücktritte.

Da diese weitere Wahlen mit sich brachten, konnte Versailles Profit schlagen aus der Zeit, die Paris an den Urnen verlor.

Hier ist die Erklärung, die in der ersten Sitzung der Commune abgegeben wurde:

Paris, den 28. März 1871

Citoyens,

unsere Commune ist gegründet. Das Wahlergebnis des 26. März bestätigt die siegreiche Republik.

Eine Macht, die uns feige unterdrücken will, hatte euch am Hals gepackt, ihr musstet in legitimer Verteidigung diese Regierung zurückweisen, die euch entehren wollte, indem sie euch einen König aufgezwungen hätte. Heute missbrauchen diese Kriminellen, von deren Verfolgung ihr abgesehen habt, eure Größe, um vor den Toren der Stadt einen Unruheherd monarchistischer Konspiration zu organisieren. Sie rufen nach Bürgerkrieg, setzen alle korrupten Kräfte in Bewegung, scheuen keine Komplizenschaft und haben sogar gewagt, die Unterstützung des Auslands zu erbetteln.

Wir rufen Frankreich und die ganze Welt auf, über dieses schändliche Benehmen zu urteilen.

Citoyens, ihr habt uns gerade Ämter übertragen, die jedweder Versuchung standhalten werden.

Ihr selbst seid Meister eures Schicksals, kraft eurer Unterstützung wird die Vertretung, die ihr eingesetzt habt, die Schäden reparieren, die durch die gefallene Macht verursacht worden sind.

Alles, was Schaden genommen hat und zum Erliegen gekommen ist: Industrie, Arbeit, Handel, wird nun kräftigen Auftrieb erhalten.

Ab heute gibt es den von euch herbeigesehnten Beschluss über Mieten, morgen entscheiden wir über die Fristen von Fälligkeiten.

Alle öffentlichen Behörden werden wieder eingesetzt und ihr Zugang wird vereinfacht.

Die Nationalgarde, ab sofort die einzige bewaffnete Kraft der Stadt, wird ohne Aufschub reorganisiert.

Das sind unsere ersten Taten.

Die vom Volk Gewählten erwarten von diesem, um den Triumph der Republik zu gewährleisten, nur, dass es sie mit seinem Vertrauen unterstützen möge.

Ihrerseits werden sie ihre Pflicht erfüllen.

DIE COMMUNE, den 28. März 1871

Tatsächlich erfüllten sie ihre Pflicht, indem sie sich um alle Sicherheiten des Lebens für die Menschen kümmerten, aber, ach, die erste Sicherheit hätte bedeutet, die Reaktion ein für alle Mal zu besiegen.

Während in Paris das Vertrauen wieder wuchs, nagten die Ratten von Versailles Löcher in den Kiel des Schiffes.

Aus verschiedenen Motiven heraus gab es noch einige weitere Rücktritte: Ulysse Parent, Fruneau, Goupil, Lefebvre, Robinet, Méline.

In den ersten Tagen waren Kommissionen gebildet worden, die jedoch nicht endgültig waren. Je nach ihren Fähigkeiten wechselten die Mitglieder einer Kommission in eine andere.

Die Commune teilte sich auf in eine leidenschaftlich revolutionäre Mehrheit und in eine sozialistische Minderheit, die manchmal für die Zeitknappheit, unter der wir litten, zu viel diskutierte. Und doch glichen sie einander in folgendem Punkt völlig: Beide schraken davor zurück, despotische oder ungerechte Maßnahmen zu ergreifen, und zogen aus dieser Furcht heraus dieselben Schlüsse.

Dieselbe Liebe zur Revolution ließ ihr Schicksal ähnlich aussehen. »Auch die Mehrheit weiß zu sterben«, sagte einige Wochen später Ferré, als er den toten Delescluze umarmte.

Die Mitglieder der Commune, die in einem zusätzlichen Durchgang gewählt wurden, waren Cluseret, Pottier, Johannard, Andrieu, Serailler, Longuet, Pillot, Durand, Sicard, Philippe, Louelas, A. Dupont, Pompée, Viard, Trinquet, Courbet* und Arnold.

Rogeart und Briosne wollten keinen Sitz, weil sie sich nicht sicher waren, ob sie wirklich genug Stimmen erhalten hatten. Diese Männer von 1871 waren wirklich Kandidaten, die ihresgleichen suchten.

Menotti Garibaldi wurde gewählt, kam aber nicht, vielleicht weil er noch angewidert war von der Versammlung von Bordeaux, wo Garibaldi, als er der Republik seine Söhne anbot, ausgebuht worden war.

Die oft veränderten Kommissionen wurden für's Erste folgendermaßen zusammengesetzt:

Krieg: DELESCLUZE, TRIDON, AVRIAL, ARNOLD, RANVIER

Finanzen: BESLAY, BILLIORAY, VICTOR CLÉMENT, LEFRANÇAIS; FÉLIX PYAT

Allgemeine Sicherheit: COURNET, VERMOREL, FERRÉ, TRINQUET, DUPONT

Bildung: COURBET, VERDURE, JULES MIOT, VALLÈS, J. B. CLÉMENT

Lebensunterhalt: VARLIN, PARISEL, VICTOR CLÉMENT, ARTHUR ARNOULD, CHAMPY

.....

Justiz: CAMBON, DEREURE, CLEMENCE, LANGEVIN, DURAND
Arbeit und Austausch: THEISZ, MALON, SERAILLER, CH. LONGUET, CHALIN
Auswärtige Beziehungen: LEO MEILLET, CH. GÉRARDIN, AMOUROUX, JOHANNARD, VALLÈS
Öffentliche Dienstleistungen: OSTYN, VESINIER, RASTOUL, ANTOINE, ARNAUD, POTTIER
Delegationen:
Krieg, CLUSERET
Finanzen, JOURDE
Lebensunterhalt, VIARD
Auswärtige Beziehungen, PASCHAL GROUSSET
Bildung, VAILLANT
Justiz, PROTOT
Allgemeine Sicherheit, RAOUL RIGAUD
Arbeit und Austausch, FRAENKEL
Öffentliche Dienstleistungen, ANDRIEU

»Was auch geschehen möge«, sagten die Mitglieder der Commune und die Nationalgardisten, »unser Blut wird diese Etappe nachdrücklich prägen.«

Tatsächlich prägte es sie so sehr, dass es die Erde sättigte, es grub Abgründe hinein, die eine Umkehr in die Vergangenheit allzu schwierig werden ließen, und wie rote Rosen blühte das Blut auf den Abhängen.

V
Erste Tage der Commune – Die Maßnahmen – Das Leben in Paris

Zukunftszeit, erhabene Vision.
Das Volk ist außer Gefahr!
Durchquert ist die trübe Wüste;
Nach Sand folgt nun die grüne Wiese,
Und die Erde ist wie eine Braut
Und der Mensch wie ein Bräutigam.
VICTOR HUGO

Paris wurde eine Atempause gegönnt! Wer während einer Flut das kommende Wasser beobachtet, das sein Zuhause bedecken wird, befände sich in einer ähnlichen Situation: Langsam, aber sicher rollte Versailles heran.

Die ersten Dekrete der Commune hatten den Verkauf von Objekten unterbunden, die dem Pfandhaus auf dem Mont-de-Piété überlassen worden waren. Außerdem wurden die Ausgaben für religiöse Gemeinschaften sowie für die Einberufung abgeschafft. Man glaubte damals und glaubt vielleicht immer noch, dass Kirche und Staat, die eine derart miserable Ehe führen und so viele Leichen hinter sich herziehen, jemals getrennt werden könnten. Sie müssen gemeinsam verschwinden!

Konfiszierung von Kirchengütern. Unterhaltszahlungen an im Kampf verletzte Kommunarden, weiters Ausschüttung dieser Unterhaltszahlungen für jeden im Kampf getöteten Kommunarden an seine Frau, ob ehelich oder nicht, an das Kind, ob anerkannt oder nicht.

Versailles sorgte durch Tötung für die Auszahlung dieser Alimente.

Wenn eine Frau verlangte, körperlich von ihrem Mann getrennt zu werden, und sich dabei auf brauchbare Beweise stützte, hatte sie Anrecht auf Unterhaltszahlung. Die für solche Fälle bis dahin gültige Prozedur wurde aufgehoben, um den Klägerinnen das Recht einzuräumen, sich selbst zu verteidigen.

Verbot von Hausdurchsuchungen ohne Gerichtsbeschluss.

Verbot der Ämterkumulierung und Deckelung der Bezüge mit maximal 6.000 Francs jährlich.

Die Einkommen von Mitgliedern der Commune betrugen 15 Francs täglich, was weit unter dem genannten Maximum lag.

Die Commune beschloss die Einrichtung eines Pariser Zivilgerichtshofs.

Vertreter des Berufsstandes sollten Richter und Staatsanwälte wählen sowie die Geschworenen und die Urteilsfindung organisieren.

Man ging unverzüglich zur Nutzung verlassener Handwerksbetriebe für Arbeitsgemeinschaften über.

Lehrergehälter wurden mit 2.000 Francs festgesetzt.

Man beschloss, die Vendôme-Säule, Symbol roher Gewalt und des imperialen Despotismus, abzureißen, denn dieses Denkmal verhöhnte die Brüderlichkeit der Völker.

Um den Exekutionen von Gefangenen in Versailles ein Ende zu setzen, erließ man nach einiger Zeit ein Dekret über die Geiseln, die man unter den Anhängern von Versailles genommen hatte. (Dies war tatsächlich die einzige Maßnahme, die das Töten von Gefangenen einschränkte. Sie fand spät statt, als es unmöglich wurde, zuzusehen, wie gefangene Kommunarden abgeschlachtet wurden, ohne wie ein Verräter dazustehen.) Die Commune verbot Bußgelder in Werkstätten, schaffte den politischen wie auch den Berufseid ab, setzte sich für Wissenschaftler, Erfinder und Künstler ein. Die Zeit verging und Versailles hatte den Moment überwunden, in dem die Kavallerie nur Schatten von Pferden besessen hatte. Thiers verwöhnte und lobte die Armee, die er für seine hohen und niedrigen Ziele brauchte.

Die Gegenstände, die für weniger als 25 Francs im Pfandhaus abgegeben worden waren, wurden zurückgegeben.

Man wollte die Nachtarbeit in den Bäckereien abschaffen, weil sie zu mühsam sei, aber die Bäcker zogen es vor, wie bisher weiterzumachen, sei es aus Gewohnheit, sei es, weil die Arbeit untertags als tatsächlich härter eingeschätzt wurde.

Überall regte sich intensives Leben und Courbet appellierte leidenschaftlich:

> Wenn jeder sich ohne Einschränkung seinem Genie widmet, wird Paris seine Größe vielfach beweisen. Und diese internationale europäische Stadt wird den Künsten, dem Gewerbe, dem Handel, jeder Art von Geschäft sowie den Besuchern aller Länder eine unzerstörbare Ordnung bieten, die Ordnung, die

durch die Bewohner der Stadt erschaffen wurde, durch nichts zerstörbar, und schon gar nicht durch irgendwelche Vorwände, mit denen grauenvolle Anwärter vorstellig würden …

Lebt wohl, alte Welt und auch die Diplomatie.

Später in diesem Jahr erhielt Paris tatsächlich eine Ausstellung, aber eine, die die alte Welt und die Diplomatie ausrichteten, eine Ausstellung der Toten. Eher 100.000 als nur 35.000 Leichen wurden in einem riesigen Leichenschauhaus im steinernen Rahmen der Befestigungen aufgelegt.

Und doch säte zunächst die Kunst ihr Saatgut aus, so wird es dereinst in der ersten Fassung der Erzählung heißen.

Die föderierte Kommission der Künstler war folgendermaßen zusammengestellt:

Maler:
BOUVIN, COROT, COURBET, DAUMIER, ARNAUD, DURSÉE, HIPPOLYTE DUBOIS, FEYEN, PERRIN, ARMAND GAUTIER, GLUCK, JULES HEREAU, LANÇON, EUGÈNE LEROUX, EDOUARD MANET, FRANÇOIS MILET, OULEVAY, PICCHIO
Bildhauer:
BECQUET, AGÉNOR CHAPUY, DALOU, LAGRANGE, EDOUARD LINDENCHER, MOREAU, VAUTHIER, HIPPOLYTE MOULIN, OTLIN, POITEVIN, DEBLEZER
Architekten:
BOILEAU Sohn, DELBROUCK, NICOLLE, ACHILLE OUDINOT, RAULIN
Lithographen:
GEORGES BELLANGER, BRACQUEMONT, FLAMENG, ANDRÉ GILL, HUOT, POTHEY
Kunstgewerbe:
ÉMILE AUBIN, BOUDIER, CHABERT, CHESNEAU, FUZIER, MEYER, OTTIN Sohn, EUGÈNE POTTIER, RANBER, RESTER

Diese Kommission arbeitete ab Mitte April, während die Versammlung in Versailles die angebliche Neigung der Commune propagierte, Kunst und Wissenschaft zerstören zu wollen.

Die Museen wurden für das Volk geöffnet, die Tuilerien und andere Gärten für die Kinder.

In der Akademie der Wissenschaften diskutierten Gelehrte friedlich, ohne sich um die Commune zu kümmern, die ihnen nicht zur Last fiel.

Thénard, Vater und Sohn Becquerel sowie Elie de Beaumont setzten sich wie gewohnt zusammen. So schickte zum Beispiel Monsieur Sedillot eine Broschüre über Wundverbände auf Schlachtfeldern zur Sitzung des 3. April, Dr. Drouet eine über verschiedene Behandlungsmöglichkeiten der Cholera, was gerade besonders aktuell war, während Monsieur Simon Newcombe, ein Amerikaner, sich ganz und gar von aktuellen Ereignissen, ja sogar von der Erde entfernte, indem er an der Tafel die Bewegungen des Mondes um die Erde analysierte.

Monsieur Delaunay kümmerte sich ausschließlich um die Korrektur von Fehlern bei meteorologischen Beobachtungen.

Dr. Ducaisne beschäftigte sich mit dem Phänomen der Sehnsucht nach alten Werten, für die seelische Heilmittel wirksamer wären als andere, er hätte die panische Angst und die Blutrünstigkeit zerbröckelnder Macht hinzufügen können.

Die Gelehrten beschäftigten sich völlig unbehelligt und in aller Ruhe mit ihren Angelegenheiten, vom abnormalen Wachstum einer Hyazinthenzwiebel bis zum elektrischen Strom.

Der Chemiker Bourbouze, der an der Sorbonne beschäftigt war, hatte einen elektrischen Apparat gebaut, mit dem er über kurze Strecken ohne Leitfäden telegraphieren konnte. Die Akademie der Wissenschaften hatte ihm erlaubt, zwischen den Seine-Brücken zu experimentieren, da Wasser Strom besser leitet als Erde.

Das Experiment gelang und man wandte den Apparat am Viadukt von Auteuil an, um mit einem Standpunkt in Passy, das von den Deutschen besetzt war, zu kommunizieren.

Der Bericht endete mit der Darstellung eines zweiten Experiments aus einem Heißluftballon, wo man die Botschaften von Bourbouze aus Auteuil empfangen wollte. Der Ballon wurde vom Wind verweht, allerdings nicht ganz so weit wie kürzlich der von Andrée*.

Chevreul* erklärte mit leicht gebrochener Stimme, dass er, obwohl kein Freund der radialen Klassifikation, die Wichtigkeit embryologischer Studien anerkannte.

Man sprach von derart vielen Dingen, zum Beispiel von der schwarzen Materie von Meteoriten, von der Vervielfältigung verschiedener Typen durch den Grad der Hitze, dem die Materie ausgesetzt wäre; derselbe Monsieur Chevreul untersuchte Mischungen ähnlicher Beschaffenheiten, deren Wirkung unterschiedlich ausfiele, er beschäftigte sich mit der Notwendigkeit, äußerliche Phänomene von Körpern zu überwinden, während die Chemie unerlässlich sei, so dass an dem Tag, an welchem Versailles im Namen der Ordnung den Tod nach Paris brachte, man den Sternen zugewandt über neue Begrifflichkeiten debattierte, mit denen man den Koeffizienten des Mondäquators berechnen könnte; ich glaube, das war die letzte Sitzung.

Allenthalben fanden Kurse statt, um dem Eifer der Jugend Genüge zu tun.

Man wollte alles zugleich: Künste, Wissenschaften, Literatur, Entdeckungen; das Leben brannte. Man wollte der alten Welt so schnell wie möglich entfliehen.

.....

VI
Der Angriff von Versailles

Unveröffentlichter Bericht von Hector FRANCE und CIPRIANI über den Tod von FLOURENS

Sie luden die Welt zum hehren Kampf,
Berauscht von der Taten Größe,
Und zeigten ihnen rennend durch Pulverdampf
Des Friedens erhoffte Höhe.
VICTOR HUGO

So wie man die Ernennung der Commune-Mitglieder durch allgemeine Wahlen gesetzlich machen wollte, so wollte man auf die Attacke von Versailles warten, um nicht, wie man erklärte, vor den Augen des Feindes zum Bürgerkrieg aufzustacheln, als wären nicht die einzigen Feinde der Völker ihre Tyrannen.

Als die diesmal aufmerksamen Generäle festgestellt hatten, dass kein Uniformknopf fehlte und alle Säbel gut gewetzt waren, griff Versailles an.

Und die Meute der unter Peitschenhieben ihre Pein herausbrüllenden Sklaven machte die Commune dafür verantwortlich und verbündete sich mit ihren Herren.

Die Angewohnheit, auf Befehle zu warten, ist in der menschlichen Herde heute noch so ausgeprägt, dass niemand von denen, die seit dem 19. März »Auf nach Versailles!« gerufen hatten, niemand derer von Montmartre, von Belleville, die sich hätten bewaffnen und ein flammendes Heer bilden können, auf die Idee kam, sich zu versammeln und aufzubrechen. Wer weiß, ob man es heute unter ähnlichen Umständen nicht wieder verabsäumen würde.

Am 2. April, gegen 6 Uhr morgens, wurde Paris vom Kanonendonner geweckt.

Zuerst glaubte man an irgendein Fest der Preußen, die Paris belagerten, aber bald wurde die Wahrheit bekannt: Versailles griff an.

Die ersten Opfer waren Schülerinnen eines Pensionats in Neuilly (auf den Stufen einer Kirche, wo sie wahrscheinlich für Monsieur Thiers und die Nationalversammlung beten wollten).

Die Kanonen feuerten aus vollen Rohren. Der Gott des Massakers hat die Angewohnheit, die Seinigen wiederzuerkennen.

Zwei Armeen auf dem Marsch nach Paris, die eine über Montretout und Vaucresson, die andere über Rueil und Nanterre, vereinigten sich am Rond-Point des Bergers, überraschten die Kommunarden in Courbevoie und schlachteten sie dort ab. Die überlebenden Kommunarden gaben zunächst nach, kamen aber mit der Unterstützung des Freikorps von Garibaldi zurück.

Am selben Abend war Courbevoie zurückerobert. Die Leichen der Gefangenen fand man in Reihen auf dem Quai aufgelegt.

Dieses Mal entschied man sich für sofortige Kampfhandlungen.

Die Armeen der Commune machten sich am 3. April um 4 Uhr morgens auf den Weg.

Bergeret, Flourens und Ranvier führten ihre Truppen auf der Seite des Mont Valérien, den man nach wie vor als neutral erachtete, Eudes und Duval über Clamart und Meudon, so marschierte man gegen Versailles.

Plötzlich ist das Fort in Rauch gehüllt, Mitrailleusensalven regnen auf die Kommunarden.

Es ist erzählt worden, dass der Kommandant des Mont Valérien, als er Lullier, der vom Zentralkomitee gesandt worden war, die Neutralität dieses Forts versprochen hatte, sich beeilte, Thiers davon Meldung zu machen, der ihn, damit ein Offizier der französischen Armee nicht wortbrüchig würde, kurzerhand durch einen anderen ersetzte, der nichts versprochen hatte. Dieser war es, der am Morgen das Feuer eröffnete.

Die kleine Armee unter Flourens, mit Cipriani als Stabschef, teilte sich an der Brücke von Neuilly. Flourens nahm den Quai de Puteaux, Richtung Montretout, Bergeret die Avenue de Saint-Germain, Richtung Nanterre. Sie wollten bei Rueil wieder zusammenkommen. Trotz der Katastrophe des Mont Valérien marschierte die Mehrheit der Kommunarden, etwa 15.000 Männer, weiterhin ihrem Treffpunkt entgegen.

Einige, die sich in den Feldern rund um den Mont Valérien verirrt hatten, kamen einzeln nach Paris zurück. Die beiden Armeekörper trafen sich in Rueil, wo sie das Feuer vom Mont Valérien, das immer noch donnerte, erwiderten.

Erst als die Erde übersät war mit Toten, flohen die Überlebenden.

Die Versailler stellten beim Kreisverkehr von Courbevoie eine Batterie auf, die die Brücke von Neuilly mit Mitrailleusenfeuer überzog.

Eine große Anzahl Kommunarden wurden gefangen genommen.

Galliffet schickte folgendes Rundschreiben, sobald Versailles das Feuer eröffnet hatte, und er ließ keinen Zweifel an seinen Absichten oder denen der Regierung.

> Der Krieg ist *von den Pariser Räuberbanden erklärt worden.*
> Gestern und heute haben sie mir meine Soldaten getötet!
> Ich erkläre diesen Mördern einen Krieg ohne Waffenstillstand und ohne Mitleid.
> Ich musste heute Morgen ein Exempel statuieren, sei es heilsam! Ich wünsche nicht noch einmal zu solchen Extremen getrieben zu werden. Vergesst nicht, dass das Land, dass das Gesetz, dass das Recht konsequenterweise nach Versailles und in die Nationalversammlung gehören, nicht zu dieser grotesken Versammlung, die sich Commune betitelt.
> Der Brigadegeneral
> GALLIFFET, 3. April 1871

Galliffet schrieb diese Proklamation in der Bürgermeisterei von Rueil, wobei er sich nicht einmal die Zeit nahm, sich das Blut, mit dem er bespritzt war, abzuwischen.

Der Ausrufer, der sie zwischen zwei Trommelwirbeln in den Straßen von Rueil und Chatou verlas, fügte per Befehl von oben hinzu:

> Der Präsident der Gemeindekommission von Chatou warnt die Einwohner im Interesse ihrer eigenen Sicherheit, dass jene, die den Feinden der Nationalversammlung Asyl gewähren, dem Kriegsrecht unterstellt werden.

Dieser Präsident nannte sich Laubeuf.

Und die guten Leute von Rueil, Chatou und anderen Orten hielten sich den Kopf mit beiden Händen, um sicherzugehen, dass er noch auf den Schultern saß, und hielten Ausschau, ob nicht irgendein Flüchtiger aus der Schlacht vorbeikäme, um ihn nach Versailles auszuliefern.

Das Armeekorps von Duval kämpfte seit dem Morgen gegen Sondertruppen der regulären Armee, die sich mit städtischen Schutzleuten zusammengetan hatten.

Sie traten den Rückzug nach Châtillon erst an, als es zu einem wahrhaftigen Massaker gekommen war.

.....

Duval, zwei seiner Offiziere und eine bestimmte Anzahl gefangener Kommunarden wurden fast alle am nächsten Morgen erschossen, gemeinsam mit Soldaten, die zur Commune übergelaufen waren und denen man vor der Hinrichtung die Abzeichen herunterriss.

Am Morgen des 4. April besetzten die Brigade von Deroja und der General Pellé das Plateau von Châtillon.

Weil der General verspricht, sie am Leben zu lassen, ergeben sich die umzingelten Kommunarden. Alsbald werden die, die man erkennt, erschossen, die anderen unter schweren Beschimpfungen nach Versailles geschickt.

Unterwegs treffen sie auf Vinoy, der es nach Pellés Versprechen nicht wagt, alle zu erschießen, also fragt er nach Anführern.

Duval tritt aus den Rängen.

»Ich«, sagt er.

Sein Stabschef und der Kommandant der Freiwilligen von Montrouge treten ebenfalls vor und stellen sich neben ihn.

»Ihr seid entsetzliche Kanaillen!«, brüllt Vinoy.

Er befiehlt, sie zu erschießen.

Sie stellen sich selbst an eine Mauer, halten einander die Hände und rufen: »Vive la Commune!«

Ein Versailler stiehlt die Stiefel von Duval und geht damit spazieren: Die Sitte, den Toten der Commune ihre Schuhe zu rauben, war in der Versailler Armee verbreitet.

Am nächsten Tag sagte Vinoy, die Kommunarden hätten sich in aller Stille ergeben, ihr Chef, ein genannter Duval, sei in der Angelegenheit ums Leben gekommen. Ein anderer fügte hinzu: »Diese Banditen sterben gewissermaßen arrogant.«

Schon nach den ersten Zusammenstößen folgten der Armee von Versailles gleichsam aus dem Nichts Kreaturen in luxuriösen Gewändern, mit vor Hass grausam verzerrten Fratzen, die die Gefangenen beschimpften und mit der Spitze ihrer Sonnenschirme in den Augen der Toten herumstocherten.

Diese blutdurstigen Ghule* wurden von mörderischen Zornanfällen gepackt. Man erzählte, sie kämen aus allen möglichen Kreisen, ihr widerwärtiger Appetit habe sie herabsteigen lassen, die Gier nach gesellschaftlichem Rang habe sie pervertiert, sie waren monströse und verantwortungslose Wölfinnen.

Unter den gefangenen »Mördern« von Paris, deren Ankunft Versailles mit Todesgebrüll begrüßte, befand sich der Geograph Elisée Reclus*. Er und seine Kameraden wurden nach Satory geschickt, wo man sie in Viehwaggons zu den Pontons* schickte.

Als Lügenfutter ebenso wie als Kanonenfutter missbraucht, wurden die Soldaten wie niemand sonst getäuscht. Allen, die in Versailles stationiert waren, hatte man Märchen über Banditen und über Packeleien mit den Preußen ins Hirn gepflanzt, mit deren Hilfe die Armee zu unglaublicher Grausamkeit getrieben wurde.

Über die letzten Augenblicke im Leben von Flourens und über seinen Tod berichteten mir letztes Jahr in London Hector France, der Letzte unter unseren Kameraden, der Flourens lebend gesehen hatte, und Amilcare Cipriani, sein Waffenbruder und der einzige Zeuge seines Todes; sie sollen in dieser Geschichte zu Wort kommen. Hector France sagte:

> Ich war mit Flourens seit dem Vortag zusammen, er hatte mich als Feldgehilfe genommen und ich war bei der Porte Maillot zu ihm gestoßen, wo die Bataillone der Kommunarden sich für den Marsch versammelt hatten.
>
> Wir verbrachten eine schlaflose Nacht und hielten einen Rat ab, an dem alle Kompaniehauptleute teilnahmen. Flourens und ich kehrten am frühen Morgen zur Truppe zurück, die Kommunarden standen in Reihen am Wegrand, er war zu Pferd.
>
> Wir machten uns auf den Weg. Als wir an der Brücke ankamen, waren die Traversen entfernt worden. Weder die Kanonen noch die Omnibusse noch irgendein anderes Gefährt konnten passieren. Flourens sagte zu mir: »Nimm die Kanonen und die anderen Waffen und bring sie über die nächste Brücke.«
>
> Wir mussten am Fuße des Mont Valérien entlang, von wo man begonnen hatte, auf das Armeekorps von Bergeret zu schießen. Dessen Bataillone kamen uns auf ihrem Rückzug nach Paris entgegen.
>
> Ich setzte meinen Weg fort und rief: »Auf nach Versailles! Alles nach Versailles!«, aber da ich nicht wusste, welchen Weg wir nehmen sollten, musste ich einen Bahnbediensteten danach fragen. Er antwortete, dass er ihn nicht wüsste, aber als ich ihm meinen Revolver an die Stirn setzte, wies er mir die Richtung. Ich nahm sie in schnellem Galopp mit drei Kanonen und Omnibussen voller Munition, die von Kommunarden gelenkt wurden. Die Kanonen wurden von Artilleriesoldaten geführt und wir hatten eine halbe Kompanie Nationalgardisten mit uns, die Flourens beauftragt hatte, uns zu eskortieren. Da sie aber nicht mit unserem Laufschritt mithalten konnten, blieben sie unterwegs zurück.

.....

Wir passierten eine Befestigung, von welcher wir unaufhaltsam beschossen wurden.
Ich traf Flourens ohne Zwischenfall in einiger Entfernung von Chatou wieder. Alsbald schickte er mich, um Bergeret von meiner Ankunft zu informieren und ihn zu bitten, sich mit Flourens' Einheit zu verbinden.
Da begannen die Geschosse vom Mont Valérien auf Chatou herunterzuregnen.
Als ich zurückkam, um Flourens von meiner Mission bei Bergeret zu berichten, fand ich ihn und Cipriani umringt von einer Menge Offiziere sowie von Wachen vor, die eine Menge Fragen stellten, weil sie vermuteten, dass sie verraten worden waren. Die Projektile begannen gerade auf das Dorf zu fallen, was die Leute sehr aufregte.
Da Flourens sich mit so vielen Vorwürfen konfrontiert sah, stieg er vom Pferd und wandte sich sehr blass und ohne ein Wort zum offenen Feld. Ich teilte Cipriani meine Bedenken mit und sagte ihm: »Sie kennen ihn besser als ich, folgen Sie ihm und hindern Sie ihn daran, eine Dummheit zu machen.«
Cipriani stieg ab und folgte Flourens, der schon weit weg war. Ich blieb allein zu Pferd, und als ein explodierendes Geschoss einige der Kommunarden getötet hatte, kehrte sich der ganze Zorn ihrer Kameraden gegen mich, der ich meine Offiziersuniform der berittenen Jäger anbehalten hatte. Sie bezichtigten mich des Verrats, nannten mich Versailler und wollten mich sofort beseitigen.
Glücklicherweise verteidigten mich die Artilleriesoldaten, die ich mitgebracht hatte und die wie ich die Hose ihrer Truppenuniform behalten hatten, und sie schafften es, den Zorn der Kommunarden zu kalmieren. Währenddessen hörten die Geschosse nicht auf herabzuregnen. Man sagte mir:
»Da Sie beritten sind, schauen Sie nach, wo Flourens ist.«
Ich sprengte im Galopp davon, in die Richtung, die er genommen hatte.
Nachdem ich mehrere Felder überquert hatte, ritt ich durch menschenleere Gässchen, wo ich nur einer alten Dame ansichtig wurde, die an einem Fenster saß. Ich fragte sie, ob sie zwei höhere Offiziere hätte vorbeikommen sehen, und sie antwortete mir: »Es ist Flourens, den Sie suchen.« Als ich bejahte, zeigte sie auf ein vollkommen verbarrikadiertes Haus. Ich klopfte an die Tür sowie auch an die Nachbartüren, erhielt jedoch keine Antwort. Ich ritt im Galopp zu den Kommunarden zurück. In einiger Distanz sah man einerseits das Armee-

korps von Bergeret, das den Hügel herabkam, um nach Paris zurückzukehren, andererseits, viel weiter weg, die Vorhut der Versailler mit größter Vorsicht vorrücken.

Die Kommunarden schrien mir entgegen: »Wo ist Flourens? Was sollen wir tun?« Ich zeigte ihnen mit einer Geste das Armeekorps von Bergeret und sagte: »Folgen wir ihnen, ziehen wir uns zurück.« Sie folgten der Anweisung. Ich blieb zweihundert Meter zurück und hielt immer noch nach Flourens Ausschau.

Bald gingen in den Feldern von allen Seiten, von den Sträuchern und Hecken Gewehrsalven auf uns los.

Die Schlacht war verloren, eine große Zahl Kommunarden war getötet oder vom Feind verschleppt, um erschossen zu werden, und auch Flourens war verloren.

HECTOR FRANCE

Die letzten Details von Cipriani über die letzten Augenblicke von Flourens' Leben bilden den zweiten Teil der düsteren Odyssee.

Cipriani sagt:

Es ist nicht Flourens' Leben, das mich hier beschäftigen wird, sondern sein tragischer Tod, tatsächlich ein Mord, kaltblütig begangen vom Gendarmerie-Hauptmann Desmarets.

Es war der 3. April 1871. Die Pariser Commune hatte beschlossen, ihre Massen gegen die Soldaten der Reaktion zu mobilisieren, da diese nicht aufhören wollten, gefangene Kommunarden, die vor den Toren von Paris geschnappt worden waren, in Bausch und Bogen zu erschießen. Flourens hatte den Befehl erhalten, sich nach Chatou zu begeben und dort auf Duval und Bergeret zu warten, die die Versailler in Châtillon angreifen sollten. Er sollte sich mit ihnen verbinden, gemeinsam nach Versailles marschieren, woraus die Verräter vertrieben werden sollten.

Flourens kam gegen 3 Uhr nachmittags in Chatou an. Dort erfuhr er von Duvals und Bergerets Niederlage in Châtillon und an der Brücke von Neuilly.

Duval war gefangen genommen und erschossen worden. Diese Niederlage der Kommunarden machte Flourens' Position nicht nur schwierig, sondern unhaltbar.

Auf seiner Linken die fliehenden Kommunarden, verfolgt von der Versailler Armee, die versuchte, uns mit einer Kreisbewegung einzuschließen.

Hinter uns der Mont Valérien, der durch die Leichtgläubigkeit von Lullier in die Hände unserer Feinde gefallen war und uns nun große Schwierigkeiten bereitete.
Es war dringend notwendig, Chatou zu verlassen und sich in Richtung Nanterre zurückzuziehen.
Wenn wir nicht abgeschnitten und wie in einer Mausefalle eingeklemmt werden wollten, mussten wir eine zweite Kampflinie eröffnen, die uns vor Überraschungen absichern sollte.
Die Kommunarden, die den ganzen Tag marschiert waren, waren ausgehungert und erschöpft. Kein Zustand, in dem man um 3 Uhr nachmittags eine Schlacht gegen einen vom Erfolg von Châtillon ermutigten Feind beginnen konnte.
Alles sagte uns, dass wir uns nach Nanterre zurückziehen sollten, um am nächsten Tag mit frischen Truppen aus Paris die Höhen von Buzenval und Montretout einzunehmen und nach Versailles zu marschieren.
Als Flourens' Freund und Stabschef der Kolonne unterbreitete ich Flourens und Bergeret, der zu uns gestoßen war, diesen Plan. Letzterer stimmte zu. Flourens antwortete mir:
»Ich trete nicht den Rückzug an.«
»Mein Freund«, sagte ich zu ihm, »das ist kein Rückzug und noch weniger eine Flucht. Es ist eine Vorsichtsmaßnahme, wenn Sie so wollen, die uns von allem, was ich Ihnen gerade unterbreitet habe, aufgezwungen wird.«
Er antwortete mit einem Nicken.
Ich bat Bergeret, die Spitze der Kolonne einzunehmen, Flourens das Zentrum, ich würde als Letzter gehen, um die Evakuierung von Chatou zu überwachen.
Alle hatten sich in Bewegung gesetzt, ich kam zurück unter die Bögen der Eisenbahnbrücke, wo ich mich mit Bergeret und Flourens unterhalten hatte, fand diesen immer noch auf demselben Fleck zu Pferd vor, bleich, trübselig und schweigsam.
Als ich ihn bat aufzubrechen, wies er meine Bitte zurück, stieg ab, vertraute sein Pferd einigen umherstehenden Nationalgardisten an und machte sich zu Fuß auf den Weg entlang des Flusses.
Ich machte ihn darauf aufmerksam, dass ich ihn sowohl als enger Freund wie auch als Stabschef der Kolonne nicht an einem Ort zurücklassen konnte noch durfte, der alsbald von der Versailler Armee eingenommen werden würde, und dass ich entschlossen war, ihn nicht im Stich zu lassen, so dass ich mit ihm bleiben oder aber mit ihm aufbrechen würde.
Müde legte er sich ins Gras und schlief tief ein.

.....

Neben ihm sitzend sah ich von Weitem Reiter aus Versailles in der Ebene herantänzeln und sich auf Chatou zubewegen.
Es war meine Aufgabe, alles zu tun, um den Freund und den von der Menge geliebten Anführer zu retten.
Ich weckte ihn und flehte ihn an, nicht an diesem Ort zu bleiben, wo er wie ein Kind geschnappt werden würde.
»Ihr Platz ist nicht hier«, sagte ich ihm, »er ist an der Spitze Ihrer Kolonne. Wenn Sie lebensmüde sind, lassen Sie sich morgen Früh in der Schlacht umbringen, in die wir die Männer führen werden, die Ihnen bisher aus Sympathie, ja aus Liebe gefolgt sind.
Sie wollen sich nicht zurückziehen, sagen Sie, aber Desertieren ist schlimmer als ein simpler Rückzug. Wenn Sie jetzt hier aufgeben, dann desertieren Sie, ja, schlimmer noch, Sie verraten die Revolution, die alles von Ihnen erwartet.«
Er stand auf, gab mir seinen Arm: »Gehen wir«, sagte er. Aber von dort wegzukommen war leichter gesagt als getan, fast unmöglich zu bewerkstelligen, ohne von der Versailler Armee aufgelauert und gesehen zu werden, die das Dorf, in dem wir uns befanden, bereits fast vollständig umzingelt hatte.
Es war notwendig, uns zu verstecken und die Nacht abzuwarten, um unsere Truppen in Nanterre aufzusuchen.
Auf dem Quai von Chatou traten wir in ein kleines Häuschen ein, eine Art Bar, die von einem unbebauten Grundstück umgeben war und die Nummer 21 trug.
Wir baten die Wirtin um ein Zimmer und sie führte uns in den ersten Stock.
Die Einrichtung bestand aus einem Bett, gleich rechts vom Eingang, einer Kommode zur Linken und einem kleinen Tisch in der Mitte.
Flourens legte gleich nach dem Eintreten seinen Säbel, seinen Revolver und seine Kappe auf die Kommode, warf sich auf das Bett und schlief sogleich ein.
Ich stellte mich ans Fenster hinter die geschlossene Jalousie, um Ausschau zu halten.
Einige Augenblicke später weckte ich Flourens noch einmal, um ihn zu fragen, ob er zustimmen würde, dass ich einen Aufklärer schickte, der nachsehen sollte, ob die Straße nach Nanterre frei wäre.
Er stimmte zu, ich ließ die Wirtin kommen und fragte sie, ob sie jemanden hätte, der etwas für mich erledigen könnte.
»Mein Mann ist da«, sagte sie. »Holen Sie ihn herauf!«, sagte ich.

Es war, glaube ich, ein Bauer. Ich bat ihn, sich zu versichern, ob die Straße nach Nanterre frei sei, und uns alsbald die Antwort zu überbringen, und gab ihm 20 Francs für seine Mühe. Dieser Mann hieß Lecoq.

Er ging, ich zündete eine Zigarre an und stellte mich wieder hinter die Jalousie.

Fünf Minuten später sah ich rechts in einem Gässchen, das zur Straße von Nanterre führte, einen Stabs-Zugführer zu Pferd aufmerksam in unsere Richtung schauen.

Ich unterrichtete Flourens davon und nahm meinen Posten am Fenster wieder ein.

Der Offizier war verschwunden. Einige Minuten danach sah ich aus derselben Richtung einen Gendarmen herbeikommen. Wie ein Mann, der seiner Sache sicher ist, bewegte er sich auf unser Häuschen zu und neigte sich einen Augenblick auf dem unbebauten Grundstück zur Seite, etwa vierzig Gendarmen entgegen, die ihm aus dem Gässchen folgten. Ich ging zu Flourens und sagte: »Die Gendarmen sind vor dem Haus.«

»Was sollen wir tun? Nicht aufgeben, um Gottes willen!«, sagte er.

»Ach«, meinte ich, »eine Kleinigkeit, kümmern Sie sich um das Fenster, ich nehme die Tür«, und ich nahm die Türklinke in die Linke und meinen Revolver in die Rechte.

In diesem Augenblick versuchte jemand in den Raum zu gelangen. Ich öffnete die Tür und befand mich Aug in Aug mit einem Gendarmen, der den Revolver auf mich richtete.

Ohne ihm Zeit zum Abdrücken zu lassen, schoss ich ihm die volle Ladung in die Brust. Der verletzte Gendarm stürzte ins Stiegenhaus und schrie nach Verstärkung.

Ich verfolgte ihn und fiel im Erdgeschoss den anderen, die gerade heraufwollten, in die Arme.

Sie überwältigten mich mit Bajonettstichen und Gewehrkolbenhieben.

Mein Schädel war an zwei Stellen zerschmettert, mein rechtes Bein von Bajonettstichen durchbohrt, die Arme fast gebrochen, eine Rippe ganz, die Brust von Schlägen übel zugerichtet, verlor ich Blut durch den Mund, die Ohren, die Nase; ich war halbtot.

Während man mich so zurichtete, waren Gendarmen in das Zimmer gelangt und hatten Flourens festgenommen.

Man hatte ihn nicht erkannt. Als er an mir vorbeikam, sah er mich mit Blut bedeckt und rief aus: »Oh, mein armer Cipriani!« Man ließ mich aufstehen und ich folgte meinem Freund.

An der Türschwelle hieß man ihn warten, während ich von Gendarmen bewacht auf dem Grundstück blieb.
Als man Flourens durchsuchte, fand man in seiner Tasche einen an General Flourens adressierten Brief. Bis dahin hatte man ihn mit Respekt behandelt, ab jetzt aber änderte sich alles.
Alle beschimpften ihn und schrien: »Es ist Flourens, wir haben ihn, dieses Mal wird er nicht entkommen!«
In diesem Augenblick erschien zu Pferd ein Gendarmerie-Hauptmann. Er fragte, wer dieser Mann sei, man antwortete ihm mit barbarischem Gebrüll: »Es ist Flourens!«
Dieser stand aufrecht und stolz, sein schöner Kopf war unbedeckt, seine Arme waren vor der Brust verschränkt.
Er stand zur Linken des Hauptmanns, der ihn überragte und ihn grob und arrogant zur Rede stellte: »Sind Sie Flourens?«
»Ja«, sagte dieser.
»Und Sie haben meine Gendarmen verletzt?«
»Nein«, antwortete Flourens.
»Lügner!«, brüllte dieser Schurke und mit der Geschicklichkeit des Henkers spaltete er Flourens' Kopf entzwei und sprengte im Galopp davon.
Der Mörder von Flourens hieß Hauptmann Desmarets.
Flourens schlug auf dem Boden schrecklich um sich und ein grinsender Gendarm sagte: »Und ich werde ihm das Hirn herausschießen.«
Er drückte ihm den Lauf seines Gewehrs in das Ohr, Flourens erstarrte. Er war tot.
Ich sollte hier Schluss machen, aber in Versailles erwarteten weitere Beleidigungen den Leichnam dieses großen revolutionären Denkers, und hätte ich es nicht mit eigenen Augen gesehen, würde ich es nicht glauben.
Es ist also unerlässlich, dass ich den Leser nach Versailles führe, in die infame, verdammte Stadt, um die Fakten bis zu jenem Moment wiederzugeben, an dem man mich von Flourens' Leichnam trennte.
Mein Freund hatte aufgehört zu leiden, mein großes Leiden begann in diesem Augenblick.
Als Flourens' Mörder fort war, blieb ich den wie Hyänen brüllenden Gendarmen ausgeliefert. Man ließ mich aufstehen und stellte mich neben Flourens' Leichnam, um mich zu erschießen.
Einer der Gendarmen sprach mich an, und als ich ihm vor Grauen geschüttelt und voller Ekel antwortete, ließ er eine Lawine an Schlägen und Beschimpfungen auf mich herabprasseln.

Diese Verzögerung rettete mir das Leben, denn ein vorbeikommender Gendarmerie-Zugführer fragte, wer ich sei.
»Es ist der Adjudant von Flourens«, antworteten die Gendarmen, daher bin ich jetzt unter diesem Titel bekannt.
»Es ist eine Schande«, meinte der Zugführer, »man hätte ihn nicht hier umbringen, sondern in Versailles erschießen lassen sollen.«
Über mich fuhr er fort: »Fesselt diesen Kerl, wie es sich gehört, wir werden ihn morgen in Versailles mit den anderen gefangenen Kanaillen erschießen.«
Ich wurde solide gefesselt, wie er es befohlen hatte. Man ließ einen Mistkarren kommen und warf den Leichnam meines armen Freundes auf meine Beine.
Inmitten einer Eskorte berittener Gendarmen machten wir uns auf den Weg nach Versailles.
Die Nachricht von Flourens' Ankunft war uns vorausgeeilt. Am Stadttor empfing uns ein Regiment Soldaten, die ungeachtet seines Todes die Ladestöcke aus ihren Gewehren zogen, um mich damit zu schlagen.
Wir kamen inmitten einer trunkenen, wilden Volksmenge an, die »Töten! Töten!« schrie.
In der Polizeipräfektur brachte man mich in ein Zimmer und legte mir Flourens' Leichnam zu Füßen.
Elegant gekleidete Kreaturen, die meisten in Begleitung von Armeeoffizieren, kamen lächelnd, den Leichnam von Flourens zu sehen, der ihnen keine Angst mehr machte.
Auf infame Weise stocherten diese feigen Personen mit ihren Sonnenschirmen im Gehirn dieses Toten herum.
In der Nacht trennte man mich für immer von den blutigen Überresten meines armen teuren Freundes und sperrte mich in den Keller.
So wurde Gustave Flourens von den Banditen von Versailles ermordet und nach seinem Tod beleidigt.

AMILCARE CIPRIANI

Hatte Flourens eine Vorahnung des Schlachtens nach den ersten Grausamkeiten, die die Versailler Armee beging? Wusste er bereits, dass die Männer der Commune, wie er zuversichtlich, großzügig, vom heroischen Kampf beseelt, von Anfang an verloren waren, weil man sie verraten, weil die Regierung eine Politik der infamen Lügen verfolgt hatte?

Ich war Teil dieser Kampfhandlungen des 61. Bataillons von Montmartre, im Armeekorps von Eudes, und dort hätte ich mich vergewissern können, wovon ich ohnehin bereits überzeugt war: dass nämlich weder die Angst zu sterben noch die, den Tod bringen zu müssen, in Erinnerung bleiben, sondern allein die Idee, deren Ruf man in der grandiosen Inszenierung des bewaffneten Kampfes gefolgt ist.

Nachdem wir Les Moulineaux eingenommen hatten, marschierten wir ins Fort von Issy ein, wo einem von uns der Kopf durch eine Granate weggeschossen wurde.

Eudes und sein Generalstab richteten sich im Jesuitenkloster in Issy ein.

Zwei oder drei Tage später suchten uns etwa zwanzig Frauen mit ausgebreiteter roter Fahne auf, unter denen sich Béatrix Excoffon, Malvina Poulain*, Mariani*, Fernandez*, die Damen Goullé, Danguet und Quartier* befanden.

Bei ihrem Anblick salutierten die im Fort versammelten Kommunarden.

Die Frauen waren einem Appell gefolgt, den wir in den Zeitungen veröffentlicht hatten, sie verbanden die Verletzten auf dem Schlachtfeld und nicht selten sammelten sie auch das Gewehr eines Gefallenen ein.

So handelten auch mehrere Marketenderinnen: Marie Schmidt*, Madame Lachaise, Madame Victorine Rouchy, die, wie es in ihren Bataillonen an der Tagesordnung war, wie Soldaten fielen, wie auch die Marketenderin der »enfants perdus«* und so viele andere, dass dieses Buch mehr als voll würde, möchte man sie alle nennen.

Ich hielt mich oft bei den Sanitäterinnen auf, die uns im Fort von Issy aufsuchten, aber noch öfter war ich bei meinen Kompanie-Kameraden: Da ich mit ihnen losgegangen war, blieb ich bei ihnen, und ich glaube, ich war kein schlechter Soldat. Die Notiz der offiziellen Zeitung der Commune über Les Moulineaux am 3. April '71 – in der Ausgabe vom 10. April '71 – war richtig: »In den Reihen des 61. Bataillons kämpft eine energische Frau, die mehrere Gendarmen und Friedenswächter getötet hat.«

Als das 61. für einige Tage heimkehrte, ging ich mit anderen mit, denn ich hätte um keinen Preis die marschierenden Kompanien verlassen wollen. Vom 3. April bis zur blutigen Woche im Mai verbrachte ich nur zweimal jeweils einen halben Tag in Paris. Meine Waffenbrüder waren die »enfants perdus« im hohen Heidekraut, Artilleriesoldaten in Issy und Neuilly sowie Kundschafter von Montmartre, und ich sah, wie tapfer die Truppen der Commune waren, wie sehr meine Freunde Eudes, Ranvier, La Cécilia* und Dombrowski* ihr Leben gering schätzten.

VII
Erinnerungen

Ein Trompetenstoß hallt aus dem Dunkel,
Viele Menschen folgen, ich will ihnen nahen.
Horcht! Schwere Schritte dröhnen auf Erden,
Ein Weg für die Menschheit, dem schließ ich mich an.
L. M., Le Voyage

Ich hatte zunächst diesen Band geschrieben, ohne etwas über mich zu erzählen. Weil meine Freunde es mir nahelegten, fügte ich den ersten Kapiteln ein paar persönliche Episoden hinzu, auch wenn mich das eher verdross. Dann entstand ein ganz gegenteiliger Effekt, nämlich der, dass ich diese Zeit des Freiheitskampfes, die meine wahre Bestimmung war, durch das Erzählen wiedererlebte. Und so mag ich es, wenn meine Existenz mit dieser Zeit verquickt bleibt, denn auf diese Art sehe ich in der Tiefe meiner Gedanken wie in einer Abfolge von Bildern tausende menschlicher Existenzen vorbeiziehen, die für immer verschwunden sind.

Gerade befinden wir uns auf dem Champ-de-Mars, mit überkreuzten Waffen, in einer schönen Nacht. Gegen 3 Uhr morgens gehen wir los, bis nach Versailles, so glauben wir. Ich spreche mit dem alten Louis Moreau, der ebenfalls glücklich ist, losmarschieren zu können. Er hat mir mein altes Gewehr gegen eine kleine Remington ausgetauscht. Zum ersten Mal habe ich eine gute Waffe, auch wenn man behauptet, sie sei nicht sehr verlässlich, aber das stimmt nicht. Ich erzähle, mit welchen Lügen ich meine ängstliche Mutter beruhigt habe. Ich habe gut vorgesorgt, in meinen Taschen die fertigen Briefe, mit denen ich ihr tröstliche Neuigkeiten zukommen lassen werde, sie werden nachdatiert. Ich habe ihr gesagt, man brauche mich als Sanitäterin und dass ich bei der ersten Gelegenheit nach Montmartre käme.

Arme Frau, wie sehr ich sie liebte! Wie sehr war ich dankbar für die vollkommene Freiheit, die sie mir ließ, um meinem Gewissen zu folgen, und wie gern hätte ich ihr die schlimmen Tage erspart, die sie so oft erleben musste!

Die Kameraden aus Montmartre sind da, wir vertrauen einander und denen, die uns anführen.

.....

Jetzt schweigen wir still, es herrscht Kampf. Vorn erhebt sich ein Hügel, den ich hinauflaufe, während ich »Auf nach Versailles! Nach Versailles!« schreie.

Razoua wirft mir seinen Säbel zu. Oben geben wir uns unter den auf uns herunterhagelnden Projektilen die Hände, der Himmel steht in Flammen, niemand ist verletzt.

Wir schwärmen auf Feldern aus, die voller Wurzelwerk stecken, aber wir können das, als hätten wir diesen Beruf der Schützen schon früher ausgeübt.

Da vorn ist Les Moulineaux, die Gendarmen halten nicht wie erwartet stand; wir glauben, schneller voranzukommen, aber nein, ein Teil soll im Fort, der andere im Jesuitenkloster übernachten. Wir, die wir meinten, weitergehen zu können, die aus Montmartre und ich, wir weinen vor Zorn. Aber wir haben Vertrauen. Ohne triftigen Grund würden weder Eudes noch Ranvier noch die anderen bleiben. Man nennt uns Gründe, aber wir hören nicht zu. Schließlich schöpfen wir neue Hoffnung: Es gibt im Fort von Issy Kanonen und es wäre gut, sie sich anzueignen denn wir sind mit seltsamen Waffen (dem Rest der Belagerung) losgezogen, mit Zwölferkanonen, aber Kugeln für Vierundzwanziger.

Nun ziehen die Schatten derer vorbei, die da im großen Saal des Klosters saßen: Eudes, die Brüder May, die Brüder Caria, drei heldenmütige Alte, Vater Moreau, Vater Chevalet, Vater Caria, dann Razoua und die Kommunarden von Montmartre. Ein Schwarzer, pechschwarz, mit spitzen Raubtierzähnen, sehr edelmütig, sehr intelligent und sehr mutig: ein päpstlicher Zuave, zur Commune konvertiert.

Die Jesuiten sind fort, außer einem Alten, der, wie er selbst sagt, keine Angst hat vor der Commune und ruhig in seiner Kammer bleibt, und dem Koch, der mich, warum, weiß ich nicht, an Bruder Jean des Entomures* erinnert. Die Bilder an der Wand sind keine zwei Sous wert, außer einem, das einen Charakterkopf zeigt, der dem Mephistopheles ähnelt. Es muss wohl ein Oberer der Jesuiten gewesen sein. Da hängt auch eines über die Anbetung der Heiligen Drei Könige, von denen einer die hässliche Version unseres schwarzen Kommunarden zeigt. Außerdem gibt es Gemälde über die Geschichte der Heiligen und andere Dummheiten.

Das Fort ist prächtig, eine gespenstische Festung, die ganz oben von den Preußen gebissen wurde und der diese Bresche gut steht. Dort verbringe ich viel Zeit mit den Artilleriesoldaten, wir bekommen Besuch von Victorine Eudes*, einer alten Freundin, auch wenn sie noch sehr jung sein mag. Auch sie schießt nicht schlecht.

.....

Und da sind die Frauen mit der von Kugeln durchsiebten roten Fahne, vor denen die Kommunarden salutieren. Sie errichten im Fort ein Lazarett, von wo die Verletzten nach Paris gebracht werden, wo man besser ausgestattet ist. Wir teilen uns, um nützlicher sein zu können. Ich gehe zum Bahnhof von Clamart, in den die Versailler Artillerie jede Nacht weitere Breschen schlägt. Man gelangt über eine kleine Steigung zwischen Hecken zum Fort von Issy, der Weg ist gesäumt von blühenden Veilchen, die von den Granaten zerquetscht werden.

Ganz in der Nähe befindet sich die steinerne Mühle, wir sind oft nicht genug Leute in den Schützengräben von Clamart. Würde uns nicht die Kanone des Forts unterstützen, wäre eine Überraschung möglich. Die Versailler haben nie gewusst, wie wenige wir waren.

In einer Nacht lagen wir, wer weiß warum, nur zu zweit im Schützengraben des Bahnhofs. Der frühere päpstliche Zuave und ich mit zwei geladenen Gewehren, das genügte immerhin, um zu warnen. Wir hatten das unglaubliche Glück, dass der Bahnhof in dieser Nacht nicht angegriffen wurde. Wir marschierten im Graben auf und ab, und als wir uns wieder einmal kreuzten, fragte er mich:

»Wie wirkt das Leben, das wir führen, auf Sie?«

»Es wirkt auf mich«, antwortete ich, »wie ein Ufer, das vor uns liegt, das wir erreichen müssen.«

»Auf mich«, meinte er, »wirkt es, als würde ich ein Buch mit Bildern lesen.«

Wir setzten unseren Gang durch den Schützengraben in der Stille fort, mit der Versailles Clamart an diesem Abend bedachte.

Lisbonne, der am Morgen mit neuen Leuten ankam, war zugleich froh und wütend, als er sein Haar unter den Kugeln, die nun wieder pfiffen, schütteln musste, als gälte es lästige Fliegen zu verjagen.

Auf dem Friedhof von Clamart fand nachts ein Scharmützel zwischen den unter dem Feuerschein kurz aufleuchtenden Gräbern statt, die gleich darauf nur mehr vom Mondlicht beschienen wurden. Geisterhaft weiß erschienen darunter die Gebäude, hinter denen das kurz aufblitzende Gewehrfeuer hin und her sprang.

Ein andermal war ich, in derselben Gegend, auch in nächtlicher Expedition unterwegs mit Berceau, und die Leute, die uns bereits verlassen hatten, stießen nun unter dem Feuer von Versailles erneut zu uns und setzten sich nun einer tausendmal größeren Gefahr aus.

Ich sehe das alles wieder wie in einem tiefen Traum, dem Traum von der Freiheit.

.....

Ein Student, der unsere Ideen gar nicht teilte, aber noch viel weniger die von Versailles, war nach Clamart gekommen, um sich am Schusswechsel zu beteiligen, vor allem, um seine Berechnungen über Wahrscheinlichkeiten zu verifizieren.

Er hatte einen Band von Baudelaire mitgebracht, aus dem wir, immer, wenn wir Zeit dazu hatten, einige Seiten lasen.

Eines Tages, als mehrere Kommunarden nacheinander am selben Ort von einer Granate getroffen worden waren, es war eine kleine Plattform in der Mitte eines Schützengrabens, wollte er seine Berechnungen doppelt überprüfen und lud mich ein, mit ihm eine Tasse Kaffee zu trinken.

Wir ließen uns gemütlich nieder und lasen im Baudelaire das Stück mit dem Titel *Der Kadaver*. Der Kaffee war fast ausgetrunken, als die Nationalgardisten sich auf uns stürzten, uns gewaltsam von diesem Ort entfernten und uns anbrüllten: »Kruzifix, jetzt reicht's aber!«

In diesem Augenblick fiel die Granate, zerbrach die auf der Plattform zurückgelassenen Tassen und zerrieb das Buch zu winzigen Bröseln.

»Das bestätigt meine Berechnungen vollends«, meinte der Student und schüttelte die Erde ab, die ihn bedeckte.

Er blieb noch einige Tage, dann sah ich ihn nie wieder.

Die Einzigen, denen in meinen Augen während der Commune der Mut fehlte, sind ein dicker Kerl, der mitgekommen war, um seiner jungen Frau, die er gerade erst geheiratet hatte, *Sorgen zu machen*. Er war glücklich, Eudes einen Brief von mir überreichen zu dürfen, in dem ich bat, ihn nach Paris zurückzuschicken. Ich hatte sein Vertrauen missbraucht, indem ich etwa Folgendes hineinschrieb:

> Mein lieber Eudes,
> können Sie diesen Trottel nach Paris zurückschicken, der hier Panik verbreiten würde, wenn die Leute hier bereit wären, sich davon anstecken zu lassen. Ich rede ihm immer ein, die Kanonenschüsse aus dem Fort würden von den Versaillern kommen, damit er sich schneller vom Acker macht. Seien Sie so gut und schicken Sie ihn heim.

Wir sahen ihn nie wieder, so groß war seine Angst.

Wenn er bei der Übernahme der Versailler Armee seine Nationalgardisten-Uniform anbehalten hat, werden sie ihn standrechtlich gemeinsam mit den Verteidigern der Commune erschossen haben wie so viele andere seiner Art.

.....

Vom selben Schlag war ein anderer, ein junger Mann. Eines Nachts, als wir, eine Handvoll Leute, am Bahnhof von Clamart Wache hielten und die Versailler Artillerie gerade wütete, war er plötzlich von dem Wunsch besessen, sich sofort zu ergeben, und man konnte ihm kein vernünftiges Argument entgegenhalten.

»Tun Sie es, wenn Sie wollen«, sagte ich zu ihm, »ich bleibe hier und lasse den Bahnhof hochgehen, wenn Sie ihn übergeben wollen.« Ich setzte mich mit einer Kerze an die Schwelle einer kleinen Kammer, in der die Munition lagerte, und verbrachte die Nacht dort mit angezündeter Kerze. Jemand war gekommen, um mir die Hand zu schütteln, und ich sah, dass auch er wachte: Es war der Schwarze. Der Bahnhof hielt wie üblich stand. Der junge Mann verließ uns am nächsten Tag und kam nicht wieder.

Noch ein ziemlich seltsames Abenteuer widerfuhr Fernandez und mir auf dieser Seite von Clamart.

Wir waren mit einigen Kommunarden zum Haus des Flurhüters gegangen, wohin man Freiwillige bestellt hatte.

Es pfiffen so viele Kugeln um unsere Köpfe, dass Fernandez mich bat: »Wenn ich getötet werde, kümmern Sie sich um meine kleinen Schwestern.« Wir umarmten einander und gingen weiter. Im Haus des Flurhüters befanden sich drei oder vier Verletzte, sie lagen auf dem Boden, er selbst war nicht da, seine Frau wirkte völlig aufgelöst.

Als wir die Verletzten abtransportieren wollten, flehte sie uns, Fernandez und mich, an, wieder zu gehen und ihr die nicht transportfähigen Verletzten sowie zwei oder drei der Kommunarden als Wache dort zu lassen.

Wir verstanden das Motiv dieser Frau nicht, aber wir hätten um nichts auf der Welt die anderen an diesem verdächtigen Ort allein gelassen.

Wir legten die Verletzten mit großer Mühe auf die Tragen, die wir mitgebracht hatten, während die Frau auf den Knien rutschend flehte, dass nur wir zwei gehen sollten.

Als sie sah, dass sie nichts bewirken würde, schwieg sie und stellte sich vor die Tür, um uns nachzuschauen, wie wir unsere Kranken fortbrachten, auf die das Feuer der Mitrailleusen herunterprasselte, denn Versailles schoss gern auf Krankentransporte.

Es wurde seitdem bekannt, dass sich im Keller des Flurhüters Soldaten der regulären Armee versteckt hielten. Fürchtete diese Frau, dass man Frauen abschlachtete, oder war sie schlicht im Delirium?

Wir hatten mit unseren Verletzten gemeinsam einen kleinen halbtoten Versailler Soldaten mitgenommen, der, wie die anderen auch, ins Lazarett nach Paris geführt wurde, wo er sich langsam erholte. Als die Armee Paris eroberte, wird er wohl von den Siegern ebenso abgeschlachtet worden sein wie die anderen Verletzten.

Als Eudes zur Ehrenlegion berufen wurde, ging ich mit La Cécilia nach Montrouge, dann nach Neuilly mit Dombrowski. Diese beiden Männer, die rein äußerlich keinerlei Ähnlichkeit verband, machten, wenn sie handelten, denselben Eindruck, hatten denselben schnellen Blick, dieselbe Entscheidungskraft, dieselbe Gelassenheit.

In den Schützengräben der Hautes Bruyères lernte ich Paintendre kennen, den Kommandanten der »enfants perdus«. Wenn diese Bezeichnung der verlorenen Kinder jemals berechtigt war, dann durch ihn, durch sie alle. Ihre Tollkühnheit ließ uns glauben, dass sie niemals getötet werden könnten. Doch Paintendre wurde es und viele andere auch.

Allgemein kann man behaupten, dass man nie wieder so tapfere Menschen sehen wird, wie es die Soldaten der Commune waren; mit diesem Elan hätten sie in der raschen Bewegung einer Revolution siegen können.

Quer durch das Land liefen die Gerüchte über von Truppen der Commune begangene Grausamkeiten; Foutriquet behauptete, es wären Banditen und von der Justiz Verfolgte der schlimmsten Sorte.

Und doch hatten Paule Mink*, Amouroux und andere tapfere Revolutionäre große Städte so berühren können, dass sich dort weitere Commune-Bewegungen bildeten, die sich Paris anschließen wollten. Die übrige Landbevölkerung hielt sich an die militärischen Berichte aus Versailles. Der über die Ermordung von Duval zum Beispiel versetzte die Dörfer in Angst und Schrecken. in diesem Bericht hieß es:

> Unsere Truppen haben mehr als 1.500 Gefangene genommen, und wir konnten die Gesichter dieser erbärmlichen Kreaturen aus der Nähe betrachten, die das Land um ihrer niedrigen Leidenschaften willen aus purer Lust an den Rand seines Untergangs bringen. Niemals zuvor hat niedere Demagogie den betrübten Blicken ehrlicher Leute Fratzen von solcher Niedertracht gezeigt. Die meisten waren zwischen vierzig und fünfzig Jahre alt, es gab jedoch auch Greise und Kinder in diesen langen Reihen abstoßender Gestalten. Auch einige Frauen sah man. Die Kavalleriebrigade, die sie begleitete, hatte alle Mühe, sie den Händen einer aufgebrachten Menge zu entziehen. Es gelang aber, sie heil zu den großen Stallungen zu führen.

.....

Was diesen Gelegenheitsgeneral, diesen Duval, anbelangt, der wurde bereits am frühen Morgen mit zwei anderen Stabsoffizieren der Commune am Petit Bicêtre füsiliert und damit erlitten alle drei Großmäuler das Schicksal, welches das Gesetz für jeden Anführer von Aufständischen, den man mit der Waffe in der Hand verhaftet, vorsieht.

DER KRIEG DER PARISER COMMUNE, ERZÄHLT VON EINEM HÖHEREN OFFIZIER DER ARMEE VON VERSAILLES

Wir wussten, was wir von den Generälen des Kaiserreichs zu erwarten hatten, die nahtlos in die Dienste der Republik in Versailles übernommen worden waren. Dabei änderten weder sie selbst noch die Nationalversammlung etwas an ihnen, außer dem Titel.

Dereinst wird das Schlachten von Paris auch dadurch gerächt werden, dass die infamen Lügen aufgedeckt werden, derer sich das reaktionäre Militär aus alter Gewohnheit bediente.

VIII
Die Flut steigt

Es ist Zeit, dass die Flut endlich steigt.
VICTOR HUGO

Von überall her stieg der Volkswille herauf wie eine Flutwelle, überschwemmte alle Ufer der alten Welt, toste in der Nähe und war zugleich weithin hörbar.

Auf Kuba, das damals wie heute seine Freiheit wollte, hatte bei Mayan eine große Schlacht zwischen Maximo Gomez an der Spitze von fünfhundert Aufständischen und den spanischen Truppen, die sich zurückziehen mussten, stattgefunden.

Vierhundert weitere Rebellen hatten mit Bembetta und José Mendoga, dem Afrikaner, einen Wehrturm angegriffen.

Die spanischen Republikaner machten sich damals nicht mit den vom Königshaus begangenen Verbrechen die Hände schmutzig. Castelar und Orense d'Albaida forderten in Picard von der Versailler Regierung die Freisetzung von José Guisalola, der in seinem Land zum Tode verurteilt und auf der Durchreise durch Frankreich auf Befehl des Präfekten Backauseut hin laut Verordnungen seiner Regierung vom Bürgermeister in Touillac festgenommen worden war. Zehn Jahre zuvor hatte ganz Europa sich vor Entsetzen geschüttelt, als Van Benert den Ungarn Tebeki an Österreich auslieferte, obwohl dieses ohnehin davon absah, ihn hinzurichten. Je hinfälliger Mächte werden, umso eher werden sie ihre Kräfte gegen alles Volk vereinen, das nach Freiheit verlangt.

Einige Franzosen, die man verdächtigte, der Internationale anzugehören, hatten Barcelona, ihren Wohnort, verlassen müssen, was die Republikaner dazu bewog, einen Appell an die Regierung zu richten.

Bei dieser Gelegenheit äußerte Castelar folgende Worte:

> Wenn unser Vaterland die spanische Nation ist, diese Nation, die stolz auf ihre Unabhängigkeit, auf ihre Freiheit ist, diese Nation, die mit Entsetzen Sagunts* Namen durch einen fremden Namen ersetzt sah, diese Nation, die Karl den Großen, den größten Krieger des Mittelalters, in Roncesvalles* besieg-

te, die Franz I., den großen Hauptmann der Renaissance, in Padua besiegte, die Napoleon, den größten General moderner Zeiten, in Bailen und Talavera besiegte, diese Nation, deren Ruhm zu groß ist für das gesamte Weltall, deren Genius eine Schöpferkraft besitzt, die eine neue Welt mitten in ozeanische Einsamkeit pflanzen kann, diese Nation, die, als sie auf ihrem Kriegswagen stand, Frankreichs Könige, Deutschlands Kaiser und die Herzöge von Mailand gedemütigt hinter ihren Fahnen gehen sah, diese Nation, deren Hellebardiere, deren Söldner die armen, düsteren, kleinen Herzöge von Savoien, *die Gründer der jetzigen Dynastie* … (wird unterbrochen).

CASTELAR: Sie können mich zur Ordnung mahnen, wenn Sie wollen, Herr Präsident, aber ich stehe nicht hier, um meine eigene schwache Persönlichkeit zu verteidigen. Zu dieser Stunde verteidige ich meine Unantastbarkeit und die Freiheit dieser Tribüne (neuerliche Unterbrechung).

CASTELAR: Ich berufe mich auf die Geschichte, in der, wie wir aus der Feder von Tacitus und Sueton wissen, frei und unangefochten Tyrannen geschlagen, Nero und Caligula herausgefordert wurden. Ich sagte, es ist Geschichte, dass Filberto von Savoien, dass Carlos Manuel von Savoien, dass alle Herzöge von Savoien armselig und bettelnd dem Triumphwagen unserer Vorfahren folgten …

… Dies ist nicht beleidigend, wenn ich nicht das Recht haben soll, über die Vorfahren der Könige zu sprechen, deren Person doch heilig ist! Warum sah Madame Isabelle von Bourbon, wenn sie durch diese Tür kam, warum sah sie vor ihren Augen die Namen von Mariano, Pineda, Riego, Lacy und Empecinado, der Opfer ihres Vaters, und ich wiederhole es: Die Herzöge von Savoien folgten armselig und bettelnd dem Schlachtwagen von Karl V., von Philipp II. und Philipp V.

Ach, so fern ist uns heute dieser Stolz des alten Spanien, der in der Sitzung des 20. April '71 sichtbar war! Dieser tragische Stolz, der unwillkürlich an El Cid* denken lässt, so sehr, dass man beim Zuhören meint, Gespenster im Ruhmesglanz vorbeiziehen zu sehen. Heute, nach sechsundzwanzig Jahren, schaut man statt auf Geister, die mit dem Finger auf ihre Ahnen zeigen, auf die entsetzliche Festung von Montjuich* mit ihren Folterknechten und auf die Mörder von Maceo*.

Die Ausrufung der Republik in Frankreich hatte die russische Jugend begeistert. Wie gesund die Republik und Gambetta seien, wurde in Moskau und Sankt Petersburg erzählt: Von Weitem war das alles so schön anzusehen!

Der aufgescheuchte Zar sprach sich mit der Polizei ab, es gab in ganz Russland Verhaftungen und als Beruhigung für seinen Herrn behauptete der Polizeichef, er würde die Fäden eines großen Komplotts in seinen Händen halten; in Wahrheit hielt er nur die Kerkerschlüssel und das Folterwerkzeug.

Die belgische Bundeslegion, die Sektionen der Internationale in Katalonien und Andalusien schickten der Commune Grüße von den Söhnen von Van Artevelde* und von den Malern, Schriftstellern, Wissenschaftlern, den Erben von Rubens, Grétry, Vesalius und den wahrhaften Söhnen eines freien und stolzen Spanien. Während man am Horizont für die Befreiung der Menschheit kämpfte, sprachen sich die Tageszeitungen in Versailles lautstark für die abscheuliche Jagd auf Paris aus und riefen feige zum Mord auf:

> Weniger Gelehrsamkeit und weniger Philanthropie, Herrschaften, dafür mehr Erfahrung und mehr Energie; falls diese Erfahrung nicht bis zu euch durchgedrungen sein mag, dann nehmt die der *Opfer*!
> Wir spielen Frankreich in diesem Augenblick: Ist nun Zeit für literarische Stücke? Nein, tausendmal nein; wir kennen den Preis solcher Stücke! Handelt ein wenig, wie die *großen, energischen Völker* in einem solchen Fall handeln würden:
> *Keine Gefangenen!*
> Sollte *sich in diesem Haufen ein ehrlicher Mann* befinden, *der* wirklich *gewaltsam mit hineingezogen wurde, werdet Ihr es schon merken.* In einer solchen Welt zeigt sich der ehrliche Mann durch seinen *Nimbus.*
> Gewährt den braven Soldaten die Freiheit, ihre Kameraden zu rächen und in aller Öffentlichkeit und in der Raserei des Handelns die Dinge zu tun, die sie kühlen Blutes morgen nicht mehr tun wollten!
>
> JOURNAL DE VERSAILLES, 3. Aprilwoche 1871

Für diese Aufgabe, die nur in der Raserei des Schlachtgetümmels erfüllt werden durfte, setzte man die von Lügen, Blut und Wein besoffene Armee ein. Da die Nationalversammlung und die hohen Offiziere zum Halali bliesen, lieferte man Paris dem Messer aus.

IX
Die Commune in der Provinz

> Es entspricht der Ansicht des blutigen Däumlings, der den gesamten Machtapparat Frankreichs in seinen Händen trägt, die Spaltung zwischen Paris und den Départements voranzutreiben, Frieden um jeden Preis durchzusetzen, dem revolutionären Paris Kapital zu entziehen, die Forderungen der Arbeiterschaft niederzuschlagen, die Monarchie wiederherzustellen und dabei vor keinem Verbrechen zurückzuscheuen.
>
> ROCHEFORT, Le Mot d'Ordre

In einem lange nach der Commune bei Plon, in der Rue Garancière 10 in Paris, 1895 erschienenen Buch *Ein Diplomat in London* kann man unter tausend ähnlichen Dingen, die das Einvernehmen von Monsieur Thiers mit denen zeigen, die in ihren Träumen Kronen auf blutigen Nebeln tanzen sahen, Folgendes nachlesen:

> M. Thiers hatte Orleanisten[52] in die Botschaft von London setzen lassen: den Herzog de Broglie, Charles Gavard usw.
> Es war sehr schwer, die exakte Nuance der Worte voller Ehrerbietung und voller Respekt zu erfassen, mit denen er (der Graf von Paris) sich in Bezug auf Thiers äußerte. Ich hatte die gute Idee, den Prinzen zu bitten, selbst die Feder zur Hand zu nehmen, und er schrieb auf meinem Tisch folgende Depesche: »Der Graf von Paris ist letzten Samstag ins Albert-Gatehouse gekommen, er sagte mir, die Botschaft sei nationales Territorium, und er hatte es eilig, die Schwelle zu übertreten. Sein Besuch hatte speziell das Ziel, dem offiziellen Repräsentanten seines Landes seine tief empfundene Freude mitzuteilen, die ihm die Entscheidung der Nationalversammlung verschaffte, ihm die Tore seiner Heimat zu öffnen, die über alles zu lieben er nie aufgehört hatte.
> Er bat mich besonders, als Botschafter dieser seiner Gefühle vor den Chef der Exekutive zu treten und diesen seines höchsten Respekts zu versichern.«

52 Anhänger des Hauses von Orléans.

> Die Depesche wurde am selben Abend mit dem einfachen Zusatz: S.A.R. Mgr vor dem Namen des Grafen von Paris abgeschickt.
> EIN DIPLOMAT IN LONDON, Seiten 46 und 47
> London, den 12. Januar 1871

Auf Seite 5 desselben Buches kann man nachlesen: »Wir hatten die D'Orléans zur Verfügung, da die jüngsten Ereignisse die Bonapartes verunmöglicht hatten.«

Unnötig, mehr davon zu zitieren, so ist der ganze Band.

Ach, hätte in unseren Tagen ein Anwärter auf irgendeinen Thron das Herz eines wirklichen Mannes, dann müsste er die blutigen Lumpen von sich werfen, die ihm rückwärtsgewandte Menschen umhängen möchten! Er würde in den Reihen derer, die die Befreiung der Welt anstreben, seinen Platz im Kampf einnehmen!

Während Thiers sich um die Anwärter kümmerte, die zur Verfügung standen, ließ er nichts aus, was die Freiheitsbewegungen Frankreichs in Blut ertränken würde.

Die Communes von Lyon und Marseille, die unter Gambetta erstickt waren, stiegen aus der Asche empor.

Die Commune von Marseille schrieb an die von Paris am 30. März 1871:

> Wir wollen die Dezentralisierung der Verwaltung, die Autonomie der Commune, indem in jeder großen Stadt sämtliche Verwaltungs- und Gemeindezuschüsse dem gewählten Gemeinderat anvertraut werden.
> Die Präfekturen sind der Freiheit abträglich.
> Wir wollen die Konsolidierung der Republik durch die Einrichtung einer föderalen Nationalgarde auf dem gesamten Territorium.
> Aber vor allem und über allem wollen wir, was Marseille will.

Die Wahlen sollten am 5. April um 6 Uhr morgens stattfinden, und deshalb vereinte General Espivent alle Truppen, über die er verfügte, mit den Besatzungen der beiden Schiffe »Couronne« und »Magnanime« und beschoss die Stadt am 4.

Ein Signalschuss aus einer Kanone hatte die Soldaten alarmiert, aber da sie auf eine Demonstration von Unbewaffneten stießen, die hinter einer schwarzen Fahne gingen und »Vive Paris!« riefen, ließen sie sich von der Menge mitreißen, mitsamt den Artilleristen und der Kanone, die zwei weitere Warnschüsse abfeuerte.

Espivent ließ auf der anderen Seite, vom Fort Saint-Nicolas aus, die Präfektur beschießen, weil er dort die Commune vermutete.

Landeck, Megy und Canlet de Taillac, Delegierte aus Paris, begleiteten Gaston Crémieux zu Espivent, um ihm ins Gewissen zu reden, dass er nicht schutzlose Menschen abschlachten solle.

Als Antwort ließ Espivent Gaston Crémieux und die Pariser Delegierten gegen den formell geäußerten Willen seiner Offiziere verhaften.

Die Delegierten musste er allerdings gehen lassen, da sie die Mission hatten, ihm die Forderungen von Marseille zu überbringen, nämlich freie Wahlen und die alleinige Verantwortung der Nationalgarde für die Sicherheit der Stadt.

»Ich aber«, sagte Espivent, »will die Präfektur in zehn Minuten oder ich nehme sie mir mit Gewalt in einer Stunde.«

»Vive la Commune!«, riefen die Delegierten aus und verließen den Ort inmitten der Menschenmenge und der mit ihr fraternisierenden Soldaten.

Espivent versteckte Vertreter der Reaktion und Jäger hinter den Fenstern. Sieben Stunden dauerte der Beschuss, den die Kanonen des Fort Saint-Nicolas unterstützten.

Als das Feuer verstummte, war der Boden übersät mit Leichen.

Der Galliffet von Marseille gab, während noch in den mit Toten bedeckten Straßen das Blut floss, den Befehl, die am Bahnhof festgehaltenen Gefangenen zu füsilieren (es waren Kämpfer von Garibaldi, die gegen die Invasion Frankreichs gekämpft hatten, und Soldaten, die nicht auf das Volk hatten schießen wollen).

Als eine Frau mit ihrem Kind auf dem Arm und ein Passant Espivents Order als streng bezeichneten, mähte man sie ebenso nieder wie einige andere Bürger von Marseille, unter anderen den Bahnhofsvorstand, dessen junger Sohn um Gnade für seinen Vater flehte. Espivent schrieb an seine Regierung in Versailles:

> Marseille, den 5. April 1871
> Der Divisionsgeneral an seine Exzellenz, den Kriegsminister
> Ich bin mit meinen Truppen im Triumphzug nach Marseille eingeritten. Ich bin sehr bejubelt worden.
> Mein Hauptquartier ist in der Präfektur eingerichtet. Die Delegierten des Revolutionskomitees haben die Stadt gestern einzeln verlassen.
> Der Generalstaatsanwalt des Gerichtshofs in Aix, der seine Dienste engagiert zur Verfügung stellt, verschickt Vorfüh-

rungsanordnungen in ganz Frankreich. Wir haben 500 Gefangene, die ich nach Château d'If transportieren lasse.

Derzeit ist in Marseille alles vollkommen ruhig.

General ESPIVENT

So wurde die Commune von Marseille endgültig erdrosselt, von ebendiesem Espivent, der im Hafen von Marseille nach fantasievollen Angaben über Sichtungen die berühmte Jagd auf Haifische veranstaltet hatte, von denen kein einziger existierte.

Trotz der entsetzlichen Repressalien gegen Marseille erhob sich Saint-Étienne.

Zunächst stellte der Präfekt de Lespée die Ordnung nach Art von Espivent her, man zitierte seinen Satz: »Ich weiß, was ein Aufstand ist: Die Kanaillen machen mir keine Angst!«

Die von ihm so bezeichneten Kanaillen kannten ihn so gut, dass sie ihn, nachdem sie Saint-Étienne augenblicklich zurückerobert hatten, verhaften und ins Rathaus überstellen ließen, wo sein Tod unter unerwarteten Umständen eintrat.

De Lespée war zwei Männern anvertraut worden, Vitoire und Fillon, die ihn einfach bewachen sollten.

Vitoire war eine Art Girondist, während Fillon im Gegenteil derart exaltiert war, dass er sich zwei Schärpen umgehängt hatte, Andenken an frühere Kämpfe, von denen er eine um seine Taille geschlungen, die andere an seinen Hut geheftet hatte.

Alsbald entflammte eine Diskussion zwischen Vitoire, der den Präfekten in Schutz nahm, und Fillon, der dessen Ausspruch zitierte.

Als Vitoire nicht aufhören wollte, de Lespée zu unterstützen, feuerte Fillon, außer sich, mit seinem Revolver auf ihn und auf den Präfekten, während er selbst durch einen Gewehrschuss von Nationalgardisten niedergestreckt wurde, die vom Lärm alarmiert herbeigelaufen waren. – Der arme Kerl hatte so viel Verrat miterlebt, dass er davon verrückt geworden war und überall nur Verrat vermutete.

De Lespées Tod wurde allen Revolutionären angelastet, der von Fillon dem, der ihn getötet hatte.

Als ich mich vor einigen Jahren auf einer Vortragsreise befand, erzählten mir ehemalige Einwohner von Marseille, dass der Anblick des alten Fillon, wie er allen anderen voran mit wehendem roten Band auf seinem Hut und blitzenden Augen zum Rathaus marschiert war, sie wie eine Vision getroffen hatte. Mit weit offenem Mund hatte er alle anderen mit seinen weithin hörbaren Rufen übertönt: »Vorwärts! Vorwärts mit der Commune! Die Commune!«, ja, die Commune – jetzt war sie zum Gespenst verkommen, zu dem, was von den Repressalien übriggeblieben war.

Bergarbeiter, die aus ihren Minen heraufgekommen waren, hatten sich dem Aufstand angeschlossen, aber es war nicht die Nationalgarde, die die Sicherheit in der Stadt gewährleistete; die Ordnung wurde durch den Tod hergestellt.

Dann erhob sich Narbonne. Digeon, der das Wesen eines Helden hatte, riss die Stadt mit.

Auch die Soldaten steckte er an.

Raynal der Ältere, Autor eines Angriffs der Reaktion, wurde als Geisel genommen.

So endete die Verlautbarung von Digeon:

> Mögen andere einer in Ewigkeit fortdauernden Unterdrückung zustimmen! Mögen sie weiterhin die gemeine Herde sein, deren Wolle und Fleisch man verkauft!
> Wir werden uns erst entwaffnen, wenn man unsere gerechten Forderungen erfüllt haben wird, wenn man aber weiterhin Gewalt anwendet, um sie zurückzuweisen, werden wir, so schwören wir zum Himmel, diese unsere Forderungen bis zum Tod verteidigen!

Tapferer Digeon! Er hatte so viele Dinge gesehen, dass wir ihn bei unserer Rückkehr aus Neukaledonien als Anarchisten vorfanden, zu dem er sich vom ursprünglich autoritären Revolutionär entwickelt hatte, weil seine große Integrität ihm jede Art von Macht als Quelle aller gegen das Volk gerichteten Übel aufgezeigt hatte.

Da Narbonne sich nicht ergeben wollte, holte man Truppen und Kanonen. Die Machthaber von Montpellier schickten zwei Kompanien Pioniere, die von Toulouse stellten die Artillerie, die von Foix die Infanterie. Carcassone schickte Kavallerie, Perpignan Afrika-Kompanien. General Zents kommandierte diese Armee, der man einredete, sie solle diese Menschen, die sich für Gerechtigkeit und Menschlichkeit erhoben, wie Hyänen und Feinde der Menschheit behandeln.

Nachdem man sie Blut hatte riechen lassen, ließ man die Meute los.

Der Kampf begann nachts und dauerte bis 2 Uhr morgens.

Als die Stadt nur mehr Friedhof war, ergab sie sich.

Digeon, der allein im Rathaus geblieben war, wollte nicht kapitulieren, die Menschenmenge zog ihn mit sich. Erst am nächsten Tag wurde er verhaftet, da er sich nicht verstecken hatte wollen.

Neunzehn Soldaten des 52., die man zum Tode verurteilt hatte, weil sie sich geweigert hatten, auf die Bevölkerung zu schießen, wurden nicht exekutiert, weil man die Rache der Voksmassen fürchtete. Man begnügte sich, in Bausch und Bogen alle jene zu erschießen, die man in der Schlacht erwischte.

Narbonne bewahrte die Namen der achtzehn des Kriegsrates. Es waren: MEUNIER, VARACHE, RENON, BOSSARD, MEYER, PARRENAIN, MALARET, LESTAGE, ARNAUD, ROYER, MONAVENT, LEGAT, DUCOS, ADAM, DELIBESSART, GARNIER, CHARRUET, RENÉ.

In Le Creusot hatte der Aufstand vor der Pariser Commune stattgefunden. Er begann nach einem Hinterhalt, den man gegen die Arbeiter auf der Straße nach Montchanin errichtet hatte, wohin sie sich beim Ausbruch jeder Revolte zuerst begaben, um ihre Kameraden zu warnen.

Als verdächtige Individuen auf der Straße gesichtet worden waren, wurden fünfzehn Männer, die nachsehen wollten, durch die Explosion einer Bombe, die man dort platziert hatte, getötet: Auf diese Weise wollte die Regierung die Bewegung aufhalten.

Le Creusot erwachte aber bei dieser Nachricht am 18. März. Beim ersten Aufstand wurden die Truppen abgezogen: »Macht eure Commune«, hatte der Kommandant gesagt. Le Creusot feierte und rief: »Es lebe die Republik! Es lebe die Commune!«

Doch die Truppe kam mit Verstärkung wieder und zerstreute die Demonstranten, allerdings hatten diese noch einige Agents provocateurs festnehmen können, welche sich mit den Rufen »Es lebe *die Guillotine!*« unter sie gemischt hatten. Sie gaben zu, geschickt worden zu sein.

Die Revolutionäre entsandten Delegierte nach Lyon und Marseille, wo große Aufregung herrschte.

In Lyon war der Platz der Guillotière voller Menschen, ein in der ganzen Stadt plakatierter Aushang beschwor die Bevölkerung, nicht feige dabei zuzusehen, wie Paris und die Republik ermordet würden.

Nein, die Lyoneser waren nicht feige, aber der Präfekt Valentin und General Crauzat setzten die gesamten beträchtlichen Streitkräfte ein, die ihnen zur Verfügung standen, wie sie es niemals gegen die Invasion der Deutschen getan hätten.

Die Ordnungshüter der Nationalgarde verbanden sich mit der Armee, die Niederschlagung der Commune von Lyon begann.

Der Kampf auf der Guillotière und zahlreichen anderen Plätzen der Stadt dauerte fünf Stunden.

Albert Leblanc, Delegierter der Internationale, der nicht zur Guillotière durchgekommen war, nahm seine Stellung in der Stadt ein.

Nach diesen fünf Stunden schrecklicher Kämpfe von schlecht bewaffneten Männern gegen ganze Bataillone war die Commune von Lyon tot.

Noch lange, nachdem die Bewegung geschächtet worden war, nahm man in den großen Städten Zuckungen wahr, ähnlich wie die der Glieder eines aus dem vollen Leben tödlich Getroffenen.

Es existieren zahlreiche Dokumente über die Volkserhebungen von Bordeaux, Montpellier, Cette, Béziers, Clermont, Lunel, die des Hérault, von Marseillan, Marsillargues, Montbazin, Gigan, Maraussan, Arbeilhan, Villeneuve les Béziers und Thibery.

Alle diese Städte und viele andere hatten beschlossen, Delegierte auf einen Gesamtkongress zu schicken, der am 14. Mai im großen Theater von Lyon eröffnet werden sollte.

Die Städte der Provinzen schickten Botschaften ihrer Missbilligung nach Versailles. Man weiß von Grenoble, Nyons, Mâcon, Valence, Troyes, Limoges, Pamiers, Béziers, Limoux, Nîmes, Draguignan, Charolles, Agen, Montélimar, Vienne, Beaune, Roanne, Lodève, Tarare und Châlons sowie Malon. Gut Informierte wussten von tausenden empörten Briefen aus der Provinz in die verdammte Stadt.

Als es von der Ausrufung der Commune von Paris erfuhr, erhob sich Le Mans. Zwei reguläre Regimente aus Rennes und Kürassiere, die man gerufen hatte, um die Demonstranten niederzuschlagen, verbrüderten sich mit ihnen.

Das radikale Komitee von Mâcon schrieb im Kopf seines an die Commune gesendeten Manifests:

> Die Republik steht über dem allgemeinen Wahlrecht …
> Die Staatsstreiche und Volksabstimmungen bilden die direkte Ursache für alles Unglück, das uns niederdrückt.

Erst kürzlich hatte dies die letzte Volksabstimmung gezeigt und die Gründe für die Nominierung der Versammlung von Bordeaux bleiben im Schatten, wenn man sich der Bewegung bewusst wird, die ganz Frankreich erschütterte. Das, was sich hinter den Kulissen eines allgemeinen Wahlrechts abspielte, konnte angesichts der schrecklichen Repressalien schließlich für niemanden mehr ein Geheimnis darstellen, und so waren allein die Dörfer völlig ahnungslos. Der Rest des Landes wurde durch den Terror niedergehalten.

Das Schreiben des radikalen Komitees von Mâcon an die Commune von Paris war unterzeichnet von: P. Ordinaire, Pierre Richard, Orleat, Lauvernier, Seignot, Verge, Chachuat, Jonas und Guinet und mit dem 9. März '71 datiert.

Auch die Republikaner von Bordeaux veröffentlichten ihr Manifest sowie das Vorhaben, einen Kongress in Bordeaux einzuberufen, mit dem Ziel, die Maßnahmen zu bestimmen, die am geeignetsten wären, den Bürgerkrieg zu beenden, die Gebührenfreiheit der Gemeinden sicherzustellen und die Republik zu konsolidieren.

Die Commune war damals die Form, mit der man am leichtesten die Freiheit sicherstellen konnte. Dieses Manifest war unterzeichnet von: Léon Billot, Journalist, Chevalier, Händler, Cousteau, Reeder, Delboy, Gemeinderat, Deligny, Zivilingenieur, Depuget, Händler, Sureau, Hauptmann der Nationalgarde, Martin, Händler, Milliou, Bataillonchef der Nationalgarde, Parabère, ebenso, Paulet, bisheriger Gemeinderat, Roussel, Händler, Doktor Sarreau, Journalist, Saugeon, ehemaliger Generalrat der Gironde, und Tresse, Besitzer.

Sie alle waren Menschen, die nicht zur Commune gestoßen waren, weil man sie mitgezogen hatte, sondern weil sie die allgemeinen Tendenzen berücksichtigten, vielleicht auch, weil sie von den Machenschaften in Versailles angewidert waren. Von diesen kann man sich im folgenden Rundschreiben, das der Hierarchie folgte und von dem wir durch eine Bürgermeisterei in Seine-et-Oise in Kenntnis gesetzt wurden, ein Bild machen.

> Notiz für den Bürgermeister
> Die Hotels und Frühstückspensionen sind täglich zu überprüfen und es ist darauf zu achten, dass die Betreiber die Namen der aufgenommenen Personen im Polizeiregister vermerken. Diese Register sind der Bürgermeisterei, dem Polizeikommissariat oder der Gendarmerie zu übergeben.
> Mittels spezieller Verordnung sind Privatpersonen, die momentan Fremde in ihrem Haus unterbringen, aufzufordern, der Bürgermeisterei davon Meldung zu machen, indem sie Namen der Personen sowie Geburtsdatum und -ort, Wohnadresse und Beruf angeben.
> Die Gaststätten, Cafés und Bars sind zu beaufsichtigen. Es muss verhindert werden, dass dort Zeitungen aus Paris gelesen werden können.

Die gesamte Hierarchie der in der Regierung von Versailles Beschäftigten, ob niedrig oder hoch, musste sich mit Polizeiangelegenheiten befassen, und ganz Frankreich war zur Mausefalle geworden. In dem Maße, in welchem diese unwürdigen Machenschaften bekannt wurden, empörten sich die Geister.

Ab den ersten Apriltagen erklärten die Freimaurer in Rouen, dass sie sich voll und ganz dem offiziellen Manifest des Conseil de l'Ordre anschließen würden, auf dessen Fahne die Worte Freiheit, Gleichheit und Brüderlichkeit geschrieben stehen.

> Predigt Frieden unter den Menschen und im Namen der Menschlichkeit, proklamiert das menschliche Leben als unverletzbar und verdammt alle Kriege, er will das Blutvergießen beenden und den Grundstein für einen endgültigen Frieden legen, der die Morgenröte einer neuen Zukunft sein wird.
> Das ist, was wir energisch fordern, und wenn unsere Stimme nicht gehört wird, dann sagen wir euch hier, dass die Menschlichkeit und das Vaterland es verlangen und durchsetzen werden.
> Der Ehrenpräsident der Freimaurer von Rouen, DESSEAUX.
> Der Ehrwürdige der Vereinten Künste*, HÉDIARD,
> der Ehrwürdige der »Constance éprouvée«*, LORAND,
> der Ehrwürdige der gekrönten Beharrlichkeit*, E. VIENOT.
> Weiters: S. der Vereinten Künste und der gekrönten Beharrlichkeit, HÉDIARD und GOUDY, der Präsident des philosophischen Rats, DIEUTIE, und per Mandat der Vereinigten Ateliers und des »Orient de Rouen« der Sekretär JULES GODEFROY.

Oh, welche Begeisterung! Welch Humanismus! Wie sehr sprachen diese Leute trotz ihrer mittelalterlichen Titel eine Sprache, die den Rohlingen aus Versailles noch unbekannt war!

Am 26. April folgten fünf Mitglieder dem Ruf des Bundeskomitees und versammelten sich um 2 Uhr nachmittags im Saal der Föderation. Die Staatsanwaltschaft ließ den Saal umstellen und der Zentralkommissar Gérard stürmte ihn mit fünfundzwanzig Polizisten, um Verhaftungen vorzunehmen. Sie fanden den Saal leer vor, da der Zeitpunkt der Versammlung vorverlegt worden war. Sie konfiszierten einige Papiere und begaben sich zu den Mitgliedern der Bundesstelle der Internationale. Einige wurden verhaftet: Vaughan*, Cord'homme, Mondet, Fritsch und Boulanger.

Da diejenigen, die man als Anführer ansah, hinter Schloss und Riegel saßen, sprachen die Behörden, die sie immer noch fürchteten, davon, sie nach Belle-Île-en-Mer oder noch weiter weg zu schicken. Fünfundzwanzig bildeten diese erste Schiffsladung.

.....

In Versailles veröffentlichte *Le Gaulois* erschreckende Details über die Eingekerkerten.

Es gab dermaßen viele Entdeckungen und Verzweigungen, dass über die allzu komplizierte Angelegenheit trotz des von der Staatsanwaltschaft am Strafgericht zu Rouen an den Tag gelegten Eifers, die Voruntersuchungen zum Prozess der Kommunarden zu einem Ende zu bringen, nicht sofort berichtet werden konnte.

So schrieb *Le Gaulois*:

> Das Geheimnis, das bisher die Gefangenen umgab, wurde vor Kurzem gelüftet.
>
> Wir können einige Details über die Hauptangeklagten nennen.
>
> Cord'homme, der Wichtigste, ist zugleich reicher Besitzer und Wein-Großhändler. Er war bei den Wahlen von '70 zum Generalrat für den Vorort Saint-Séver gewählt worden.
>
> Abgesehen von seinen politischen Ansichten ist er im Land wohlgelitten, es ist ein ehrlicher Mann, der schon immer eine Vorliebe für die Revolution hatte.
>
> Vaughan, der stellvertretende Bürgermeister in Darnetal bei Rouen, sehr einflussreiches und aktives Mitglied der Internationale, gilt als hervorragender Chemiker, was vielleicht seinen mehr als gallischen Elan erklärt, mit dem er ein Gedicht über ein bestimmtes Thema schrieb.
>
> Cambronne macht in seiner Zelle Verse über den Gefängnisdirektor, eine unerschütterliche Haltung.
>
> Delaporte, ehemaliger Redakteur des *Patriote*, der von den preußischen Behörden entfernt wurde, ein junger Mann, den man als sehr intelligent bezeichnet …
>
> Die vom Untersuchungsrichter Leroux aufgenommenen Schriftstücke belaufen sich auf *zwei Stück*.
>
> Das erste ist ein Aufruf, sich an den letzten Gemeinderatswahlen nicht zu beteiligen; ein Aufruf, der der legalen Regierung in Versailles gegenüber blamabel formuliert wurde. Das zweite zeigt eine Beitrittserklärung zur Commune von Paris oder zumindest eine nicht unterzeichnete Kopie davon. Dieses Schriftstück wurde bei einem Frossart, Schuster in Elbeuf, der ebenfalls in das Komplott verwickelt ist, gefunden.
>
> LE GAULOIS, 14. April 1871

Es ist nicht neu, dass nicht unterschriebene Waschzettel als unterzeichnete Dokumente gelten. Auch nicht neu ist, dass Menschen, die ihre Freiheit fordern, sich vor jener hüten, die ihnen vom

Feind angeboten wird: Die Wahlen, an denen die Revolutionäre von Rouen sich weigerten teilzunehmen, mussten etwas wie eine Volksabstimmung der Regierung gewesen sein.

Die verängstigte Bevölkerung von Versailles zitterte vor diesen Anklagen, die nicht einmal welche waren, vor Entsetzen und folgte dem Rat, auf der Hut zu sein, weil einer der Angeklagten, Ridnet, ein ehemaliger Generalstabsoffizier der Armee von Le Havre, gegen den man absolut nichts finden konnte, provisorisch auf freien Fuß gesetzt worden war, nachdem er sein Wort gegeben hatte, sich beim Gefängnis zu melden, im Fall, dass man etwas entdecken würde.

Die immer wieder unterdrückte Bewegung erwachte immer aufs Neue in Montpellier, Toulouse, Bordeaux, Grenoble und Saint-Étienne; die verfolgten Zeitungen stiegen aus der Asche wieder auf und erfüllten Versailles mit Angst und Schrecken, trotz seiner Kanonen, die Issy, Neuilly und Courbevoie beschossen. Die Armeen von Freiwilligen, die man gegen Paris ohne große Resultate rekrutiert hatte, stellten eine geringe Minderheit dar, die von Versailles angezogen wurde, weil sie Angst hatte, etwas zu verlieren, das sie nicht einmal besaß.

Im Gegensatz dazu ließen in Paris die vor Großzügigkeit naiven Kommunarden den alten und nicht minder naiven Beslay in der Bank übernachten, um diese, wenn nötig, mit seinem Leben zu verteidigen, da er sich vorstellte, dass die Ehre der Commune damit verbunden wäre. In De Pleucs Gnaden glaubte er, die Revolution gerettet zu haben, indem er die kapitalistische Festung bewachte.

Es gab eine kurze Zeit, zu der in Paris alle zur Commune wollten, weil Versailles sich derart grausam zeigte; alle französischen Städte verlangten das Ende des Tötens (dabei fing dieses erst an).

Im Manifest von Lyon vom 5. Mai stand, dass alle Ansuchen um Friedensstiftung sowohl an die Nationalversammlung wie auch an die Commune geschickt worden waren. Allein die Commune antwortete.

Noch einmal streckt das diesmal von der französischen Armee belagerte Paris, nachdem es von den preußischen Horden umstellt gewesen ist, der Provinz seine Hand aus, bittet damit nicht um bewaffnete, sondern um moralische Unterstützung. Es ersucht um friedliche Intervention, um die kämpfenden Seiten zu entwaffnen. Kann die Provinz sich diesem höchsten Appell gegenüber taub stellen?

Das betreffende Manifest war unterzeichnet von den Mitgliedern des ehemaligen Gemeinderats – Barodet, Berbecat, Baudy, Bouvalier, Brialon, Chepié, Colon, Condamin, Chaverot, Cotlin, Chrestin, Degoulet, Despagnes, Durand, Ferouillat und Henon –

sowie von Mitgliedern des bisherigen: Hivert, Michaud, Vathier, Pascot, Rufian, Vaille, Vallier, Chapuis und Verrières, die am 30. April gewählt worden waren und nun ihr Amt zur Verfügung stellten.

Die Stadt Nevers sandte ein Manifest an die Commune, in dem die unauflösliche Einigkeit zwischen Paris und Frankreich verlangt wurde, die sofortige Auflösung und wenn nötig der Fall der Versailler Nationalversammlung, deren Mandat erloschen war.

Das republikanische Komitee von Melun, dessen Devise »Ordnung in Freiheit!« lautete, erklärte, sich mit denen zu verbinden, die versuchen würden, die Übel des Landes zu heilen, nicht indem sie eine verjährte Ordnung wiederherstellen, sondern indem sie die Zukunft sicherstellen würden. Die Mitglieder dieses Komitees nannten sich: Auberge, Bancal Sohn, Derougemont, Daudé, Despagnat, Delhiré, Dormoy, Drouin, Dupuy, Finot Vater, Hensé, Nivet, Pernetaini, Fouteau, Riol, Robillard, Saby, Thomas und Ninnebaux. Das Manifest wurde bereits am 24. März 1871 verschickt.

Als am 4. April in Limoges stationierte Soldaten eines Linien-Regiments den Befehl erhielten, als Verstärkung der Armee nach Versailles zu fahren, begleitete sie die Menschenmenge zum Bahnhof und ließ sie schwören, sich nicht daran zu beteiligen, wenn Paris abgeschlachtet würde. Die Soldaten schworen es tatsächlich und übergaben ihre Waffen der Menge, die sie zurückführte. Sie kehrten in die Kaserne zurück, wo sie vor ihren Offizieren von der ganzen Stadt Ovationen erhielten.

Die Stadtverwaltung versammelte sich im Rathaus und da der Präfekt geflohen war, übernahm der Bürgermeister die Repressalien. Er befahl den Kürassieren, sich der widerständigen Truppe zu bemächtigen und auf die Menschenmenge zu schießen. Der Kampf uferte bald aus; da die Ordnungshüter in der Überzahl waren, siegten sie, aber der Oberst der Kürassiere und ein Hauptmann wurden getötet.

Es gab in Paris ein energisches Initiativkomitee aus Loiret, wo die revolutionäre Bewegung beträchtlich war, dessen Sekretäre, François David aus Batile-de-Loiret sowie Garnier und Langlois aus Meug-sur-Loire, Delegierte zur Commune schickten, die sich mit dieser verbinden sollten.

Auch die Vereinigung der Gemeinden des Jura, die Einwohner mehrerer Städte von Seine-et-Marne (und sogar von Seine-et-Oise) hatten trotz Versailles Partnerkomitees in Paris sitzen.

Alle Industriestädte Nordfrankreichs wollten ebenso wie die Städte des Südens ihre Communes.

Ab 28. März verkündete Algerien seine Zustimmung mit folgendem Schreiben:

> Die Commune von Algerien an die Commune von Paris
> Citoyens,
> die Delegierten von Algerien erklären im Namen aller ihrer Komiteemitglieder, dass sie sich voll und ganz der Commune von Paris anschließen wollen.
> Ganz Algerien fordert vollständige kommunale Freiheiten.
> Die Kolonie hat seit Langem erkannt, dass nach vierzig Jahren doppelter Unterdrückung durch Armee und Verwaltung nur die vollständige Emanzipation der Commune ihr zu Freiheit und Wohlstand verhelfen kann.
> Paris, am 28. März 1870
> ALEXANDRE LAMBERT, LUCIEN RABUEL,
> LOUIS CALVINHAC

In der *Emancipation de Toulouse*, einige Tage nach dem 18. März, werden die Männer von Versailles folgendermaßen eingeschätzt:

> Es gibt tatsächlich eine Verschwörung, die geschaffen wurde, um den Hass der Bürger aufeinander zu schüren und um auf den Krieg gegen das Ausland den hässlichen Bürgerkrieg folgen zu lassen. Die Erzeuger dieser kriminellen Machenschaften sind jene Käuze, die sich unverdient als Verteidiger der Ordnung, der Familie und des Eigentums bezeichnen.
> Einer der eifrigsten Agenten dieser Verschwörung gegen die öffentliche Sicherheit heißt Vinoy, er ist General und war Senator.
> L'EMANCIPATION DE TOULOUSE, Ende März '71

Die ersten Geschichtsdokumente über 1871, die geschrieben wurden, als die Regierung sich noch im Blutrausch befand, wagten wegen der immer noch zu befürchtenden Repressalien nicht, alle revolutionären Erhebungen Frankreichs zu erwähnen, die mit der Commune sowie mit europäischen und weltweiten Bewegungen in Spanien, Italien, Russland, Asien und Amerika in Verbindung gesetzt werden konnten. Man muss deren Geschichte noch überall als Prolog der heutigen Situation niederschreiben.

X
Die Armee der Commune – Die Frauen von '71

Die Kadaver sind der Samen,
Die Zukunft bringt die Ernte.
L. M.

Seit dem 5. April dienten die südlichen und westlichen Stellungen, die die Deutschen gegen Paris errichtet hatten, den Versaillern, den sogenannten Preußen von Paris, von denen wir um der Gerechtigkeit willen hinzufügen wollen, dass niemand, nicht einmal die gröbsten Ulanen, sich jemals derart grausam verhielten, wie sie es taten.

Die explosive Munition, die Versailles gegen die Kommunarden anwandte, wurde nur gegen Paris verwendet. Ich habe unter anderen einen Unglücklichen gesehen, der eines dieser Projektile im Schützengraben der »Hautes Bruyères« mitten in die Stirn bekam. Wir bewahrten ein paar dieser Geschosse auf, die man in einer Ausstellung von für die Elefantenjagd geeigneten Schusswaffen hätte zeigen können. Sie sind während diverser Hausdurchsuchungen verschwunden.

Die gesamte Länge der Champs-Élysées war von Kugeln übersät.

Die Befestigungen von Mont Valérien, Meudon und Brimborion hörten nicht auf, das Feuer ihrer Mitrailleusen auf die Unglücklichen auszuspeien, die auf dieser Seite wohnten.

Auf der anderen Seite schien die Schlacht auf immer demselben Punkt zu stehen, da die Redoute von Moulineaux und das Fort von Issy andauernd erobert und zurückerobert wurden.

Die Armee der Commune bestand im Vergleich zu der von Versailles aus einer Handvoll Männer, und die mussten tapfer sein, um so lange widerstehen zu können, obwohl sie ständig fürchten mussten, verraten zu werden, und trotz der zögerlichen Anfänge ihres Kampfes.

Es gab, da Flourens tot war, nur sehr wenige Berufssoldaten. Cipriani war gefangen genommen worden, also blieben Cluseret, die Brüder Dombrowski, Wroblewski, Rossel, Okolowich, La Cécilia, Hector France, ein paar Unteroffiziere und Soldaten, die sich auf die Seite von Paris geschlagen hatten, ebenso wie einige Seeleute, die bei der Commune geblieben waren. Unter denen waren einige Offiziere wie Coigner, ein Marineanwärter, der zugleich mit Lullier dazugestoßen war, aber auch Perusset, ein langgedienter Kapitän: »Es gibt Besseres zu tun«, so sagten die Seeleute, »als den Preußen Entschädigung zu leisten; wenn wir mit Versailles fertig sind, entern wir die Festungen.« Einer von ihnen, Kervisik, der mit uns gemeinsam auf die Halbinsel Ducos[53] deportiert wurde, sprach dort immer noch von diesen Plänen, sobald wir uns an die Zeit der Commune zurückerinnerten, die uns jenseits des Ozeans schon weit in der Vergangenheit zu liegen schien.

In den ersten Apriltagen wurde Dombrowski zum Oberbefehlshaber von Paris ernannt. Es schien immer noch Hoffnung zu geben, da der Kampf ausgewogen schien, obwohl die Versailler zugleich Neuilly, Levallois, Asnières, den Wald von Boulogne, Issy, Vanves, Bicêtre, Clichy, Passy, die Porte Bineau, les Ternes, die Avenue de la Grande-Armée, die Champs-Elysées, den Triumphbogen, Saint-Cloud, Auteuil, Vaugirard und die Porte Maillot angriffen.

Zugleich erklärte der böse Zwerg Foutriquet, dass allein die Pariser Banditen Kanonenschüsse abgaben, um glauben zu machen, dass man sie angriffe.

> Also taten die zahlreichen Verletzten, die die Lazarette von Versailles füllten, nur so, als wären sie verletzt, die Versailler, die man nach der Schlacht begrub, taten nur so, als ob sie getötet worden wären, so wollte es die Logik des blutigen Däumlings, der Paris von seinen Kanonen beschießen und in Schutt und Asche legen ließ, aber in seinen Rundschreiben und durch seine Zeitungen schreiben ließ, dass Paris nicht bombardiert wurde.
>
> ROCHEFORT, Le Mot d'Ordre

Bei der Attacke der Barrikade auf der Brücke von Neuilly wurde Hauptmann Bourgouin* getötet, ein Verlust für die Commune.

Dombrowski hatte kaum zwei- oder dreitausend Männer, manchmal weniger, um den ständigen Attacken der zehntausend Regulären standzuhalten.

53 In Neukaledonien.

General Wolf, der Krieg so führte wie die Weylers von heute, hatte ein Haus umzingelt, in dem sich zweihundert Kommunarden befanden. Sie wurden überrascht und abgeschlachtet.

Man hörte den ununterbrochenen Kugelhagel durch die Äste hindurch auf den Park von Neuilly prasseln, und es klang wie eines dieser Sommergewitter, die wir so gut kennen. Die Illusion war so stark, dass man die Feuchtigkeit zu spüren glaubte, obwohl man wusste, dass es sich um die Kugeln der Mitrailleusen handelte.

An der Barrikade Peyronnet, nahe dem Haus, in dem Dombrowski mit seinem Generalstab saß, erzeugte die Versailler Artillerie in manchen Nächten die Sintflut, man spürte, wie die Erde zitterte, und meinte, ein Ozean käme vom Himmel herunter.

Als meine Kameraden mich eines Nachts wegschickten, weil ich mich ausruhen sollte, sah ich in der Nähe der Barrikade eine verlassene protestantische Kirche, deren Orgel nur zwei oder drei beschädigte Tasten hatte. Ich war gerade dabei, voller Herzenslust darauf zu spielen, als einer unserer Hauptleute mit drei oder vier wütenden Männern im Schlepptau erschien:

»Aha!«, sagte er. »Sie locken also pausenlos Granaten auf meine Barrikade! Gerade wollte ich denjenigen, der hier dauernd zurückschießt, zur Hinrichtung abholen!«

So endete mein Versuch, den Tanz der Bomben mit Harmonien nachzuahmen.

Vor einigen Häusern im Park standen verlassene Klaviere herum, einige davon noch ganz und gut, auch wenn sie der Feuchtigkeit ausgesetzt waren. Ich habe nie verstanden, warum man sie lieber draußen ließ.

An der von Granaten schwer beschädigten Barrikade von Neuilly gab es entsetzliche Verwundungen: Männern wurden die Arme bis auf den Rücken heruntergerissen, die Schulterblätter lagen blank, andere hatten die Brust durchsiebt, wieder andere keine Kiefer mehr. Sie wurden ohne Hoffnung verbunden. Wenn ihnen ihre Stimme geblieben war, riefen sie »Vive la Commune!«, bevor sie starben. Ich habe nie so grauenhafte Verletzungen wie diese gesehen.

An manchen Orten von Neuilly war man den Versaillern ganz nah und man konnte sie vom Posten »Henri Place« reden hören.

Fernandez, Madame Danguet und Mariani waren gekommen, wir machten neben der Barrikade Peyronnet, vis-à-vis vom Generalstab, eine fliegende Ambulanz auf. Die leichter Verletzten blieben, die anderen wurden in große Lazarette geführt, je nachdem, was die Mediziner entschieden, aber eine erste Wundversorgung rettete eine gewisse Zahl.

.....

Wie überall kam mitten in tragischen Situationen auch Groteskes vor.

Ein Bauer von Neuilly hatte im Glashaus Melonen gesät und bewachte seine Sämlinge, indem er aufrecht neben ihnen stand, als hätte er sie vor den Granaten schützen können. Man musste ihn mit Gewalt fortbringen und das Glashaus, dessen Scheiben bereits zersprungen waren, vollends zerstören, um ihn daran zu hindern zurückzukommen.

Wer gern lachte, erzählte sich auch, dass einige Agenten, die Thiers aus Versailles nach Paris geschickt hatte, mit dem Auftrag, von einem bestimmten Treffpunkt aus den Verrat zu organisieren, durch Kanallöcher in die Stadt kommen sollten. Sie hatten jedoch die Sache so schlecht berechnet, dass einige von ihnen wie die Ratten in der Falle saßen und nicht herauskonnten. Also mussten sie gutwillige Feinde um Hilfe bitten, sie herauszuziehen. Man roch die Lunte und konnte löschen.

Andere Agenten, die Unstimmigkeiten zwischen dem Zentralkomitee und der Commune schüren wollten, strichen der einen oder anderen Seite auf so fadenscheinige Weise Honig ums Maul, dass sie sich selbst entlarvten.

Man lachte über das alles zwischen explodierenden Granaten und pfeifenden Kugeln.

Die Porte Maillot hielt dank unserer wenigen, aber legendären Artilleristen, unter denen Alte, Junge und manchmal Kinder waren, immer noch stand.

Am Morgen des 9. April wurde dem Seemann Fériloque* auf seinem Geschütz der Bauch aufgerissen. Diesen Namen merkte man sich.

Man kannte auch Craon*, andere blieben unbekannt. Was bedeuten schon alle diese ihre Namen? Sie sind die Commune und als solche werden sie alle gerächt werden.

Wie Traumgestalten ziehen die Bataillone der Kommunarden vorbei, die Rächer von Flourens, mit ihrem Stolz und dieser freien Haltung der Aufständischen, die Zuaven der Commune, unsere Kundschafter, wie spanische Guerilleros bereit für die wagemutigsten Einsätze, die »enfants perdus«, unsere verlorenen Kinder, die unermüdlich von einem Schützengraben zum nächsten vorwärtssprangen.

Die »Turcos«* der Commune, die Lascars* von Montmartre mit Gensoule* und noch anderen.

All diese Tapferen mit weichem Herz, die von Versailles Banditen genannt wurden, deren Asche in alle Winde verstreut ist, deren Knochen vom ungelöschten Kalk gebissen wurden: Sie sind die Commune, sie sind das Mai-Gespenst!

In den Armeen der Commune befanden sich auch Frauen: Als Marketenderinnen, Sanitäterinnen und Soldatinnen sind sie mit all den anderen zu nennen.

Nur wenige wurden bekannt: Lachaise, die Marketenderin des 66., Victorine Rouchy von den Turcos der Commune, die Marketenderin der verlorenen Kinder, die Sanitäterinnen der Commune. Mariani, Danguet, Fernandez, Malvina Poulain und Cartier.

Die Frauen der Wachsamkeitskomitees: Poirier, Excoffon, Blin.

Jene der Rue de la Corderie und der Schulen: Lemel, Dmitrieff, Leloup.

Jene, die die sich um die Schulbildung kümmerten, bevor sie sich am Kampf um Paris beteiligten, wo sie zu Heldinnen wurden: die Damen André Léo, Jaclar, Périer, Reclus, Sapia.

Sie alle sind zur Armee der Commune hinzuzuzählen, sind zu Legenden geworden.

Am 17. Mai wurde die Festung Vanves umzingelt und die Versailler schossen von Bagneux aus zwischen die beiden Barrikaden.

In der Nacht vom 16. hatte es in Neuilly heftigen Artilleriebeschuss gegeben, aber immer noch standen die beiden Armeekorps der Commune zwischen Saint-Ouen und Bercy.

Noch hielt die Porte Maillot und Dombrowski tat es auch.

Mitglieder der Commune wie Paschal Grousset, Ferré, Dereure und Ranvier waren oft vor Ort, so tapfer, dass man ihnen ihre fürchterliche Großzügigkeit verzieh.

So wenige waren es in der Armee der Kommunarden, dass sich immer wieder dieselben trafen. Unwichtig: Sie hielten stand. Trotz der Zuwendungen der Commune herrschte teilweise schreckliches Elend. An mehreren Orten, unter anderem in der Rue Pergolèse, sammelten Kinder Dinge auf, die sie für wenige Sous an Fremde verkauften, die einen für sich, weil sie verlassen waren und nicht wussten, dass die Commune sie aufgenommen hätte, die anderen für ihr Zuhause. Manche der Kleinen hatten verbrannte Augenbrauen und Hände, und man fragte sich, wie es möglich war, dass sie nichts Ärgeres hatten! – Ab und zu gingen sie zur Unterhaltung ins Kasperltheater in der Avenue de l'Étoile, das bis Ende Mai durchhielt, eine Frau führte sie hin.

Bis zu diesem Zeitpunkt war die Armee der Commune die Armee der Freiheit; sie würde zu jener der Verzweiflung werden.

Ich beende dieses Kapitel mit zwei Zitaten von Rossel: Das erste stammt aus einem Fragment seines Briefes vom 19. März '71, den er vom Lager in Nevers aus an den General Kriegsminister in Versailles schrieb und in dem er vor seinem Übertritt in die Armee der Commune folgendes Urteil abgab:

> Es liegen in diesem Land zwei Parteien im Kampf miteinander, ich stelle mich ohne zu zögern auf die Seite, die keinen Friedensvertrag unterzeichnet hat und in deren Reihen keine Generäle sich der Kapitulation schuldig gemacht haben.

Das zweite zeigt seine Einstellung zur regulären Armee zum Zeitpunkt seines Todes, er richtete es an seinen Anwalt Albert Joly:

> Sie sind Republikaner, aber wenn Sie nicht bald die Armee neu erschaffen, dann wird die Armee die Republik abschaffen. Ich sterbe für die Bürgerrechte des Soldaten, glauben Sie mir zumindest das.

XI
Letzte Tage der Freiheit

So wie tief im Wald die Wölfe sich sammeln,
Brüllten murrende Raubtiere nach Ordnung.

Die Kommunarden waren Helden, aber mit Schwächen, die sich oft desaströs auswirkten.

Obwohl ein Dekret es Arbeitervereinigungen erlaubte, verlassene Wohnungen in Besitz zu nehmen, waren die Häuser der vor der Belagerung Geflüchteten respektiert worden. Man schob sogar Wache vor einigen Straßen, als wären es Banken, so dass einige dieser Feiglinge, die geflohen waren, als sie Paris in Gefahr sahen, aus der Provinz, ja, sogar aus Versailles zurückkamen. Mit gemeinen Beschimpfungen auf den Lippen konnten sie den Spionen der Regierung Unterschlupf gewähren. Bald gab es ganze Banden davon.

Einige hatten sich in Freudenhäusern eingerichtet, aber als die Kommissare der Commune sie dort suchten, fanden sie die von den Frauen dieser Etablissements geschützten und versteckten Spione nicht, sondern wurden vielmehr selbst Opfer von Verleumdungen.

Einige Beschlüsse wurden immerhin umgesetzt, so zum Beispiel riss man die Vendôme-Säule um, aber man hob die einzelnen Teile auf, so dass sie wieder errichtet werden konnte und die Jugend sich bis in ewige Zeiten vor dieser schicksalsschweren Bronze vom Kriegs- und Despotismuskult hypnotisieren lassen kann. Vielleicht könnte man die Säule weniger schicksalsorientiert gestalten, indem man die Daten der Massaker eingraviert.

Man hatte das Schafott verbrannt, nachdem eine aus Capellaro, David, André Idjiez, Dorgal, Faivre, Périer und Colin zusammengesetzte Kommission es der Volksempörung preisgegeben hatte.

Am 6. April war die schändliche Maschine um 10 Uhr morgens verbrannt worden. Es war eine ganz neue Guillotine, die mittlerweile durch mehrere andere, noch neuere ersetzt worden ist. So oft, wie sie verwendet werden, braucht man öfter als jemals in der Vergangenheit immer wieder neue. Auch die verdammten vier herausgerissenen Bodenplatten setzte man wieder an ihrem Platz ein.

An jenem Morgen schickte ein böser Scherzbold eine kleine zittrige Alte zur Abtei von Monte-Reue[54] mit dem Auftrag, dort ein Licht anzuzünden. Als sie sich mit ihrer Kerze in der Hand nach der Abtei erkundigte, verstand sie am Lachen, das sie empfing, dass man mit ihrer Gutgläubigkeit gespielt hatte.

Von überall her kamen zahlreiche Sympathiebekundungen für die Commune, aber es waren immer nur Worte. Der Delegierte für auswärtige Angelegenheiten, Paschal Grousset, rief die großen Städte zu recht in seinem Brief an:

> An die großen Städte! Es ist keine Zeit mehr für Manifeste. Es ist Zeit zu handeln, Zeit für Kanonen.
> Genug der Sympathie, ihr habt Gewehre und Munition. Auf, ihr großen Städte!
> Paris blickt auf euch, Paris wartet darauf, dass ihr den Kreis enger um die feigen Bombenwerfer schließt und verhindert, dass sie ihrer gerechten Strafe entkommen.
> Paris wird seine Aufgabe erfüllen, und zwar bis zum Ende. Aber lasst uns nicht Lyon, Marseille, Lille, Toulouse, Nantes, Bordeaux und all die anderen vergessen! Wenn Paris für die Freiheit der Welt fallen muss, wird die rächende Geschichte dereinst rechtmäßig behaupten, dass man es geschlachtet habe, weil ihr diesen Mord zuließet.
> Der Delegierte der Commune für auswärtige Angelegenheiten, PASCHAL GROUSSET

Der Brief von Grousset kam nicht durch, nur die von Versailles schafften das. Was die Mitteilungen der Provinzen an Paris anbelangt, so wurden diese nach Versailles umgeleitet und in die Schlachtengalerie des Schlosses gestopft.

Obwohl die in die Provinzen geschickten Pariser Gesandten, unter anderem die unermüdliche Paule Mink, großen Mut bewiesen, wurden viele Depeschen, die man aus Paris an Sammelstellen gebracht hatte, von dort entwendet und nach Versailles weitergeleitet und viele Leute, die sich persönlich mit Nachrichten auf den Weg machten, kamen nie zurück. Der Brief von André Léo an die Landbewohner wurde sorgfältig zerstört.

Am 21. März, 12 Uhr mittags, schickte Thiers, der anscheinend den gesamten Geist der Reaktion in seinem Fleisch auferstehen ließ, folgendes Telegramm an Jules Favre:

54 »Abbaye de Monte à regret« – Abtei von Monte-Reue wurden im Volksmund der Galgen, später Schafott und Guillotine genannt.

Herr Bismarck mag beruhigt sein. Der Krieg wird noch in dieser Woche enden. Wir haben auf der Seite von Issy eine Bresche geschlagen, die wir gerade dabei sind zu erweitern.
In La Muette ist die Bresche bereits weit offen; weiters schlagen wir welche in Passy und am Point-du-Jour. Aber unsere Soldaten arbeiten unter schwerem Beschuss und ohne unsere großen Geschütze aus Montretout wäre solche Tollkühnheit unmöglich.
Allerdings sind Unternehmungen dieser Art derart anfällig für Unvorhergesehenes, dass man ihren Abschluss nicht mit Sicherheit bestimmen kann.
Ich flehe Herrn Bismarck an, im *Namen der Ordnung* zuzulassen, dass wir selbst die Niederschlagung des antisozialen Raubzugs vollenden, der sich einige Tage lang in Paris eingerichtet hatte.
Anders zu verfahren würde neuerliche Vorurteile gegenüber der Partei der Ordnung in Frankreich und der Gesetze in Europa verursachen.
Man zähle auf uns: Noch während dieser Woche wird die soziale Ordnung wiederhergestellt werden.
Was unsere Gefangenen anbelangt, habe ich Ihnen heute Morgen die wahren Ankunftsorte genannt; es ist zu spät, auf Seetransporte zurückzugreifen.
Die Regimentskader stehen an unseren Grenzen zu Lande bereit und die angekommenen Gefangenen werden gleich dort übergeben.
Wir sind handlungsfähig ohne sie, aber sie stellen eine für alle Fälle bereitstehende Reserve dar.
In inniger Freundschaft, A. THIERS

JULES FAVRE, Einfacher Bericht eines Mitglieds der nationalen Verteidigung, 3. Teil, Seiten 428 und 429

Das Debakel rückte allmählich heran. Einige Zeitungen, die sich zunächst Versailles gegenüber empört gezeigt hatten, begannen nun zum Verrat aufzurufen.

Diejenigen, die sich mehr um die Verteidigung der Commune als um ihren eigenen Ruf sorgten, bildeten den Wohlfahrtsausschuss: Cournet, Rigaud, Ranvier, Ferré und Vermorel nahmen die Hasstiraden der Reaktion mit größter Gleichgültigkeit auf.

Der alte Delescluze war in der Kriegskommission. Die Künstlervereinigung hatte für 21. ein Konzert zu Gunsten der Witwen und Waisen in den Tuilerien organisiert.

»Euer Triumph wird der aller Völker sein«, sagte Delescluze der Armee der Commune.

.....

XII
Die Freimaurer

Während der Granatenbeschuss verschiedene Orte wie Les Ternes, die Champs-Élysées, Neuilly und Levallois demolierte, versicherte Thiers, der ja bekannt für seinen guten Willen war, dass man sich damit begnüge, nur die vorgelagerten Befestigungen anzugreifen, dass man aber Paris, wenn es seine Tore öffnete und die Mitglieder der Commune auslieferte, nicht beschießen würde.

Die unmittelbare Gefahr beseitigte die letzten Unstimmigkeiten. Die Zeit, in der man wegen unterschiedlicher Auffassungen Intoleranz gezeigt hatte, war nun Geschichte für die Menschen, die frei und für die Freiheit kämpfend gemeinsam sterben würden.

Selbst diejenigen, welche, geschwächt nach langen Kämpfen gegen die Perfidien des Kaiserreichs, dem Zweifel zum Opfer fielen, fühlten nun den Augenblick gekommen, in dem die Commune, so wie sie ihre Manifeste mit einem gemeinsamen Namen unterschrieben hatte, dem Tod, der sich nicht aufhalten ließ, eine gemeinsame Brust entgegenstrecken würde.

Die Départements und Paris formten eine gemeinsame Bewegung.

Die Commune würde sterben! Was hatte also die universelle Begeisterung genützt? Große Demonstrationen hatten stattgefunden, aber Versailles hatte mit seinem steinernen Herzen nur die Bank gefährdet gesehen. Am 26. April entsandten die Freimaurer von Paris eine Delegation von Ehrwürdigen und Logendeputierten aller Stadtteile, die sich der Revolution anschließen sollten. Es war vereinbart worden, dass sie am 29. im Demonstrationszug auf der Stadtmauer zwischen Point-du-Jour und Clichy das Friedensbanner aufpflanzen würden, dass sie aber, sollte Versailles diesen Frieden zurückweisen, für die Seite der Commune die Waffen ergreifen würden.

Tatsächlich machten sie sich am Morgen des 29. auf zum Rathaus, wo Félix Pyat im Namen der Commune eine bewegte Rede hielt und ihnen ein Banner übergab.

Der seltsame Umzug mutete an wie aus einem Traumgeschehen.

Noch heute sehe ich sie, jedesmal, wenn von ihnen gesprochen wird, wieder vor mir, diese lange Reihe von geisterhaften Gestalten, sich wie aus einem anderen Zeitalter inszenierend und Worte der Freiheit und des Friedens aussprechend, die zukünftig wahr werden mögen.

Der Eindruck war stark, es war schön, den riesigen Umzug zu sehen, der im Rhythmus der Mitrailleusen zu marschieren schien.

Es gab Offiziere der Kasochen[55] mit schwarzer, silberbefranster Schärpe.

Offiziere der Rosenkreuzer mit ihrer roten Kordel um den Hals und derart vielen symbolischen Insignien, dass man davon ins Träumen geriet.

Am Kopf des Zuges ging eine Delegation der Commune mit dem alten Beslay, Ranvier und Thirifocq, einem Delegierten der Freimaurer.

Seltsame Banner zogen vorbei, Gewehrschüsse, Kanonen und Granaten wüteten ringsumher.

Sie waren 6.000 und sie vertraten 50.000 Logen.

Die geisterhafte Prozession zog durch die Rue Saint-Antoine, über die Bastille, den Boulevard de la Madeleine, den Triumphbogen und die Avenue Dauphine, stieg auf die Befestigungen zwischen den Armeen von Versailles und der Commune.

Zwischen der Porte Maillot und der Porte Bineau wurden Banner aufgepflanzt. Ganz vorn das weiße Friedensbanner mit der Inschrift »Liebt einander!« in roten Lettern. Es wurde von den Kugeln der Mitrailleusen zerfetzt. Schon im Vorhinein hatten die Kommunarden Zeichen an die Versailler ausgesandt, doch erst nach 5 Uhr wurde das Feuer eingestellt. Man verhandelte und drei Freimaurer-Delegierte begaben sich nach Versailles, wo sie doch nur achtundzwanzig Stunden Waffenruhe erreichen konnten.

Bei ihrer Rückkehr publizierten sie einen Appell an den Bundesverband der Freimaurer sowie an die Gesellenbruderschaften* von Paris mit dem Bericht über die Ereignisse und mit ihrem Protest gegen die Entweihung des Friedensbanners.

> Die Freimaurer sind Männer des Friedens, der Eintracht, der Brüderlichkeit, der Studien, der Arbeit. Sie haben immer gegen Tyrannei und Despotismus, gegen Heuchelei und Ignoranz gekämpft.
>
> Unablässig verteidigen sie die, die das Joch beugt, gegen ihre Beherrscher.

55 Mit Kasochen sind möglicherweise Kadoschritter gemeint.

Ihre Anhänger bevölkern die ganze Erde: Es sind Philosophen, deren Grundsätze die Moral, die Gerechtigkeit und das Recht sind.

Auch die Gesellen der Bruderschaften sind Männer, die ihre Gedanken, Überlegungen und Taten dem Fortschritt und der Befreiung der Menschheit widmen.

*

Sowohl Freimaurer wie auch die Gesellenbruderschaften verließen ihre geheimen Zufluchtsorte und hielten in der Linken den Ölzweig, das Zeichen des Friedens, und in der Rechten das Schwert der Forderung.

Da nun die Bemühungen der Freimaurer drei Mal von denen zurückgewiesen wurden, die behaupten, die Ordnung zu repräsentieren, und da ihre Langmut erschöpft ist, müssen alle Freimaurer und Gesellenbruderschaften die rächende Waffe in die Hand nehmen und rufen: »Auf, ihr Brüder! Mögen die Verräter und die Heuchler bestraft werden!«

*

Das Feuer, das am 29. um 4 Uhr nachmittags unterbrochen wurde, begann in noch gewaltigerer Form, von Brandbomben verstärkt, am 30. um 7:45 Uhr abends. Die Feuerpause hatte also nur 27 Stunden und 45 Minuten gedauert.

Eine an der Porte Maillot platzierte Delegation von Freimaurern hat die Schändung des Banners festgestellt.

Die ersten Schüsse kamen von Versailles und ein Freimaurer war das erste Opfer.

Die Freimaurer und Gesellenbruderschaften von Paris, die sich am 2. Mai zusammenschlossen, wenden sich an alle, die sie kennen.

Brüder in der Freimaurerei und Brüder in der Gesellenbruderschaft, es bleibt uns keine andere Entscheidung als die, zu kämpfen und unsere heilige Schirmherrschaft über die Seite des Rechts zu breiten.

Lasst uns Paris retten! Lasst uns Frankreich retten! Lasst uns die Menschheit retten!

Danach blüht die gemeinsame Heimat aller, das zukünftige Wohl der Völker!

Es lebe die Republik! Es leben die Kommunen Frankreichs, die sich mit der in Paris verbunden haben!

Paris, am 5. Mai 1871. Für die Freimaurer und die Delegierten der Pariser Gesellenbruderschaften
THIRIFOCQ …

Ist es nicht so, dass diese seltsamen Namen von Logen oder Männern – die Rose der vollkommenen Stille, der Polarstern, der Garant der Freundschaft – ebenso wie die symbolischen Banner dieser Episode den doppelten Charakter von Vergangenem und Zukünftigem verleihen, vom Grab und von der Wiege, wo sich tote Dinge mit noch nicht geborenen vermischen?

Diese Geister hatten ihren Platz zwischen der wutschäumenden Reaktion und der sich erheben wollenden Revolution gefunden. Einige von ihnen kämpften, wie sie es versprochen hatten, und starben tapfer.

Später, in den langen Gefängnisnächten, erschien er mir wieder, der große Zug der Freimaurer auf den Stadtbefestigungen, und ich habe Mühe, mir diese Zukunftsgläubigen vorzustellen, wie sie, laut den sterbenslangweiligen Geschichten von Dianah Vaughan[56], schreiben, um eine Unterredung mit Luzifer zu führen.

Wir wollen dieses vor allem anekdotische Kapitel nicht beenden, ohne über die Affäre der Kirche von Saint-Laurent und die des Klosters von Picpus* gesprochen zu haben.

In Saint-Laurent entdeckte man unter mir nicht bekannten Umständen Skelette in einer Krypta hinter dem Chor. Dieser Fund wurde in Beziehung mit unheimlichen Gerüchten gesetzt, die ehemalige Bewohner des Viertels verbreitet hatten. Ein Augenzeuge gab folgende Beschreibung ab:

Die Gruft ist ein gewölbter Halbkreis, in den einst durch zwei schmale Kellerfenster, die vor relativ kurzer Zeit zugemauert wurden, Licht fiel.

Drei bogenförmige Eingänge führen in die Krypta. Die Skelette befinden sich ohne Sarg in etwas Erde, auf die man eine Kalkschicht gestreut hat.

Vier liegen Fuß an Fuß, neun andere in zwei Reihen, Fuß an Kopf. Die Kiefer stehen weit auseinander, als hätten sie in höchster Angst geschrien. Die Köpfe, fast alle von rechts nach links geneigt, haben fast alle ihre Zähne behalten.

Man neigte dazu, dieses Grab weit zurückliegenden Zeiten zuzuordnen, in denen man noch in den Kirchen bestattete, als ein

56 Vielleicht ist dieses Werk gemeint? – Die Geheimnisse der Hölle oder: Miß Diana Vaughan, ihre Bekehrung und ihre Enthüllungen über die Freimaurerei, den Kultus und die Erscheinungen des Teufels in den palladistischen Triangeln, Autor: Michael Germanus (https://www.worldcat.org/title/die-geheimnisse-der-holle-oder-mi-diana-vaughan-ihre-bekehrung-und-ihre-enthullungen-uber-die-freimaurerei-den-kultus-und-die-erscheinungen-des-teufels-in-den-palladistischen-triangeln).

Entomologe ein Insekt vorfand, das sich von Bindegewebe ernährt und nicht so lange ohne Nahrung überlebt hätte.

Einige Namen stehen da geschrieben: Bardoin, 1712, Jean Serge, 1714, Valent …, ohne Datum. In einer Senke ein Frauenskelett mit blondem Haar.

Eine kleine Steinstiege ist neueren Datums (*Journal officiel* de la Commune).

Die Skelette wurden bei elektrischem Licht von Étienne Carjat fotografiert.

Die mit dem großen Wunsch, die Wahrheit zu kennen, begonnene Untersuchung war noch nicht abgeschlossen, als Versailles die alten Skelette durch neue Leichen vergessen ließ, die man erneut unter ungelöschtem Kalk begrub.

Von gleicher Art ist die Geschichte des Klosters von Picpus.

Auch finde ich im *Moniteur officiel* der Republik, unter »La Commune«, folgende Bemerkungen eines Augenzeugen:

> Auch wenn ich katholischen Orden alles zutraue, seit sie der eingekerkerten Jeanne d'Arc ihre Frauenkleider wegnahmen, um sie zu zwingen, Männerkleidung anzuziehen, damit sie ihr dies später vorwerfen konnten, hatte ich doch Mühe, die Enthüllungen zu glauben, die mir über das Kloster von Picpus zuteil wurden. Das einfachste war, mich dorthin zu begeben, also tat ich das.
>
> Dort empfing mich der Hauptmann des Bataillons, der mir bewies, dass er die Schwestern nie in irgendeiner Weise belästigt habe, nichts von ihnen gewollt habe und sie auch nicht als Gefangene betrachtete.
>
> Ich hätte nie etwas anderes gewollt, als die Freiheit, die ihnen gewährt wurde, noch auszuweiten, und hätte eine von ihnen auch nur die geringste Klage geäußert, hätte ich mich sicher dafür eingesetzt, dass ihr Genüge getan werde. Aber für die Nonnen im Kloster war mein Name ein Schreckgespenst. Die Ankündigung meiner Ankunft säte Entsetzen.
>
> Sie delegierten die Aufgabe, mich durch die Einrichtung zu führen, an irgendeine Pförtnerin, deren Umfang auch die Tapfersten zurückweichen hätte lassen.
>
> Außerdem muss ich anerkennen, dass ihr Mut ihren physischen Ausmaßen entsprach.
>
> Der Apparat, der mich umgab, als sie sich mir vorstellte, schüchterte sie keineswegs ein. Sie begann sogar mit folgenden, von oben herab geäußerten Worten, deren Ton mir hohe moralische Ansprüche verriet, was mir gefiel.

»Haben Sie Fragen an mich, Monsieur?«
»Mademoiselle«, sprach ich sie höflich an, auch wenn diese Anrede für eine Nonne die größte Beleidigung darstellt, »es gibt die finstersten Gerüchte über die Führung ihres Klosters und ich möchte mich persönlich davon vergewissern, dass sie völlig falsch sind. Könnten Sie mir zum Beispiel jene Zellen zeigen, wo, wie man mir versichert, zwei Nonnen eingesperrt sind, die Sie auf diese Weise einer willkürlichen Freiheitsberaubung unterziehen?«
Sie antwortete nicht, sondern bewegte sich schweigend auf eine Ecke des Gartens zu, in die ich ihr folgte.
Eine der beiden Einsiedlerinnen ging in einer Allee spazieren, flankiert von einer Nonne, die sie ermahnte, die andere strickte auf ihrem Bett sitzend, das den gesamten Käfig ausfüllte, dessen Gitterstäbe Sturm und Regen ungehindert durchließen.
»Wie«, so fragte ich die Pförtnerin, indes an den Fenstern des Hauptgebäudes sich geschäftig wirkende Köpfe abzeichneten, »wie können Sie zulassen, dass die Bewohnerinnen Ihres Klosters in solche Käfige eingesperrt werden, die kaum gesund genug für die Kaninchenaufzucht wären?«
»Pardon«, gab die Angesprochene zurück, »sie sind nicht weggesperrt, da sie doch die Möglichkeit haben, spazieren zu gehen.«
»Wir haben Sie gezwungen, sie aus diesen Schachteln herauszulassen.«
Da gab mir die Schwester folgende Antwort, die mich erstaunte: »Sie sind selbst schuld, warum weigern sie sich, die Regeln des Klosters zu befolgen?«
Das war, bei meinem Ehrenwort, ihre ganze Rechtfertigung.
Einige Tage später versicherte man mir, dass die beiden Strafverfolgten von Kommunarden befreit und in ihre Familien zurückgebracht wurden.
Ich stellte fest, dass eine der beiden mir, wenn nicht ausgesprochen verrückt, so doch ein wenig debil oder zumindest verstört erschien.
Der Schrott, den man vor mir ausbreitete, war unbestreitbar seltsam und es war eine Lüge, ihn als orthopädisches Hilfsgerät durchgehen zu lassen. Bediente man sich seiner noch? Hatte man ihn früher manchmal eingesetzt? Wurde er zum Zeitpunkt, zu dem man ihn mir zeigte, verwendet oder in der Kammer für Zubehör gelagert? Ich konnte und kann zu diesem Thema nichts sagen. Aber als orthopädisches Gerät war dieses Durcheinander inakzeptabel.

H. ROCHEFORT

.....

Wer weiß, ob man nicht an Montjuich denken sollte, wo die alten Foltergeräte ausgegraben und heute erneut in Gebrauch genommen wurden, ob nicht die seltsamen Objekte des Klosters von Picpus ähnlichen Zwecken dienten.

Führt nicht religiöser Fanatismus gerade jetzt dazu, dass sich eine Sekte von Schwärmern aus Russland in ihren Gräbern lebendig einmauern lässt?

Wer weiß, ob diese seltsamen Geräte nicht dazu dienten, in ihrem Glauben wankelmütige Nonnen zu foltern, um ihnen den Zugang zum Paradies zu ermöglichen?

Wer weiß, ob diejenigen, die vom mystischen Delirium erfasst wurden, nicht davon Gebrauch machten, um sich selbst zu foltern?

Jeder, der in dunklen Kirchen gesungen hat, beim fahlen Kerzenlicht, wenn die Orgel brausende Wellen schlägt, die einen in Wolken strengen Weihrauchs davontragen, weiß, dass die Stimme in solchen Stunden beim Aufsteigen mit Flügeln zu schlagen scheint, dass sie nicht mehr in der Brust ist, sondern man selbst ihr zuhört.

Wer weiß, wo solche täglich wiederholten Erfahrungen hinführen, ohne dass die Vernunft einem sagt: Alles, das ein Wesen vereinnahmen kann, Harmonie, Inszenierung oder ein Duft, ist ein Eindruck zukünftiger Zeiten der Menschheit, in denen die Sinne stärker ausgeprägt sein werden, in denen es andere geben wird. Wenn aber dieser Eindruck von Aberglauben umgeben ist, wird er grob und zieht uns nach hinten, statt uns vorwärts zu tragen.

Wie es den Blutrausch gibt, so gibt es auch den mystischen Rausch der Schatten, und in allen Räuschen geschehen monströse Dinge.

Am Tag, an dem das zerstörte Montjuich bis zu seinen Eingeweiden durchsucht werden wird, wie viele Totenköpfe werden da wie in der Kirche von Saint-Laurent ihre leeren Augenhöhlen dorthin gedreht haben, wo sie sich erhofften, das Tageslicht wieder zu sehen! Dann wird das wahre Licht, die triumphierende Wissenschaft, der ewige Orient gekommen sein.

Bis dahin – wie viele Opfer noch? Wenn man die unglaubliche Geschichte des Hirtenmörders liest, wird man des Drangs zu töten gewahr, der manchmal ein Wesen ergreift, manchmal eine ganze Gruppe. Derart blutrünstig war die Armee von Versailles.

Es sind moralische Epidemien, die schlimmer wüten als die Pest, aber sie werden verschwinden, wenn der Geist in einer bewusst erlebten Freiheit gesund wird.

XIII
Wie Blanqui gegen den Erzbischof und andere Geiseln ausgetauscht werden sollte

Da eine große Anzahl biographischer Schriften über Blanqui erschienen ist, beschränke ich mich auf einige Zeilen.

Blanqui wurde zuerst am 12. Mai 1839 wegen versuchten Aufstands zu lebenslänglichem Kerker verurteilt. Er saß seine Strafe mit einigen seiner Kampfgenossen auf dem Mont-Saint-Michel ab, als die Republik des 24. Februars 1848 ihn befreite.

Als er bald von denen, die seinen Weitblick fürchteten, feige beschuldigt wurde, begnügte er sich mit folgenden Worten:

> Niemand hat wohl so tief wie ich ein ganzes Jahr aus dem Glas der Angst getrunken, während die geliebte Frau verzweifelt und weit von mir entfernt in Agonie lag, um schließlich zu verlöschen, und seitdem vier ganze Jahre lang in der Einsamkeit der Zelle, im ewigen Zwiegespräch mit dem Geist derjenigen, die nicht mehr war.
> So war meine ureigene Qual in dieser dante'schen Hölle. Ich kehre daraus mit weißem Haar zurück, mein Herz und mein Kopf sind gebrochen, und ausgerechnet mich, einen traurigen Überrest, der sein zerschundenes Herz unter zerschlissenen Kleidern durch die Straßen schleppt, mich trifft der Vorwurf, ich hätte mich verkauft, während die Diener des Louis-Philippe, in glänzende republikanische Schmetterlinge verwandelt, auf dem Teppich des Rathauses auf und ab flattern und von den Höhen ihrer von vier Gängen wohlgenährten Tugend den armen Hiob mit Füßen treten, der aus den Kerkern ihres Meisters entfliehen konnte.

Dem erneut Verurteilten öffnete die Revolution des 4. September die Kerker von Belle-Isle.

Nach der Volksabstimmung vom 3. November hatte er die Kapitulation vorausgesagt. Er schrieb:

> Das Ende ist nicht mehr weit, die Komödie der Verteidigungsvorbereitungen endgültig überflüssig. Der Waffenstillstand und seine Garantien. Danach die Angst vor der Niederlage mit all ihrer Schande. Das wird es sein, was das Rathaus Frankreich auferlegt.

Die Kapitulation kam nach den Reden des 31. Oktober und den Mitrailleusensalven, sie wurde am 28. publik gemacht.

Blanqui wurde als Beteiligter der Bewegung vom 31. Oktober festgenommen und kam erst nach der Amnestie heraus. Er wurde am 19. März '71 auf Befehl von Thiers in Südfrankreich verhaftet.

Er war in Abwesenheit zum Tod verurteilt worden, auch wenn die Regierung versprochen hatte, dass niemand wegen des 31. Oktober verfolgt würde.

Auch wenn Blanqui zum Mitglied der Commune ernannt wurde, wussten wir absolut nicht, welches Schicksal ihm bereitet worden war, wir wussten nicht, ob er tot oder lebendig war, fürchteten vielmehr, er sei tot.

Einige seiner Freunde, die immer noch hofften, dachten daran, für seine Befreiung zu zahlen.

Die Regierung in Versailles schien ganz besonders am Erzbischof von Paris und an einigen anderen Priestern interessiert zu sein. Eine Kommission, darunter Flotte, ein ehemaliger Zellengenosse von Blanqui, versuchte den Austausch zu verhandeln.

Flotte suchte zuerst den Erzbischof in Mazas auf und bereitete mit ihm zusammen die Sache vor, die aus jedem Blickwinkel eine glückliche Idee zu sein schien.

Man beschloss, dass der Generalvikar Lagarde nach Versailles gehen würde, um Thiers den Austausch vorzuschlagen und mit der Antwort zurückzukehren.

Rigaud, dieser Anwalt der Commune, der unter gewollt zur Schau getragener Skepsis sehr feinfühlig war, lenkte die Angelegenheit mit großem Zartgefühl.

Weder er noch irgendjemand anderer kam auf die Idee, Lagarde würde nicht mehr zurückkommen.

»Und wenn man mich erschießt«, sagte er beim Abschied am Bahnhof von Versailles zu Flotte, »ich komme wieder. Glaubt ihr wirklich, ich lasse Hochwürden hier allein?«

Der Generalvikar brachte Thiers einen langen Brief des Erzbischofs mit eingehenden Erklärungen.

Darboy, Erzbischof von Paris
An M. Thiers, Chef der Exekutive
Gefängnis von Mazas
Monsieur,
ich habe die Ehre, Ihnen einen Vorschlag zu unterbreiten, der mir gestern Abend gemacht wurde, und ich bitte Sie, daraus das zu machen, was Ihre Weisheit und Menschlichkeit Ihnen als das Angemessenste erscheinen lassen. Ein einflussreicher und mit Monsieur Blanqui durch gewisse politische Ideen und vor allem durch die Gefühle einer alten und dauerhaften Freundschaft sehr verbundener Mann setzt sich dafür ein, dass dieser freikomme. In diesem Zusammenhang hat er selbst den Kommissionen, die es betrifft, folgende Vereinbarung vorgeschlagen:
Wenn Monsieur Blanqui freikommt, werden der Erzbischof von Paris, seine Schwester, Präsident Bonjean, Monsieur Deguerry, Pfarrer von La Madeleine, und Monsieur Lagarde, Generalvikar von Paris, in Freiheit entlassen. Letzterer wird Ihnen diesen Brief übergeben.
Der Vorschlag wurde angenommen und man hat mich gebeten, mich Ihnen gegenüber dafür einzusetzen.
Auch wenn ich selbst von der Sache betroffen bin, wage ich es, sie Ihrem großen Wohlwollen anheimzulegen, in der Hoffnung, dass Sie meine Motive verstehen werden.
Es herrschen bereits zu viele Anlässe für Bitterkeit und Streit zwischen uns und hier würde sich eine Gelegenheit bieten, einen Austausch zu machen, der durchaus nur Personen, keinesfalls Prinzipien betrifft. Wäre es nicht weise, sich darauf einzulassen und damit der Beruhigung der Gemüter zu dienen? Die öffentliche Meinung würde eine Ablehnung vielleicht nicht verstehen.
In akuten Krisen wie jener, die wir gerade durchqueren, verschlimmern Repressalien und die Selbstjustiz der Massen, wenn sie die einen dem Zorn der anderen ausliefern, die Situation.
Erlauben Sie mir, Ihnen ohne Umschweife zu sagen, dass diese Frage der Menschlichkeit angesichts der gegenwärtigen Lage in Paris Ihre volle Aufmerksamkeit verdient.
Soll ich, Monsieur le président, es wagen, Ihnen meinen letzten Grund anzuführen? Das Engagement der besagten Person, mit dem diese sich in so tiefer Freundschaft für Monsieur Blanqui bei mir eingesetzt hat, rührt mein Herz als Mensch und als Priester, so dass ich mich dieser mit tiefer Emotion vorgetrage-

nen Bitte nicht entziehen kann. Ich habe also versprochen, Sie um die ehebaldige Freilassung von Monsieur Blanqui zu ersuchen, was ich hiermit getan habe.
Es würde mich glücklich machen, wenn das, worum ich hier bitte, Ihnen, Herr Präsident, nicht unmöglich erschiene. Ich hätte damit mehreren Menschen und meinem ganzen Land einen Dienst erwiesen.

DARBOY, Erzbischof von Paris

Angespannt erhielt Flotte endlich am 16. April folgenden Brief von Lagarde:

Versailles, den 15. April 1871
An Monsieur Flotte
Monsieur,
ich habe an seine Exzellenz, den Hochwürdigsten Erzbischof, zu Händen des Gefängnisdirektors von Mazas einen Brief geschrieben, den dieser, wie ich hoffe, erhalten hat und der zweifellos weitergegeben wurde. Ich will Ihnen auf direktem Weg schreiben, wie Sie es mir erlaubt haben, um Sie von neuerlichen Verzögerungen zu unterrichten, denen ich ausgesetzt werde.
Viermal habe ich die Person, an die der Brief seiner Exzellenz adressiert war, gesehen und ich muss mich ihren Anordnungen beugen und noch zwei Tage auf ihre endgültige Antwort warten.
Wie wird sie lauten? Ich kann Ihnen nur eines sagen, und zwar, dass ich nichts unversucht ließ, um sie in Ihrem und in unserem Sinne ausfallen zu lassen.
Ich hoffte bei meinem letzten Besuch, dass es so wäre und dass ich ohne weitere Verzögerung mit dieser guten Nachricht zurückkommen werde.
Man hatte mir zwar einige Schwierigkeiten bereitet, aber doch günstige Absichten durchblicken lassen. Leider hat der im *Affranchi* publizierte Brief, der gleich nach seiner Veröffentlichung sowie nach der Überreichung meines Schreibens hier zugestellt wurde, den ersten Eindruck verändert. Man hat offenbar beratschlagt und unsere Angelegenheit vertagt, und da man mich förmlich eingeladen hat, meine Abreise um zwei Tage zu verschieben, heißt das, dass noch nicht alles erledigt ist und ich mich wieder ins Zeug legen werde. In der Hoffnung, dass es mir noch einmal gelingen möge, dürfen Sie weder an meinem Wunsch noch an meinem Eifer zweifeln.

Erlauben Sie mir hinzuzufügen, dass ich glücklich wäre, Ihnen über dieses derart ernste und mich persönlich betreffende Interesse hinaus anders als nur mit Worten zu beweisen, wie sehr mich Ihre Vorgangsweise und Ihre Gefühle mit Dankbarkeit erfüllen. Ich werde, bitte, glauben Sie mir das, unsere Begegnung in bester Erinnerung behalten, was auch immer geschehen möge und gleichgültig, welchen Ausgang meine Reise haben mag.

Mit der Bitte, mich Ihrem Freund, der Sie begleitet hat, zu empfehlen, versichere ich Sie aufs Neue meiner Hochachtung und Ergebenheit.

E. F. LAGARDE

Angesichts dieser ersten Zurücknahme zweifelte der Erzbischof mehr als Flotte selbst. Sie waren so schrecklich ehrlich und naiv, diese Männer von '71!

»Er wird zurückkommen«, wiederholte er.

Der Erzbischof ließ einige Gefühle durchblicken, denn er kannte Thiers und Lagarde besser.

Einige Tage später bat ihn Flotte um einen weiteren Brief, den er selbst übergeben wollte. Aber nach den ersten Ereignissen begann man misstrauisch zu werden. Man schickte eine sichere Person statt Flotte, den man als Blanquis Freund einbehalten hätte können.

Hier der Brief:

Der Erzbischof von Paris an Monsieur Lagarde,
seinen Generalvikar

Herr Flotte ist besorgt über die verzögerte Rückkehr von Herrn Lagarde, und weil er gegenüber der Commune sein Wort halten möchte, wird er nach Versailles reisen, um seine Befürchtungen über die Verhandlungen zu äußern.

Ich möchte daher den Generalvikar dringend bitten, Herrn Flotte die wahren Umstände zu erläutern und sich mit ihm entweder über die Verlängerung des Aufenthalts um weitere zwanzig Stunden oder aber über die sofortige Rückreise, falls diese als angemessener angesehen wird, zu verständigen.

Aus Mazas, den 23. April 1871
Der ERZBISCHOF VON PARIS

Lagarde ließ dem Boten folgende eilig mit Bleistift hingekritzelten Worte übergeben:

.....

Monsieur Thiers hält mich hier immer noch zurück, und ich kann nichts anderes tun, als seine Befehle abzuwarten. Wie ich seiner Exzellenz, dem Hochwürdigsten Erzbischof, bereits mehrmals geschrieben habe, werde ich mich beeilen, Bescheid zu geben, sobald ich Neues erfahren habe.

LAGARDE

Das Einzige, worin er sich beeilte, war, dort zu bleiben, und er wurde zum feigen Komplizen von Thiers, der es der Commune verunmöglichen wollte, den Tod der Geiseln zu verhindern, es sei denn, sie hätte sich selbst verraten wollen.

Blanqui war sehr krank bei seinem Neffen Lacambre verhaftet worden, und es war möglich, dass er tot war. Madame Antoine, Blanquis Schwester, schrieb nun Folgendes an Thiers:

An Herrn Thiers, Chef der Exekutive

Monsieur le président,

seit über zwei Monaten raubt mir eine Krankheit alle Kräfte, und doch hatte ich gehofft, mich so weit zu erholen, um persönlich vor Ihnen meine Mission zu erfüllen, auf die mich meine fortgesetzte Schwäche heute zu verzichten zwingt.

Ich beauftrage nun meinen einzigen Sohn, sich nach Versailles zu begeben, um Ihnen in meinem Namen diesen Brief zu überreichen, und ich wage zu hoffen, Monsieur le président, dass Sie geneigt sein werden, die darin enthaltene Bitte aufzunehmen.

Zu keiner Zeit haben Ereignisse, wie schwerwiegend auch immer, zur Ächtung der Rechte der Menschheit oder zur Missachtung der Familienrechte geführt, und es ist in deren Namen, dass ich an Ihren Sinn für Gerechtigkeit appelliere, um den Gesundheitszustand meines Bruders zu erfahren, da Louis Blanqui am vergangenen 17. Mai, als man ihn festnahm, schwer krank war, ohne dass seit dieser Zeit ein einziges Wort von ihm mich erreicht hätte, um meine peinigende Angst um seine so schwer angeschlagene Gesundheit zu beruhigen.

Falls die Bitte, ihn, sei es nur für einige kurze Augenblicke, zu sehen, sich jenseits dessen befindet, was Sie erfüllen können, so dürfen Sie einer verzweifelten Familie, deren Fürsprecherin ich bin, die Erlaubnis nicht verweigern, mit der mein Bruder einige Worte an uns richten dürfte, die uns beruhigen und mit denen wir ihn unsererseits wissen lassen könnten, dass seine Verwandten, deren zärtliche Liebe er zu Recht genießt, ihn nicht vergessen haben.

WITWE ANTOINE, geborene BLANQUI

.....

Monsieur Thiers ließ antworten, dass Blanquis Gesundheit sehr schlecht sei, ohne dass jedoch ernste Befürchtungen für sein Leben bestünden, dass er jedoch trotz dieser Beobachtung und der Ängste von Madame Antoine ausdrücklich jegliche Kommunikation mit dem Gefangenen, sei sie schriftlich oder mündlich, zurückweise.

Flotte versteifte sich auf den Austausch. Er erbat vom Erzbischof einen weiteren Brief, der Herrn Lagarde, Generalvikar des Erzbischofs von Paris, übergeben wurde.

> Monsieur Lagarde möge sich bei Erhalt dieses Briefes, ungeachtet des Fortschritts der Verhandlungen, mit denen er beauftragt wurde, unverzüglich auf den Weg nach Paris machen und nach Mazas zurückkehren.
> Man versteht hier nicht, dass zehn Tage für eine Regierung nicht ausreichen sollten, um zu wissen, ob sie den vorgeschlagenen Austausch annehmen will oder nicht. – Die Verzögerung schadet uns erheblich und kann schlimmste Auswirkungen haben.
> Aus Mazas, den 23. April 1871
> Der ERZBISCHOF VON PARIS

Lagarde kam nicht wieder.

Ich selbst hatte nie den geringsten Zweifel daran gehabt, wie Thiers unter diesen Umständen agieren würde, aber dass Lagarde nicht zurückkommen würde, wäre weder mir noch irgendjemandem sonst in den Sinn gekommen.

Früher hatte Doktor Nélaton, großzügiger als der Repräsentant der bürgerlichen Republik, nachdem einer seiner angehenden Fachärzte Blanqui bei einem Ausbruch geholfen hatte, die Chancen vergrößert, indem er das Reisegeld zugeschossen hatte. Aber wie alle vor dem endgültigen Aussterben stehenden Kasten verdirbt auch die Bourgeoisie in zunehmendem Maße.

XIV
Das Ende

In den schimmelnden Staaten knirscht das Gebälk.
Nun ist die Menschheit erwacht: Die Zeit ist da,
In der das alte Betrugshaus zerfällt.
Ein Hauch von Heldentum treibt den Orkan.
Alarm, Alarm, heult's in den Wind.

L. M.

Man hätte glauben können, dass der Triumph bevorstand, republikanische Ligen* ließen die Zurückhaltung der ersten Tage fahren. Die Internationale in der Corderie du Temple gab sich in ihrer Zustimmung sicherer.

Der Gewerkschaftsbund hatte sich am 6. Mai der Commune angeschlossen, und er umfasste 30.000 Menschen.

Die in Versailles sitzenden Pariser Deputierten, Floquet und Lockroy, hatten in energischen Worten ihren Sitz in Versailles aufgekündigt.

Tolain blieb.

Jetzt trägt Paris ein tragisches Gesicht, die Leichenwagen mit den vier roten Fahnen fahren häufiger, hinter ihnen gehen Mitglieder der Commune und Abgesandte von Bataillonen zum Klang der Marseillaise.

Abends erstrahlen die Kirchen, auch hier weht die Marseillaise empor, hier wird sie nicht vom dumpfen Wirbel der Totentrommeln begleitet, hier grollt die Orgel, deren Klang vom tiefen Bauch des Kirchenschiffs zurückgeworfen wird.

In der Kirche von Vaugirard tagt der Klub der Jakobiner, deren Idee, sich im Untergeschoss zu versammeln, an den im Keller arbeitenden Marat erinnert; hier weht ein Hauch von 1793 unter der Erde.

Im Klub der sozialen Revolution in der Kirche Saint-Michel in Batignolles spricht Combault in der ersten Sitzung, als befände er sich vor dem Tribunal von Bonaparte, von seiner Überzeugung, dass die Verfolgungen unaufhörlich zur Befreiung der Welt führen werden.

Eine vom Klub Saint-Nicolas-des-Champs an die Commune gesandte Delegation erklärt, dass jeder, der von Versöhnung zwischen Paris und Versailles spreche, ein Verräter sei.

Welche Versöhnung kann es tatsächlich zwischen anhaltender Sklaverei und Freiheit geben?

Von zehn bis zwölf Kirchen steigt allabendlich mächtiger Chorgesang auf, mit dem man die Freiheit begrüßt.

Ich hörte, wie mit Begeisterung davon erzählt wurde und wie dort vor allem Frauen für die Befreiung eintraten, aber ich kam nur zweimal zwischen dem 3. April und der blutigen Woche, und nur kurz, denn etwas zog mich zum Kampf, der draußen stattfand, ein so starker Sog, dass ich nicht versuchte, ihn zu bezwingen.

Zunächst musste ich für La Cécilia zum Rathaus, um eine Auskunft einzuholen.

Ungefähr auf halbem Weg traf ich auf drei oder vier Nationalgardisten, die auf mich zukamen, nachdem sie mich eingehend betrachtet hatten.

»Wir nehmen Sie fest«, sagte einer von ihnen.

Ich musste wohl etwas Verdächtiges an mir haben. Vielleicht lag es an meinem kurzen Haar unter meinem Hut, was sie für eine Männerfrisur hielten.

»Wohin wollen Sie geführt werden?«

»Da Sie Ihre Gefangenen fragen, wohin sie wollen, bitte zum Rathaus!«

Der brave Mann wurde zornrot.

»Wir werden ja gleich sehen«, sagte er.

Wir machten uns auf den Weg, sie immer noch forschenden Blicks, ich sehr ernst, obwohl ich mich sehr amüsierte.

Vor dem Tor angekommen fragte mich der eine, der bereits mit mir gesprochen hatte.

»Apropos, wie heißen Sie eigentlich?«

Ich sagte ihm meinen Namen.

»Unmöglich!«, riefen alle drei. »Wir haben sie zwar nie gesehen, aber das kann natürlich nicht sie sein, die solche Schuhe trägt!«

Ich schaute an mir hinunter; ich trug meine Pantinen, die ich am Morgen gegen meine Stiefeletten auszutauschen vergessen hatte. Und sie wurden unter meinem Kleid sichtbar.

Aber ja, das war schon ich!

Ich bedankte mich für die gute Meinung, die sie von mir hatten, und versicherte ihnen, dass sie nicht gerechtfertigt war. Ich hatte genug Papiere mit, um ihnen jeden Zweifel zu nehmen. Sie hatten tatsächlich geglaubt, ich sei ein als Frau verkleideter Mann, weil meine Pantinen auf dem Gehsteig so eigen geklungen hatten.

.....

Beim zweiten Mal, ich weiß nicht mehr, ob es am Rathaus oder an der Sûreté war, sah ich einige Freudenmädchen herauskommen, die weinten, weil man nicht zulassen wollte, dass sie Verletzte pflegten. Denn die Männer der Commune wollten, dass die Hände, die Wunden verbinden sollten, rein wären.

Sie erzählten mir von ihrem Schmerz. Wer hätte wohl mehr Recht als sie, die traurigsten Opfer der alten Welt, ihr Leben für die neue zu geben?

Ich versprach ihnen, dass man ihre Bitte verstehen und ihr nachgeben würde.

Ich weiß nicht mehr, was ich gesagt habe, aber das Leid dieser vom Schicksal Geschlagenen hatte mein Herz bluten lassen, so dass meine Worte den Weg zu den Herzen der Verantwortlichen fanden. Man schickte die Mädchen zu einem Komitee großmütiger Frauen, die bereit waren, sie wohlwollend aufzunehmen.

Sie waren darüber so froh, dass sie wieder Tränen weinten, diesmal jedoch nicht aus Trauer.

Wie Kinder verlangten sie sofort nach roten Bändern. Ich teilte einstweilen meines, wie ich konnte, unter ihnen auf.

»Wir werden der Commune niemals Schande bereiten!«, sagten sie mir.

In der Tat starben sie in der blutigen Woche im Mai. Die Einzige, die ich im Gefängnis von Chantier wiedersah, erzählte mir, wie zwei von ihnen mit Gewehrkolben erschlagen worden waren, während sie Verletzte versorgt hatten.

In dem Augenblick, in dem sie mich verließen, um zu ihrer Krankenstation in Montmartre zu gehen, während ich nach Montrouge zu La Cécilia zurück wollte, warf mir jemand, den ich nicht sehen konnte, ein in Papier gewickeltes Päckchen zu: Es war eine rote Schärpe, die die meinige ersetzen sollte.

Die geschickter gewordenen Agenten von Versailles schürten weitere Zwietracht. Eine davon war als Folge einer Bemerkung von Herrn de Montant hochgekocht, eines der Verräter, die Versailles in den Generalstab geschmuggelt hatte. Er verkündete den Mord an einer Sanitäterin an, die von Versailler Soldaten getötet und beleidigt worden wäre.

Die vom Manifest der Minderheit verletzte Mehrheit gab zu verstehen, dass man sich dieser Situation gegenüber wie früher verhalten sollte: Was zählen unsere Erinnerungen? Wichtig ist die Rettung der Commune!

Da wurde die Sitzung von der Nachricht über eine Katastrophe unterbrochen.

Die Munitionsfabrik Rapp war gerade in die Luft geflogen. Es gab viele Tote und Verletzte, vier Häuser waren eingestürzt, und hätten die Feuerwehrleute nicht unter Lebensgefahr Wagenladungen voller Patronen den Flammen entrissen, wäre das Unheil nicht darauf beschränkt geblieben.

Der erste Gedanke, den alle hatten, war, dass Verrat dahinter steckte: Man sagte, es wäre die Rache für die Vendôme-Säule. Vier Personen, darunter ein Artillerist, wurden festgenommen. Der Wohlfahrtsausschuss kündigte die Verfolgung der Affäre an, aber diese schrecklichen Anwälte der Commune waren es nicht mehr gewohnt, ohne Beweise zu urteilen, so dass die Sache nie aufgeklärt wurde.

In seinem Bericht an den Wohlfahrtsausschuss sagte Delescluze:

> Die Ersten, die sich in den Glutofen begaben, waren: Abeaud, Denier und Buffot, Feuerwehrleute der 6. Kompanie; dann, fast zugleich, waren die Bürger Dubois, Kapitän der Flotille, Jagot, Seemann, Boisseau, der Personalchef der Delegation der Marine, und Février, Kommandant der schwimmenden Batterie, zur Stelle.
>
> Dank ihres heldenhaften Verhaltens wurden mit Patronen beladene Wagen, deren Räder bereits Feuer fingen, und Fässer mit Schießpulver aus dem Brandherd gezogen.
>
> Ganz zu schweigen von der Errettung der Verletzten und der verschütteten Bewohner, die in ihren zerstörten Häusern gefangen waren. Die Feuerwehr und die Bürger von Paris haben einander in dieser Sache an Mut und Hingabe übertroffen.
>
> Die Bürger Avrial und Sicard, Mitglieder der Commune, waren mit die Ersten vor Ort.
>
> Zwölf Chirurgen der Nationalgarde fanden sich in der Avenue Rapp ein und organisierten die medizinische Versorgung mit einer Eilfertigkeit, die ich nicht genug loben kann.
>
> In Summe fünfzig Verletzte, die meisten davon leicht, das ist es, was die Männer von Versailles davon haben.
>
> Der Materialverlust wiegt nichts angesichts der riesigen Vorräte, über die wir verfügen, also bleibt unseren Feinden allein die Schande eines ebenso unnötigen wie abscheulichen Verbrechens, das, gemeinsam mit so vielen anderen dieser Art, ausreichen würde, ihnen die Tore von Paris mangels seiner unbesiegbaren Verteidigungsmittel für immer zu verschließen.

.....

Jeder hat mehr als seine Pflicht getan, wir haben wenige Tote zu beweinen.

Der Zivilbeauftragte für den Krieg, CH. DELESCLUZE
Paris, den 28. Floreal, Jahr 78[57]

Man glaubte, es wäre möglich, dass die Katastrophe der Patronenfabrik Rapp als Racheakt für das Schleifen der Vendôme-Säule gedacht war, eine infame Rache an Opfern aus Fleisch und Blut für eine Effigie aus Bronze.

Einige Tage nach der Katastrophe schickte eine unbekannte Frau anonym einen Brief an die Polizeipräfektur von Paris, den sie in einem Waggon erster Klasse zwischen Versailles und Paris gefunden hatte. Sie hatte dort einem Mann gegenübergesessen, der ihr sehr aufgeregt erschienen war.

Als er auf Höhe der Befestigungen Gewehrschüsse von Kommunarden hörte, warf er ein Päckchen mit Papieren unter die Bank, unter denen die Frau den Brief fand, den sie schickte.

Generalstab der Nationalgarden
Versailles, den 16. Mai 1871
Monsieur,
der zweite Teil des Plans, der Ihnen unterbreitet wurde, soll am 19. dieses Monats um 3 Uhr früh ausgeführt werden. Treffen Sie alle Vorkehrungen, damit dieses Mal alles gut geht. Zu Ihrer Unterstützung haben wir uns mit einem der Leiter der Patronenfabrik geeinigt, diese am 17. in die Luft zu sprengen. Kontrollieren Sie die Instruktionen, den Teil, der Sie betrifft und den Sie befehligen werden.
Kümmern Sie sich um La Muette[58].
CH. CORBIN
Die zweite Auszahlung erfolgte auf Ihr Konto in London.

Eine blaue Briefmarke trug die Inschrift: »Generalstab der Nationalgarde«.

Die Ereignisse verhinderten die Beweisführung, ob dieser Brief von Versailles eingesetzt worden war, um Verdächtigungen zu streuen. Mysteriöse Frauen, die über Briefe verfügten oder solche fanden, hatten der Commune noch nie Vertrauen eingeflößt, aber

57 Zeitrechnung nach dem Muster der Französischen Revolution von 1789.
58 Umkämpftes Stadtrandviertel von Paris, dessen Fall das Eindringen der Versailler nach Paris erleichterte.

man zweifelte nicht daran, dass das Verbrechen von der Reaktion kam.

> Schütze, oben auf dem Ansitz,
> Wenn das Blut, das du fließen lässt,
> Nicht von dem Platz abfließt,
> Trinkst du's, ohne dich zu bücken.

Nichts hinderte diese Zeilen daran, wahr zu sein, auch wenn die Säule[59] einige Stunden lang wie ein Pranger dastand.

Man entdeckte, dass Blanchet und Émile Clément, Mitglieder der Commune, die nie Anlass zu Verdächtigungen gegeben hatten, eine reaktionäre Vergangenheit gehabt hatten. Vielleicht war man ja streng, denn jeder Konvertierte war einmal der Idee gegenüber, die er als Wahrheit erkannte, feindlich gesonnen gewesen. Sie hatten sich zu Recht konvertieren lassen, und doch konnte man in diesen letzten Tagen, wo alles zur Falle wurde, nicht anders, denn wäre nicht jegliche Nachlässigkeit in einem solchen Fall Verrat?

Das Manifest der Bürgermeisterei vom 18. enthielt die genaue Wahrheit über die Situation. Ja, man musste siegen, und zwar schnell. Der Sieg hing von der Schnelligkeit des Handelns ab. Hier sind einige Fragmente dieses Manifests, das sich an die Revolutionäre von Montmartre richtete.

> … Große und schöne Dinge sind seit dem 18. März vollbracht worden. Aber unser Werk ist nicht vollendet, noch größere Dinge müssen geschehen, und sie werden geschehen, denn wir werden ununterbrochen und furchtlos jetzt und zukünftig unsere Aufgabe verfolgen.
> Dafür aber müssen wir all unseren Mut und all unsere Energie bewahren, die wir bis zum heutigen Tage aufzubringen fähig waren, und wir müssen uns darüber hinaus auf weitere Selbstverleugnung einstellen, auf jede erdenkliche Gefahr, für die wir all unseren Opfermut brauchen: Je mehr wir bereit sind zu geben, umso weniger wird es uns kosten.
> Rettung hat diesen Preis und eure Haltung beweist sehr gut, dass ihr das verstanden habt.
> Man führt einen Krieg gegen uns, der in der Geschichte der Völker beispiellos ist; er ehrt uns und befleckt unsere Feinde.

59 Die Vendôme-Säule, die zum Streitpunkt und Symbol des Kampfes zwischen Links und Rechts wurde.

Ihr wisst es: Wahrheit, Gerechtigkeit oder Freiheit konnten ihren Platz unter der Sonne niemals einnehmen, ohne dass sich bis an die Zähne bewaffnete Intriganten, Ehrgeizlinge und Usurpatoren, wild entschlossen, unsere legitimen Sehnsüchte im Keim zu ersticken, gegen das Volk gestellt hätten.
Aber heute, Citoyens, steht ihr vor zwei Programmen.
Das erste ist das der Royalisten von Versailles, von legitimistischer Chouannerie* geführt und von den Generälen des Staatsstreichs wie von bonapartistischen Agenten beherrscht, also von drei Parteien angeführt, die einander nach einem Sieg zerreißen und sich gegenseitig die Tuilerien streitig machen würden.
Dieses Programm bedeutet Sklaverei bis zum Ende der Zeiten, Entwürdigung von allem, was da Volk heißt, es bedeutet das Ersticken von Intelligenz und Gerechtigkeit, Söldnerarbeit, das Joch des Elends auf euren Nacken, es ist Bedrohung auf allen Ebenen. Man fordert darin euer Blut, das eurer Frauen und Kinder, man will unsere Köpfe, als könnten unsere Köpfe die Löcher stopfen, die sie in eure Brust schlagen, als könnten unsere Köpfe diejenigen wiederauferstehen lassen, die sie euch umgebracht haben.
Dieses Programm heißt, dass das Volk zum Lasttier gemacht wird, das nur für einen Haufen Ausbeuter und Parasiten arbeitet, nur um gekrönte Häupter, Minister, Senatoren, Feldmarschalle, Erzbischöfe und Jesuiten zu mästen.
Es wäre der dumme Jakob, dem man alles verkauft, von seinem Werkzeug bis zu den Brettern für seine Hütte, vom Rock seiner Frau bis zu den Windeln seiner Kinder, damit er die schweren Steuern zahlt, die den König und den Adel sowie den Priester und den Gendarmen ernähren.
Für das andere Programm, Citoyens, habt ihr drei Revolutionen gemacht, es ist das, wofür ihr heute kämpft, es ist das der Commune, einfach euer eigenes.
Dieses Programm heißt die Einforderung der Menschenrechte, es bedeutet ein Volk, das Meister seines Schicksals ist; es heißt Gerechtigkeit und das Recht auf Arbeit und Leben. Es ist das unter dem Hammer des Arbeiters zerbrochene Zepter der Tyrannen, es ist das legale Werkzeug des Kapitals, es ist die Intelligenz, die Falschheit und Dummheit bestraft, es ist Gleichheit vor der Geburt und dem Tod.
Sagen wir es, wie es ist, Citoyens, ein Mann, der nicht heute Partei ergreift, ist kein Mann. Ein Gleichgültiger, der sich nicht am Kampf beteiligt, wird im Frieden die von uns berei-

teten sozialen Wohltaten nicht genießen können, ohne vor seinen Kindern rot zu werden …

Es handelt sich nicht mehr um 1830 oder 1848, sondern um die Erhebung eines großen Volkes, das frei leben will – oder sterben.

Und wir müssen siegen, weil jede Niederlage aus euren Witwen verfolgte, gepeinigte und der Wut grimmiger Sieger ausgelieferte Opfer machen würde, weil eure Waisen ihrer Gewalt ausgesetzt und wie kleine Verbrecher verfolgt würden, weil Cayenne wiederbevölkert und Arbeiter ihre Tage an der gleichen Kette enden würden wie Diebe, Fälscher und Mörder, weil morgen die Gefängnisse voll wären und die Stadtwachen sich um die Ehre streiten würden, eure Kerkermeister, die Gendarmen, eure Wärter sein zu dürfen, weil die Erschießungen wieder zahlreicher und blutiger anheben würden als im Juni.

Sieger zu sein, das ist nicht nur euer Schicksal, das eurer Frauen, eurer Kinder, sondern auch das der Republik und aller Völker.

Es gibt keine Zweideutigkeiten; wer sich enthält, darf sich nicht einmal Republikaner nennen.

… Nur Mut, wir stoßen auf das Ende unserer Leiden. Es ist undenkbar, dass Paris sich so weit erniedrigt, um daran zu glauben, dass ein Bonaparte es im Sturm einnehmen könnte; es kann nicht sein, dass man hier einfällt, um über Ruinen und Leichen zu regieren; es kann nicht sein, dass wir das Joch der Verräter erdulden, die monatelang verharrten, ohne auf die Preußen zu schießen, jedoch keine Stunde verstreichen lassen, ohne auf uns zu schießen …

Niemand sei unnütz. Mögen die Frauen die Verwundeten trösten, die Alten den Jungen Mut zusprechen, die Gesunden nicht ihre Jahre zählen, sondern ihren Brüdern folgen und die Gefahr mit ihnen teilen.

Wer heute, obwohl er in seiner Kraft steht, meint, es schütze ihn sein Alter, der wird vielleicht eines Tages merken, dass ihn kein Gesetz mehr schützt, oh, wie schändlich kann solche Freiheit für ihn dann sein!

Es ist lächerlich. Bürger, die Leute von Versailles nennen euch entmutigt und müde, sie lügen und wissen das auch. Wie könnt ihr denn, wenn die ganze Welt zu euch kommt, wenn man sich in jeder Ecke von Paris unter eure Fahne stellt, wenn Frontsoldaten, eure Brüder, eure Freunde sich umdrehen, um auf Gendarmen und Stadtwachen zu schießen, während diese vorrücken, um euch zu töten, während unter diesen Unordnung und Aufstand herrschen und die Angst sie lähmt, wie könnt ihr dann entmutigt sein und nicht an den Sieg glauben? Wenn ganz Frankreich aufsteht und euch die Hand reicht, wenn ihr acht Monate lang so heldenhaft gelitten habt, dann sollt ihr zu müde sein, nur noch wenige Tage leiden zu müssen, vor allem wenn die Freiheit am Ende des Kampfes steht? Nein, wir müssen siegen, und zwar schnell, und mit dem Frieden wird der Bauer hinter seinen Pflug zurückkehren, der Maler zu seinen Pinseln, der Handwerker in seine Werkstatt, die Erde wird wieder fruchtbar und die Arbeit wieder aufgenommen. Mit dem Frieden werden wir unsere Gewehre an die Wand hängen und unser Werkzeug in die Hand nehmen und, glücklich, unsere Pflicht erfüllt zu haben, werden wir eines Tages das Recht haben zu sagen: »Ich bin ein Soldat und Citoyen der großen Revolution.«

Die Mitglieder der Commune

DEREURE, J.-B. CLEMENT, VERMOREL, PASCHAL GROUSSET, CLUSERET, ARNOLD, TH. FERRE

Die Prophezeiung bewahrheitete sich, es wurde schlimmer als im Juni und Dezember. Der Fehler lag in zwei schicksalhaften Tatsachen: im Verrat der Bourgeoisie und in der Unwissenheit der Armeechefs der Commune über den Charakter der Kämpfenden und die Umstände des Kampfes.

Zur Alternative standen einerseits eine richtige disziplinierte Armee, wie sie Rossel wollte, und andererseits eine Armee der Revolte, wie sie Delescluze sich vorstellte. Die Freiheitsfanatiker hätten es wohl schön gefunden, sich, um des Sieges willen, einer eisernen Disziplin zu unterziehen, es brauchte die beiden Armeen, eine aus Stahl, die andere aus Flammen.

Rossel wusste nicht, was ein Heer von Aufständischen war, er kannte nur die reguläre Armee.

Die zivilen Kriegsdelegierten kannten nur die generelle Größe des Kampfes, vorwärts mit dargebotener Brust, den Kopf dem Mitrailleusenfeuer entgegengestreckt, ja, das war wohl schön, aber beide Arten waren gegen solche Feinde wie die aus Versailles vonnöten.

Dombrowski hatte manchmal beides.

In einer Order an die Armee äußerte Rossel sich folgendermaßen:

> Es ist verboten, während eines Kampfes das Feuer zu unterbrechen, selbst wenn der Feind die Gewehrkolben oder die parlamentarische Fahne heben sollte.
> Es ist bei Todesstrafe verboten weiterzuschießen, nachdem die Einstellung des Feuers befohlen wurde, sowie sich vorwärts zu bewegen, nachdem Stillstand verordnet wurde. Die Flüchtigen und die Zurückbleibenden werden von den Säbeln der Kavallerie zusammengeschlagen. Wenn es zu viele sind, wird man sie mit Kanonen beschießen. Die militärischen Anführer haben während des Kampfes alle Macht, um Offiziere wie Soldaten unter ihrem Befehl marschieren und gehorchen zu lassen.

Hätte derselbe Befehl die Botschaft enthalten, dass es darum gehe, den Sieg zu erlangen, dann hätten ihn wohl auch die, die er vor den Kopf stieß, akzeptiert. Aufständische sind sicher keine Fahnenflüchtigen und da die Armee von Versailles zahlenmäßig weit überlegen war, brauchte man Taktik und Durchhaltevermögen. Die Commune hatte nie eine Kavallerie gehabt, nur wenige Offiziere waren beritten. Pferde dienten zum Ziehen der Artilleriegeschütze und für ähnliche Einsätze. Außerdem ist der Angreifer im Vorteil.

Rossel war an die Disziplin der regulären Armee gewöhnt, und als eine von ihm festgesetzte Strafe von der Commune abgemildert wurde, warf er dieser Schwäche vor, zog sich ohne Möglichkeit der Einigung zurück und verlangte in der Hitze seines Zornes eine Zelle in Mazas.

Unterstützt von seinem Freund Charles Gérardin flüchtete er, umso bereitwilliger, als die Commune es so vorzog.

Es war ein wirklicher Verlust. Versailles bewies es, indem es ihn ermordete.

Der zivile Kriegsdelegierte Delescluze, betagt an Jahren, aber jungen Mutes, rief in seinem Manifest aus:

> Ihr wisst, die Situation ist ernst. Dieser grauenhafte Krieg, den die Feudalherren gemeinsam mit den Überresten der Monarchie gegen euch führen, hat bereits mehr als genug kostbares Blut gekostet. Auch wenn ich die schmerzvollen Verluste beweine, denke ich an die erhabene Zukunft, die sich für unsere Kinder auftut, und selbst wenn es uns nicht erlaubt sein sollte, zu ernten, was wir gesät haben, werde ich nicht müde, die Revolution des 18. März begeistert zu begrüßen, denn sie hat für Frankreich und ganz Europa Perspektiven eröffnet, die keiner

von uns sich vor drei Monaten erhofft hätte. Bürger, begebt euch in eure Reihen, haltet dem Feind stand!

Unsere Stadtmauern stehen aufrecht wie eure Herzen. Natürlich wisst ihr, dass ihr für eure Freiheit und Gleichheit kämpft. Denkt an dieses Versprechen, wenn eure Brust den Kugeln und Granaten von Versailles ausgesetzt ist; der Preis, den ihr dafür erhalten werdet, ist die Befreiung Frankreichs, der ganzen Welt, ist die Sicherheit eures Heimes, ist das Leben eurer Frauen und Kinder.

Ihr werdet also siegen. Die Welt, die eurer überragenden Anstrengung Beifall klatscht, bereitet sich darauf vor, euren Triumph zu feiern, der auch der aller Völker sein wird.

Es lebe die universelle Republik! Es lebe die Commune!

Paris, den 10. Mai 1871

Zivildelegierter für den Krieg, DELESCLUZE

Man beeilte sich und alles stand uns noch bevor.

In den ersten Tagen war die Freiheit von Nouris per Dekret erlassen worden. Er kam nie wieder.

Das zerstörte Haus von Thiers hatte den Platz Saint-Georges mit Staub und Rattennestern erfüllt, es sollte ihm einen Palast einbringen.

Aber welche Bedeutung haben schon die Geschichten Einzelner? Heute sind wir der neuen Welt näher als damals.

In den Häusern der Fahnenflüchtigen und in den miesesten Freudenhäusern versteckten sich unter allen Sorten von Verkleidungen die Missionare der Ordnung.

Man glaubte, sie am Eindringen hindern zu können, indem man Personalausweise verlangte, doch sie infiltrierten Paris, Individuum für Individuum, Tropfen für Tropfen.

Thiers hatte der verängstigten und wilden Nationalversammlung gesagt, er brauche noch eine Woche, um dem Ganzen ein Ende zu bereiten.

Die Armbinden-Konspiration* war aufgedeckt worden, andere blieben unentdeckt.

Versailles verzichtete darauf, Männer zu kaufen, die sich nicht dafür hergeben wollten, sondern versuchte seine Leute dort unterzubringen, wo sie ein Losungswort verraten und eine Tür öffnen konnten.

Sie waren schlecht beraten gewesen, als sie versucht hatten, Dombrowski mit eineinhalb Millionen zu kaufen. Er informierte das Wohlfahrtskomitee davon.

.....

Wie hatten sich die Leute in Versailles nur so verkalkulieren können? Dombrowski, Anführer des letzten polnischen Aufstands, der fast ein Jahr lang der russischen Armee standgehalten hatte, der seitdem am Kaukasus und General der Vogesen-Armee gewesen war, hatte gezeigt, dass er nicht das Zeug zum Verräter hatte und der Reaktion nicht dienen konnte.

Und doch gewann Versailles an Boden, schien ihn dann wieder zu verlieren. Die siegreiche Maus hielt stand und biss die zurückweichende Katze.

Am Abend des 21. Mai sollte ein Benefizkonzert zu Gunsten der Opfer des sozialen Kriegs, Witwen, Waisen und im Kampf verwundete Kommunarden, gegeben werden.

Die Zahl und das Talent der Ausführenden machten aus diesen Konzerten veritable Triumphe. Agar* deklamierte Verse aus den *Châtiments*. Sie sang die Marseillaise mit einer so machtvollen Stimme, dass es sich für die Versailler anhörte, als würde sie sie hinausbrüllen.

Am Sonntag, den 21. Mai bildeten zweihundert Künstler eine riesige harmonische Menge. Schon früh quoll der Platz von begierigen Zuhörern über, und doch waren die Herzen schwer, man fühlte schon den Verrat.

Etwas vor 5 Uhr stieg ein Offizier des Generalstabs der Commune aufs Podium und sagte:

> Bürger von Paris, Monsieur Thiers hatte versprochen, gestern nach Paris hereinzukommen, Monsieur Thiers ist nicht gekommen, er wird nicht kommen. Ich lade euch jetzt auch für nächsten Sonntag, 28., an denselben Ort zum Konzert für die Witwen und Waisen ein.

Man applaudierte frenetisch.

In diesem Moment drang ein Teil der Vorhut von Versailles durch die Porte de Saint-Cloud ein.

Ein ehemaliger Marineinfanterie-Offizier namens Ducatel, Verräter, aber noch ohne bestimmten Auftrag, schlich herum, mit dem Ziel, Schwachstellen in der Verteidigung von Paris ausfindig zu machen und sie Versailles zu melden. Mit den wenigen Männern, die wir hatten, zweifelte er nicht an seinem Erfolg. Er entdeckte, dass die Porte de Saint-Cloud unbewacht war, und rief mit einem weißen Taschentuch einen Posten des Ordnungsheeres.

Ein Marineoffizier kam herbei, zur selben Zeit hörten die Versailler Batterien zu schießen auf und die Soldaten drangen in kleinen Gruppen in Paris ein.

Dass die Waffen schwiegen, wurde nicht sofort bemerkt, denn die Ohren hatten sich so an den Lärm gewöhnt, dass man noch Wochen nach der Niederlage glaubte, ihn zu hören. Endlich wurde man sich der Stille bewusst. Einige glaubten an ein gutes Omen, andere fanden es seltsam.

Auf dem Mont Valérien versammelt schrieben Thiers, MacMahon und Admiral Pothuau überall hin:

> 21. Mai, 7 Uhr abends
> Die Porte de Saint-Cloud ist gerade unter dem Feuer unserer Kanonen zusammengebrochen, General Douay hat sofort attackiert. In diesem Moment betritt er mit seinen Truppen Paris. Die Armeekorps der Generäle Ladmirault und Clinchamp setzen sich in Bewegung, um sich anzuschließen.
> A. THIERS

In dieser Nacht schliefen 25.000 Männer aus Versailles in Paris, nicht weil sie es sich erkämpft hatten, sondern allein durch Verrat.

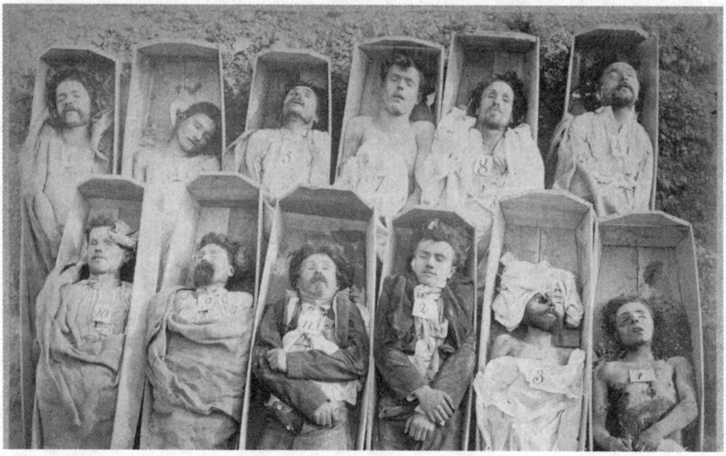

4

DAS BLUTBAD

I
Der Kampf in Paris – Das Schlachten

Unter den Rufen »Es lebe die Republik«
sank das Schiff »Le Vengeur«[60]!
ALTES LIED

Kurz vor dem Eindringen der 25.000 Männer von General Douay fällt einem Mitglied der Commune, Lefrançais, bei seinem Rundgang durch die Verteidigungszone die einsame Verlassenheit der Porte de Saint-Cloud auf.

Ohne den Zufall, der Ducatels Verrat ermöglicht hat, wäre Thiers vom Grafen von Beaufort eingeredet worden, dass die Tore von Montrouge, Vanves und Vaugirard am schlechtesten bewacht wären.

Lefrançais schickt eine Warnung an Delescluze, die diesen jedoch nicht zeitgerecht erreicht. – Dombrowski, der seinerseits von einem Kommunarden-Bataillon gewarnt wurde, schickt Freiwillige, die die Versailler kurzfristig aufhalten, indem sie einen ihrer Offiziere über den Quai hinweg töten. Wer bis jetzt gezweifelt hat, dass der so spät aufgenommene Kampf noch ein gutes Ende nehmen könnte, sagt jetzt: »Paris wird siegen! Und wenn nicht, wird es unbesiegt sterben! Wir werden handeln wie einst Karthago, Numancia und Moskau.«

Dombrowski schickt einen oder zwei Kommunarden, Madame Danguet, Mariani und mich nach Montmartre. Wir sollen versuchen, dorthin durchzudringen und die Leute dort zur Eile anzutreiben.

Ich weiß nicht, wie spät es war, die Nacht war schön und still. Welche Bedeutung hatte schon die Uhrzeit? Jetzt war es wichtig, dass die Revolution nicht besiegt wurde, auch nicht im Tod.

In der Commune greift das Misstrauen um sich, und als die von Billioray überbrachte Depesche von Dombrowski kommt, will

60 »Le Vengeur«, »Der Rächer«, heißt das Schiff, das in diesem sozialistischen Lied schließlich mit seinen tapferen Matrosen sinkt.

Cluseret, den man der Nachlässigkeit beschuldigt, das am Rednerpult ausdiskutieren, als ob noch Zeit dafür wäre.

Endlich schließt man die Sitzung, entlastet Cluseret und kümmert sich ab jetzt ausschließlich um die Verteidigung von Paris.

Dombrowskis Brief ist klar:

> Dombrowski an Kriegsministerium und Wohlfahrtskomitee
> Die Versailler sind durch das Tor von Saint-Cloud einmarschiert.
> Ich ergreife Maßnahmen, um sie zurückzudrängen. Wenn ihr mir Verstärkung schicken könnt, kümmere ich mich um alles.
> DOMBROWSKI

Das Sicherheitskomitee versammelt sich im Rathaus. Man ergreift eilig die ersten Maßnahmen, jeder nimmt seinen Mut zusammen.

Das Schlachten beginnt in aller Stille. Assi, der sich Richtung La Muette bewegt, sieht in der Rue Beethoven Männer, die auf dem Boden ausgestreckt zu schlafen scheinen. Da die Nacht klar ist, erkennt er Kommunarden und will sie wecken, sein Pferd rutscht in einer Blutlache aus. Die Schläfer sind tot, ein ganzer abgeschlachteter Posten.

Der *Officiel* von Versailles hat, man erinnert sich, die Lizenz zum Töten gegeben.

> Keine Gefangenen!
> Sollte sich in diesem Haufen ein ehrlicher Mann befinden, der wirklich gewaltsam mit hineingezogen wurde, werdet Ihr es schon merken. In einer solchen Welt zeigt sich der ehrliche Mann durch seinen Nimbus.
> Gewährt den braven Soldaten die Freiheit, ihre Kameraden zu rächen und in aller Öffentlichkeit und in der Raserei des Handelns die Dinge zu tun, die sie kühlen Blutes morgen nicht mehr tun wollen!

Es werden alle Register gezogen. Man überzeugt die Soldaten, dass sie ihre Kameraden rächen müssen. Denen, die aus preußischer Gefangenschaft freigekommen sind, sagt man, die Commune würde mit den Preußen gemeinsame Sache machen, und die Gutgläubigen baden wütend im Blut.

Damit die Armee nicht wie am 18. März die Waffen streckt, flößt man den Soldaten nach alter Rezeptur Wein gemischt mit Pulver und vor allem mit Lügen ein. Die Geschichten, die man kolportiert, sind ebenso gelogen wie das uralte Märchen, dass man einen Menschen zwischen zwei Holzbrettern zersägen kann.

Paris, diese verdammte Stadt, die vom Glück aller träumte, in der die Banditen von Zentralkomitee und Commune, die Monster von Wohlfahrtskomitee und Sûreté einzig und allein danach trachteten, ihr Leben für den Wohlstand aller zu geben, kann vom bürgerlichen Egoismus nicht verstanden werden, der noch erbarmungsloser ist als der feudale, denn die Rasse der Bourgeois hat nach 1789 ihre Größe nur knapp fünfzig Jahre lang bewiesen. Delescluze und Dijon stellen die letzten großen Bourgeois dar, die denen des revolutionären Konvents von damals gleichen.

Die energischen Männer der Commune, von denen jeder an seinem Posten steht, werden nun wieder sie selbst: Die Last der Macht ist von ihren Schultern gerutscht, Gesetzestreue weicht der Pflicht zu siegen oder zu sterben, und sie müssen nicht mehr zweifeln, weil sie sich nun die Freiheit zurückerobert haben, in der sie groß sein können.

Ihre Fähigkeiten zeigen sich ohne falsche Bescheidenheit, ohne engstirnige Eitelkeiten:

Wer weiß, vielleicht kann Paris standhalten!

Die zehn Artilleriegeschütze an der Porte Maillot, die seit sechs Wochen unentwegt im Einsatz gewesen sind, donnern immer noch, und wie immer wird jeder auf seiner Kanone gefallene Artillerist durch den, der nach vorn stürzt, ersetzt.

Nie mehr als zwei Mann pro Geschütz.

Craon, ein Seemann, hält noch sterbend die zwei Zündschnüre, die er für zwei Geschütze braucht, eine in jeder Hand.

Beinahe alle Helden dieses Postens sind unbekannt geblieben.

Sie werden gemeinsam im großen Aufstand gerächt werden, dann, wenn auf dem großen Schlachtfeld, das die ganze Welt umfasst, die Massen sich erheben werden.

Am frühen Morgen des 2. ist La Muette verloren, die Armee umschließt Paris beinahe vollständig und rückt zur Verstärkung der 25.000 Männer an, die sich in der Nacht hereingeschlichen haben.

Alle Ereignisse jener Tage legen sich übereinander wie Schichten, als hätte man in wenigen Tagen tausend Jahre durchlebt.

Die Sturmglocken läuten in voller Lautstärke, es herrscht Ausnahmezustand in Paris.

Die außerhalb von Paris stationierten Kommunarden ziehen sich in die Stadt zurück, man ahnt, dass die Versailler einmarschieren werden! Der Beobachtungsposten auf dem Triumphbogen dementiert die Nachricht zwar, aber es überwiegt der Gedanke, Paris zu verteidigen.

Gegen 3 Uhr morgens schneit Dombrowski beim Wohlfahrtskomitee herein, versteht nicht gleich, was man ihm vorwirft, begreift endlich: »Was?«, sagt er. »Ihr konntet mich für einen Verräter halten?«[61] Alle beruhigen ihn, strecken ihm ihre Hände entgegen.

Dereure, den man nach ihm geschickt hat wie Johannard nach La Cécilia und Leo Meillet nach Wroblewski, hat ihm wohlweislich nichts von den abscheulichen Zweifeln erzählt.

Er sieht, das Vertrauen ist geblieben, aber der Schlag sitzt. Dombrowski wird umkommen.

In der Bürgermeisterei von Montmartre versucht La Cécilia bleich, entschlossen, alles für den Kampf zu tun, die Verteidigung zu organisieren.

Wir finden uns dort ein, mehrere Mitglieder des Wachsamkeitskomitees, der alte Louis Moreau und Chevalot.

Mit Louis Moreau und zwei anderen vereinbaren wir, die Lage zu peilen, um notfalls den Hügel in die Luft zu sprengen, wenn die Versailler drin sind; denn dass sie hereinkommen werden, das fühlen wir, auch wenn wir nicht müde werden zu wiederholen: »Paris wird siegen!« Was wir sicher wissen, ist, dass wir uns bis zum Tod verteidigen werden.

Die Kommunarden vom 61. stoßen an der Tür zum Bürgermeisteramt zu uns.

Sie sagen zu mir: »Kommen Sie mit uns, wir werden sterben, Sie waren am ersten Tag bei uns und am letzten sollten Sie es auch sein.«

Ich verspreche dem alten Moreau, dass der Hügel in die Luft fliegen wird, und gehe mit der Abordnung des 61. zum Friedhof von Montmartre, wo wir Stellung beziehen. Trotz unserer geringen Zahl glauben wir, dass wir lange standhalten können.

An einigen Stellen haben wir mit unseren Händen Schießscharten in die Mauer gegraben.

Geschosse suchen sich ihren Weg durch den Friedhof, werden zahlreicher.

61 Dombrowski war von einem gewissen Vaysset, der offenbar zur Armbinden-Konspiration gehörte, kontaktiert worden. Er bot Dombrowski im Namen von Versailles eineinhalb Millionen Francs an, wenn er eine Reihe Tore offenließe. Dombrowski meldete diesen Bestechungsversuch sofort dem Wohlfahrtskomitee, aber da die Versailler durch ein unbewachtes Tor hereingekommen waren, wurde Dombrowski, wenn auch nur für kurze Zeit, verdächtigt.

Einer von uns meint, dass die Schüsse vor allem von der Kanone auf dem Hügel herkämen, deren Reichweite zu kurz wäre, so dass jetzt alles auf uns herunterfällt, statt den Feind zu erreichen.

Schon am 17. Mai hatte man erkannt, dass dieses Geschütz schlecht schoss, und hatte sich zweifellos deshalb schon den ganzen Morgen seiner nicht bedient.

Fast alle verletzten Kommunarden waren vom Hügel her getroffen worden und wir erklärten es einigen, als wir sie ins Lazarett brachten.

Die Nacht ist hereingebrochen, wir sind eine Handvoll, aber zu allem entschlossen.

Einige Geschosse schlagen in regelmäßigen Intervallen ein. Man möchte sie für Schläge einer großen Uhr halten, der Uhr des Todes.

In dieser klaren Nacht, voll vom Duft der Blumen, scheinen die Marmorstatuen zu leben.

Auf den Erkundungsgängen fällt uns auf, dass die Geschütze der Regulären immer zu hören sind, die unsrigen unterschiedlich oft.

Ich will allein zum Friedhof zurückkehren, als dieses Mal ganz nah bei mir durch die Äste hindurch ein Geschoss einschlägt, das mich mit Blumen bedeckt, nahe beim Grab von Mürger*. Die weiße Figur, die Marmorblüten auf das Grab wirft, wirkt bezaubernd, ich streue einige von meinen auf das Grab einer Freundin, Madame Poulain, an dem ich vorbeikomme.

Am Grab, auf dem die bronzene Statue von Cavaignac* liegt, stoße ich zu meinen Freunden, die mir befehlen, mich ab jetzt nicht mehr von ihnen wegzubewegen. Also bleibe ich bei ihnen, während aus den Fenstern einiger Häuser heruntergeschossen wird.

Ich glaube, dass jetzt der Tag gekommen ist. Wir haben weitere Verletzte durch Kanonenkugeln. Unsere Handvoll wird noch kleiner, und jetzt kommt die Attacke. Wir brauchen Verstärkung. Man fragt, wer sie holen geht. Ich bin schon weg, durch ein Loch in der Mauer hinaus. Ich weiß nicht, wie man so schnell gehen kann, und doch kommt mir die Zeit lang vor. Ich erreiche das Bürgermeisteramt von Montmartre. Auf dem Platz weint ein junger Mann, den man nicht einsetzen will, er hat keine Papiere, nichts. Er erzählt mir das, aber ich habe keine Zeit. »Kommen Sie«, sage ich ihm, und während ich La Cécilia um Verstärkung bitte, zeige ich auf den jungen Mann, der, wie er sagt, Student ist, noch nie gekämpft hat, und er will kämpfen.

La Cécilia betrachtet ihn. Der junge Mann macht einen guten Eindruck. »Gehen Sie«, sagt er. Wir kehren mit fünfzig Mann Verstärkung zum Friedhof zurück. Der junge Mann gehört dazu. Er ist glücklich. Vorn, in meiner Nähe, geht Barois*, es hagelt Kugeln, wir gehen schnell, man kämpft auf dem Friedhof. Um hineinzukommen, nehmen wir die Öffnung, es sind nur mehr fünfzehn da, von unseren fünfzig bleibt fast niemand übrig, der junge Mann ist tot. Wir werden immer weniger, ziehen uns auf die Barrikaden zurück, die halten noch.

Frauen ziehen mit geschwenkter roter Fahne vorbei zu ihrer Barrikade auf der Place Blanche, da sind Elisabeth Dmihef, Madame Lemel, Malvina Poulain, Blanche Lefebvre* und Excoffon. André Léo ist an der Barrikade von Batignolles. Mehr als zehntausend Frauen kämpfen in diesen Maitagen einzeln oder zusammen für die Freiheit.

Blanche Lefebvre sucht mich an der Barrikade auf, die vor dem Delta den Zugang zur Rue de Clignancourt versperrt.

Es gelingt mir, ihr eine Tasse Kaffee anzubieten, indem ich mit Drohungen das Café bei der Barrikade öffnen lasse. Das Männchen fürchtet sich zu Tode, aber da er uns lachen sieht, verabschiedet er sich höflich, und da er solche Angst hat, lassen wir ihn wieder zusperren.

Blanche und ich umarmen einander und sie geht zu ihrer Barrikade zurück.

Etwas später kommt Dombrowski zu Pferd mit seinen Offizieren vorbei.

»Wir sind verloren«, sagt er mir.

»Nein«, sage ich ihm.

Er streckt mir seine beiden Hände entgegen: Es ist das letzte Mal, dass ich ihn lebend sehe.

Nur einige Schritte entfernt wird er tödlich getroffen, wir sind noch sieben an der Barrikade, als er zum zweiten Mal vorbeikommt, dieses Mal fast tot auf einer Trage. Man bringt ihn nach Lariboisière, wo er stirbt.

Bald sind wir sieben nur noch drei.

Einer, Hauptmann bei den Kommunarden, groß, dunkel, gelassen vor der Katastrophe, erzählt mir von seinem Sohn, einem Kind von zwölf Jahren, dem er seinen Säbel hinterlassen will. »Sie werden ihn ihm geben«, sagt er, als ob es wahrscheinlich wäre, dass jemand überlebt.

Wir verteilen uns, zu dritt die Barrikade haltend, ich in der Mitte, die beiden an jeder Seite.

Mein anderer Kamerad ist stämmig, breitschultrig, blond und blauäugig. Er erinnert mich an Poulouin, den Onkel von Madame Eudes, auch wenn er es nicht ist.

Dieser Bretone gehört nicht mehr zu den Anhängern von Charette*. Er legt in seine neue Überzeugung dieselbe Leidenschaft, die er zweifellos für die alte aufgebracht hat, als er noch daran glaubte.

In diesem blassen Gesicht sitzt dasselbe wilde Grinsen wie in dem des Schwarzen in Issy mit den weißen Zähnen. Auch den sehen wir nicht wieder.

Wir denken nicht, dass wir nur zu dritt sind, denn wir halten immer noch stand. Plötzlich kommen da Nationalgardisten auf uns zu, wir lassen das Schießen sein, ich rufe: »Kommt, wir sind nur zu dritt!«

Im selben Augenblick spüre ich, wie man mich packt, hochhebt und in den Graben der Barrikade wirft, als wolle man mich umbringen.

Das will man in der Tat, denn es sind Versailler, die sich als Nationalgardisten verkleidet haben.

Ich stehe etwas benommen, aber mich lebendig fühlend auf. Nichts mehr, meine Kameraden sind verschwunden. Die Versailler sind dabei, die Häuser neben der Barrikade zu durchsuchen, ich entferne mich, gehe woanders hin, wissend, dass alles verloren ist. Ich weiß nur noch von einer möglichen Barriere und schreie: »Feuer vor euch, Feuer, Feuer!« La Cécilia hat jedoch keine Verstärkung mehr. Wir kämpfen weiter, die Frauen, die nicht an der Rue Blanche getötet worden sind, stürzen sich auf die nächsten Barrikaden auf der Place Pigalle.

Man hat gerade eine Barrikade in den Straßen hinter der Rue de Clignancourt errichtet, vom Delta aus rechter Hand, so dass die Versailler einen Moment lang zwischen zwei Schusslinien genommen werden können, die Zeit läuft uns davon, während wenig Entschlossene immer noch diskutieren.

Nachdem man ihn zum Rathaus getragen hat, wird Dombrowski während der Nacht zum Père Lachaise gebracht. Vor der Bastille legt man ihn an den Fuß der Säule, wo die todgeweihten Kommunarden im Schein der Fackeln, die ihm eine feurige Kapelle bieten, den Tapferen grüßen, der nun tot ist.

Er wird am Morgen auf dem Père Lachaise begraben, wo er in eine rote Fahne gebettet schläft.

»Das ist der«, sagt Vermorel, »den man des Verrats bezichtigt hat.«

Und er fügt hinzu: »Schwören wir, dass wir diesen Ort nur verlassen werden, um zu sterben.«

Dombrowskis Bruder, seine Offiziere, ein Teil seiner Soldaten stehen um ihn herum.

.....

Les Batignolles und Montmartre sind eingenommen und alles verwandelt sich in ein Schlachthaus. Das Élysée-Montmartre[62] quillt von Leichen über. Und dann brennen die Tuilerien, der Staatsrat, die Ehrenlegion und der Rechnungshof lichterloh wie Fackeln.[63]

Wer weiß, ob es den Monarchen, da sie ihren Orientierungspunkt verloren haben, noch so leicht fallen wird zurückzufinden.

Zum großen Unglück aller sind es die tausenden und abertausenden Monarchen der Finanz, die mit der Bourgeoisie zurückkommen.

Damals sah man vor allem den Herrscher, den Monarchen; daran hatte uns das Kaiserreich gewöhnt.

Despotismus begann vielfältige Häupter zu zeigen und tut es bis heute.

Sobald Herr Thiers erfährt, dass Montmartre eingenommen ist, telegraphiert er es auf seine Art in die Provinz. Die mit gespaltener Zunge aufflackernden Flammen erzählen ihm, die Commune sei nicht tot. Das ist die Stunde der Hingabe, aber auch die der fatalen Repressalien, wenn ein Feind wie Versailles menschliches Leben ummäht wie eine Sense das Gras. Während man auf dem Père Lachaise ein letztes Mal vor Dombrowski salutiert, wird Vaysset, der, um besser konspirieren zu können, sieben Wohnungen in Paris besitzt, vor eine Menschenmenge auf die Pont Neuf geführt und für seinen Versuch, Dombrowski zu kompromittieren, auf Befehl von Ferré erschossen. Davor äußert er folgende seltsame Worte:

»Ihr werdet euch vor dem Grafen Fabrice für meinen Tod verantworten.«

P..., Sonderkommissar der Commune, sagt zur Menge gewandt:

»Dieser Elende wollte im Namen von Versailles unsere militärischen Anführer kaufen. So sterben Verräter.«

Jedes von Versailles eroberte Viertel wird in einen Schlachthof verwandelt. Der Blutrausch ist derart groß, dass die Versailler einige ihrer eigenen Agenten, die sie begrüßen wollen, umbringen.

Noch halten die Überlebenden den XI. Bezirk. Mitglieder der Commune und des Zentralkomitees haben sich in der Bibliothek versammelt. Delescluze erhebt sich, tragisch, und ersucht mit seiner

62 Großer Theater- und Konzertsaal in Montmartre.

63 Es heißt in vielen Quellen, die Commune selbst hätte diese Gebäude aus Verteidigungsgründen in Brand gesetzt. Louise Michel zeichnet weiter unten ein anderes Bild von diesen Bränden.

Stimme, die einem Hauch gleicht, die Mitglieder der Commune, ihre Schärpen anzulegen und die Bataillone zu inspizieren. Man klatscht Beifall.

Als hätte man sie zum Appell gerufen, schieben sich die Bataillone eines nach dem anderen in den Saal, die Kanone donnert und diese Szene wirkt so groß, dass alle, die sich in der Nähe von Delescluze befinden, an die Möglichkeit des Sieges glauben.

Man sucht den Leiter der Pioniere, er fehlt, ist vielleicht tot.

Das Wohlfahrtskomitee wird handeln, ohne auf die Abwesenden zu warten, der Tod ist überall, jeder muss kämpfen, bis er fällt.

Im Faubourg Antoine gibt es noch drei Kanonen, die umliegenden Straßen sind durch Barrikaden abgesperrt.

An der Place du Château-d'Eau: eine Steinmauer und zwei Kanonen.

Brunel ist im I., Ranvier auf den Buttes Chaumont.

Wroblewski an der Butte aux Cailles. Man hat Vertrauen.

Sowohl an der Porte Saint-Denis wie auch an der Saint-Martin stehen Kommunarden. Wer weiß, ob Delescluze nicht doch recht hat? Die Commune wird siegen! Zumindest wird Paris unbesiegt sterben.

In aller Stille sitzen Frauen dicht gedrängt auf den Stufen des Bürgermeisteramtes im XI. und nähen Säcke für die Barrikaden.

Im Amtssaal sitzen die Mitglieder des Sicherheitsdienstes, sie werden der Gefahr angemessen begegnen.

Delescluze, Ferré, Varlin, J. B. Clément und Vermorel strahlen großes Vertrauen aus (zweifellos in den Tod!).

Von allen Seiten stürmt das Feuer der Mitrailleusen gegen uns, besonders schrecklich an der Place du Château-d'Eau, und in diesem Moment erscheint dort Delescluze.

Lissagaray erzählt als Zeuge von Delescluzes grandiosem Tod:

> Er ging mit Jourde, Vermorel, Theisz, Jaclard und etwa fünfzig Kommunarden in Richtung Château-d'Eau. Delescluze in seiner gewöhnlichen Kleidung, Hut, Gehrock und schwarze Hose, rote Schärpe um den Gürtel, wie er sie trug, unauffällig, ohne Waffe, auf seinen Stock gestützt.
>
> Da wir am Château-d'Eau Panik befürchteten, folgten wir dem Delegierten, dem Freund.
>
> Einige von uns machten bei der Kirche Saint-Ambroise einen Zwischenhalt, um uns mit Patronen zu versorgen. Wir trafen einen elsässischen Kaufmann, der sich seit fünf Tagen hier auf-

hielt, um diese Versammlung[64], die sein Land verraten hatte, abzuschießen. Er hatte einen zerschossenen Oberschenkel davongetragen. Etwas weiter weg stützte der verletzte Lisbonne Vermorel, Theisz und Jaclard.
Vermorel fiel hin, als er ebenfalls schwer verletzt wurde. Theisz und Jaclard halfen ihm auf, trugen ihn auf einer Liege davon. Delescluze drückt dem Verletzten die Hand und sagt ihm Worte der Hoffnung.
Fünfzig Meter vor der Barrikade sieht man die wenigen Gardisten, die Delescluze gefolgt sind, nicht mehr, weil die Geschosse den Anfang des Boulevards verdunkeln.
Die Sonne ging gerade hinter dem Platz unter. Delescluze setzte seinen Weg fort, ohne sich zu vergewissern, ob man ihm folgte, das einzige lebende Wesen mitten auf dem Boulevard Voltaire. An der Barrikade angekommen, bog er nach links ab und kletterte auf die Pflastersteine.
Ein letztes Mal sahen wir dieses strenge, von seinem kurzen weißen Bart eingerahmte Gesicht, das sich dem Tod zuwandte.
Plötzlich verschwand Delescluze, er war getroffen auf die Place du Château-d'Eau gefallen.
Einige Männer wollten ihn aufheben, drei oder vier fielen, wir durften nur noch an die Barrikade denken, ihre wenigen Verteidiger zusammenschließen. Mitten auf der Straße schrie Johannard weinend und mit erhobenem Gewehr den Verängstigten zu:
»Nein, ihr seid nicht würdig, die Commune zu verteidigen!«
Regen fiel, wir kehrten um, den Körper unseres armen Freundes der Schändung durch einen respektlosen Gegner preisgebend. Er hatte niemanden vorgewarnt, nicht einmal seine besten Freunde. Still, mit einem einzigen Vertrauten, seinem strengen Gewissen, marschierte Delescluze auf die Barrikade, wie einst die Montagnards* aufs Schafott gestiegen waren.

LISSAGARAY, Histoire de la Commune

In allen von Versailles eingenommenen Bezirken fließt Blut in Strömen. An manchen Orten halten Soldaten, die des Gemetzels müde sind, inne wie satte Raubtiere.

Ohne Repressalien ginge das Töten noch weiter.

64 Die Versammlung von Bordeaux.

Allein das Dekret über die Geiseln[65] hindert Galliffet, Vinoy und die anderen daran, alle Einwohner von Paris abzuschlachten.

Da man begonnen hat, das Dekret umzusetzen, werden den Exekutionskommandos Gefangene entzogen, die man gerade noch mit Gewehrkolbenhieben an die Mauer getrieben hat, an der bereits haufenweise Tote und Sterbende liegen.

Wir haben später in Neukaledonien einige dieser knapp dem Tod Entronnenen wiedergesehen.

Rochefort erzählt, was ihm ein Reisegefährte oder vielmehr ein Käfiggefährte auf dem Weg zu den Antipoden erzählte. Er sagte Folgendes:

> Man hatte gerade fünfzehn Gefangene exekutiert und er war an der Reihe. Er stand mit einem Taschentuch auf den Augen an die Wand gepresst, denn diese Folterer wollten manchmal die Formen wahren.
>
> Er harrte der zwölf Kugeln, die ihm zustanden, und fand gerade, dass die Zeit etwas lang wurde. Da löste ihm ein Sergeant die Todesbinde und rief den Männern des Exekutionskommandos zu: »Links um!«
>
> »Was gibt's?«, fragte der Patient.
>
> »Es gibt«, antwortete bedauernd der Leutnant, der den Schießbefehl innehatte, »dass die Commune gerade erklärt hat, sie würde ihre Gefangenen ebenfalls erschießen, wenn wir die unseren weiterhin füsilieren, und dass die Regierung ab jetzt standrechtliche Hinrichtungen verbietet.«
>
> Auf diese Weise wurden zugleich mit diesem einen dreißig weitere Kommunarden dem Leben zurückgegeben, allerdings nicht der Freiheit, denn sie wurden zu den Pontons gebracht, von wo mein Zuchthauskamerad mit mir gemeinsam nach Neukaledonien verfrachtet wurde.
>
> HENRI ROCHEFORT, Abenteuer meines Lebens, 3. Band

Nach dem Triumph von Versailles nahm dieses die standrechtlichen Hinrichtungen wieder auf. Die Arme der Soldaten waren blutbespritzt wie die von Metzgern, die Regierung hatte nichts mehr zu befürchten.

Man wird sehen, wie winzig die Zahl der von der Commune durchgeführten Hinrichtungen war! Im Vergleich zu den offiziell zugegebenen 35.000, die wohl eher 100.000 und mehr ausmachen.

65 Die Commune hatte beschlossen, dass für jeden getöteten Kommunarden drei Geiseln aus Versailles getötet werden sollten.

Der Graf von Beaufort wurde, da ihn ein Bataillon wiedererkannt hatte, das er beschimpft und dem er vor zahlreichen Zeugen vorgeworfen hatte, mit den Versaillern gemeinsame Sache zu machen, trotz der Intervention der Marketenderin Marguerite Guinder, verheiratete Lachaise, die alles unternahm, um ihn zu retten, vor ein Exekutionskommando gestellt. Später wurde ihr vorgeworfen, an seinem Tod schuld zu sein und sogar seine Leiche beschimpft zu haben, als ob diese großzügige Frau eine Strafe verdient hätte, weil sie einen Verräter retten hatte wollen.

Man hätte Chaudey, der seit einigen Wochen unter Anklage stand, weil er am 22. Jänner Befehl gegeben hatte, in die Menge zu schießen, nicht füsiliert, wenn Versailles seine Grausamkeiten nicht verdoppelt hätte, und das trotz der Depesche, die, mit 22. Jänner 2 Uhr 50 nachmittags datiert, aus dem Rathaus an Jules Ferry adressiert war:

> Chaudey erklärt sich damit einverstanden, im Rathaus zu bleiben. Sehen Sie aber zu, dass der Platz schnellstmöglich leergefegt wird. Dies entspricht im Übrigen Chaudeys Standpunkt.
>
> CAMBON

Auch trotz Aussagen wie dieser: »Die Stärksten werden die anderen erschießen, wenn Versailles sie nicht schlachtet« – er hatte vor seiner Einkerkerung weniger feindlich gewirkt. Möge sein Tod wie der aller anderen, wie alle Schicksale dieser Epoche auf die Monster zurückfallen, die sich schlachtend ihren Weg durch die Herde bahnten und ihre Pflicht mit Repressalien zu erfüllen meinten.

Möge man die Brunnen durchsuchen! Die Steinbrüche, die Pflastersteine auf den Straßen, ganz Paris ist voller Toter und so viel Asche wurde in alle Winde verstreut, dass sie überall den Boden bedeckte.

Hörte man diejenigen, die das Exekutionskommando für die ersten Geiseln bildeten, wild entschlossene Freiwillige, die bis dahin die sanftesten aller Männer gewesen waren, nicht etwa ausrufen: »Ich räche meinen Vater«, »Ich meinen Sohn«, »Ich räche alle jene, die niemanden haben!«?

Glaubt ihr wirklich, dass alle Erinnerung unter der Erde begraben bleibt, dass das vergossene Blut nie Blüten treibt, wenn der Kampf wieder aufgenommen wird?

Es kommt die Rache der Enterbten, und die wird größer sein als die Welt.

.....

Verrückteste Gerüchte wurden über die »Pétroleuses«* verbreitet. es gab keine Pétroleuses.[66] Die Frauen kämpften wie Löwinnen, doch nur ich spuckte Feuer angesichts dieser Ungeheuer vor uns.

Nein, es waren keine Kämpferinnen, sondern unglückselige Familienmütter, die glaubten, sie wären in den eroberten Vierteln sicher. Man sah sie als Brandstifterinnen an, als Petroleumträgerinnen, und stellte sie an die Wand, wenn sie mittels irgendeines Küchenutensils (etwa einer Milchflasche) zeigten, dass sie Nahrung für ihre Kleinen holen wollten! – Die Kleinen warteten lange darauf, dass ihre Mütter wieder heimkämen!

Manche Kinder wurden auf den Armen ihrer Mütter mit diesen gemeinsam erschossen, auf den Bürgersteigen stapelten sich die Leichen.

Wie hätten wir von Müttern Verständnis für den Gedanken erwarten können, dass wir unbesiegt unter der Asche von Paris sterben wollten?

Das Rathaus brannte wie eine Laterne! Gegenüber spiegelte sich die rächende Flamme als windgepeitschte Feuerwand auf dem Boden, in den Blutlachen wider, die unter den Kasernentoren auf die Straßen, auf alle Wege herausrannen!

Bald floss von der Kaserne von Lobeau das Blut in zwei Bächen Richtung Seine, deren Wasser lange rot blieb.

Millière fällt auf den Stufen zum Pantheon und ruft: »Es lebe die Menschheit!« Der Schrei wurde zur Prophezeiung, er ist es, der uns heute vereint.

Rigaud wurde in der ersten Stunde der Eroberung seines Viertels in der Rue Gay-Lussac, wo er wohnte, ermordet. P..., der Kommissar der Commune, der dabei war, als man Vaysset hinrichtete, ging in der Schreckensstille, die nach dem Sieg der Ordnungshüter herrschte, gerade an der Rue Gay-Lussac vorbei, als er die Augen zur Wohnung von Gaston Dacostas Freunden hob. Er sah jemanden am Fenster stehen und hinunterblicken, und diese Person schien ihm etwas zeigen zu wollen.

Da sah er eine Leiche mit ausgestreckten Armen wie gekreuzigt auf dem Bürgersteig liegen. Die Uniform war offen, die Abzeichen waren heruntergerissen, die kleinen weißen Füße nackt, nach Art von Versailles der Schuhe beraubt. Der Kopf war voller Blut, das aus einem kleinen Loch auf der Stirn auf Bart und Gesicht herunterrann, so dass man nicht erkennen konnte, wer es war.

66 Manche Quellen behaupten, die Kommunardinnen und Kommunarden hätten Feuer gelegt. Louise Michel dementiert das weiter unten.

Ein Augenzeuge erzählte ihm, Rigaud habe bei seiner Ankunft in seinem Wohnhaus seine Kampfuniform eines Kommandanten des 114. Bataillons getragen.

Er wollte die Papiere verbrennen, die er in seiner Wohnung aufbewahrte.

Soldaten waren ihm wegen seiner Uniform gefolgt. Sie kamen fast zugleich mit ihm an und taten, als ob sie den Besitzer des Hauses, einen gewissen Chrétien, für einen Offizier der Kommunarden hielten, damit der aus Angst denjenigen auslieferte, den sie hineingehen gesehen hatten.

Da Chrétien protestierte, hörte Rigaud alles und rief: »Ich bin kein Feigling, und du, lauf!«

Er kam stolz herunter, übergab seinen Gürtel, seinen Säbel und seinen Revolver und folgte denen, die ihn verhafteten.

Mitten auf der Straße trafen sie einen Offizier der regulären Armee, der schrie:

»Wer ist nun dieser Elende?«, sich an den Gefangenen wendend wollte er ein »Es lebe Versailles!« aus diesem herauslocken.

»Ihr seid Mörder«, antwortete Rigaud. »Es lebe die Commune!«

Das waren seine letzten Worte. Der Offizier, ein Sergeant, nahm seinen Revolver und schoss aus nächster Nähe. Die Kugel hatte in der Mitte der Stirn dieses kleine schwarze Loch gemacht, aus dem das Blut floss.

Lange Zeit wollte niemand an Rigauds Tod glauben; einige versicherten, ihn an der Spitze seines Bataillons gesehen zu haben, da er aber sehr mutig war, musste man wohl nach so langer Abwesenheit erkennen, dass er tot war.

Seit dem Eindringen der Versailler Armee reizten die Nationalgardisten, die sich der Ordnungsmacht verpflichtet fühlten, die Armee zum Töten. Da die einen Verrat begangen hatten und die anderen sich fürchteten, dass man sie für Aufständische halten könnte, hätten sie die Welt abgeschlachtet. Diese Kretins waren wild wie die Tiger.

Die meisten wollten Versailles ihren guten Willen beweisen. In den eroberten Vierteln zeigten sie die Anhänger der Commune an und ließen die, denen sie grollten, erschießen.

Der dumpfe Kanonendonner, das Sirren der Kugeln, die Klage der Sturmglocke, die Kuppel aus feurigem Rauch, das alles bewies, dass der Todeskampf von Paris nicht vorbei war und dass die Stadt sich nicht ergeben würde.

Keiner der Brände dieser Zeit ging auf das Konto der Commune; viele waren gewissen Eigentümern oder Händlern zuzuschreiben, die Feuer legten, um Gebäude oder Waren, mit denen sie nichts mehr anfangen konnten, ersetzt zu bekommen. Andere wurden durch Brandbomben der Versailler erzeugt oder entstanden, weil sich Brände ausbreiteten.

Der Brand des Finanzministeriums wurde durch Falschaussage Ferré angelastet, der das, wenn er ihn gelegt hätte, wohl zugegeben hätte: Es störte nämlich bei der Verteidigung.

Unter den freiwillig Massakrierenden, die Versailles von ihrer Treue überzeugen wollten, indem sie es beim Töten unterstützten, gab es, sagt man, einen alten ehemaligen Bezirksbürgermeister, dann einen Bataillonführer, der die Commune verraten hatte. Auch einfache Armbindenträger, die einfach gern töteten. Völlig irrsinnig führten sie die Versailler Meute an.

Die Jagd auf Kommunarden war breit angelegt. Man tötete in den Lazaretten: Ein Arzt, Doktor Faneau, der seine Verletzten nicht ausliefern wollte, wurde selbst exekutiert. Was für eine Szene!

Die Versailler schleichen herum und versuchen die letzten Verteidiger von Paris am Kanal und an den Stadtmauern zu erwischen.

Die Barrikade des Faubourg Antoine ist eingenommen, die meisten Kämpfer wurden erschossen, einige von ihnen, die sich in den Hof der Wohnsiedlung Parchappe flüchten konnten, warten. Sie finden kein anderes Asyl. Die Lehrerin, Mademoiselle Longchamp, zeigt ihnen ein Loch in der Mauer, durch das sie entkommen können, sie vergrößern es und sind gerettet.

Versailles breitet ein riesiges rotes Leichentuch über Paris, nur eine Ecke ist noch nicht über die Leiche geschlagen.

Die Mitrailleusen mahlen in den Kasernen. Man tötet wie auf der Jagd, es ist ein menschlicher Schlachthof. Wenn jemand schlecht getroffen wurde und stehenbleibt oder gegen Mauern läuft, schießt man ihm nach, um ihn endgültig zu fällen.

Da erinnern wir uns an die Geiseln, an die Priester: Vierunddreißig Agenten von Versailles und des Kaiserreichs werden erschossen.

In der anderen Waagschale liegen Berge von Leichen. Die Zeit ist vorbei, in der die Commune meinte, sie wolle Witwen und Waisen keiner Fahne zuordnen. Kürzlich hat sie noch Brot an 74 Frauen ausgeteilt, die Frauen derer, die heute auf uns schießen. Auch wenn das noch nicht viele Tage zurückliegt, ist nun keine Zeit mehr für Barmherzigkeit.

Die Tore des Père Lachaise, wohin sich Kommunarden für die letzten Kämpfe flüchten, werden von den Kanonen zerschossen.

Die Commune hat keine Munition mehr, nach der letzten Patrone ist Schluss.

.....

Die Handvoll Tapferer auf dem Père Lachaise schlägt sich zwischen den Gräbern gegen eine ganze Armee in den Gräben, in den Grüften, mit dem Säbel, mit dem Bajonett, mit Gewehrkolbenhieben. Die in der Überzahl, die besser Bewaffneten, die Armee, die ihre Kraft für Paris aufbewahrte, erschlägt die Mutigsten, schlachtet sie ab.

An der großen weißen Mauer vor der Rue du Repos[67] werden die von dieser heldenhaften Handvoll Übriggebliebenen sofort erschossen. Beim Fallen rufen sie: »Vive la Commune!«

Wie überall bereiten die weiteren Salven denen ein Ende, die von den ersten verschont geblieben sind. Einige sterben unter den Leichenhaufen oder erst unter der Erde.

Eine letzte Handvoll dieser Helden der letzten Stunde begeben sich mit ihrer roten Schärpe zur Barrikade der Rue Fontaine-au-Roi. Weitere Mitglieder der Commune und des Zentralkomitees stoßen dazu und reichen einander in dieser Nacht des Sterbens die Hand.

Auf der Barrikade weht eine riesige rote Fahne: Hier stehen die beiden Ferrés, Théophile und Hippolyte, sowie J.-B. Clément, Cambon, einer von Garibaldi, Varlin, Vermorel und Champy.

Die Barrikade der Rue Saint-Maur ist gerade gefallen, die von der Rue Fontaine-au-Roi trotzt noch, spuckt Mitrailleusensalven in das blutige Gesicht von Versailles.

Man fühlt das wütende Wolfsrudel näher kommen. Der Commune gehört nur noch eine Parzelle von Paris von der Rue du Faubourg-du-Temple bis zum Boulevard Belleville.

An der Rue Ramponeau hält ein einzelner Kämpfer die Versailler einen Augenblick auf.

Die Einzigen, die noch stehen, als die Kanone des Père Lachaise schweigt, sind die von der Rue Fontaine-au-Roi.

Sie haben nicht mehr viel Munition, die Salven der Versailler donnern über ihnen.

In dem Moment, in dem ihre letzten Schüsse abgefeuert werden sollen, erscheint ein junges Mädchen aus der Richtung der Barrikade an der Rue Saint-Maur und bietet ihnen ihre Dienste als Sanitäterin an. Sie bleibt allen Versuchen zum Trotz, sie aus dieser Todeszone entfernen zu wollen.

Einige Augenblicke später vereinen die Barrikadenkämpfer alle restliche Munition zu einer riesigen Explosion, mit der sie untergehen. Bis Satory hörten wir, die man bereits geschnappt hatte, den Lärm. Der Sanitäterin der letzten Barrikade und der letzten Stunde

67 Rue du Repos = Straße der Ruhepause. »Le dernier repos« hieße »die letzte Ruhe«.

widmete J.-B. Clément lange danach sein Kirschenlied. – Niemand sah sie je wieder.

> Die Zeit der Kirsch'n werd immer ich lieben,
> Es ist die Zeit, die ich trag in meinem Herz,
> Ein freier Platz.
> Und Frau Fortune, als sie ihn anbot,
> Wüsste kein Lindern für meinen Schmerz.
> Die Zeit der Kirsch'n werd immer ich lieben
> Und die Erinn'rung, die ich trag im Herz.
>
> J.-B. CLÉMENT

Die Commune war tot, und sie begrub tausende unbekannte Helden mit sich.

Dieser letzte Kanonenschuss, riesig und schwer mit seiner doppelten Ladung, ließ uns fühlen, dass das das Ende war. Aber hartnäckig, wie es angesichts der Niederlage üblich ist, wollten wir es nicht wahrhaben.

Während ich stur behauptete, ich könnte hören, dass die Kämpfe weitergingen, erbleichte ein anwesender Offizier vor Zorn, vielleicht auch vor Angst, dass das die Wahrheit sein könnte.

An diesem Sonntag, dem 28. Mai, ließ General Mac-Mahon im menschenleeren Paris folgenden Aushang anbringen:

> Bewohner von Paris,
> die französische Armee ist gekommen, um euch zu retten! Paris ist befreit, unsere Soldaten haben innerhalb von vier Stunden die letzten Stellungen der Aufständischen beseitigt. Der Kampf endet heute, *Ordnung, Arbeit* und *Sicherheit* werden wiederauferstehen.
>
> Maréchal von Frankreich, Oberbefehlshaber
> MAC-MAHON, Herzog von Magenta

An diesem Sonntag wurde Varlin in der Nähe der Rue de Lafayette verhaftet: Man band ihm die Hände und als sein Name bekannt wurde, war er bald von dieser seltsamen Menschenmenge der schlechten Tage umringt.

Ein Trupp Soldaten nahm ihn in seine Mitte, um ihn zum Hügel zu führen, wo die Schlachtbank war.

Die Menge schwoll an, nicht die hitzige, beeindruckbare, großzügige, die wir kannten, sondern der Mob der Niederlagen, der den Siegern huldigt und die Besiegten beleidigt, die Menge des ewigen »Vae victis«.

Da nun die Commune auf dem Boden lag, half diese Menge beim Schlachten.

Man wollte Varlin zuerst vor einer Mauer am Fuße der Hügel hinrichten, aber eine Stimme schrie: »Wir wollen ihn noch ein bisschen spazieren führen!«, andere riefen: »Auf zur Rue des Rosiers!«

Die Soldaten und ihr Offizier gehorchten. Mit gefesselten Händen kletterte Varlin unter Beschimpfungen, Schreien und Schlägen auf die Hügel. Etwa zweitausend dieser Elenden machten mit. Er schritt, ohne schwach zu werden, mit erhobenem Haupt. Da ging das Gewehr eines Soldaten ganz ohne Befehl los und machte seinem Leid ein Ende, die Menge folgte, die Soldaten stürzten vor, um ihn kaltzumachen, er war tot.

Das reaktionäre, das schaulustige Paris, das sich in den schrecklichen Stunden versteckt, kam nun, da es nichts mehr zu befürchten hatte, hervor, um die Leiche von Varlin *zu begaffen*. Mac-Mahon, der ständig mit den achthundert und noch ein paar mehr Leichen, die zu Lasten der Commune gingen, hausieren ging, legitimierte Terror und Tod in den Augen derer, die eigentlich blind waren.

Vinoy, Ladmirault, Douay und Clinchamp kommandierten das Schlachten und vierteilten, wie Lissagaray es bezeichnet, Paris in vier Kommandozonen.

Wie viel schöner wäre doch der Scheiterhaufen gewesen, der uns lebendig verschluckt hätte, als dieses Massengrab! Um wie viel weniger hätte die in alle Windrichtungen für die Freiheit verstreute Asche der Bevölkerung weniger Angst eingejagt als dieses Abschlachten von Menschen!

Die alten Männer von Versailles brauchten dieses Blutbad, um ihre alten, zittrigen Körper aufzuwärmen.

Die Ruinen des Großbrands der Verzweiflung prägt ein seltsames Siegel.

Mit seinen leeren Fenstern, die wie Augen von Toten blickten, hielt das Rathaus zehn Jahre lang nach der Rache der Völker Ausschau; hätte man seine Ruine nicht geschliffen, würde es immer noch wie wir alle auf den großen Weltfrieden warten.

Ich konnte es bei meiner Rückkehr aus Neukaledonien begrüßen. Der Rechnungshof, die Tuilerien sind noch Zeugen, dass wir unbesiegt sterben wollten. Erst zum heutigen Tag[68] werden die Ruinen des Rechnungshofs für die Arbeiten zur Weltausstellung weggeräumt.

68 1895, also 24 Jahre nach den geschilderten Ereignissen.

Man versteigert die Fresken von Théodore Chassereau, von denen eine einzige, *La Force et l'Ordre*, in gutem Zustand ist, und auch die zwischen den Steinen der Ruine gewachsenen Baumgruppen, auf denen aufgeregte Vogelschwärme Schutz fanden. Hätten statt der Paläste die Hütten gebrannt, auf dass man darin nie mehr Hungers sterben könnte, wer weiß, vielleicht wäre das mit dem Morden nicht so leicht gewesen.

Beklagen wir uns nicht über die Langsamkeit der Dinge, der Germinal des Jahrhunderts keimt auf diesem Humus des Todes.

Die Langmut der Leidtragenden scheint ewig zu währen, doch auch vor der Sturmflut wirkt das Wasser geduldig und sanft und zieht sich in langen, weichen Wellen zurück. Aber diese werden sich aufblähen, zu Bergen aufgetürmt zurückkehren und brüllend über dem Ufer zusammenbrechen, das sie mit sich in den Abgrund reißen werden.

So haben wir es im Land der Zyklone[69] beobachten können, wo man in den unerbittlichen Kämpfen der Natur die Luftspiegelung ganzer Schlachten sah. Wie Gewehrsalven knattern und prasseln die sich in plötzlichen Sturzbächen auf die Wälder herabstürzenden Wassermassen.

Mit lautem Getöse bersten Bäume, Breschen werden in Felsen genagt und der Chor der Stürme erfüllt die Strände inmitten der tiefen Stille allen Daseins.

Ähnlich wie menschliches Klagen stürzt es, reißt auf, skandiert von Warnschüssen, auch hier.

Die Windböen klingen höher als die Blechmusik, die in der Luft sich ausbreitende Elektrizität kitzelt wie Schießpulver.

Mit rauer Stimme werfen die Fluten, als wollten sie klettern, ihre weißen Schaumkrallen an die Felswände.

Von schrecklicher Kraft hochgehoben, wird der Ozean in Abgründe geschleudert, als würden riesige Arme ihn wie Teig kneten, ihn nehmen und zurückwerfen. Und inmitten dieser furchtbaren Gewalt entwickeln sich unbekannte Kräfte. Der Blutstrom steigt mächtiger zum Herzen auf, bringt all diese konfusen Erinnerungen aus den Abgründen und der entfernten Vergangenheit herauf, die aus dem Anblick der entfesselten Natur emporsteigen.

Im unerbittlichen Kampf von Paris war der Eindruck derselbe, aber hier wurde das Herz nach vorn getragen, dorthin, wo, noch weit entfernt, der Fortschritt entstehen würde.

69 Louise Michel zieht ihre Naturbeobachtungen aus Neukaledonien öfter für Gleichnisse heran, um damit die menschliche Gesellschaft und ihre Auseinandersetzungen zu beschreiben.

Vielleicht durchlebten wir so den ewigen Wandel.

Vom Schlachten angelockt und hinter der regulären Armee herziehend erschienen, als die Commune tot war, kurz vor den Fleischfliegen, diese Ghule, auch sie aus einer entfernten Vergangenheit emporsteigend, vielleicht einfach nur verrückt, besoffen und berauscht vom Blut.

Elegant gekleidet schlichen sie zum Schlachttisch, sahen sich an den Toten satt, in deren blutigen Augen sie mit der Spitze ihrer Sonnenschirme herumstocherten.

Einige, die man für »Pétroleuses« hielt, wurden auf einem Haufen mit anderen erschossen.

II
Der kalte Jagdanteil

Paris, blutend, im Mondenschein,
Träumt über dem Grab der Commune.
VICTOR HUGO

Am Abend nach der Jagd werfen Jagdgehilfen den Hunden, nachdem diese sich vom zuckenden Leib der getöteten Beute ihren Anteil holen durften, im Zwinger blutgetränkte Brotstücke zu. Genauso offerierten die Versailler Bourgeois den Schlächtern ihren kalten Jagdanteil.

Zuerst hatte die Massentötung Viertel für Viertel beim Eintreten der regulären Armee stattgefunden, dann in den Häusern, den Lazaretten, überall blies man zur Jagd auf den Kommunarden.

Man jagte in den Katakomben und in den »Carrières d'Amérique«* mit Hunden und Fackeln, aber man hatte Angst dabei.

Die in den unterirdischen Gängen verirrten Versailler Soldaten meinten, dort umkommen zu müssen.

In Wahrheit waren sie von dem Gefangenen, den sie gerade erwischt hatten, Richtung Ausgang geführt worden, und da sie ihn als Dank dafür nicht dem Erschießen ausliefern wollten, ließen sie ihn am Leben, hielten dies aber geheim, denn ihre Herren hätten sie wiederum mit dem Tod bestraft. Sie verbreiteten über die Katakomben grauenerregende Berichte.

Man erzählte, dass sich in den »Carrières d'Amérique« bewaffnete Kommunarden versteckten und der Eifer für diese Treibjagden, die man nach dem Vorbild der englischen Fuchsjagd veranstaltete, verringerte sich. Manchmal sieht das Tier Hunde und Jäger vorbeiziehen, manchmal hat man es gesehen, es scheint nicht allzu begierig zu sein, sich vorzuwagen und den heißen Atem der Hunde auf sich zu spüren. Ebenso widerwillig zeigten sich die gejagten Männer.

Einige starben friedlich am Hunger und träumten dabei von der Freiheit.

Die Offiziere von Versailles, absolute Herrscher über das Leben der Gefangenen, verfügten nach Belieben darüber.

Man bediente sich weniger oft der Mitrailleusen als in den ersten Tagen. Es gab nun, wenn die Zahl derer, die man umbringen wollte, zehn überstieg, bequemere Schlachthöfe wie etwa die Kasematten der Befestigungsanlagen, in denen man die Leichen stapelte und die man bei Überfüllung schloss, oder den Wald von Boulogne, der einem zugleich einen Spaziergang bescherte.

Da aber alles voller Toter war, zog dieses riesige Grab grauenerregende Schwärme von Fleischfliegen an, und die Sieger, die die Pest fürchteten, stellten die Hinrichtungen ein.

Dem Tod ging nichts verloren: Die in der Orangerie, in den Kellern von Versailles und Satory zusammengepferchten Gefangenen wurden bald, da kein Verbandszeug für die Verletzten vorhanden war und sie schlechter ernährt wurden als Tiere, vom Fieber und der Erschöpfung hinweggerafft.

Einige, die durch die Gitter hindurch ihre Frau oder ihre Kinder erblickten, wurden schlagartig verrückt.

Andererseits durchsuchten Kinder, Frauen und Alte die Massengräber in der Hoffnung, in den Karrenladungen voller Leichen, die unentwegt hineingeschüttet wurden, ihre Angehörigen zu finden.

Magere Hunde strichen gesenkten Kopfes und heulend umher, einige Säbelhiebe wurden den armen Tieren gerecht, und wenn der Schmerz der Frauen und Alten zu groß wurde, nahm man sie einfach fest.

In der ersten Zeit hatte irgendjemand versprochen, 500 Francs Belohnung für diejenigen auszusetzen, die den Zufluchtsort eines Mitglieds der Commune oder des Zentralkomitees anzeigen würden. Das Gerücht wurde in Frankreich und im Ausland verbreitet und jeder, der sich in der Lage wähnte, einen Verfolgten zu verkaufen, war eingeladen.

Die Versailler Regierung richtete ab dem 20. Mai folgendes Schreiben an Vertreter ausländischer Regierungen.

> Monsieur,
> das abscheuliche Werk der Schurken, die den heroischen Anstrengungen unserer Armee unterliegen, kann mit keinem politischen Akt verglichen werden, denn es besteht aus einer Reihe von Verbrechen, die durch die Gesetze jedes zivilisierten Volkes erkannt und bestraft werden.
> Mord, Diebstahl und Brandstiftung, mit System verordnet und mit infernalischer Geschicklichkeit vorbereitet, dürfen ihren Komplizen keinen anderen Unterschlupf bieten als den der gesetzlichen Buße.
> Keine Nation darf sie mit Immunität schützen und ihre Anwesenheit würde auf jedem Boden eine Schande und eine Ge-

fahr darstellen. Sollten Sie daher erfahren, dass ein in das Attentat von Paris verwickeltes Individuum die Grenzen der Nation überschritten haben soll, für die Sie akkreditiert sind, ersuche ich Sie, seine unmittelbare Verhaftung von den örtlichen Behörden einzufordern und mich umgehend davon in Kenntnis zu setzen, damit ich diese Situation mit Hilfe eines Auslieferungsantrags in geregelte Bahnen leiten kann.

JULES FAVRE

England beantwortete dieses Schreiben mit der Aufnahme der verfolgten Kommunarden. Nur die spanische und die belgische Regierung versicherten Versailles ihrer Mithilfe.

Allerdings öffnete Belgien nach den ersten Augenblicken, in denen man das Haus von Victor Hugo belagerte, weil er, wenngleich über manche Persönlichkeiten schlecht informiert, Flüchtlingen Asyl geboten hatte, nach diesen ersten Augenblicken, wiederholen wir, öffnete Belgien, da es nun besser Bescheid wusste, seine Pforten, um sie nicht mehr zu schließen.

Vaughan, Deneuvillers* und Constant Martin gehörten zu denen, die Versailles zu den Missetätern zählen ließ.

Die breite und vom ersten Augenblick an dargebotene Gastfreundschaft macht aus England seit Langem ein ruhmreiches Vorbild. Während andere auf die in den Tiefen ihrer Vergangenheit verborgenen Grausamkeiten zurückgreifen, schöpft England aus seiner Tugend: der Gastfreundschaft.

Noch heute finden Verfolgte, die vor den Schlächtern des roten Sultans* fliehen konnten, sowie aus Montjuich entkommene Folteropfer, wie einst die Flüchtlinge der Commune, in London einen Stein, auf dem sie ihren Kopf ausruhen können.

Nachdem eine belgische Zeitung, *La Liberté*, den leidvollen Bericht eines nach der Einnahme von Châtillon verhafteten und unter tausend Beleidigungen nach Brest verfrachteten Gefangenen veröffentlicht hatte, verstand man zugleich die Wesensart der Kommunarden und die wilde Grausamkeit von Versailles; die Dinge klärten sich in Brüssel wie in England.

Nach der Einnahme von Paris waltete man mit noch größerer Unnachgiebigkeit.

Soldaten und Gendarmen hatten die Order, mit ihrem Revolver durch die Luftlöcher in den Viehwaggons zu schießen, in denen Gefangene für Langstreckentransporte zusammengepfercht worden waren, wenn sich darin etwas regte (man exekutierte den Befehl). Satory war die Zwischenstation, von wo man die Gefangenen in den Tod, auf die Pontons oder nach Versailles schickte.

Das Blut trocknete nicht gut auf dem Straßenpflaster, die gesättigte Erde konnte nichts mehr davon aufnehmen, so dass man immer noch meinte, es purpurrot auf den Wassern der Seine fließen zu sehen.

Man musste die Leichen verschwinden lassen, die Teiche der Buttes Chaumont gaben ihre wieder her, sie schwammen aufgebläht auf dem Wasser.

Die man eilig eingegraben hatte, trieben unter der Erde auf, wie keimendes Korn durchstießen sie die Oberfläche.

Man hatte die größten Haufen verwesenden Fleisches bewegt, um sie in die Massengräber zu transferieren, und man trug sie überall hin, wo noch Platz war. In den Kasematten verbrannte man sie schließlich mit Teer und Petroleum, so auch rund um Friedhöfe, in eigens dafür ausgehobenen Gräben, und karrenweise auf dem Platz des Triumphbogens.

Es kann wohl sein, dass dereinst, wenn das Champ-de-Mars für die nächste Weltausstellung umgegraben wird, die ausgebleichten, verbrannten Knochen in Reih und Glied wie auf dem Schlachtfeld der Maitage wieder auftauchen, obwohl man sie unter einer Teerschicht, über der auf langen Dochten Flammen brannten, begraben hatte.

Einige werden sich an den rötlichen Schimmer erinnern, an den dichten Rauch, den man an manchen Abenden, nachdem Paris gestorben war, von Weitem sehen konnte. Das war der Scheiterhaufen, der seinen widerlichen Geruch verströmte.

Da waren die Toten, auf die man immer noch wartete, man wartete lange auf sie, dann wurde man müde, weil sich nichts tat, und doch hoffte man beinahe immer noch.

Da waren die Frauen unter ihren alten Brusttüchern, unter denen sie ein paar Samen versteckten, die sie hastig in die Gruben auf den Friedhöfen streuten.

Dort gingen sie üppig auf, einige blühten wie Blutstropfen und die Frauen wurden ertappt und grob beschimpft. Trotz allem waren die Gruben immer voller Blumen.

Eine von ihnen, Madame Gentil, deren Mann 1848, vielleicht sogar 1830 gekämpft hatte, ließ jahrelang die Tür nur angelehnt, damit er, ohne Aufmerksamkeit zu erregen, heimkommen könne.

Er hatte ja die Junitage gut überstanden, eines Abends war er heimgekehrt, warum sollte er dies nicht nach den Maitagen schaffen?

Sie zog die Blumen in ihrem Garten für die Toten, aber sie wollte nicht, dass ihr Mann einer von ihnen wäre. Ihr Hund, ein großes weißes Schaf, wartete an der Friedhofspforte auf sie. Nachts wartete er mit ihr auf den Herrn.

Madame Gentil glaubte zu wissen, wo man Delescluze begraben hatte, und sie sagte es ihrer Schwester, mit der sie oft zusammen war.

Man verhaftete sie nicht, was sie vielleicht dem Umstand verdankte, dass man sie auf ihren Mann warten sah, den man mit ihr gemeinsam gefasst hätte. Vielleicht aber verdankte sie es auch einer einflussreichen Familie, die, ohne dass sie selbst es jemals erfuhr, von ihrem Trotz gerührt war, mit dem sie dem Tod die Stirn bot.

Als wir aus Neukaledonien zurückkamen, zuckte Madame Gentil, glücklich wie schon lange nicht, weil sie ihr Weniges mit Menschen teilen konnte, die nichts besaßen, immer noch zusammen, wenn sie Schritte hörte, die sie an die ihres Mannes erinnerten, und auch der Hund stellte die Ohren auf.

Wir haben gesagt, dass die offizielle Zahl von 35.000 Opfern der Versailler Repressalien nicht der Wahrheit entspricht.

Benjamin Raspails Brief an Camille Pelletan enthält unwiderlegbare Beweise, die von vielen anderen seither bestätigt worden sind.

Lieber Freund,
man kann sich noch so sehr bemühen, die Zahl der Toten während des Massensterbens nach Niederschlagung der Commune festzustellen, man wird die exakte Summe nie erfahren.
In Ihrem am Samstag in der *Justice* erschienenen Artikel sagen Sie, dass man die auf dem Friedhof von Ivry begrabenen Leichen mit über 3.500 beziffern muss.
Ich kann Ihnen versichern, dass Sie sehr weit von der tatsächlichen Anzahl entfernt sind:
Tatsächlich wurden allein in der riesigen Grube auf dem sogenannten ersten Pariser Friedhof von Ivry 15.000 Leichen verscharrt.
Man schaufelte darüber hinaus mehrere andere Gruben, von denen man schätzt, dass sie weitere 6.000 Leichen beinhalteten, so dass wir auf insgesamt 23.000 kommen.
Ich war zu dieser Zeit sehr gut informiert, und die Polizisten, die mehrere Jahre hindurch Dienst hatten, um Verwandte und Freunde daran zu hindern, das kleinste Zeichen des Andenkens auf diese riesige Grube zu setzen, nannten immer genau diese Zahl, wenn man sie befragte.

> Ich darf hinzufügen, dass einige von ihnen nicht verbargen, wie sehr die Ausführung ihrer Aufgabe gegenüber den Verwandten ihnen zu schaffen machte.
> Die Zahl von 15.000 in der großen Grube wurde nie angezweifelt.
> In einer ersten Kampagne gegen die Verwaltungsorgane der öffentlichen Fürsorge, einer Broschüre, die ich 1875 veröffentlichte, zitierte ich die Zahl auf Seite 9. Sie wissen sehr gut, wie sehr die Ordnungsmoral darauf erpicht war, die geringsten Enthüllungen über die blutige Zeit zu unterbinden und zu verfolgen. Gegen diese meine Ausführungen wagte sie keinen einzigen Widerspruch einzulegen.
> Nein, man wird die genaue Zahl der während des Kampfes und danach Getöteten nie erfahren, auch nicht die noch riesigere jener Personen, die erschossen und abgeschlachtet wurden, obwohl sie an der Commune nie teilgenommen hatten.
> Noch ein bekanntes Detail: Sechs Wochen lang exekutierte man jeden Morgen von 4 bis 6 Uhr im Fort von Bicêtre.
> In den letzten Tagen bestand ein Durchgang immer noch aus etwa dreißig Opfern.
> An vielen Orten der Vorstädte dienten die von den Preußen erstellten Schützengräben dem massenhaften Verscharren der Erschossenen.
> …

An dieser Stelle standen die Punkte zweifellos für allzu grauenhafte Dinge oder für eine Zahl von Leichen, die zu groß war, als dass man sie veröffentlichen hätte können. – Benjamin Raspail setzt fort:

> Nach all diesen von der Presse seit einigen Wochen veröffentlichten Enthüllungen, nach den unbedachten Äußerungen von Monsieur Leroyer darf man nicht vergessen, wollen wir nicht, dass man vergisst. Ja, ich bin durchaus dieser Ansicht, es müssen die Gerechtigkeit, die Menschlichkeit und die Zivilisation, die man zu jener Zeit in Strömen von Blut ertränkt hat, wieder zu ihrem Recht kommen. Man konnte, da der Terror so groß war, keine wirkliche Untersuchung durchführen, jetzt kann man es.
> Zunächst muss man all jene Exekutionsstätten öffentlich benennen, wo man ohne Urteil, ohne das geringste Protokoll hingerichtet hat.

> Somit haben wir es nach den Kämpfen mit wahrhaftigem Mord zu tun, und man kennt mittlerweile genug von diesen Mördern, um einige große Exempel zu statuieren.
> Ich drücke Ihnen die Hand.
>
> BENJAMIN RASPAIL
> Deputierter und Départementsrat für das Département Seine, den 20. April 1880

Ach, der gute Benjamin Raspail, wie er sich immer noch Illusionen hingab! Möchte man nicht meinen, dass die Dinge, wenn sie erst einmal bekannt werden, umso verborgener wirken?

Camille Pelletan fügt hinzu:

> Gemeinderäte untersuchten privat die Auswirkungen der Repression auf die Arbeiter; wenn ich mich richtig erinnere, kamen sie zu dem Schluss, dass etwa 100.000 Arbeiter verschwunden waren.
>
> CAMILLE PELLETAN, La Semaine de mai

Wenn man die Erde nach dem Tag der Befreiung für die großen Arbeiten der freien Menschheit umgraben wird, wird es da wohl eine einzige Parzelle geben, in der sich keine Asche unzähliger namenloser Opfer befinden wird, deren Leben für die Geburt der Humanität weggeworfen wurde?

In Neukaledonien wussten wir nicht, wie lange man noch Verhaftungen wegen der Commune vornahm. Der letzte Deportierte, den man auf die Halbinsel Ducos schickte, kam dort knapp vor der Amnestie an.

Es war ein alter Bauer, der sich über seine Verurteilung wunderte, wo er doch Bonapartist war.

Der Unglückliche weinte viel und wir trösteten ihn auf unsere Weise, indem wir ihm erklärten, dass es in seinem Fall gerechtfertigt war.

Es war uns so gut gelungen, die Gedanken des armen Mannes zu verändern, ja sogar ihm Mut zu machen, dass er, als er mit den anderen zurückkehrte, das Zusammensein mit uns zu verdienen begann.

Wie die Leute aus Versailles beim Töten ihrer Wut freien Lauf gelassen hatten, so verhafteten sie zunächst frei nach ihrer Fantasie. Wehe dem, dessen Feind feige genug war, seine Denunziation auch anonym abzuschicken, man glaubte der Aussage ohne Überprüfung.

Die Armee hatte über das Leben der Pariser Bevölkerung verfügt, die Polizei verfügte über ihre Freiheit.

So ging es bis zu dem Zeitpunkt, an dem die überfüllten Kerker die Vielzahl ihrer Gefangenen nicht mehr so leicht schlucken konnten. Ab da informierte die Regierung jeden Denunzianten, dass er unterschreiben müsse.

Bis dahin wurde jedwede niedrige Eifersucht, jeder wilde Hass befriedigt.

Vielleicht erreichte die Situation einen Grad des Grauens, vor dem sich die Sieger ekelten, das Maiblut stieg ihnen in die Kehle.

Die großen Provinzstädte, ganz Frankreich waren eine riesige Mausefalle.

Einige der von Versailles durchgeführten Verhaftungen und Hinrichtungen erhielten ihre eigene Geschichte.

In der Nacht vom 25. auf den 26. Mai bereiteten sich zwei 1831 eingewanderte alte Polen im Haus Boulevard Picpus 52 ihren Tee zu und erzählten einander von den Ereignissen, an denen sie wegen ihres Alters nicht mehr teilnehmen konnten. Sie hätten auf der Seite von Versailles mitgekämpft, wo einer der beiden, namens Schweitzer, einen geliebten Neffen hatte. Der andere nannte sich Rozwadowski. Da sie wussten, dass das Viertel von der regulären Armee eingenommen worden war, wo der Neffe Leutnant war, hatten sie die Idee, drei Tassen aufzudecken; vielleicht würde er ja kommen.

Während die Alten friedlich plauderten, befragten die Soldaten, wie sie es überall taten, den Hausmeister. Bei ihnen befand sich ein Offizier.

In der Nachbarwohnung belauschten zwei andere Mieter, die ihrerseits der Commune gedient hatten, die Alten, von denen sie glaubten, dass sie sie verraten könnten.

»Gibt es hier keine Fremden?«, fragte der Offizier den Hausmeister.

»Doch«, antwortete dieser respektvoll, »mein Offizier, es gibt die alten Polen im 5.«

»Polen! Die gehören zu Dombrowski. gehen Sie vor.«

Der Hausmeister gehorchte.

Der Offizier klopft, der Onkel stürzt zur Tür, aber es ist nicht sein Neffe.

»Ihr habt Signale ausgesendet«, sagt der Offizier und zeigt auf die beiden in froher Erwartung angezündeten Kerzen. »Ihr gehört zu den Banditen der Commune, die sind alle Polen! Hinunter mit euch, zack zack.« Die Alten glaubten an einen Witz. »Wo ist die dritte Person, die ihr hier versteckt? Hier stehen drei Tassen!«

Sie versuchen zu erklären, was ihnen als dreiste Lüge ausgelegt wird, sie werden mir nichts, dir nichts ins Stiegenhaus geschoben, als alte Kanaillen beschimpft und nicht weit von da erschossen.

Da der Schein um ihren Kopf nicht für die Erkennung ausreichte, taten die *braven* Soldaten, wie Versailles ihnen geheißen, in der *Raserei des Kampfes*, was sie am nächsten Tag und *kühlen Blutes* nicht getan hätten. Der Neffe erfuhr zu spät von diesem Irrtum.

Obwohl das Haus zur Mausefalle wurde, entkamen die beiden anderen Mieter augenblicklich.

Die Zeitung *Le Globe* berichtete, was mehrere andere verbreiteten:

> … dass ein Mitglied der Nationalversammlung, das die mehreren hundert bereits in Versailles gefangenen Frauen besuchte, dort eine seiner besten Freundinnen erkannte, eine *Dame von Welt*, die im Zuge einer Razzia in Paris aufgegriffen worden und wie die anderen zu Fuß nach Versailles gekommen war.
> Andere wurden, obwohl sie selbst denunziert hatten, mit den von ihnen Angezeigten gemeinsam erschossen, weil sie nicht genug Sicherheiten vorweisen konnten.

Es gab grauenhafte Szenen.

Das *Petit Journal* vom 31. Mai '71 schrieb:

> Brunet war bei seiner Mätresse, als man ihn erschoss und diese Frau gleich mit. Nach dieser zweifachen Exekution versiegelte man die Tür des Appartements. Als man gestern kam, um die Leichen zu begraben, hatte Brunets Mätresse noch nicht ihren letzten Atemzug getan. Man wollte ihr nicht den Rest geben, und die Unglückliche wurde in ein Lazarett gebracht.

Aber die beiden waren Opfer einer Verwechslung geworden, denn Brunet hatte nach London fliehen können.

Statt Billioray, der auf Neukaledonien starb, statt Ferré, den man erst einige Tage danach verhaftete, statt Vaillant, der es vermutlich nach England geschafft hatte, wurden mehrfach andere erschossen. Wehe dem, der einem Mitglied der Commune oder des Zentralkomitees ähnlich sah. Bei der geringsten Analogie wurden Doppelgänger von Eudes, Cambon, Lefrançais und Valès in mehreren Stadtteilen gleichzeitig erschossen.

Ein Constant genannter Kurzwarenhändler, der von Feinden angezeigt worden war, wurde gleich zweimal angeklagt, weil er

Vaillant ähnelte und weil man ihn mit Constant Martin verwechselte. Man konnte ihn nur einmal hinrichten.

Während all dieser Zeit glorifizierten die Versammlung von Versailles und die reaktionäre Presse die Armee des Blutvergießens.

> Welche Ehre! Unsere Armee hat ihre Niederlagen durch einen unschätzbaren Sieg gerächt.
>
> JOURNAL DES DÉBATS

Am Sonntag, den 4. Juni, veranstaltete man Kollekten für die *Kriegswaisen* in allen Hochämtern.

Madame Thiers und die Marschallin Mac-Mahon waren die Präsidentinnen dieses Werks und griffen damit das Werk der alten Gesellschaft für die Kriegsopfer wieder auf. Welch bittere Ironie! Schrecklich waren diese Zeiten, in denen auf die gewissenlose Grausamkeit der Bourgeoisie deren kalte und gewissenlose Wohltätigkeit folgte.

Aber die Idee ist nicht verloren, Andere werden sie aufgreifen und sie größer machen. Schon verbreitet sich das Wort Humanität, zuletzt von Millières* ausgesprochen, in der ganzen Welt. Die Veränderung, die er sterbend begrüßte, wird das zwanzigste Jahrhundert sein.

Nach dem Sieg der Ordnungsmacht fürchtete man sich derart, dass die Geburtsstadt von Courbet, Ornans, per Entscheid des Gemeinderats die Statue des Loire-Fischers[70] entfernen ließ.

Was man nicht herausreißen konnte, war der blutige Meilenstein, der diese Epoche so stark prägte, dass man deren Abgründe damals noch gar nicht verstand.

70 Eine von Courbet gestaltete Statue.

III
Die Festungen Satory und Versailles

Ein grau'nhaftes Massaker, ein Grab,
Eine Gruft.

Ich hatte meine Mutter lange nicht mehr gesehen, und da die Massaker in Montmartre weitergingen, machte ich mir große Sorgen um sie. Ich wusste ja, wo ich wieder zu meinen Kameraden stoßen könnte, und so beschloss ich, meine Mutter aufzusuchen und sie abermals mit möglichst vielen Lügen zu überreden, dass sie zu Hause bliebe. Würde sie mir glauben? Wäre sie denn da? Wer diese Tage nicht miterlebt hat, weiß nichts von diesen schrecklichen Ängsten.

Man leiht mir einen grauen Rock, denn der meinige ist von Kugeln durchsiebt, einen Umhang, und ich gehe meiner Wege, so bourgeois wie nur möglich dreinschauend. In kleinen Schritten nähere ich mich der Rue Oudot, wo ich auf Nummer 24 unterrichtet habe und wo meine Mutter und ich wohnen. Montmartre ist voller Soldaten, aber ich erwecke genauso wenig Verdacht wie auf meiner Reise nach Versailles. Unsere alte Freundin, Madame Blin, die ich getroffen habe, kommt mit mir, sie hat weder von meiner Mutter noch von meiner Klasse gehört, nur dass die Kinder in den letzten Tagen wie üblich dort waren. Je näher wir kommen, umso banger wird mir ums Herz. Was ist Montmartre in diesen Maitagen nur für eine Gruft!

Menschen, die schlecht aussehen und die trikolore Armbinde tragen, gehen gesenkten Blicks vorbei und sprechen mit den Soldaten.

Der Schulhof ist leer, die Tür zu, aber nicht verschlossen. Die kleine gelbe Hündin Finette heult auf, als sie mich hört. Sie ist mit der Katze in der Küche eingesperrt. Die armen Tiere schreien. Aber ich sehe meine Mutter nicht, frage die Concierge, die zögert. Endlich gibt sie zu, dass die Versailler mich gesucht haben und dass sie, weil sie mich nicht fanden, meine Mutter mitnahmen, um sie zu erschießen.

Im Café gegenüber ist ein Posten der Armee, die man die reguläre nennt. Ich laufe hinein, frage, was sie mit meiner Mutter gemacht haben, die man statt meiner mitgenommen hat.

»Sie sollte jetzt gerade erschossen werden«, sagt einer von ihnen, der Chef, kalt.

»Dann können sie das für mich wiederholen«, sage ich ihnen. »Wo ist sie? Wo sind eure Gefangenen?«

Sie teilen mir mit, dass sie in der Bastion Nr. 37 sind und dass man mich hinführen wird.

Ich weiß aber, wo das ist. Ich brauche sie nicht, laufe voraus, sie folgen mir.

Ich habe es eilig, meine Mutter zu sehen, von der ich glaube, dass sie schon tot ist, und mein eigenes Leben ins Gesicht dieser Ungeheuer zu werfen.

Da sehe ich sie in der Bastion 37 in einem großen Hof voller Gefangener, gemeinsam mit vielen unserer Freunde. Nie habe ich mich mehr gefreut als in diesem Moment.

Während ich vom Kommandanten die Freilassung meiner Mutter fordere, da ich ja nun meinen Platz einnehmen werde, erzählen ihm die Soldaten, die mich gebracht haben, von meinem Auftritt. Er scheint zu verstehen und erlaubt mir, sie bis auf halben Weg zurückzubegleiten, um sicherzugehen, dass sie ankommt.

Die arme Frau will nicht fort, aber weil sie sieht, wie ich leide, und weil die anderen Gefangenen, die mich verstehen, sie etwas beruhigen können und mir die Freiheit gewährt wird, sie zurückzubegleiten, willigt sie schließlich doch ein.

Die Soldaten, die mich begleitet haben, sollen sie bis zur Rue Oudot bringen. Wie versprochen verlasse ich die Gruppe auf halbem Weg und kehre allein zur Festung zurück. Davor nutze ich meine Zeit mit ihr, um sie so gut wie möglich zu beruhigen. Ich versichere ihr, dass man Frauen nicht mehr erschießt, dass es nur einige Monate Gefängnis sein werden, und was mir noch so alles einfällt. Sie glaubt mir aber nicht: Ich habe sie schon so oft getäuscht.

»Haben Sie denn kein Vertrauen zu uns?«, fragt mich der Kommandant, als er mich wiedersieht.

»Nein«, sage ich zu ihm.

Ich nehme meinen Platz unter den Gefangenen ein. Sie sind aus Montmartre, vom Wachsamkeitskomitee, aus dem Revolutionsklub, vor allem vom 61. Bataillon. Eine Rauchkuppel bedeckt Paris, vom Wind verwehte verbrannte Papierfetzen fliegen wie schwarze Schmetterlinge um uns herum. Die Kanone donnert.

Vor uns steht ein Pfahl für die Hinrichtungen bereit.

.....

Der Kommandant kommt auf uns zu, zeigt mir die aus dem Rauch emporzüngelnden Flammen und sagt:

»Das ist euer Werk.«

»Ja«, gebe ich zurück, »wir kapitulieren nicht. Paris stirbt!«

Man bringt einen jungen Mann mit Kraushaar, groß, er sieht Mégy ähnlich und man verwechselt ihn mit diesem.

Wir schreien: »Das ist nicht Mégy!«, er schüttelt den Kopf, wie um zu sagen, dass es einerlei sei. Er wird auf dem Erdhügel erschossen und stirbt tapfer. Niemand unter uns kannte ihn.

Wir alle warten darauf, an die Reihe zu kommen.

Vor uns stehen ein oder zwei Reihen Soldaten mit geladenen Gewehren.

Es wird Abend. Da liegen Stellen tief im Schatten, andere sind vom Laternenschein ganz hell. In einer Vertiefung auf einer Bahre beleuchtet eine dieser Laternen die Leiche des Erschossenen.

Unter den Gefangenen befinden sich zwei Händler aus Montmartre, die man, weil sie neugierig gewesen und hinausgegangen sind, um zu gaffen, während der Razzia aufgegriffen hat. »Wir befürchten für uns selbst nichts«, sagen sie, »wir waren eher gegen die Commune und haben an nichts teilgenommen. Wir werden das erklären und hinausgehen.« Wir anderen aber fühlen, dass sie ganz genauso gefährdet sind wie wir selbst.

Plötzlich taucht ein berittener Stabsoffizier auf. Der Kommandierende ist ein eher dicker Mann mit ebenmäßigen Zügen, aber zornigen Augen, die herauszuquellen scheinen. Sein Gesicht ist purpurrot, als wäre das vergossene Blut zurückgespritzt, um ihn zu zeichnen, sein prächtiges Pferd steht unbeweglich wie eine Bronzestatue.

Sehr gerade auf seinem Pferd sitzend stemmt er nun herausfordernd die Fäuste in die Seiten und hebt vor den Gefangenen zu sprechen an:

> Ich bin's, Galliffet! Ihr meint, ich sei wohl grausam, ihr Leute von Montmartre, ich bin es mehr noch, als ihr denkt.

Einige Augenblicke fährt er in diesem Ton fort, ohne dass man etwas verstehen könnte als unzusammenhängende Drohungen.

Da alles gesagt zu sein scheint, machen wir uns, so gut es geht, zurecht, um fürs Sterben anständig auszusehen. Wir sind einige hundert und wissen nicht, ob wir einzeln auf den Hügel steigen oder ob wir gemeinsam erschossen werden sollen. Aber zumindest schüttelt man sich den Staub aus den Haaren. Ich habe bereits zugegeben, dass wir alle vom Jahr '71 mit dem Tod kokettierten, und dazu ist dieser Satz »Ich bin's, Galliffet!« so lustig, dass er uns ein altes Lied aus der Zeit der Pastoralen in Erinnerung ruft:

»Ich bin's, Lindor, der Hirte dieser Herde.«[71]

Was für ein seltsamer Hirte und was für eine eigenartige Herde! Dieser erste Vers, der mir, woher und wie auch immer, zuflog, brachte uns zum Lachen.

»Schießt in den Haufen!«, schreit wütend Galliffet. Die blutbesoffenen Soldaten, des Schlachtens müde, schauen ihn an wie im Traum und rühren sich nicht.

Da wollen die beiden entsetzten Händler flüchten, stoßen hier und dort die Gefangenen und die Soldaten beiseite, um sich einen Weg zu bahnen.

Seinen Zorn gegen diese beiden richtend, lässt Galliffet sie aufgreifen, befiehlt, sie zu erschießen, sie schreien, wehren sich, weil sie nicht sterben wollen. Sie legen das Schicksal ihrer Kinder in unsere Hände, als würden wir überleben, und sind derart panisch, dass sie nicht einmal ihre Adresse nennen können.

Trotz unserer lauten Schreie: »Sie gehören zu euch! Wir kennen sie nicht! Es sind Feinde der Commune!«, wird einer der beiden exekutiert.

Nicht etwa am Pfahl, man schießt auf ihn wie auf ein Tier bei der Jagd, als er auf den Erdhügel zurennt. Der andere windet sich am Pfahl, will nicht sterben. Die Gefangenen meinen zu hören, dass einer der beiden »Ach weh!« schreit, ich glaube, dass er »Anna!« sagt und dass das seine Tochter ist.

Viel später, nach meiner Rückkehr aus Neukaledonien und nach der Veröffentlichung des ersten Bandes meiner Memoiren, suchte seine Tochter mich auf und erzählte mir, dass sie erfahren hatte, was aus den beiden Brüdern geworden war.

Nun liegen drei Leichen in der Mulde zu unserer Linken, hinter uns die Mauer, vor uns der Hügel der Kasematten, auf dem der beleuchtete Pfahl steht, eine lange, dünne Stange aus weißem Holz.

Untertags hatten die beiden Neugierigen, die geglaubt hatten, sich so gut aus der Affäre ziehen zu können, sich im Hof umgesehen. Der Hügel, so erklärten sie uns, das seien die Kasematten.

71 In ihrem Buch *Une héroine, Louise Michel* schreibt Françoise Moser Folgendes über diese Szene: »Bei diesen Worten: ›Ich bin's, Galliffet‹ begann Louise leise zu summen: ›Ich bin's, Lindor, der Hirte dieser Herde‹, und es kam ihr ein nervöses Lachen aus, das auch ihre Nachbarn ansteckte. Und Galliffet, außer sich über dieses Draufgängertum, befahl, mitten hinein in den Haufen zu schießen« (https://books.google.at/books?id=zjTDDwAAQBAJ&pg=PT82&lpg=PT82&dq=C'est+moi+qui+suis+Lindor,+berger+de+ce+troupeau&source).

»Wenn wir draußen sind, werden wir bitten, dass man uns die Festung zeigt.«

»Habt Ihr schon Festungen gesehen?«

»Ja, Issy, Montrouge, Vanves.«

Und wir mussten ihnen viele Dinge erklären.

Galliffet ist verschwunden, man stellt uns hintereinander auf. Reiter nehmen uns in die Mitte und führen uns irgendwohin. Der regelmäßige Schritt der Pferde wiegt uns in der von Zeit zu Zeit rot leuchtenden Nacht. Wir hören die Kanone des Untergangs, die Kugeln, gehen in das Unbekannte hinein, in einen traumversunkenen Nebel hinein, in dem kein Detail verborgen bleibt.

Plötzlich lässt man uns in Gräben hinuntersteigen, wir erkennen die Umgebung von La Muette.

»Hier also«, denken wir, »sollen wir sterben.«

Nichts war je so schrecklich schön wie diese Szene.

Die Nacht ist nicht dunkel und doch nicht hell genug, um die Dinge so wahrzunehmen, wie sie sind, die verschwommenen Formen passen gut zur Situation. Zwischen den Hufen der Pferde gleiten Mondstrahlen auf diesem engen Weg, den wir hinabsteigen. Der Schatten der Reiter zeichnet sich darauf im Schein der Fackeln ab wie eine schwarze Bordüre, man meint auf den zerrissenen Uniformen der Kommunarden rote Bänder bluten zu sehen und die Soldaten scheinen davon bedeckt zu sein.

Die lange Kolonne der Gefangenen schlängelt sich weithin, wird zum Schwanz hin dünner, wie man es auf Gravuren sehen kann, und ich hätte nie gedacht, dass es wirklich so aussehen würde.

Wir hören, wie die Gewehre geladen werden, dann nichts mehr außer Stille und Dunkelheit.

»Woran denken Sie?«, fragt mich einer von denen, die uns führen.

»Ich schaue!«, sage ich zu ihm.

Plötzlich lässt man uns wieder hinaufsteigen, wir nehmen unseren Marsch wieder auf, dann gibt es eine ziemlich lange Pause, wir gehen nach Versailles.

Tatsächlich kommen wir in dieser Stadt an, Schwärme eitler Gecken umschwirren uns schreiend wie Wolfsrudel, einige schießen auf uns, einem Kameraden neben mir wird der Kiefer zerschmettert.

Ich muss den Reitern gerecht werden, indem ich erwähne, dass sie diese Narren und die liederlichen Frauenzimmer, die sie begleiteten, zurückdrängten.

.....

Wir lassen Versailles hinter uns, gehen immer weiter, dann kommt eine Anhöhe, eine Mauer mit Schießscharten. Es ist Satory.

Der Regen fällt so stark, dass wir im Wasser zu waten meinen.

Vor der kleinen Anhöhe ruft man uns zu: »Hinauf! Wie beim Ansturm auf die Hügel!« Und wir stürmen im Laufschritt im Rhythmus des fernen Kanonendonners hinauf.

Man richtet Mitrailleusen auf uns, wir gehen immer weiter.

Eine arme Alte, die man verhaftet hat, weil ihr Mann hingerichtet worden ist, und die wir ziehen müssen, damit sie nicht zurückbleibt, wo man sie je nach Befehl erschlagen oder erschießen würde, regt sich auf und will losschreien. Da fällt mir etwas ein, das ich ihr sagen kann: »Sie werden jetzt bestimmt keine Dummheiten machen, es ist üblich, dass die Mitrailleusen auf diejenigen gerichtet werden, die ein Fort betreten.« Sie glaubt mir. Wir können beruhigt darauf bauen, dass es keinen anderen Schrei als »Vive la Commune!« geben wird.

Man zieht die Mitrailleusen zurück. Meine Mitgefangenen werden zu den Kommunarden geführt, die, dem Regen ausgesetzt, im Schlamm des Hofes liegen, die Alte wird zur Krankenstation geschickt (wobei es eigenartig scheint, dass es an diesem Ort, der einem Schlachthof gleicht, eine solche gibt). Ich werde, nachdem man gesagt hat: »Die braucht ihr nicht zu perlustrieren, die wird morgen früh erschossen«, in einen kleinen Raum neben dem Heuboden geführt, in dem sich bereits einige verhaftete Frauen befinden. Madame Millière, weil man ihren Mann tatsächlich erschossen hat, die Damen Dereure und Badois, weil man glaubte, es mit deren Männern gemacht zu haben; Malvina Poulain, Mariani, Béatrix Excoffon und ihre Mutter, weil sie der Commune gedient haben, eine alte Nonne, weil sie sterbenden Kommunarden zu trinken gegeben hat.

Zwei oder drei andere, die nicht wissen warum, eine von ihnen hat nicht einmal verstanden, ob sie von der Commune oder von Versailles verhaftet worden ist.

Am anderen Ende der Zelle befindet sich eine weitere Gruppe Frauen, die man zu uns gesetzt hat, um sie als Unsrige bezeichnen zu können. Ich behaupte im Gegenzug, dass sie Frauen von Versailler Offizieren seien.

Diese Unglücklichen veranstalten mit dem gelblichen Wasser aus zwei Fässern, das man aus einem Tümpel im Hof geschöpft und zum Trinken hereingestellt hat, Waschungen, die eigenartiger anmuten als jene des Doktor Grenier*.

In diesem Tümpel waschen die Sieger ihre blutigen Hände und hinterlassen dort auch ihre Ausscheidungen.

.....

An den Rändern schäumt es rosa.

Angesichts dieser Lacke denke ich an die Männer, die uns früher ihre lieben Kinder genannt haben und aus denen der Kitzel der Macht Würger der Revolution werden ließ.

Pelletan selbst zog sich vor dem großen Töten zurück.

In der kommenden Nacht ziehen Excoffon und ihre Mutter trockene Strümpfe aus ihren Taschen, um meine durchnässten zu ersetzen, sie lassen mich meinen tropfenden Rock ausziehen und geben mir einen anderen. Ich mache mir Vorwürfe, dass es mir derart gut geht, während meine Kameraden unter dem Regen ausharren müssen. Wir liegen auf dem Holzboden und während Excoffon und ich die Papiere, die wir mit uns führen, in undefinierbare Fetzchen zerreißen, bin ich glücklich, Madame Dereure und Madame Badois Nachrichten von ihren Männern, die sie tot glaubten, geben zu können, weil ich sie in der Zwischenzeit gesehen habe. Der armen Mademe Millière kann ich nichts sagen. Am Morgen verteilt man an jede von uns ein Stück Belagerungsbrot* und mir sagt man, dass ich erst am nächsten Tag hingerichtet werden soll. »Wie es Ihnen gefällt!«, antworte ich.

Die Tage vergehen. Die Commune ist schon lange tot. Wir haben den letzten Kanonenschuss ihrer Agonie am Sonntag, den 28. gehört, als ein Konvoi von Frauen und Kindern ankommt, die man nach Versailles zurückschickt, weil Satory zu voll ist. Nur einige der Frauen, die *schuldigsten*, lässt man bei uns. Es sind Marketenderinnen der Commune.

Man kann sich nichts Schrecklicheres vorstellen als die Nächte in Satory. Durch ein Fenster, durch das hindurchzuschauen bei Todesstrafe verboten ist (aber warum sich daran halten?), kann man Dinge erblicken, wie man sie noch nie gesehen hat.

Unter dichtem Regen, aus dem ab und zu, wenn eine Laterne hochgehalten wird, im Schlamm liegende Körper auftauchen, die man zuerst mit Furchen im Staub oder irgendeiner Wellenbewegung verwechseln könnte, hört man das kurze, trockene Schnalzen der Gewehre, sieht es da und dort aufleuchten, wenn die Kugeln in den Haufen schneiden, wo sie ziellos töten.

Dann wieder ruft man Namen, Männer stehen auf und folgen einer Laterne, die man voranträgt, die Gefangenen tragen die Schaufel und die Spitzhacke geschultert, mit denen sie selbst ihr Grab ausheben werden, mit den Soldaten des Exekutionskommandos im Rücken.

Ein Beerdigungstrupp zieht vorbei, man hört Detonationen, für heute ist es vorbei.

.....

Eines Morgens ruft man mich. Wir drücken einander die Hände, glauben, dass wir einander nie wieder sehen werden. Ich gehe nicht weit, nur bis zur Türschwelle einer Kammer. Dort sitzt vor einem kleinen Tisch ein Mann, dem ich Fragen beantworten soll:

»Wo waren Sie am 14. August?«, fragt er mich.

Böswillig lasse ich mir erklären, was am 14. August stattgefunden hat, dann sage ich ihm:

»Ah! Die Affäre von La Villette! Ich war vor der Kaserne der Feuerwehrleute.«

Bis dahin schreibt er ziemlich höflich mit, ich meinerseits antworte mit großer Sanftmut und amüsiere mich wie ein Schulmädchen, das einen guten Streich ausgeheckt hat.

»Und waren Sie auf dem Begräbnis von Victor Noir?«, fragt er.

Seine Wangen beginnen sich zu färben.

»Ja«, antworte ich.

»Und am 31. Oktober und am 22. Januar?« »Vor dem Rathaus.«

»Was haben Sie während der Commune gemacht?«

»Ich war in den Marschkompanien.«

Allmählich verdunkelt der Zorn sein Gesicht immer mehr und während er seine Feder auf das Papier drückt, sagt er:

»Diese Frau nach Versailles!«

Alle Frauen werden befragt und wir werden alle nach Versailles geschickt, die einen, weil sie der Commune gedient haben, die anderen, weil ihre Männer erschossen wurden.

In unserer Kolonne tauchen auch eine oder zwei der Statistinnen auf, denen wir in Satory begegnet sind und die immer noch zusammen sind, sich aber jetzt besser halten. Der, der mich befragt hat, sagte mir, man müsse die Verbrechen der Commune ans Tageslicht bringen.

Deshalb würden wir im Gefängnis von Les Chantiers das eine oder andere Mitglied dieser unseligen Truppe wiedersehen.

Auf dem Weg von Satory nach Versailles versucht eine wütende Frau, aus deren offenem Mund Hasstiraden gegen uns hervorstoßen, uns an die Gurgel zu springen. Man hat ihr erzählt, wir hätten *ihre Schwester umgebracht*. Plötzlich schreit sie auf, eine zufällig verhaftete Gefangene schreit ebenfalls: Es ist ihre Schwester, die sie seit mehreren Tagen erfolglos gesucht hat! »Verzeiht! Verzeiht!«, ruft sie uns zu, während sie sich unter den Zurückweisungen der Soldaten entfernt.

Wir kommen im Gefängnis Les Chantiers an, treten durch ein Tor, dessen oberer Teil vergittert ist, in einen großen Hof, von dort in einen ersten Saal, in dem sich viele gefangene Kinder befinden, über eine Leiter steigen wir durch ein viereckiges Loch in den Raum im Obergeschoss, es ist unserer, der Frauenkerker. Gegenüber der ersten Holzstiege führt eine zweite zum Untersuchungsrichter, Hauptmann Briot.

Wie immer finden wir auch in Les Chantiers die Statistinnen wieder, die man absichtlich unter uns gemischt hat.

Gerade in der ersten Zeit ist Les Chantiers kein angenehmes Gefängnis.

Untertags kann man nur auf dem Boden sitzen, erst viel später stellt man Bänke auf, im Hof für die Fotografien von Appert*, die im Ausland verkauft werden und einen geschichtlichen Band illustrieren, wo sie mit folgender Bildunterschrift versehen wurden: »Brandstifterinnen und singende Frauen«. Appert hat links und rechts von seinem Bild unsere Namen geschrieben, um unsere Familien zu beruhigen.

Nach zwei oder drei Wochen gibt man uns jeweils für zwei eine Strohmatte, bis dahin schliefen wir wie in Satory auf den Dielen. Man gibt jeweils vier von uns gemeinsam eine Konservendose zusätzlich zum Belagerungsbrot, das bis dahin unsere einzige Nahrung darstellte.

»Bekommt Versailles etwa Angst?«, fragen wir uns, überrascht von dieser plötzlichen verschwenderischen Fülle.

Aber es kommen jeden Tag neue Frauen, die uns versichern, dass der Terror schlimmer wütet als je zuvor. In den Gefängnissen gibt es so viele Tote, dass man Angst vor weiteren hat.

Nachts wehen im Wind, der von überall her hereinzieht, Schultertücher oder andere an Schnüren über unseren Köpfen baumelnde Lumpen. Im rauchigen Licht der an den zwei Schmalseiten des Raumes neben den Wärterinnen stehenden Öllampen wirken sie wie flatternde Vogelflügel.

Diese Fetzen, die wir vor dem Schlafengehen ausziehen, um sie nicht noch mehr abzunutzen, sind die einzigen Kleidungsstücke, die wir bekommen. Es ist unmöglich, andere zu erhalten, auch unmöglich, sich vor den auf und ab gehenden Soldaten umzuziehen. Die wollen ständig mit den elenden Kreaturen Kontakt aufnehmen, die man trotz unserer Proteste zu uns gesetzt hat.

Wir schlafen kaum, wegen des Ungeziefers, das sich eingenistet hat, aber bei Sonnenaufgang glänzt alles wie auf einem erntereifen Feld. Die leeren, zerquetschten Ähren der mageren Strohbündel glitzern golden wie ein Sternenfeld.

Und trotzdem plaudern wir, lachen und erhalten von den Neuankömmlingen Nachricht von den Unseren.

Denjenigen, deren Strafverfahren eingestellt wird, was selten vorkommt, und die daher freikommen, können wir Aufträge mitgeben, und so kann ich meiner Mutter ausrichten lassen, dass es mir blendend geht, aber sie hat sich anderswo erkundigt und glaubt mir nicht mehr.

Auf den Bodendielen schlängeln sich silbrige Fäden, wachsen sich zu Strömen und zu regelrechten Seen aus, dicht wie Ameisenstraßen und wie perlmuttschimmernde kleine Bäche.

Es sind Flöhe! Riesig, mit haarigem und leicht gewölbtem Rücken, wie Wildschweine in der Größe ganz kleiner Fliegen. Es sind so viele, dass man sie rascheln hört.

Die willkürlichen Verhaftungen hören nicht auf: Eine Taubstumme verbringt einige Wochen hier, weil sie »Vive la Commune!« gerufen haben soll.

Eine Achtzigjährige, an beiden Beinen gelähmt, weil sie Barrikaden gebaut haben soll.

Eine weitere, vom Alter her etwa der Steinzeit zuzurechnen, eine Mischung aus schlau und naiv, treibt sich, einen Korb in einem Arm, einen Regenschirm unter dem anderen, drei Tage lang um das Einstiegsloch der Leiter herum.

Im Korb befinden sich einige Exemplare eines Liedes, das *ihr Herr*, ein *Literat*, wie sie sagt, komponiert habe. Sie verkaufte dieses Lied, von dem man glaubte, es verherrliche die Commune, damit sie Brot zu essen hatten. Es war aber doch zu Ehren von Versailles! Die gute Frau wurde kassiert und der Alte wartet seitdem.

Zuerst behauptet man, dass wir das aus Boshaftigkeit sagen, also trage ich eines der Exemplare zum Untersuchungsrichter, es beginnt folgendermaßen:

»Schöne Herren von Versailles, nehmt euch Paris!«

Man kann es nicht leugnen, es ist ja gedruckt. Sie haben ihre letzten Sous hineingesteckt, in der Hoffnung, sie zu verdoppeln.

Man beugt sich den Beweismitteln, die glückliche Alte schickt sich an, mit Korb und Regenschirm die Stufen hinabzusteigen, als sie innehält und im Glauben, uns zu schmeicheln, meint: »Hätte die Commune gewonnen, hätten wir geschrieben: ›Schöne Herren von Paris, nehmt euch Versailles!‹«

Sie war gezwungen, mit ihrem Herrn gemeinsame Sache zu machen.

Eine andere Unterhaltung in Les Chantiers besteht darin, sonntags unter den Weibsbildern, die mit den Offizieren kommen, einige neugierige Gafferinnen aus der Bourgeoisie zu beobachten, wie sie die Schleppe ihrer Kleider in den von mir beschriebenen Ameisenstraßen nachziehen. Eine von ihnen mit superbem griechischem Profil, die sich aber zu sehr in Szene setzt, fragt mich in sehr höflichem Ton, ob ich *lesen könne*. »Ein bisschen«, antworte ich. »Dann werde ich Ihnen ein Buch dalassen, damit sie *mit Gott sprechen können*.«

»Lassen Sie mir lieber die Zeitung da, die aus Ihrer Tasche herausschaut«, sage ich ihr, »der liebe Gott ist zu sehr Versailler.«

Sie dreht sich um, aber in ihrer Hand, hinter ihrem Rücken, sehe ich die Zeitung, die sie mir zustreckt.

Sie ist wirklich weder so dumm noch so ungeschickt, wie ich es vermutet habe!

Eine Zeitung! *Le Figaro*! Wir werden alles über unsere Verbrechen erfahren und vor allem sehen, ob es verhaftete Freunde gibt.

Wir geben den *Figaro* von Hand zu Hand weiter, denn jetzt gerade können wir ihn nicht lesen, es ist ja Besuchszeit, aber wir wissen, dass es eine Zeitung gibt.

Während wir warten, zeichne ich mit einem Stück Kohle, das ich gefunden habe, Karikaturen der Besucher an die Wand, immerhin ähnlich genug, um sie wütend zu machen.

Meine Verbrechen häufen sich. Auf dieselbe Wand schreibe ich, dass wir verlangen, von den Versailler Damen getrennt zu werden, die man zu uns gesteckt hat, um die Commune zu beschmutzen.

Und drittens habe ich einem Gendarmen, der sie mir wegnehmen wollte, eine Flasche Kaffee an den Kopf geworfen, die meine Mutter durch die Gitterstäbe des Hoftors geschoben hat und die ich mir erst wegnehmen hätte lassen wollen, nachdem die arme Frau wieder fort war.

Als ich zum Hauptmann Briot gerufen werde, setze ich all diesen Attentaten die Krone auf, weil ich sage: »Ich bedaure, einem armen Mann gegenüber so gehandelt zu haben, nur war gerade kein Offizier dafür in der Nähe.«

Ich bin nicht die Einzige, die sich so vieler Übertretungen schuldig macht, und so wird eine Liste der *Schlimmsten*, der Rädelsführerinnen, wie man sagt, angefertigt.

Seit meiner Einkerkerung fragt man mich, ob ich Verwandte in Paris habe, und damit sie nicht verhaftet werden, antworte ich gleichbleibend: »Ich habe keine.«

Eines Tages sagt Hauptmann Briot nach derselben Antwort auf die immer gleiche Frage:

»Haben Sie keinen Onkel?«

»Nein«, sage ich wieder. Da zieht er aber diesen Brief aus dem Umschlag und weil ich nicht weit vom Schreibtisch entfernt stehe, kann ich schräg mitlesen. Mein Onkel ist verhaftet worden, will jedoch nicht, dass ich etwas an meinem Verhalten ändere, ich soll weiterhin so tun, als wäre er es nicht.

Meine zwei Cousins, Dacheux und Laurent, sind ebenfalls festgenommen worden, Ersterer hat vier kleine Kinder.

»Sie sehen wohl«, sage ich zu Briot, »dass ich recht hatte, meine Familie zu verleugnen, da man die Unseren alle verhaftet.«

Excoffons Mutter ruft uns eines Tages zu sich, wir setzen uns zu zehnt auf den Fußboden. Äußerst vorsichtig, um nicht aufzufallen, zeigt sie uns Karten (verbotene Sache!), die in einer bestimmten Reihenfolge sortiert sind.

Eine wahrscheinlich schlecht durchsuchte Neue hat ihr dieses Geschenk gemacht.

»Ich glaub ja nicht dran, aber lustig ist es schon«, sagt sie.

Welche schreckliche Rache der Commune gegen die Armee und die Magistratur, ein Sieg des Volkes! In ihren eigenen Gedanken viel mehr als in den Karten lesend sagt sie: »In ferner, ferner Zukunft, oh, wie schrecklich wird es sein!«

Kurz darauf ruft man die »Schlimmsten« unter uns auf, um sie nach Versailles ins Zuchthaus zu bringen:

Michel Louise!

Gorget Victorine!

Ch. Félicie!

Papavoine Eulalie!

Bei diesem Namen schwillt die Stimme des Ausrufers an, auch wenn das arme Mädchen gar nicht mit dem berühmten Papavoine* verwandt ist, aber er macht sich gut in dieser Szene.

Wir sind vierzig. Um seinen Einstand als Direktor des Gefängnisses von Les Chantiers zu feiern, beginnt Leutnant Marceron mit dieser Amtshandlung.

Es regnet in Strömen und wir warten aufgereiht im Hof, als Marceron sich bei mir, die als die Schlimmste gilt, entschuldigt. Ich sage ihm, dass wir eine Behandlung wie diese von Versailles kommend als Vorzug betrachten.

Im Zuchthaus wird uns, den vierzig Schlimmsten, eine seltsam sanfte Behandlung zuteil: Man lässt uns baden, gibt uns Wäsche und wir dürfen Verwandte sehen.

Marceron hat einfach Gesichter ausgewechselt. Die gefangenen Frauen, die nach uns kommen, begehren wie wir auf, offenbar noch mehr, denn Marceron beginnt, Kinder mit dem Seil zu schlagen, was seine Vorgänger nicht taten.

Unter anderen wird der etwa zwölfjährige kleine Ranvier verprügelt, weil er den Aufenthaltsort seines Vaters nicht verraten will:

»Ich weiß es nicht«, sagt er, »aber wenn ich es wüsste, würde ich es Ihnen nicht sagen.«

Auch die armen Frauen, die gerade verrückt werden oder es bereits sind, werden nicht verschont. Die neuen Gefangenen pflegen sie, wie wir es gewohnt sind, ohne sich von ihren Schreckensschreien irritieren zu lassen. Ohne Unterlass und überall sehen sie die grauenhaften Szenen, die sie den Verstand verlieren ließen. Man muss sie füttern wie die kleinen Kinder.

Eines Tages werden die Unglücklichen fortgebracht, in ein Haus für Geisteskranke, wie man behauptet,

Später schrieben Frau Hardouin und Frau Cadolle die schreckliche Geschichte der Zuchtanstalt von Les Chantiers unter Leutnant Marceron nieder.

An diesem Ort wurde die kleine Leblanc geboren, die einige Monate später mit uns in den Armen ihrer Mutter die Reise nach Neukaledonien antrat, auf einem staatlichen Schiff, der Fregatte »Virginie«.

Ende des Jahres wurde das Zuchthaus von Les Chantiers in ein Männergefängnis umgewandelt. Sämtliche Strafanstalten quollen über. Die Frauen, die dort verblieben waren, wurden nach Versailles zurückgeführt.

IV
Die Gefängnisse von Versailles – Die Pfähle von Satory – Verurteilungen

Kein menschlicher Hauch
Liegt auf den Seiten.
L. M.

Im Zuchthaus von Versailles konnte man mit einiger Geschicklichkeit Nachrichten über die in anderen Gefängnissen inhaftierten Männer erfahren – zumindest lebten sie noch.

Wir wussten, dass Ferré, Rossel, Grousset, Courbet und Gaston Dacosta seit einiger Zeit gemeinsam mit Rochefort eingesperrt waren, der sich schon länger dort befand.

Wir wussten von denen, die dem Schlachthof entronnen waren, von denen niemand etwas wusste, da ja jeder Tag neue Verhaftungen mit sich brachte. Wenn Polizei und Denunzianten versagten, was oft vorkam, da sie während der ganzen Zeit über das Monopol der Dummheit verfügten, wandte man andere Mittel an.

Odysse Barot erzählt, wie Th. Ferrés Verhaftung erfolgte:

> Der Vater war zu seiner täglichen Arbeit gegangen und es blieben nur zwei Frauen, die alte Mutter und die junge Schwester des Gesuchten, zurück.
>
> Letztere, Marie Ferré, lag schwerkrank mit hohem Fieber im Bett.
>
> Man stürzt sich auf Madame Ferré, bedrängt sie mit Fragen, verlangt, dass sie das Versteck ihres Sohnes verrate. Sie versichert, dass sie es nicht wüsste, dass man aber außerdem, würde sie es kennen, von einer Mutter nicht verlangen könne, dass sie ihren eigenen Sohn verrate.
>
> Man verhört sie doppelt, Drohung und sanfter Zuspruch wechseln einander ab.
>
> »Verhaften Sie mich, wenn Sie wollen, aber ich kann Ihnen nicht sagen, was ich nicht weiß, und Sie werden wohl nicht so grausam sein, mich vom Bett meiner Tochter wegzureißen.«
>
> .....

Allein bei diesem Gedanken zittert die arme Frau am ganzen Körper. Einer der Männer lächelt plötzlich, denn er hat gerade eine diabolische Idee.

»Da Sie uns nicht sagen wollen, wo sich Ihr Sohn befindet, werden wir wohl Ihre Tochter mitnehmen müssen.«

Aus Madame Ferrés Brust presst sich ein Schrei der Verzweiflung und Todesangst. Ihre Bitten und Tränen sind machtlos. Man schickt sich an, die Kranke aus dem Bett zu holen und anzuziehen, auch wenn sie das umbringt.

»Nur Mut, Mutter«, sagt Fräulein Ferré. »Kränke dich nicht. Ich werde stark sein, es wird mir nichts passieren. Man wird mich ohnehin wieder freilassen müssen.«

Schon will man sie abführen.

In dieser schrecklichen Zwickmühle, von der eine Alternative bedeutet, ihren Sohn in den Tod zu schicken, die andere, ihre Tochter umzubringen, wenn sie zulässt, dass man sie mitnimmt, verrückt vor Schmerz und trotz der bettelnden Blicke, die ihr die heldenhafte Marie zuwirft, verliert die unglückliche Mutter den Kopf, zögert.

»Sei still, Mutter, sei still«, murmelt die Kranke. Man nimmt sie mit.

Aber das ist zu viel für das mütterliche Gehirn.

Madame Ferré fällt in sich zusammen, ein heißes Fieber bricht aus, ihr Verstand verdunkelt sich, unzusammenhängende Sätze kommen aus ihrem Mund. Die Henker spitzen die Ohren, lauern auf jedes noch so kleine Wort, das einen Hinweis liefern könnte.

Im Delirium wiederholt die unglückliche Mutter die Worte: »Rue Saint-Sauveur.«

Mehr brauchte man nicht. Während zwei der Männer Ferrés Haus bewachen, beeilen sich die anderen, ihr Werk zu vollenden. Die Rue Saint-Sauveur wird umzingelt, durchsucht, Théophile Ferré wird verhaftet und einige Monate später erschossen. Acht Tage nach der grauenhaften Szene in der Rue Fazilleau gab man der mutigen Tochter die Freiheit wieder, nicht aber ihrer Mutter, die verrückt geworden war und bald in einem Hospiz für Geisteskranke in Saint-Anne verstarb.

ODYSSE BAROT, Akt der Magistratsabteilung

Der Vater wurde gefangen genommen und blieb bis nach der Ermordung von Ferré eingesperrt.

Nur Marie verdiente Geld für ihre Lieben in Gefangenschaft.

.....

Da mehrere Mitglieder der Commune und des Zentralkomitees verhaftet worden waren, dachte man, dass sie auch verurteilt würden. Zunächst geschah nichts dergleichen, denn die Regierung wollte die Gemüter auf die Verurteilungen vorbereiten, indem sie zuerst nicht etwa jene vorlud, die ihre Taten lautstark für sich beansprucht hätten, sondern arme Frauen, deren einziges Verbrechen gewesen war, Krankenschwestern zu sein, die Pariser wie Versailler mit dem gleichen Einsatz aufgelesen und sie gleichermaßen gepflegt hatten. Für sie waren sie Verwundete und sie selbst die Schwestern dieser leidenden Menschen.

Es waren vier: Elisabeth Retif, Joséphine Marchais, Eugénie Suétens und Eulalie Papavoine, in keiner Weise verwandt, wir sagten es bereits, mit dem berühmten Papavoine.

Überall wurde dieser Name besonders hervorgehoben: Reaktionäre, Dummköpfe und Regierungsmitglieder nannten ihn bei jeder Gelegenheit.

Die Frauen waren einander bis zur Nacht vor ihrer Verhaftung nie begegnet.

Die Kommunarden hatten sich in ein anderes Viertel zurückgezogen und sie kamen in einem Haus zusammen, in dem sie die Nacht verbrachten. Ich weiß nicht, ob sich nicht auch Verletzte dort befanden.

Vom Schlaf überwältigt warfen sie sich zu zweit auf eine Matratze auf dem Boden und schliefen dort abwechselnd.

Die Anklage bestand darauf, dass sie in jener Nacht *gemeinsam* ein Feuer entfacht hatten[, was sie offenbar nicht daran gehindert hatte, *im Rausch* eingeschlafen zu sein!], vielleicht waren sie ja tatsächlich berauscht, vor Müdigkeit und Hunger!

Man ernannte irgendwelche Soldaten zu ihren Verteidigern; drei von ihnen baten darum, der Verurteilung fernbleiben zu dürfen, was man ihnen zugestand. Ein Unteroffizier, der das Plädoyer für Suétens hielt, sagte nur: »Ich vertraue der Weisheit des Gerichts.«

Die aufopfernden Frauen fanden wohl richtige Worte, aber nur, um den Richtern ihre Redlichkeit, mit der sie die Wahrheit versicherten, ins Gesicht zu schleudern, dass sie nämlich Verletzte gepflegt hatten, ungeachtet, ob sie der Armee der Commune oder der von Versailles angehörten.

Konsequenterweise wurden sie zum Tod verurteilt.

Die Soldaten waren erstaunt zu hören, dass die Frauen Verletzte versorgt hatten, als wären sie überrascht, dass man seitens der Commune Verwundete in die Ambulanz führte, statt ihnen den Rest zu geben.

Vor der Verurteilung der Commune-Mitglieder vermied man es wohlweislich, alle diejenigen vorzuführen, die mit den grotesken Anklagen sowie mit den infamen Märchen, die Schriftsteller wie Maxime Ducamp akribisch gegen sie zusammentrugen, kurzen Prozess gemacht hätten.

Die Kommunarden warteten so ziemlich überall, in den Gefängnissen, auf den Pontons der Schiffe in die Verbannung, in den Festungen. Man hoffte, ihren Mut aufzuweichen.

Ratten, Ungeziefer und Tod brachten nur die Unglücklichen um, die man aus der Menge heraus verhaftet hatte, die anderen waren auf der Stelle erschossen worden.

Offizielle Statistiken gaben zu, dass es unter den Gefangenen 1.179 Tote und 2.000 Kranke gab.

Zählte man die in den ersten Tagen in Satory Hingerichteten sowie die unterwegs erschlagenen Unbekannten, die dem von Pferdehufen diktierten Rhythmus nicht folgen konnten, hinzu?

Und die Zahl derer, die über dem Grauen des Erlebten den Verstand verloren hatten?

Als ich für einige Stunden in das Gefängnis von Les Chantiers zurückmusste, da ich dem Untersuchungsrichter vorgeführt werden sollte, erfuhr ich, dass die Verrückten, wie man sagte, in eine Irrenanstalt überführt worden waren.

Niemand konnte das überprüfen, wir kannten ihre Namen nicht und die meisten von ihnen wussten ihn selbst nicht mehr.

Endlich erschien eine Mitteilung des Gouverneurs von Paris, die verkündete, dass die dem Feind in die Hände gefallenen Mitglieder der Commune und des Zentralkomitees vor Gericht gestellt würden.

Sie würden sich für ihre Taten verantworten müssen.

Die Angeklagten waren folgendermaßen gereiht: FERRÉ, ASSI, URBAIN*, BILLIORAY, JOURDE, TRINQUET, CHAMPY, RÉGÈRE, LISBONNE, LULLIER, RASTOUL, GROUSSET, VERDURE, FERRAT, DESCHAMPS, CLÉMENT, COURBET, PARENT.

Der dritte Kriegsrat, vor dem sie erscheinen mussten, sah so aus:

MERLIN, Oberst, Vorsitzender.

GAULET, Major, Richter.

DE GUILBERT, Hauptmann, Richter.

MARIGUET, Richter.

CASSAIGNE, Leutnant, Richter.

LÉGER, Unterleutnant, Richter.

LABAT, Unterfeldwebel.

GAVEAU*, Bataillonskommandeur im 68. Linienkorps.

SÉNART, Hauptmann, Stellvertreter.

.....

Der am 17. August beginnende Prozess hatte siebzehn Anhörungen.

Dreihundert Sitze waren für die Versammlung von Versailles vorbereitet worden.

Zweitausend Plätze waren einem ausgewählten Publikum vorbehalten, dort boten die versammelten Schlächter der regulären Armee die Spitzen ihrer behandschuhten Finger reich gekleideten Damen und führten diese grüßend und buckelnd zu ihren Plätzen.

Man verweigerte den Mitgliedern der Commune das Attribut politischer Gefangener, das man ihnen unbewusst aber zugestand, weil einige von ihnen zur einfachen Deportation verurteilt wurden, einer ausschließlich politischen Strafe.

Unter Thiers' höchster Führung waren die Polizeiberichte zu einem schrecklichen und burlesken Akt zusammengefasst worden, eine gut vorbereitete Arbeit, nach dem Augenmaß desjenigen, den man damit beauftragt hatte.

Es handelte sich dabei um Major Gaveau, der als ehemaliger Insasse eines Irrenhauses sein Werk mit dem Siegel des Wahnsinns vollendete.

Die reaktionäre Presse stieß rund um die Anklagen Schreie aus, die alle im Ausland lebenden Freigeister zum Gegenschrei veranlassten.

Der Londoner *Standard,* der bis dahin ein Feind der Commune gewesen war, fand, dass es nichts Verabscheuungswürdigeres gäbe als die Haltung der französischen *Halbwelt*-Presse gegenüber diesem Prozess.

Da Ferré keinen Verteidiger wollte, ernannte der Vorsitzende von sich aus Marchand, der ehrlich genug war, Ferré sein eigenes Schlussplädoyer lesen zu lassen. Von einem hasserfüllten Tribunal sowie gut platzierten Zwischenrufen aus dem Saal unterbrochen, konnte er aber nicht alles sagen.

Ferré begann und schloss folgendermaßen:

> Nach Abschluss des Friedensvertrags infolge der schändlichen Kapitulation von Paris war die Republik in Gefahr. Die Männer, die dem in Schlamm und Blut untergegangenen Kaiserreich nachfolgten, klammerten sich an die Macht und bereiteten, obwohl sie von der Öffentlichkeit dafür verachtet wurden, im Dunkeln einen Staatsstreich vor, indem sie sich konsequent weigerten, Paris seinen Gemeinderat wählen zu lassen.
>
> *
>
> Ehrliche und aufrichtige Zeitungen wurden verboten, die besten Patrioten wurden zum Tode verurteilt … Die Kaisertreuen

bereiteten sich darauf vor, den Rest Frankreichs aufzuteilen. In der Nacht des 18. März meinten sie schließlich bereit zu sein und versuchten die Nationalgarde zu entwaffnen und Republikaner in Massen zu verhaften.

*

Der Versuch scheiterte, weil ganz Paris sich dagegen stellte und ihre Soldaten sie verließen und sich nach Versailles flüchteten. Als Paris sich selbst überlassen war, versuchten die ehrlichen und mutigen Bürger Ordnung und Sicherheit wiederherzustellen.

Und nach einigen Tagen, als man die Bevölkerung zu den Urnen rief, wurde die Commune konstituiert.

Die Aufgabe der Regierung in Versailles war, die Gültigkeit dieser Wahl anzuerkennen und sich mit der Commune abzusprechen, um Eintracht zu erzielen. Ganz im Gegenteil, als ob der Krieg mit dem Ausland nicht genug Schaden und Elend angerichtet hätte, begann sie zusätzlich den Bürgerkrieg. Nichts als Hass und Rache atmend griff sie Paris an und ließ es eine weitere Belagerung erleiden. Zwei Monate widerstand Paris, dann wurde es erobert. Zehn Tage lang autorisierte die Regierung Massaker an der Bevölkerung und Erschießungen ohne Gerichtsurteil.

Diese fatalen Tage gemahnen an die des heiligen Bartholomäus*, nur dass wir Juni und Dezember bereits überschritten haben, bis wann soll das Volk noch beschossen werden?

Als Mitglied der Commune von Paris befinde ich mich in den Händen ihrer Besieger, sie wollen meinen Kopf, dann sollen sie ihn sich nehmen. Ich werde mein Leben nicht durch Feigheit retten. Ich habe frei gelebt und habe vor, auch so zu sterben.

Nur ein Wort noch: Das Schicksal ist wankelmütig und ich vertraue künftigen Zeiten die Pflege meiner Erinnerungen und meiner Rache an.

Nach diesem bei jedem Wort durch Beschimpfungen unterbrochenen Manifest, das selbst jene, die im Namen der Legalität zu handeln meinten, zwang, die Fakten anzuerkennen, und das in London einen tiefen Eindruck hinterließ, stieß der Vorsitzende Merlin folgende äußerste Beleidigung aus: »Die Erinnerungen eines Mörders!«, und der aufgeregte Gaveau fügte hinzu. »Ein solches Manifest gehört in die Galeeren!«

»All dies«, sagte Merlin noch, »erklärt nicht die Taten, für die Sie hier stehen.«

Ferré beendete das alles mit einem Wort:

.....

»Das bedeutet«, sagte er, »dass ich das Los, das mir bereitet wird, akzeptiere.«

Die Ehre der Commune war gerettet, aber Ferré war verloren.

Als der Rechtsanwalt Merlins Worte »Die Erinnerungen eines Mörders« zu Protokoll geben wollte, brüllte das Auditorium und der freche Merlin antwortete: »Ich habe mich der vom Verteidiger geäußerten Redewendung bedient, das Gericht wird Sie von seinen Schlussfolgerungen unterrichten.«

Aber Ferré wollte nicht über sein Leben diskutieren.

Jourde wäre ohne sein sagenhaftes Gedächtnis wegen seiner Ehrlichkeit in der Bankenangelegenheit als Dieb abgestempelt worden. Man hatte seine Buchhaltung entfernt, er aber rekonstruierte sie aus der Erinnerung mit einer solchen Klarheit, dass das Tribunal schamrot hätte werden müssen.

Manche Leute kennen aber kein Schamgefühl.

Die 1.000 Francs, die jedes Mitglied der Commune für momentan anfallende Notwendigkeiten ausgegeben hatte, würden neben den Millionen, die heute von den Regierenden für Lustbarkeitsreisen und noch Schlimmeres verschwendet wurden, seltsam anmuten. Champy und Trinquet beanspruchten die Ehre, ihr Mandat bis zuletzt erfüllt zu haben.

Urbain konnte sich ehrenhaft von dem Komplott reinwaschen, das man mit Hilfe von de Montaud gegen ihn geschmiedet hatte, den Versailles ihm zur Seite gestellt hatte, um ihn zu verraten.

Was alles Infames hinter dieser Regierung steckte, wurde von der europäischen Presse ans Tageslicht gebracht und man sah die Männer der Commune in ihrer revolutionären Ehrlichkeit. Doch wie teuer bezahlten sie diese gewissenhafte Ehrlichkeit, die verhindert hatte, dass sie das ewige goldene Kalb, die Bank, dem Volk zurückgaben oder wenigstens dem Nichts anheimgegeben hätten.

So sahen die Verurteilungen aus:

Zum Tode: Th. Ferré, Lullier.

Lebenslange Zwangsarbeit: Urbain, Trinquet.

In eine befestigte Anlage deportiert: Assi, Billioray, Champy, Régère, Ferret, Verdure und Grousset.

Einfache Deportation: Jourde, Rastoul.

Sechs Monate Gefängnis und 500 Francs Strafe: Courbet.

Freigesprochen: Deschamp, Parent, Clément, da sie schon in den ersten Tagen ihre Mitgliedschaft bei der Commune zurückgelegt hatten.

Die Kommission von fünfzehn Henkern, die zweifellos aus Ironie »Gnadenkommission« genannt wurde, setzte sich folgendermaßen zusammen:

.....

MARTEL, PRIOU, BASTARD, VOISIN, BATBA, MAILLÉ, LACAZE, DUCHATEL, MARQUIS VON QUINZOUNAS, MERVEILLEUX-DUVIGNAN, TAILHAU, COSNE, PARIS, BIGOT, BATBIE und THIERS, der noch dazu Vorsitzender war.

Die Gnadenkommission schickte die Verurteilten nach allen Regeln der Kunst an den Pfahl. Es war Teil der Inszenierung wie in Spanien die Kapellenbestattung.

In der Zwischenzeit korrespondierten wir, soweit möglich, zwischen den beiden Gefängnissen, immer darauf achtend, dass niemand kompromittiert werde, wenn die Sache aufflog.

Unsere Korrespondenz flog auf und was das Schrecklichste zu sein schien, war, dass die Monster, unsere Besieger, darin als Dummköpfe bezeichnet wurden. Unter anderem erzählten wir uns, dass ihre idiotischen Polizisten überall eine bereits tote Person suchten, deren Fotografie sie bei ihren Durchsuchungen gefunden hatten; das passierte ihnen wahrscheinlich oft.

Es war nicht das einzige Verbrechen: Ich hatte unseren Herren und Meistern einige Verse geschickt, die, das versteht sich von selbst, nicht zu ihrem Lob gedacht waren. Einige Strophen sind in meinem Band *Verse eines Lebens* erschienen:

Au troisième conseil de guerre

All diese Zeit ist, was ihr tut,
und bess're Tage, die kommen wann?
Die Geschichte, taub eurer Wut,
legt auf die Richter den Bann.
Alle mit Gier auf Beute,
Korrupte, Verräter, voll Geifer
jubeln den Attentaten mit Eifer,
Spitzel, Hure, Halunke,
Cassaigne, Mariguet, Guilbert, Caveau, Léger,
und weitere Henker, Labat, Merlin, Gaulet etc.

Versailles capitale

Versailles, das nun die Hauptstadt ist,
Korrupt, morbide und voll Gift,
Sie ist's und trägt die Fackel,
Die Wache macht ihr Satory,
Den Lumpen gilt sie schön, sag'n die,
Ein Leichentuch, das ist ihr Mantel,
Versailles, alte Kokotte,
Hältst unter dem Fetzenrock
Die Republik im Kinderbett

.....

Voll Aussatz und Verbrechen,
Beschmutzt den großen Namen
Und tarnst sie mit der Fahne.
Sie braucht starke Kasernen
Voll von Soldaten und Hur'n,
Um sich mächtig zu fühl'n und stark.
Während unter ihrer Niedertracht
Die Stadt, wo das Herz der Welt schlägt,
Paris, im Schlaf der Toten liegt,
Dennoch, das tapfere Volk
Erhebt groß die Republik.
Den Fortschritt haltet ihr nicht auf,
Es ist die Stunde, wo die Kronen fallen,
So wie am Ende, wenn die Zeit der Kälte
Sie fallen läßt, wie im Herbst das Laub.

L. MICHEL
Gefängnis von Versailles, Oktober 1871

À nos vainqueurs

Wir sind jetzt am Punkt der Schande,
Vom tiefen Ekel nun besiegt,
Wie eine Flut steigt das Schaudern,
Fühl'n wir, wie das Herz überquillt.
Heute seid ihr unsre Herr'n,
Unser Leben in eurer Hand,
Aber dem Heute folgt ein Morgen,
Bei euch gibt es ja Verräter.
Fahren, fahr'n wir über's Meer und durch das dunkle Tal,
Fahren, fahr'n wir,
Fahr'n wir, damit das reife Korn in die Furchen fallt,
Etc.

Nach und nach erfuhren wir von neuen Gefangenen Details bislang noch unbekannter Grausamkeiten, so zum Beispiel die Exekution von Tony Moillin, der nichts anderes getan hatte, als in öffentlichen Versammlungen zu sprechen. Er hatte darum gebeten, seine Ehe vor seiner Hinrichtung legalisieren lassen zu dürfen, um seiner Frau Unannehmlichkeiten zu ersparen. Da ihm die Bitte gewährt wurde, warteten sie gemeinsam auf die Erledigung, und zwar auf dem Posten, neben dem er erschossen werden sollte, so dass die arme Frau jedes Detail der Hinrichtung mitbekam.

Wir erfuhren auch vom Tod einiger *Anhänger von Versailles*, die mit anderen an der Schlachtbank von Le Châtelet gefallen waren. Dort erschoss man, weil ihre Frauen angeblich Neigungen für die Commune gehabt hatten, auch Männer, die zu Hause geblieben waren. So wurde Herr Tynaire ermordet.

Eine der Frauen, die sich am meisten für eine Versöhnung zwischen Paris und Versailles eingesetzt hatte, Madame Manière, war die letzte Verhaftung, die ich in der Zuchtanstalt sah, bevor man mich ins Gefängnis von Arras überstellte.

Eines Morgens rief man mich in die Kanzlei. Seit Langem verlangte ich, vor Gericht gestellt zu werden, weil ich meinte, die Hinrichtung einer Frau würde Versailles in den Abgrund stürzen. Ich glaubte, wegen irgendeiner Formalität gerufen worden zu sein, aber es war mein Transfer nach Arras. Man würde mich richten, wenn Zeit dafür wäre, zuerst wurde ich bestraft.

Ich dachte lange Zeit, dass diese Hinterlist Massé zu verdanken war, seitdem weiß ich, dass es der alte Clément war.

Beim Fortgehen schrieb ich eine Protestnote ins Kanzleibuch und verlangte, dass man meiner Mutter Bescheid sage, die mich am nächsten Tag besuchen sollte. Es war November und in diesem Jahr kam der Winter sehr früh, schon seit einigen Tagen lag Schnee.

Man vergaß sie zu verständigen und sie fühlte die Kälte, die sie während der Reise von Paris nach Versailles empfunden hatte, wo sie niemanden vorfand, noch jahrelang.

Es folgten die Verurteilungen von Rossel, der zum Tode verurteilt wurde, weil er von der regulären Armee zur Armee der Commune übergelaufen war, sowie von Bourgeois, Unteroffizier, wegen derselben Tat.

Rocheforts Prozess wurde wieder verschoben, man schickte ihn einstweilen nach Fort Bayard.

In Versailles querten oft schöne junge Mädchen die düsteren Gänge des Staatsgefängnisses von 1871: Marie Ferré mit ihren großen schwarzen Augen und dem schweren dunkelbraunen Haar, Rocheforts Tochter, damals noch ganz jung, und die beiden Schwestern von Rossel, Bella und Sarah.

In Paris gab es zwei Frauen, von denen die eine stolz an ihren toten Bruder dachte, die andere sich immer in angstvollem Zweifel befand: die Schwester von Delescluze und die Schwester von Blanqui.

In der Nacht vom 27. auf den 28. November rief man mich und befahl mir, mich für die Abreise von Arras nach Versailles bereitzuhalten.

Ich weiß nicht mehr, wann wir wegfuhren, es war noch dunkel, es lag viel Schnee, zwei Gendarmen begleiteten mich. Wir nahmen den Zug, nachdem wir lange auf dem Bahnhof gewartet hatten, wo Idioten mich wie ein seltsames Tier betrachteten und mit mir ins Gespräch zu kommen versuchten. Nach meinen Antworten kam keiner ein zweites Mal, vielmehr blieben sie in geringer Entfernung stehen und sahen mich mit schreckgeweiteten Augen an.

»Ich glaube«, sagte einer dieser Leute, »dass es ab dem frühen Morgen in Satory Hinrichtungen geben wird.«

»Umso besser!«, sagte ich zu ihm, »das wird die in Versailles beschleunigen.«

Die Gendarmen brachten mich in einen anderen Saal.

Wir mussten noch lange auf die Abfahrt warten.

In Versailles begegnete mir auf dem Bahnhof Marie Ferré, totenblass, tränenlos kam sie, um den Leichnam ihres Bruders zu fordern.

Die Gendarmen wurden entlassen, weil sie Marie und mich miteinander sprechen hatten lassen.

Die Zeitung *Liberté* vom 28. November berichtet über die Hinrichtung in Satory wie folgt:

> Die Verurteilten sind wirklich sehr ruhig. Am Pfahl lehnend wirft Ferré seinen Hut auf den Boden, ein Sergeant tritt vor, um ihm die Augen zu verbinden, er nimmt die Binde und wirft sie auf seinen Hut. Man lässt die drei Verurteilten allein, die drei Exekutionskommandos, die gerade vorgetreten sind, eröffnen das Feuer.
> Rossel und Bourgeois fallen auf der Stelle um, aber Ferré bleibt einen Moment stehen und fällt dann auf die rechte Seite.
> Der Militärarzt des Lagers, Dejardin, stürzt zu den Leichen, zeigt, dass Rossel tatsächlich tot ist, ruft die Soldaten, die Ferré und Bourgeois den Gnadenschuss setzen müssen.
> LA LIBERTÉ, 28. November 1871

Ferré hatte seiner Schwester einige Augenblicke, bevor er starb, folgenden Brief geschrieben:

> Arrestzellenhaus von Versailles, Nummer 6
> Dienstag, 28. November 1871, 5 Uhr morgens
> Meine sehr teure Schwester,
> in einigen Augenblicken werde ich sterben. Bis zum letzten Augenblick werde ich an dich denken. Ich bitte dich, meinen Leichnam einzufordern und ihn mit dem meiner unglücklichen Mutter zu vereinen.
> Wenn du kannst, setze die Stunde meiner Bestattung in die Zeitungen, damit Freunde mich begleiten können.

.....

Selbstverständlich keine religiöse Zeremonie, ich sterbe als Materialist, wie ich gelebt habe.
Lege einen Immortellenkranz auf das Grab unserer Mutter.
Versuche, meinen Bruder zu heilen und unseren Vater zu trösten. Sag beiden, wie sehr ich sie geliebt habe.
Ich umarme dich tausend Mal und danke dir tausendfach für die Zuwendungen, die du nicht müde warst mir zukommen zu lassen. Überwinde den Schmerz und sei, wie du es mir oft versprochen hast, auf der Höhe der Ereignisse. Ich selbst bin glücklich, mein Leid wird enden und ich habe keinen Grund, mich zu beklagen. Alle meine Papiere, meine Kleidung und andere Dinge müssen dir zurückgegeben werden, außer das Geld aus der Kanzlei, das ich weniger glücklosen Gefangenen hinterlasse.

TH. FERRÉ

Richter Merlin war zugleich Mitglied im Kriegsrat wie auch im Rat für Exekutionen und die Provinz Paris badete nach der Fülle kalter Hinrichtungen in Blut.

Am 30. November, zwei Tage nach den Morden von Satory, wurde Gaston Crémieux aus Marseille auf die Ebene am Meeresufer geführt, die man Le Pharo nennt. Einen Soldaten namens Pasqui, der zum Volk übergelaufen war, hatte man dort bereits erschossen.

Crémieux selbst ordnete das Feuer an, wollte noch »Es lebe die Republik!« rufen, aber nur die Hälfte der Parole kam über seine Lippen. Nach jeder Exekution defilierten die Soldaten vor den Leichen zum Klang der Fanfaren, sie taten es auf Le Pharo, wie sie es in Satory getan hatten.

Einige Zeit darauf wurde das Todesurteil von Vater Étienne in lebenslange Verbannung umgewandelt.

Für Gaston Crémieux waren registerweise Unterschriften abgegeben worden und diese Kundgebung flößte der Regierung Furcht ein. Da sie sich nicht über das Gewissen durchsetzen konnte, wollte sie es durch den Terror.

Fast ein Jahr nach der Commune badeten am 22. Februar um 7 Uhr die Hinrichtungspfähle von Satory erneut in Blut. Lagrange, Herpin Lacroix und Verdaguer, drei mutige und tapfere Verteidiger der Commune, bezahlten den Tod der beiden Generäle Clément-Thomas und Lecomte wie so viele andere mit ihrem Leben. Dabei hatte Herpin Lacroix versucht, die Offiziere zu retten, und ihr Schicksal war von niemand anderem als von ihnen selbst besiegelt worden.

Am 29. März Préau de Vedel, am 30. April Genton, der sich wegen seiner Wunden auf Krücken schleppte, sich aber am Pfahl stolz aufrecht hielt.

Am 25. Mai Serizier, Bouin und Boudin, weil sie in den Maitagen jemanden getötet hatten, der sich der Verteidigung von Paris widersetzte.

Am 6. Juli Baudouin und Rouillac wegen des Brandes in Saint-Eloi und dem Kampf vor den Barrikaden.

Am Pfahl angekommen zerrissen sie die Fesseln und kämpften gegen die Soldaten, worauf sie wie Ochsen in der Schlachtbank massakriert wurden.

»Das da haben die zum Denken benutzt«, sagte der kommandierende Offizier und rührte mit der Stiefelspitze in der Hirnmasse herum, die sich auf dem Boden verteilt hatte.

Wie die Leichen sich stapelten, so stapelte man Urteile. Nach dem Blutrausch gab es den Rausch der Verurteilungen. Versailles glaubte, mit Terror das ewige Schweigen herbeiführen zu können.

Schriftsteller wurden wegen Zeitungsartikeln zum Tode verurteilt wie etwa Maroteau für seine Veröffentlichungen in *La Montagne.*

Die Haltung dieser Zeitung war einfach, die Ereignisse exakt darzustellen. Maroteau sagte darin Folgendes über die Reaktion:

> Wenn sie fertig sind mit ihren Lügen und Verleumdungen und ihre Zunge heraushängt, dann tauchen sie ihre Nase in den Schaum des Blutbechers von Mademoiselle de Sombreuil*.
> Sie zerren den mit dem Leichenhemd von Clément-Thomas wedelnden General Bréa aus seinem Grab.
> Es ist genug!
> Ihr sprecht von euren Toten, aber zählt die unseren.
> Vetter Favre, lüfte deinen Rock, damit er nicht rot wird, und wage es, die Leichenhalle der Revolution zu betreten.
> Da liegen große Haufen.
> Da sind Prairial* und Thermidor*, Saint-Merry, Transnonain* und Tiquetonne, welch infame Tage, welch verfluchte Namen!
> Wir müssen gar nicht so weit zurückgehen, die Asche der vergangenen Jahre nicht durchstöbern, wer hat gestern getötet, tötet noch heute?
> Wer hat Charette und Failly eingestellt? Wer hat in der Vendée die Trommel gerührt? Wer die Bretagne auf Paris gehetzt?
> Wer hat nebenbei einen Schwarm kleiner Mädchen in Neuilly mit Gewehrsalven niedermähen lassen?
> Banditen!

Heute marschiert jedoch der Sieg, nicht der Kampf hinter der roten Fahne. Die ganze Stadt hat sich beim Trompetenklang erhoben. Wir werden euch Geier aus eurem Nest holen und euch blinzelnd dem Licht übergeben. Die Commune klagt euch heute Morgen an, wird euch den Prozess machen und euch verurteilen, weil es sein muss!

Heindrech, wetz dein Messer auf dem schwarzen Stein.

Ja!

Als ich die *Montagne* gründete, schwor ich wie Rousseau und Marat, wenn es sein muss, zu sterben, aber die Wahrheit zu sagen.

Ich wiederhole es: Der Kopf dieser Schufte muss fallen!

GUSTAVE MAROTEAU

Wer will darüber erstaunt sein, dass wir uns über die Verbrechen von Versailles empörten?

Die Nummer 19 der *Montagne* (fast die letzte, denn ich glaube, diese Zeitung erschien nur etwa zwanzig Mal) verursachte das Todesurteil für Maroteau, den man jedoch nicht hinzurichten wagte. Er wurde zu lebenslanger Zwangsarbeit verurteilt; ich habe von seinem Artikel noch die Anstoß erregenden Passagen, die er schrieb, nachdem Versailles sich geweigert hatte, Blanqui gegen den Erzbischof von Paris und einige Priester auszutauschen.

La Montagne Nr. 19, Gustave Maroteau

AN SEINE EXZELLENZ
DEN ERZBISCHOF VON PARIS

1848 wurde während der Junischlacht auf einer Barrikade ein Prälat getötet: Es war seine Exzellenz Affre, der Erzbischof von Paris.

Man sagt, er sei hinaufgestiegen, um parteilos als Apostel das Evangelium zu predigen und um mit seinem goldenen Stab die rauchenden Gewehrmündungen gen Himmel zu heben.

Dieser Tod entschuldigte Cavaignacs Befürchtungen. Man tat, als ob man zwischen den Fingern, die unter den Eisen der Straflager bluteten, violette Kleiderfetzen gefunden hätte.

Das war falsch! Noch heute ist unbekannt, wer den Schuss abgegeben hatte. Man weiß nicht, ob die Kugel aus dem Gewehr eines Soldaten oder aber aus der Büchse eines Aufständischen gekommen ist.

Die Republikaner senkten unter dem Sprühregen geweihten Blutes den Kopf.

Die Erfahrung hat uns skeptisch werden lassen. Aus! Wir glauben nicht mehr an Gott, die Revolution von '71 ist eine atheistische, unsere Republik trägt ein Sträußchen Immortellen im Ausschnitt.
Unser großer Arbeitsakt verurteilt die Faulen und die Parasiten …
Geht hin, werft eure Kutten in die Brennnesseln, krempelt die Ärmel hoch, nehmt die Peitsche, schiebt den Pflug, singt statt Psalmen den Ochsen vor, das ist allemal besser!
Und sprecht mir nicht von Gott, dieser Butzemann macht uns keine Angst mehr, viel zu lange schon dient er als Vorwand für Plünderung und Mord.
Im Namen Gottes war es, dass Wilhelm unser reinstes Blut helmweise soff, es sind die Soldaten des Papstes, die die Ternes[72] bombardieren, wir streichen Gott durch.
Unsere Hunde werden sich nicht mehr damit begnügen, Bischöfe zu betrachten, sie werden sie beißen. Unsere Kugeln werden nicht vor Skapulieren flach werden und es wird an dem Tag, an dem wir Erzbischof Darbois erschießen, keine einzige Stimme uns verfluchen.
Wir haben Darbois als Geisel genommen und wenn man uns Blanqui nicht zurückgibt, wird er sterben.
Die Commune hat es versprochen und sollte sie zögern, dann wird das Volk ihren Schwur halten, klagen Sie es deshalb nicht an.
»Das Recht der Tribunale möge beginnen«, sagte Danton am Tag nach den September-Massakern, »und das des Volkes enden.«
Oh, ich fürchte für den Erzbischof von Paris!

GUSTAVE MAROTEAU

In der ersten Ausgabe der *Montagne* hatte Maroteau geschrieben: »Ich schwor wie Rousseau und Marat, wenn es sein muss zu sterben, aber die Wahrheit zu sagen.« Diese Wahrheit war, dass es unter den furchtbaren Umständen, die Versailles geschaffen hatte, unmöglich war, anders zu schreiben oder zu handeln.

Es ist seltsam, dass in diesem Augenblick, in dem ich die Worte Rousseaus zitierte, die Maroteau sich zum Gesetz gemacht hatte, die Särge von Rousseau und Voltaire geöffnet wurden, um sicher zu gehen, dass ihre heute verehrten Überreste noch da wären.

72 Viertel in Paris.

Ja, sie sind es, Voltaires Kopf lacht uns mit seinem schneidenden Humor ins Gesicht, weil wir so wenig vorangekommen sind. Rousseaus stilles Skelett kreuzt die Arme vor der Brust.

Maroteau wurde vor allem dafür verurteilt, die Wahrheit gesagt zu haben, aber wie zwanzig Jahre später bei Cyvoct* wagte man nicht, das Urteil umzusetzen, sondern wandelte es in lebenslange Zwangsarbeit um und schickte ihn ins Lager auf der Insel Nou.

Der bereits vor seiner Abfahrt lungenkranke Maroteau starb am 18. März 1875, ich glaube 27-jährig.

Seit etwa sechs Jahren schleppte er diese Krankheit mit sich herum und nun war das Ende gekommen, man erwartete seit dem 16. März seinen Tod, die Agonie hatte begonnen.

Plötzlich setzt er sich auf und fragt den Arzt:

»Kann denn die Wissenschaft mich nicht bis zu meinem Geburtstag am 18. März am Leben erhalten?«

»Sie werden ihn erleben«, sagt der Arzt und kann eine Träne nicht verbergen.

Tatsächlich starb Maroteau am 18. März.

Lange noch schien sein Blick lebendig, als würde er aus schattendunkler Nacht das Volksgericht herannahen sehen.

Auch Alphonse Humbert wurde zu lebenslanger Zwangsarbeit verurteilt, weil er Artikel in Zeitungen veröffentlicht hatte. Man behauptete, die Ausgabe des *Père Duchêne* vom 5. April habe die Verhaftung von Chaudey provoziert, von dem in den fraglichen Passagen nicht einmal die Rede war. Im Folgenden einige Fragmente:

> Zum ersten Mal schreiben wir im *Père Duchêne* unseren durch und durch patriotischen Artikeln ein Post-Scriptum.
>
> Das ist, weil der *Père Duchêne* schon lange nicht mehr so fröhlich war, ja, oh Mann!
>
> Weil die Angelegenheiten der sozialen [Revolution, Anm. v. b.] zum Besten stehen und die Arschgeigen von Versailles im Arsch sind wie noch nie.
>
> Alle Wünsche des *Père Duchêne* sind erfüllt und so kann er jetzt sterben.
>
> Seine Herzschläge haben nun zum dritten Mal in weniger als 14 Tagen die siegreiche soziale Revolution gegrüßt.
>
> Und wisst ihr, warum der *Père Duchêne* so zufrieden ist, auch wenn heute unter seinen Freunden ungefähr hundert gute Kerle getötet wurden?

.....

Es ist, weil trotz aller Aufregung unter den Arschgeigen klar geworden ist, dass die Männer aus Versailles zuerst uns angegriffen haben.
Sie sind es, ich berufe mich auf die wahre Geschichte des Jahres 79 der Französischen Revolution, sie sind es, die den Bürgerkrieg eröffneten.
Es stimmt, dass Patrioten für das Wohl der Nation gestorben sind. Ruhm und Ehre für sie!
Die Nation ist gerettet!
Und die Ehre der zukünftigen Rasse ist so sicher wie die unsrige.
Wir werden eure Wunden küssen, oh Patrioten, die ihr für die Nation und die soziale Revolution gestorben seid.
Und wir werden uns daran erinnern, dass die Farbe der roten Fahne mit eurem Blut aufgefrischt wurde.

PÈRE DUCHÊNE, 5. April 1871

Auch Rochefort wurde wegen Zeitungsartikeln, vor allem aber für den ungeheuer großen Anteil, den er am Sturz des Kaiserreichs hatte, zur Deportation in eine befestigte Anlage verurteilt.

Die Artikel, die nach den ersten Granateneinschlägen im *Mot d'Ordre* erschienen waren, hatten Versailles zur Weißglut gebracht.

Das *Mot d'Ordre* wurde vom fahnenflüchtigen Vinoy, der heute seine Abzeichen der Ehrenlegion spazieren führt, unter dem Vorwand verboten, dass meine Mitarbeiter und ich den Bürgerkrieg predigen würden. Das Rundschreiben von Dufaure informiert uns, dass Zeitungen, die die Versöhnung predigen, bestraft werden sollen. Unselige Autoren, die sich darüber entrüsten, dass Frauen bei ihren Einkäufen auf offener Straße von Granaten niedergemäht werden, und die einen vielleicht ausgezeichneten Weg vorschlagen, um die Feindseligkeiten zu beenden, werden ab heute vom Justizminister in Versailles mit den abgebrühtesten Verbrechern unter eine Decke gesteckt.
Sie sind nach Versailles gegangen, aber Ihr Vater ist in Paris geblieben, als Sie erfahren, dass eine vom Mont Valérien abgefeuerte Bombe in seine Kammer eindrang und ihn im Bett entzwei gerissen hat. Dann müssen Sie laut die Fortführung des Bürgerkriegs verlangen, weil Sie sonst für den Ehrenmann Dufaure als Feind des Eigentums, ja sogar der Familie gelten.
Wir haben oft bemerkt, dass nur die Gemäßigten unerbittlich sind. Wenn sie doch nur wild wären, aber sie sind auch noch dumm, was uns übrigens rettet. Nicht einer der sogenannten

Minister, welche an der Ausführung des Manifests teilhatten, das heute zur Freude aller Freunde des ehrlichen Humors beiträgt, hat sich überlegt, dass die Provinz, an die es gerichtet ist, wie ein einziges Département aufstehen wird:
Wie kann das sein, dass sie seit einem Monat Paris abschlachten, öffentliche Gebäude und privates Eigentum durchsieben und dann jedem, der sie höflich darauf aufmerksam macht, dass es nun eventuell genug sei, als Verbrecher behandeln und ihm mit der gesamten Härte des Gesetzes drohen können? Ist denn dieses Ministerium aus den Käfigen des Jardin des Plantes* rekrutiert worden?«

HENRI ROCHEFORT

Vor allem die folgenden beiden Auszüge entfachten den Zorn von Versailles.

Blanqui, den man in Abwesenheit zum Tode verurteilt hat, ist entdeckt und verhaftet, soll sein. Die Regierung, die ihn ja verhaftet hat, müsste ihn nun vor Gericht bringen, wenn sie das Urteil aufheben will. Aber nein, die in Versailles kasernierten Liebhaber von Recht und Gesetz fanden es bequemer, ihrem Gefangenen den Kriegsrat, auf den er Anspruch hätte, zu verweigern, ihn in irgendein Verlies zu pferchen, das derart geheim ist, dass kein Mensch weiß, in welchem Gefängnis man ihn festhält, oder ob er tot oder einfach nur todkrank ist.
Das ist mehr als blanker Wahnsinn, und das Gesetz, das solche Vorgangsweise erlaubt, ist monströs und unbrauchbar. Niemals war es einem Machthaber, und wäre er noch so grausam gewesen, erlaubt, einen Angeklagten unter dem Deckmantel der Geheimhaltung einfach zu beseitigen, sprich: verschwinden zu lassen. Der Kodex verlangt, dass der Angeklagte beim ersten Ansuchen seiner Familie vorgeführt werde, damit diese, wenn nötig, feststellen könne, dass er in seinem Gefängnis nicht von denen ermordet wurde, die Nutzen aus seinem Tod ziehen würden.
Und doch antworteten Rechtsberater Thiers und Rechtsberater Dufaure im Duett auf den so berührenden Brief von Blanquis Schwester, in dem sie bat, ihren Bruder wenn schon nicht sehen zu dürfen, so zumindest zu erfahren, in welcher Gruft, unter welchem Grabstein die Versailler Kerkermeister ihn wohl lebendig verscharrt hatten, dass sie jegliche Kommunikation mit ihrem Gefangenen und jegliche Auskunft über dessen

> Verbleib verweigern würden, solange die Ordnung nicht wieder hergestellt sei.
> Wo aber bleibt da der in diesem Punkte deutliche Gesetzestext? Das Gesetz, das Ihr ständig im Munde führt und von dem Ihr sagt, dass die Rathausregierung[73] es nicht einhalte? Es gibt keine zwei Seiten, von denen man Thiers' Verhalten gegenüber Blanqui betrachten könnte: Der Fall wurde von den Gesetzgebern vorgesehen, er fällt unter die Rubrik Verbrechen und die Antwort des Chefs der Exekutive auf die Anfrage der Familie macht ihn zum Anwärter für die Galeere.
>
> H. ROCHEFORT

Der zweite Ausschnitt traf vielleicht sogar noch mehr mitten ins bürgerliche Herz. Er handelt von diesem Rattenloch der Place Saint-Georges, das der alte Gnom als Erstes auf Kosten des Staates als Palast neu bauen ließ.

Das *Mot d'Ordre* vom 4. April veröffentlichte dazu folgende richtige Einschätzung.

> Herr Thiers besitzt in der Rue Saint-Georges ein wunderbares Stadtpalais voller verschiedener Kunstschätze.
> Herr Picard hat auf Pariser Pflaster, das er verlassen hat, drei grandiose Häuser und Herr Jules Favre nennt in der Rue d'Amsterdam eine Luxusbleibe sein Eigen. Was würden diese hausbesitzenden Staatsmänner dazu sagen, wenn das Volk von Paris auf jede von diesen Herren verursachte Ruine mit der Spitzhacke antwortete und wenn man für jedes Haus, das in Courbevoie von einer Granate getroffen würde, eine Wand des Palasts auf der Place Saint-Georges oder des Bürgerhauses in der Rue d'Amsterdam einrisse?
>
> H.ROCHEFORT

Etwas zerbröselter Granit, mit dem man die Brust so vieler Menschen hätte retten können, stellte für die Besitzenden von Versailles ein derart großes Verbrechen dar, dass ihr Hass keine Grenzen fand, als die Wahrheit sie ins Gesicht traf.

Zuerst wollte man Rochefort vor ein Kriegsgericht stellen, dann seine Kinder verhaften, die zuerst vom Buchhändler des Bahnhofs von Arcachon in Paris versteckt und dann von Edmond Adam irgendwohin mitgenommen wurden.

73 Regierung der Commune, die im Rathaus von Paris ihren Sitz hatte.

Die Wut des Däumlings wurde jedoch augenblicklich durch die Todesurteile, die Verurteilungen zur Zwangsarbeit und die Verbannungen von Mitgliedern der Commune besänftigt sowie durch den noch schöneren Wiederaufbau seines Hauses. Er hatte sich überlegt, dass der Staat ihm den Neubau nicht bezahlt hätte, wenn sein Haus nicht demoliert worden wäre, und da er dem Artikel von Rochefort großen Anteil an der Zerstörung beimaß, wünschte er, dass man sich für die Veröffentlichung derart krimineller Texte mit der Deportation auf die Südhalbkugel begnügte, was seine Güte regelrecht glänzen lassen würde. Also erschienen Rochefort, Henri Maret und Mourot aufgrund folgender sagenhafter Anklagen vor Gericht:

Zeitung, die man einziehen musste – Falschmeldungen in böser Absicht zur Störung des öffentlichen Friedens veröffentlicht – Beihilfe zu Attentaten, mit dem Ziel, den Bürgerkrieg hervorzurufen, Aufruf zu Plünderung und Mord! – Beleidigung des Regierungsoberhaupts! – Beleidigung der Nationalversammlung!

Gerichtspräsident Merlin berief sich auf alle Artikel des *Mot d'Ordre*, unter anderen auf den vom 2. April, in dem der Däumling gewarnt wurde, dass man alle todbringenden Maschinen, die noch zu erfinden wären, gegen ihn anwenden würde, den vom 3., in dem die Regierungsmitglieder als Kasperlefiguren bezeichnet wurden, die Beiträge über Blanqui, den Beitrag über das Haus auf der Place Saint-Georges und jenen über die Vendôme-Säule, mit dem Gaveau erschreckt worden war, wie im Plädoyer betont wurde. Merlins Halluzinationen brachten Rochefort doch nur lebenslange Verbannung innerhalb befestigter Mauern ein.

Moureau wurde als Redaktionssekretär zur selben Dauer, aber zur einfachen Verbannung verurteilt, Henri Maret zu fünf Jahren Gefängnis.

Lockroy, der sich bei einem Spaziergang etwas zu weit von Paris entfernt hatte, wurde bis zum Einmarsch der Truppen im Gefängnis von Versailles festgehalten. Der Däumling hatte ihm die Auswahl zwischen diesem Gefängnis und seinem unantastbaren Abgeordnetensitz gelassen und Lockroy hatte es vorgezogen, im Kerker zu bleiben.

Madame Meurice, die mich im Gefängnis besuchen kam, erzählte, man habe ihren Mann ebenfalls eingekerkert.

Versailles hätte am liebsten den gesamten Erdball verhaftet.

Einige Tage nach dem Urteil gegen Rochefort wurde Gaveau, den all die vor ihm aufgerührten Gedanken durcheinander gebracht hatten, endgültig verrückt.

.....

Man verurteilte kleine Kinder, Schüler der Commune. Sie waren acht, elf und zwölf Jahre alt, die größeren vierzehn oder fünfzehn.

Wie viele starben in Erwartung ihres einundzwanzigsten Geburtstags in den Strafanstalten!

Wie England verweigerte auch die Schweiz die Auslieferung von geflüchteten Kommunarden. Sie behielt Razoua, den Versailles forderte. Ungarn weigerte sich, Frankel herauszugeben. Roques de Filhol, Bürgermeister von Puteaux, ein integrer Mann, wurde lächerlicherweise zur Zwangsarbeit verurteilt.

Fontaine, der während der Commune die Güterverwaltung innegehabt hatte und der von einer unverbrüchlichen Ehrlichkeit war, bekam zwanzig Jahre Zwangsarbeit wegen irgendwelcher Nippes, die im Brand der Tuilerien verlorengegangen waren: Das Silber und die als Kunstwerke eingestuften Objekte aus dem Hause Thiers tauchten im Möbellager und in Museen wieder auf. Es waren Fälschungen, die keinerlei künstlerischen Wert besaßen.

Die letzte Hinrichtung in Satory fand am 22. Januar 1873 statt. Philippe, als Mitglied der Commune, Benot und Decamps, weil sie durch den Brand der Tuilerien an der Verteidigung von Paris teilgenommen hatten.

Sie fielen, während sie »Es lebe die soziale Revolution, es lebe die Commune!« riefen.

Im September waren Lolive, Demvelle und Deschamps aus ähnlichen Gründen erschossen worden, und sie schrien beim Fallen: »Nieder mit den Feiglingen!« und »Es lebe die universelle Republik!«

Wie schön schien diese, wenn man aufrecht an den Pfahl gelehnt für sie starb.

Satory trank zwei Jahre lang Blut und goss die Erde damit.

Die Commune war tot, aber die Revolution lebte. Der unaufhaltbare Aufbruch des Fortschritts, innerhalb dessen sich die Menschheit zu jeder Zeit entwickelt hat, bringt von Zeitalter zu Zeitalter neue Formen hervor.

Am 4. Dezember erschien Lisbonne, der sich kaum auf seinen Krücken halten konnte, die er zehn Jahre lang im Bagno hinter sich herschleifte, vor dem Kriegsrat, der ihn zum Tode verurteilte. Die Strafe wurde in einen langsameren Tod, in lebenslange Zwangsarbeit, umgewandelt, aus der er dennoch wieder zurückkam.

Dann waren da noch Heurtebise, der Sekretär des Wohlfahrtskomitees, sowie alle, die gegen Versailles angeschrieben hatten: Lepelletier, Peyrouton, sie alle fassten jahrelangen Kerker aus.

Hätten wir gewollt, so hätten unsere Verurteilungen annulliert werden können, denn die Kriegsräte bedienten sich unverändert des Papiers, das unter dem Kaiser bedruckt worden war, so dass wir gemäß *dem Bericht und der Beschlussfassung des Kaiserlichen Kommissars* beschuldigt wurden.

Da aber die Kriegsräte die einzige Tribüne waren, auf der man der Commune vor ihren Mördern und ihren Kritikern zujubeln konnte, ließen wir uns auf keine Streitereien ein.

Endlich, am 11. Dezember, erhielt ich meine Vorladung für den 16. des Monats, 11.30 Uhr. Hier ist eine Kopie davon mit der bereits zitierten Formulierung »des Kaiserlichen Kommissars«.

FORMULAR NR. 10
ERSTE MILITÄRISCHE DIVISION
Artikel 108 und 111 des Militärgesetzbuchs
RECHTSPRECHUNG
Der kommandierende General der 1. militärischen Division zum Untersuchungsprozess gegen die genannte Michel Louise, Lehrerin in Paris.
Gemäß dem Bericht und den Ansichten des Berichterstatters und den Schlussfolgerungen *des Kaiserlichen Kommissars* soll Besagte vor den Kriegsrat geladen werden.
Genannte Michel wird mit ausreichenden Beweismitteln vorgeworfen, 1871 in Paris an einer aufständischen Bewegung teilnehmend, sichtbar Waffen und eine Uniform getragen zu haben sowie von den Waffen Gebrauch gemacht zu haben, womit nach Artikel 5 des Gesetzes vom 24. Mai 1834 ein krimineller Tatbestand vorliegt.
Nach Maßgabe der Artikel 108 und 111 des Militärgesetzbuches wird gegen genannte Michel ein Gerichtsverfahren anhängig.
Es wird angeordnet, dass der Kriegsrat über die der genannten Michel vorgeworfenen Tatsachen entscheiden soll.
Vorladung ergeht für den 16. Dezember, 11.30 Uhr vormittags.
Für das Generalquartier in Versailles,
am 11. Dezember 1871,
der kommandierende General der 1. Division, APPERT
P.C.C. und Zustellung an die Angeklagte
Kommandant GARIANO, AEULLYES

Die letzte Unterschrift unleserlich.

.....

In der Nummer 756 der Zeitschrift *Le Voleur*, einer illustrierten Serie, Jahr 44, vom 29. Dezember 1871 finde ich mein Urteil, dem man eine Art Präsentation vorangestellt hat:

Wie soll ich auf so wenigen mir verbleibenden Seiten unser aller Geschichte erzählen? Die dunkle Geschichte der Kerker, die auf die schreckliche Geschichte des Halsabschneidens folgte? Ich nehme für mein Urteil die wenigen Zeilen, die ihm (gemäß der Zeitschrift *Le Droit*) in der Zeitschrift *Le Voleur* vorangestellt sind, die weniger giftig erscheint, als ich sie in Erinnerung habe.

Das Militärgesetz, 6. Kriegsrat in Versailles.
DIE NEUE THÉROIGNE*
Wir haben in unserer letzten Nummer die Verurteilung der *»fille Louise Michel«*[74] kurz angekündigt, einer der Heldinnen der Commune, die es wagt, der Anklage die Stirn zu bieten, und sich nicht ins Abstreiten oder in mildernde Umstände flüchtet. Diese Angelegenheit verdient mehr als eine knappe Erwähnung und wir sind überzeugt, dass unsere Leser nicht böse sein werden, Louise Michel besser kennenzulernen, von der wir etwas weiter unten das nach einer Fotografie von Appert gezeichnete Porträt zeigen.
Zwischen ihr und Théroigne de Méricourt, der »wütenden Bacchantin« der Terreur*, gibt es Ähnlichkeiten, die denen, welche die Auseinandersetzungen des 6. Kriegsrats mitverfolgen, nicht entgehen werden.
Louise Michel ist eine Revolutionärin par excellence und sie hat bereits eine wichtige Rolle in der Commune gespielt. Sie war deren Initiatorin oder zumindest ihr revolutionärer Atem.
Als Lehrerin erhielt Louise Michel eine höhere Ausbildung. Sie arbeitete in der Rue Oudot Nummer 24. Zuletzt hatte sie 60 Schüler. Die Familien waren zufrieden mit der Betreuung und dem Unterricht, die sie den ihr anvertrauten Kindern zukommen ließ.
In der Ausübung ihrer Funktion wurde diese Frau in ihrem Stadtviertel geliebt und geachtet, man schätzte sie usw. (Ich überspringe die schmeichelhaften Stellen.)
Ihre Fähigkeiten usw.
Seit dem 18. März widmet sich Louise Michel mit schwärmerischem Einfallsreichtum und mit Inbrunst der Politik, ohne ihre Lehrtätigkeit aufzugeben, wenngleich sie diese vernach-

74 »Fille« hier mit »Mädchen« zu übersetzen scheint unpassend. Eher könnte man sie auch »Tochter der Revolution« nennen.

lässigt, denn sie überließ die Leitung ihrer Klassen ihren Assistenzlehrkräften. Sie besucht die Klubs, wo sie auffällt, weil sie sich der Sprache der leidenschaftlichen Redner von 1793 bedient. Ihre Ideen und Theorien zur Emanzipation des Volkes lenken die Aufmerksamkeit der Männer an der Spitze der Aufstandsbewegung auf sie, die sie in ihre Mitte aufnehmen, und sie nimmt an den Beschlussfassungen teil.

»Ich habe seit dem 18. März meine Kameraden, an deren Seite ich seit so langer Zeit gekämpft hatte, sehr selten gesehen. Mit ihnen gemeinsam kämpfte ich für die Ideen, denen ich mein Leben widmete, seit ich denken und die Verbrechen der Gesellschaft sehen konnte. Vom 3. April bis zum Einmarsch der Truppen von Versailles habe ich die Marschkompanien nur zweimal für wenige Stunden verlassen, um nach Paris zurückzukehren.«

»Als das 61. Bataillon, dem ich angehörte, eingezogen wurde, ging ich mit anderen, mit den ›enfants perdus‹, mit den Aufklärern, der Artillerie von Montmartre, mal war ich am Bahnhof von Clamart, in Montrouge, am Fort von Issy, in den Hautes-Bruyères, in Neuilly.«

»Würden sich die Richter nicht irren, müssten die Untersuchungsrichter nicht so lange nachforschen. Diese fanden heraus, dass ich mit all meiner Kraft und mit meinem ganzen Herzen der Commune gedient habe, was der Wahrheit entspricht.«

»Seitdem habe ich Schlimmeres erlebt, als die Richter des Kriegsrats es sein können.«

Fahren wir mit der Zeitung fort.

Die Angeklagte spielte im Großen und Ganzen die oben skizzierte Rolle, eine Rolle, die sie bei der Verhandlung noch stärker akzentuierte, indem sie sich besonders energisch und männlich zeigte.

Louise Michel wird von den Wachen hereingeführt. Eine Frau von sechsunddreißig Jahren, größer als der Durchschnitt. Sie trägt Schwarz, ein Schleier versteckt ihre Züge vor der Neugier des zahlreichen Publikums. Ihr Auftritt zeigt Einfachheit und Sicherheit, ihr Gesicht verbirgt keinerlei Überspanntheit.

Ihre Stirn ist hoch und fliehend, ihre an der Wurzel breite Nase lässt sie wenig intelligent aussehen, sie hat braunes volles Haar.

> Das, was am meisten an ihr auffällt, sind ihre großen Augen, mit denen sie auf fast faszinierende Art zu starren vermag. Sie blickt ruhig und selbstsicher auf ihre Richter, auf jeden Fall mit einer Gelassenheit, die den Beobachter verunsichert und enttäuscht, der die Gefühle des menschlichen Herzens erkennen möchte.
> Auf dieser unbeweglichen Stirn entdeckt man nichts außer den Entschluss, sie kalt der Militärgerichtsbarkeit zu bieten, vor der sie angehalten ist, für ihr Verhalten Rechenschaft zu geben. Ihre Haltung ist einfach und bescheiden, ruhig und ohne Eitelkeit.
> Während die Anklage vorgelesen wird, hebt die aufmerksam zuhörende Angeklagte ihren Trauerschleier und legt ihn sich um die Schultern. Während ihre Augen auf den Gerichtsschreiber gerichtet sind, sieht man sie lächeln, als würden die gegen sie ausgesprochenen Fakten Protest in ihr auslösen oder als wären sie der Wahrheit abträglich.

Im Folgenden, was der *Cri du Peuple* am 4. April veröffentlichte:

> Das Gerücht, die Citoyenne Louise Michel, die so tapfer gekämpft hat, sei am Fort von Issy getötet worden, ist widerlegt. Wir beeilen uns anzumerken, dass die Heldin von Jules Vallès glücklicherweise aus dieser glorreichen Affäre mit einer Verstauchung davongekommen ist.
> In der Tat hatte sich Louise Michel beim Überspringen eines Grabens eine Verstauchung zugezogen, sie war keineswegs von einem Projektil getroffen worden.
> Der Bericht nennt die erste Strophe eines Liedes, »Die Rächer«, das sie komponiert hatte.
>
> Dreck fließt dem Kelch aus jedem Riss,
> um ihn zu waschen braucht es Blut.
> Gemeines Pack, schlaf, trink, friss,
> das Volk bleibt groß und gut.
> Im Schatten liegt der König auf der Lauer
> und kehrt, wenn es dann tot ist, wieder.
> Seit langer Zeit hält Schlaf ihn nieder
> im Dunkel seiner Grabesmauer.
>
> (o. Namen, ist aber auch L. M.)
> LE VOLEUR (nach *Le Droit* vom 29. Dezember 1871),
> Seiten 1083 und 1086

.....

Ich verlasse hier den Bericht des *Voleur* nach *Le Droit*, um die Zusammenfassung von Lissagaray aufzunehmen:

> »Weder will ich mich verteidigen noch will ich verteidigt werden!«, ruft Louise Michel. »Ich gehöre ganz der sozialen Revolution und erkläre, die Verantwortung für alle meine Taten zu übernehmen. Ich akzeptiere sie ohne Einschränkung. Sie werfen mir vor, an der Exekution der Generäle teilgenommen zu haben. Ich antworte darauf: Sie wollten auf das Volk schießen lassen und ich hätte nicht gezögert, auf diejenigen schießen zu lassen, die ähnliche Befehle gegeben hätten.
> Was den Brand von Paris anbelangt, ja, ich habe daran teilgehabt, ich wollte den Eindringlingen aus Versailles eine Barriere aus Flammen entgegenstellen. Ich habe keine Komplizen, ich habe auf eigenen Wunsch gehandelt.«
> Der Staatsanwalt Dailly fordert die Todesstrafe.
> Sie: »Was ich von Ihnen fordere, die sich Kriegsrat nennen, die sich als meine Richter ausgeben, die sich aber nicht verstecken wie die Gnadenkommission, ist das Lager von Satory, wo bereits unsere Brüder gefallen sind. Man muss mich aus der Gesellschaft entfernen, man hat Ihnen gesagt, Sie sollen das erledigen. Der Kommissar der Republik hat vollkommen recht. Da es scheint, als habe jedes Herz, das für die Freiheit schlägt, bloß Anrecht auf ein bisschen Blei, verlange ich meinen Anteil. Wenn Sie mich leben lassen, werde ich nicht aufhören, Rache zu wollen, und ich werde, um meine Brüder zu rächen, die Köpfe der Mörder von der Gnadenkommission fordern.«
> Präsident: »Ich kann Ihnen das Wort nicht mehr erteilen.«
> Louise Michel: »Ich bin fertig! Wenn Sie nicht feige sind, dann töten Sie mich!«
> Sie hatten nicht den Mut, sie auf einen Schlag zu töten. Sie wurde zur Deportation innerhalb befestigter Mauern verurteilt. Louise Michel war nicht die Einzige ihrer Art. Viele andere, unter denen Madame Lemel und Augustine Chiffon zu nennen sind, zeigten den Versaillern, welch schreckliche Frauen die Pariserinnen sind, selbst wenn man sie angekettet hat.
>
> LISSAGARAY, Geschichte der Commune von 1871, Seiten 434 und 435

Als Augustine Chiffon nach Auberive kam, einem ehemaligen Schloss, das nun Zuchthaus war und wo wir auf den Staatsdampfer warteten, der uns nach Neukaledonien bringen würde, da schrie sie »Es lebe die Commune!« und schrieb sich ihre Erkennungsnummer auf den Arm. Ich erinnere mich daran, dass meine die 2182 war. Welche schrecklichen Weiber waren wohl die 2181, die vor mir dort gewesen waren!

Madame Lemel wurde erst sehr spät vor Gericht gestellt. Sie wollte die Commune nicht überleben und hatte sich in ihrer Kammer mit einem Kohlenheizgerät eingeschlossen. Als man kam, um sie zu verhaften, rettete man ihr für den Kriegsrat das Leben.

Man hatte sie vor der Anhörung in ein Hospiz gesteckt, wo sie mehrmals die angebotene Fluchtmöglichkeit verweigerte.

Als Madame Lemel nach Auberive kam, empfingen wir sie alle mit: »Vive la Commune!« Desgleichen hatten wir für Excoffon, Madame Poirier, Chiffon und eine Alte getan, die bereits in Lyon gekämpft hatte, als die Seidenweber »Arbeitend leben oder kämpfend sterben« auf ihre Fahne geschrieben hatten. Sie hatte mit all ihrer Kraft für die Commune gekämpft. Sie hieß Madame Deletras.

Einige Tage in diesem Verlies, und man wusste alles. Durch eine Oberlichte sah man einen Großteil der Umgebung. An den Prozessionstagen gab es die Regelung, entweder im Verlies zu bleiben oder an der Prozession teilzunehmen. Wir nahmen am Fronleichnamszug teil, was die Neugierigen, die aus allen Ecken des Départements Aube angelaufen kamen, um uns zu sehen, sehr enttäuschte.

Der Bau der Kirche Sacre Cœur wurde 1875 begonnen und gemeinsam von der katholischen Kirche und der 3. Republik zum Dank für die Niederschlagung der Pariser Commune errichtet und sollte zur „Abbüßung der Verbrechen der Kommunarden" dienen.

5

SEITDEM

I
Gefängnisse und Pontons – Die Reise nach Neukaledonien – Rocheforts Flucht – Das Leben in Neukaledonien – Die Rückkehr

Damit am Ende die Erde frei wird,
Opfern die Tapferen ihr Blut.
Rot ist das Leichentuch getränkt,
Den Sekundanten spielt der Tod.
L. M.

Hier müssen die Zeilen enger werden, um mit wenigen Worten so viele Erinnerungen unterzubringen.

Ich sehe Auberive vor mir, mit den engen, sich unter Nadelbäumen windenden Wegen, den großen Schlafsälen, durch die der Wind zog wie auf einem großen Schiff. Schweigsame Reihen gefangener Frauen mit weißer Haube und dem am Hals mit einer Nadel zusammengerafften Schultertuch wie bei Bäuerinnen vor hundert Jahren.

Wir waren zu zwanzigst aus Versailles im Zellenwagen auf Schienen und je nach Etappe mit anderem Gespann angereist.

Da man uns erst am Abend der Abfahrt unterrichtet hatte, war es uns nicht mehr möglich gewesen, unseren Familien Bescheid zu sagen. Besucher kamen erst am nächsten Tag und wie bei meiner Abfahrt ins Gefängnis von Arras kamen meine Mutter und viele andere nach Versailles, um zu erfahren, dass wir für die Deportation weggebracht worden waren.

Mehr wegen dieser Nachricht als von der Kälte war meine Mutter völlig durchfroren nach Paris zurückgefahren und ich erfuhr erst später, als sie zu meiner Schwester nach Clermont zog, dass sie schwer krank geworden war. Ohne Kontakt mit der Außenwelt außer durch die sehr seltenen und kurzen Besuche unserer nächsten Verwandten waren wir mit unseren Gedanken allein.

Ich werde im Folgenden gezwungen sein, öfter von uns, ja von mir selbst zu sprechen, da die einzigen Ereignisse aus der Ankunft neuer, vielleicht noch ahnungsloserer Gefangener bestanden. Ab und zu wurden auf dem Platz irgendwelche Beschlüsse der Regierung durch den Marktschreier verkündet, der in den Straßen stehen blieb, um denselben Text zu wiederholen. Wenn die Fenster auf dieser Seite offen waren und der Wind zu uns her wehte, hörten wir genau wie die Dorfbewohner, was per offizieller Order verlesen wurde.

Die Manifeste der Thiers, Mac-Mahons und Broglies lehrten uns, dass in der schlimmsten aller Republiken immer dasselbe vonstattenging.

Von den Werken, die ich in Auberive schrieb, bleiben mir nur einige Verse und Fragmente. Von *Femme à travers les âges*, das im *Excommunié* von Henri Place veröffentlicht wurde, nur wenige Blätter.

Conscience und *Livre des morts* sind verloren gegangen und ich weiß nicht, wo sich das Manuskript von *Livre du bagne* befindet, dessen erster Teil mit der Nummer 2182 in Auberive, der zweite, mit zweimal Ozean dazwischen, einige Jahre nach der Rückkehr ins Zentralgefängnis von Clermont und mit der Nummer 1327 veröffentlicht wurde.

Ist es nicht so, dass diese Werke ebenso wie das Leben derer, die für die Freiheit kämpfen, dergestalt in Fetzen auf dem Weg liegen bleiben?

Eine unendlich weite, dicke und vom Schnee weiße Ebene, das sah man von den Fenstern von Auberive aus. Die Säle groß, hallend, eine von Toten heimgesuchte Unterkunft.

Im Mai '72 war die »Danae« losgefahren, dann die »Guerrière«, die »Garonne«, die »Var«, später die »Sibylle«, die »Orne« und die »Calvados«. Wir hatten noch keinen Befehl erhalten.

Wir warteten und ließen die Ereignisse unser Schicksal bestimmen, ruhig, wie Menschen es sind, die eine Stadt sterben gesehen haben, ohne das Gefühl für den lebendigen Gedanken zu verlieren.

Einige Verse, die aus dieser Zeit übriggeblieben sind, drücken aus, wie wir damals empfanden:

Hiver et nuit

Zentralgefängnis von Auberive, am 28. November 1872
Blast, Winterstürme, schickt mehr und noch mehr Schnee
Unter vereistem Grabtuch den Toten näher.
Die Nacht soll nicht enden, doch soll es der Tag:
Die erkalteten Seelen zählt man Winter für Winter.
Ich liebe unter den dunkl'n Wolken,
Ihr Tannen, euer dunkles Konzert,
Eure Äste schüttelt der Wind
Wie Harfen in den Lüften.
Die in den Schatten gingen,
Kehr'n nicht mehr zurück.
Seit gestern oder zahllosen Tagen
Ruh'n sie im Friedensschlaf.
Wann, wenn wir die Toten
Ins Grabtuch hüllen für die Gruft,
Wird man unser Zeitalter seh'n,
Sich wie ein Mantel falten?
Gleich wie das Korn, das Garbe wird,
Aus dem Boden, begossen von Blut,
Wird die Zukunft herrlich wachsen
Unter des Sonnenaufgangs Rot.
Blast, Winterstürme, schickt mehr und noch mehr Schnee
Unter vereistem Grabtuch den Toten näher.
Die Nacht soll nicht enden, doch soll es der Tag:
Die erkalteten Seelen zählt man Winter für Winter.
(o. Namen, aber höchstwahrscheinlich L. M.)

Im Winter schlugen auf den Gartenwegen, unter den grünen Nadelbäumen die Holzschuhe an den müden Füßen der Gefangenen auf dem hartgefrorenen Boden ihre Kadenzen, während der schweigende Gänsemarsch vorbeizog.

In diesem Landstrich sind die Winter hart, der Schnee liegt hoch, die schweren Äste beugen sich zum Boden nieder wie Zweige aus Stein.

Im riesigen Saal, in dem wir uns versammelten, kamen nach und nach die gefangenen Frauen der Commune aus allen Gefängnissen zusammen, in die sie nach den Urteilsverkündungen eingeliefert worden waren. Sowohl jene, die tapfer gekämpft hatten, wie auch die, die wenig getan hatten. Madame Lemel, Poirier, Excoffon, Maria Boire, Madame Goulé, Madame Deletras und andere, die der Commune gedient hatten, beschwerten sich nicht.

.....

Auch Madame Richoux beklagte sich nicht, obwohl ihre Verurteilung ungerecht war.

Sie hatte Folgendes getan: Eine Barrikade auf der Place Saint-Sulpice war so niedrig, dass sie eher gegen als für den Schutz der Kämpfer geeignet schien. Da ging sie mit der ruhigen Gelassenheit der wohlerzogenen Dame, die von Mitleid erfasst worden war, einfach auf die Suche nach allem, was sich dazu eignete, die Barrikade höher zu machen. Da aus mir unerfindlichen Gründen ein Geschäft mit Heiligenfiguren geöffnet war, ließ Madame Richoux die Statuen, die schwer genug dafür waren, statt der Pflastersteine zur Barrikade bringen. Man hatte sie festgenommen, als sie sich sehr gut gekleidet und behandschuht anschickte, ihr Haus zu verlassen, um erst nach dem Waffenstillstand zurückzukehren.

»Sind Sie das, die Heiligenstatuen auf die Barrikade schleppen ließ?«

»Aber natürlich«, sagte sie, »die Statuen waren aus Stein und die Sterbenden aus Fleisch.«

Sie wurde zur Verbannung mit Festungshaft verurteilt, war jedoch von so schwacher Gesundheit, dass man sie nicht einschiffen konnte.

Eine andere, die bereits betagte Madame Louis, hatte selbst nichts getan, aber ihre Kinder hatten gegen Versailles gekämpft. Sie hatte vor Gericht alles gegen sich vorbringen lassen, in der Hoffnung, dies würde ihre Kinder schützen. Sie glaubte es bis zu ihrem Tod bei der Ankunft in Neukaledonien und niemand unter uns wagte ihr zu sagen, dass ihre Kinder höchstwahrscheinlich tot waren. Sie glaubte, dass sie nur nicht in der Lage waren, ihr Nachrichten zukommen zu lassen. Eine weitere, Madame Rousseau Bruteau, die wir wegen ihres regelmäßigen und jungen Profils unter ihrem weißen, nach der Mode früherer Puderperücken hochgesteckten Haar »die Marquise« nannten, war hier, weil sie wie einer ihrer Verwandten hieß. Sicher war sie der Commune nie feindlich gesonnen gewesen, aber ihre Haltung war nach ihrer Rückkehr aus Neukaledonien deutlich revolutionärer als vor der Reise.

Ähnlich erging es Madame Adèle Viard, die man mit einem Mitglied der Commune namens Viard verwandt glaubte, obwohl sie nur Verwundete gepflegt hatte.

Elisabeth Rétif, Suétens, Marchais und Papavoine, deren Strafe von der Hinrichtung zur Zwangsarbeit abgeändert worden war, hatten nichts anderes getan als Verletzte zu versorgen. Trotzdem kamen alle nach Cayenne, von wo Rétif nie zurückkehrte.

Am Dienstag, den 24. August 1873 um 6 Uhr morgens wurden wir zur Deportation geholt.

.....

Ich hatte meine Mutter am Vorabend gesehen und zum ersten Mal bemerkt, dass ihr Haar weiß wurde, arme Mutter!

Es blieben ihr noch zwei ihrer Brüder und zwei ihrer Schwestern, die sie alle sehr liebten. Eine der Schwestern, die einigermaßen gut situiert war, würde sie zu sich nehmen. Viele andere mussten sich mehr Sorgen um die ihrigen machen als ich, ich konnte mich nicht beschweren.

Man rief uns nach der Reihe auf, wie wir auf der Regierungsliste standen, wobei die Kranken und die Alten ausgenommen wurden. Sie waren im Gefängnis unglücklicher als wir in Neukaledonien. Zwanzig von uns rief man, wie ich glaube, in dieser Reihenfolge auf:

NR. 1: LOUISE MICHEL. 2: MADAME LEMEL. 3: MARIE CAIEUX. 4: MADAME LEROY. 5: VICTORINE GORGET. 6: MARIE MAGNAN. 7: ELISABETH DEGHY. 8: ADÈLE DESFOSSÉS, VERHEIRATETE VIARD. 9: MADAME LOUIS. 10: MADAME BAIL. 11: MADAME TAILLEFER. 12: THÉRON. 13: MADAME LEBLANC. 14: ADÉLAÏDE GERMAIN. 15: MADAME ORLOWSKA. 16: MADAME BRUTEAU. 17: MARIE BROUM. 18: MARIE SCHMIDT. 19: MARIE CAIEUX. 20: MADAME CHIFFON und ADELINE RÉGISSARD kamen erst ein oder zwei Jahre später nach.

Als wir abfuhren, zählte man 32.905 Gerichtsentscheide aus Versailles, darunter bereits damals 105 Todesurteile, glücklicherweise 33 davon in Abwesenheit. Aber es ging weiter.

46 Kinder unter 16 Jahren kamen in Besserungsanstalten, wo sie dafür bestraft wurden, dass ihre Väter erschossen oder aber sie selbst von der Commune adoptiert worden waren.

Viele der Strafgefangenen waren gestorben. Die Regierung gab 1.179 zu.

1879 führte die Justiz von Versailles eine Volkszählung unter den offiziell Anerkannten durch. Es hatten sich 5.000 Soldaten und 36.309 Bürger in ihren Händen befunden.

Bis dahin waren die Todesurteile auf 270, 8 darunter Frauen, angestiegen.

Diese allgemeine Zählung liest sich folgendermaßen (*Geschichte der Commune* von Lissagaray vom 1. Januar 1871).

Todesurteile 270, davon 8 Frauen.
Zwangsarbeit 410, darunter 29 Frauen.
Deportation in befestigte Anlagen 2.989, darunter 20 Frauen.
Einfache Deportation 3.507, darunter 16 Frauen und ein Kind.
Festungshaft 1.269, darunter 8 Frauen.
Kerker mit langer Haftstrafe 64, darunter 10 Frauen.

.....

Straßenarbeiten 29.
3 Monate Gefängnis oder weniger 432.
Haft zwischen 3 Monaten und einem Jahr 1.622, darunter 90 Frauen und ein Kind.
Mehr als ein Jahr Haft 1.344, darunter 15 Frauen und 4 Kinder.
Unter Polizeiaufsicht 147, darunter eine Frau.
Geldstrafen 9.
Kinder unter 16 Jahren in Besserungsanstalten 56.
Insgesamt 13.450, darunter 197 Frauen.

Dieser Bericht erwähnte weder die Verurteilungen durch Kriegsräte außerhalb der Gerichtsbarkeit von Versailles noch die der Schwurgerichte.
Man muss 15 Todesurteile, 22 Verurteilungen zur Zwangsarbeit, 28 Deportationen innerhalb befestigter Mauern, 29 einfache Deportationen, 74 Inhaftierungen aus politischen Gründen, 13 Haftstrafen allgemeiner Art und eine gewisse Anzahl kürzerer Gefängnisstrafen hinzuzählen. Die Gesamtzahl der in Paris und der Provinz Verurteilten übertraf 13.700, darunter 170 Frauen und 60 Kinder.

LISSAGARAY, Geschichte der Commune von Paris

Die erste Etappe unserer Reise fand in einem riesigen Wagen statt, denn wir sollten erst in Langres in das Zellenfahrzeug kommen, das uns bis La Rochelle führte.

Als unser Wagen Langres durchquerte, kamen – ich glaube, es war bei der Place des Boulets – etwa fünf oder sechs Arbeiter aus einer Werkstatt heraus. Ihre nackten Arme waren schwarz, sie waren wohl Schmiede, und sie grüßten uns, indem sie ihre Mützen abnahmen.

Einer von ihnen, mit ganz weißem Haar, stieß einen Schrei aus, den ich als »Vive la Commune!« zu erkennen glaubte, trotz der Beschleunigung des Wagens, den ein heftiger Peitschenhieb vorwärtstrieb.

Nachts kamen wir in Paris an und schliefen im Zellenwaggon.

Am Mittwoch kamen wir gegen 4 Uhr nachmittags in der Haftanstalt in La Rochelle an.

Die »Comète« brachte uns von La Rochelle nach Rochefort, wo wir die »Virginie« bestiegen.

Befreundete Boote hatten die »Comète« den ganzen Tag begleitet, man grüßte uns von Weitem daraus, und wir antworteten, wie wir eben konnten, indem wir unsere Taschentücher schwenkten. Ich nahm meinen schwarzen Schleier, um ihnen Adieu zu winken, da der Wind mein Taschentuch davongetragen hatte.

Während fünf, sechs Tagen schipperten wir die Küste entlang, dann nichts mehr. Etwa am vierzehnten Tag verschwanden die letzten großen Seevögel, nur zwei von ihnen begleiteten uns noch einige Zeit.

Wir befanden uns unter dem Deck der »Virginie«, einer alten Segelfregatte, die auf den Wellen schön anzusehen war.

Wir und die beiden kleinen Kinder von Madame Leblanc besetzten den größten Käfig hinten auf Steuerbord. der Bub war sechs, das Mädchen einige Monate alt, sie war im Gefängnis Les Chantiers geboren worden.

Im Käfig gegenüber befanden sich Henri Rochefort, Henri Place, Henri Menager, Passedouet, Wolowski und einer von denen, die deportiert wurden, obwohl sie nichts getan hatten, und der sich Chevrier nannte.

Es war ausdrücklich verboten, sich von Käfig zu Käfig zu unterhalten, aber wir taten es trotzdem.

Rochefort und Madame Lemel waren vom ersten bis zum letzten Augenblick seekrank. Einige andere waren es auch, aber niemand sonst während der gesamten Reise. Ich selbst entkam der Seekrankheit wie den Kugeln und warf mir wirklich vor, die Reise so schön zu finden, während weder Rochefort noch Madame Lemel irgendetwas genießen konnten.

Wenn das Meer unruhig war und Sturmwind blies, dann formte das Kielwasser zwei diamantene Ketten, die sich zu einem Strom vereinigten, der noch längere Zeit unter der Sonne glitzerte.

Am 19. September sehen wir zeitweise ein seltsames Gefährt, das mal mit geblähten Segeln vorwärtsschießt, mal kleiner wird. Am Abend werden zwei Kanonenschüsse abgegeben, das Schiff verschwindet, nachts sehen wir tief in den Schatten die weißen Segel wieder. Aber es kommt nicht mehr. Wollte dieses Schiff uns befreien?

Am 22. September setzen sich Seeschwalben auf die Masten. Die Kanaren! Wir sehen La Palma.

Oft musste ich an die im Meer versunkenen Kontinente denken, die uns zweifellos verschütten werden, wenn sie aus ihrem Bett steigen, ein Grab verlassend, um das nächste zu versiegeln, ohne den ewigen Fortschritt aufzuhalten.

.....

Dem Wind ausgesetzte Buchten, in der Ferne die Bergspitze von Teneriffa, noch weiter weg ein blauer, sich im Himmel verlierender Gipfel. Ist es der Pico del Teide[75] oder sind es Wolkenberge?

Die Häuser von La Palma scheinen direkt aus den Fluten zu steigen, weiß wie Gräber, und im Norden sehen wir die Zitadelle.

Die Einwohner, die Früchte zum Schiff bringen, sind wunderschön, vielleicht sind es Guanchen, deren Vorfahren Atlantis bewohnten?

Dann Santa Catarina in Brasilien, wo die »Virginie« ihre Anker auswarf, so dass wir den ganzen Halbkreis hoher Berge entdecken konnten, deren Gipfel sich mit den Wolken vermischen. Rechts die Schiffe, die in den befestigten Hafen einlaufen. Auf der Höhe einer unserer Käfigseiten sahen wir durch die Geschützluken hindurch auf das Deck, wo man gerade bei noch besserer Aussicht flanierte.

Die hohe See des Kaps verzauberte mich.

Vor der Commune hatte ich nichts anderes gesehen als Chaumont und Paris sowie die Umgebung von Paris, die ich mit den Marschkompanien der Commune erkundete, außerdem einige französische Städte, die ich durch die Gitterstäbe meiner Gefängniszellen erahnte, und jetzt war ich, die immer vom Reisen geträumt hatte, mitten auf dem Ozean, zwischen Himmel und Wasser wie zwischen zwei Wüsten, wo man nur Wellen und Wind hören konnte.

Wir sahen das südliche Polarmeer, wo in tiefer Nacht Schnee auf das Deck fiel.

Wie von überall bleiben mir auch davon einige Strophen:

Dans les mers polaires
Der Schnee fällt, der Seegang rollt,
Der Himmel ist schwarz, die Luft gefriert,
Schiffsgebälk unter den Wogen grollt,
Während der Tag in der Nacht sich verliert.

Die Matrosen formten eine Runde
Zum Tanz und donnernd angestimmt:
Wie eine Orgel tönt's aus ihrem Munde
Und in die Segel bläst der Wind.

75 Michel nennt ihn den »Mont-Caldera«, wobei eine Caldera auf Spanisch ein Kessel vulkanischen Ursprungs ist. Sie wird wohl den höchsten Berg Teneriffas und zugleich Spaniens, den Pico del Teide, meinen.

Aus Angst, die Kälte könnte sie besiegen,
Singen sie dem Pol aus Eis
Ein Lied aus Bretagnens Wiegen,
Ein Lied der Barden aus alter Zeit.

Und der Wind heult in dem Segel,
Dieser Klang so naiv und so alt,
Der Schnee, schwarz ist der Himmel,
Die Tränen in den Augen sind kalt.

Klingt dieses Lied nicht wie Magie?
Um so das Herz zu rühren,
Nein, es ist Hauch von Armorie[76],
Das Blüh'n des Ginsters lässt es spüren.

Und am Polarmeer bläst der Wind
Donnernd in seine Trompeten
Das neue, so beliebte Lied,
Das den Mythos von morgen erzählt.
L. M., Sur la *Virginie*

Ich war nicht die Einzige, die erzählte, wie das alles zum Zeichnen oder zum Dichten inspirierte. Rochefort schickte mir eines Tages folgende Zeilen, über die ich mich doppelt freute, weil sie bewiesen, dass er trotz Seekrankheit noch die Kraft zum Schreiben hatte.

À moi voisine de tribord arrière
Nicht weit vom Pol, den wir passieren,
Stoßen wir auf Eisbergmassen.
Von neuer Schnelligkeit getrieben,
Denk ich an Menschen, die uns hassen.
Wir wissen doch, dass ihre Herzen
So hart sind wie geballtes Eis.
HENRI ROCHEFORT
Novembre 1873, À bord de la *Virginie*, Auszüge

76 Armorie: Die Gallier nannten dieses Land Aremorica (bret. Arvorig), was so viel bedeutet wie »Land am Meer«. Inzwischen eine romantische Bezeichnung der Bretagne (siehe »Lied aus Bretagnens Wiegen, / Ein Lied der Barden aus alter Zeit«).

Ach, wie viele Briefe und Verse wurden auf der »Virginie« ausgetauscht, denn wenn man einander so nahe ist, zählt das Verbot zu korrespondieren – nicht.

Es gab einfache und große Erzählungen von vielen Deportierten, Verse, die in ihrer Ungeschlachtheit großartig waren.

Eine Widmung, die ein allzu eifriger protestantischer Kamerad auf die erste Seite einer Bibel geschrieben hatte, roch nach Myrrhe. Ich behielt die Widmung, schickte die Bibel aber über Bord zu den Haien.

All diese Fragmente verschwanden im Zuge der Durchsuchungen nach unserer Rückkehr aus Neukaledonien, nur die Verse von Rochefort, die ich zwischen den Seiten eines Buches wiederfand, sind mir geblieben.

Die ich ihm schickte, habe ich auch nicht mehr, ich zitiere aus den Fragmenten meiner Reise:

À bord de la *Virginie*

Seht die Wellen in den Sternen
Ihre irrenden Lichter zerstören.
Die Flotten stehen in vollen Segeln
In den unendlichen Tiefen;
In den Himmeln die Flotten der Welt,
Auf den Wellen schillern hell
Phosphoreszierende Lichter.

Und die schwebenden Funken,
Und die Welten, in der Ferne verloren,
Sie leuchten wie die Pupillen.
Überall vibrieren Töne verworren.
An der Schwelle zu neuen Legenden
Die Flügel breitet der Hahn von Gallien
Auf's neue Jahr, Brennus, Brennus!

Der Blick in betörende Schlünde,
Höher ihr Wellen, stärker, ihr Winde!
Es kommt zu teuer zu leben,
Solang hier die Sorgen so groß,
Besser, uns das Ende zu geben,
Abzustürzen, um zu verschwinden
Im Kessel der Elemente.

.....

Füllt die Segel, ihr Stürme,
Höher ihr Wellen, stärker, ihr Winde,
Dass es über uns blitze,
Vorwärts, Segler, vorwärts, voran!
Wozu die Brisen so monoton?
Öffne die Flügel, o Zyklon,
Durchqueren wir die gähnende Tiefe.

HENRI ROCHEFORT
À bord de la *Virginie*, 14. September '73

Ich habe mehr als einmal erzählt, warum ich während der Reise nach Neukaledonien zur Anarchistin wurde.

Zwischen zwei Wetterfronten, als sie sich nicht allzu schlecht fühlte, teilte ich Madame Lemel meine Einsicht mit, dass, welcher Mensch auch immer an die Macht käme, er niemals etwas anderes tun könnte, als Verbrechen zu begehen, wenn er schwach oder ein Egoist wäre, oder vernichtet zu werden, wenn er aufopfernd und energisch handelte. Sie antwortete mir: »Das denke ich auch!« Ich vertraute der Rechtschaffenheit ihres Geistes sehr und ihre Zustimmung erfüllte mich mit großer Freude.

Das Grausamste, das ich auf der »Virginie« mitansehen musste, waren die langen und furchtbaren Qualen, die man den Albatrossen antat, die sich beim Kap der Guten Hoffnung in Gruppen rund um unser Schiff niederließen. Nachdem man sie mit Angelhaken herausgefischt hat, hängt man sie kopfüber auf, damit sie sterben, ohne ihre schneeweißen Federn zu beflecken. Oh, die armen Kap-Schafe! Wie traurig und wie lange hoben sie den Kopf, bogen, so gut es ging, ihre Schwanenhälse empor, so dass der elende Todeskampf, den man in ihren entsetzten Augen mit den schwarzen Wimpern lesen konnte, noch verlängert wurde.

Nie hatte ich etwas Schöneres gesehen als das wütende Meer des Kaps mit seinen entfesselten Fluten und Stürmen. Das Schiff stürzte in den Abgrund, stieg auf den Grat der Wellen, die es wütend attackierten. Die alte Fregatte, die man für uns wieder flott gemacht hatte, klagte und krachte, als würde sie zerbersten. Mit eingeholten Segeln und quer zum Wind sah sie aus sie ein Schiffsskelett und sie stand gleich einem Geist aufrecht, während der Fockmast in den Abgrund zeigte.

Endlich war Neukaledonien in Sicht.

Wir enterten die Bucht von Nouméa durch die engste, aber am besten passierbare Bresche des doppelten Korallengürtels.

Wie in Rom sieben bläuliche Hügel unter einem tiefblauen Himmel, etwas weiter weg der Mont Dore mit seinen tiefen, von goldhaltiger Erde roten Rissen.

Überall Berge mit dürren Gipfeln, mit zerklüfteten, von Naturgewalten erst kürzlich aufgerissenen Schluchten. Einer der Berge wurde in zwei Teile gerissen, er formt ein V, dessen beide Arme die halb herausgerissenen und herabhängenden Felsbrocken umschließen, deren angestammter Platz nun leer ist.

Da man dummerweise stets bemüht ist, Frauen ein eigenes Schicksal zu bereiten, wollte man uns nach Bourail schicken, unter dem Vorwand, die Situation dort sei angenehmer, wir aber protestierten energisch und mit Erfolg.

Wenn die Unsrigen auf der Halbinsel Ducos unglücklicher sind, dann wollen wir es mit ihnen sein!

Schließlich bringt man uns im Beiboot der »Virginie« auf die Halbinsel, da der Kommandant verstanden hat, dass uns kein anderes Gefährt Vertrauen einflößt, und wir stimmten auch nur zu, die »Virginie« zu verlassen, weil er uns sein Wort gab. Madame Lemel und ich planten, uns ins Meer zu stürzen, wenn man weiterhin darauf bestünde, uns nach Bourail zu bringen, und ich glaube, andere hätten es uns nachgemacht.

Die Männer, die seit einigen Tagen an Land sind, warten mit denen, die als Erste gekommen sind, am Ufer auf uns.

Wir finden Vater Malezieux wieder, den alten Junikämpfer, dessen Kittel am 22. Januar von Kugeln durchlöchert worden ist.

Lacour, der in Neuilly wegen der Orgel so böse auf mich gewesen ist.

In der Kantine gibt es einen schönen und intelligenten Kanaken, der dort als Küchenhilfe arbeitet (um zu lernen, was die Weißen wissen).

Wir treffen Cipriani, Rava und Bauër. Vater Croiset aus Dombrowskis Generalstab, unseren alten Freund Collot, Olivier Pain, Grousset, Caulet de Tailhac, Grenet und Burlot vom Wachsamkeitskomitee. Charbonneau, Fabre, Champy, eine Menge Freunde von überall her, von den Blanquisten, von der Corderie du Temple, den Marschkompanien. Rochefort, Place, alle von der »Virginie« werden bei den Erstgelandeten untergebracht.

Wir hatten erste Post auf der »Virginie« erhalten, die uns unversehrt erreichte. Der Kommandant machte uns darauf aufmerksam, dass unsere Briefe nicht geöffnet worden waren, denn Matrosen waren, wie er sagte, keine Polizisten. Auf Ducos begann man wieder, unsere Korrespondenz zu untersuchen. Bitten Sie niemanden mehr um einen langen Brief, der seit Jahren gewohnheitsmäßig Briefe ohne einen Gedanken an Zensur verfasst hat.

Als ich auf der Halbinsel landete, dachte ich an einen meiner ältesten Freunde, Verdure. »Wo ist Verdure?«, fragte ich, erstaunt, ihn nicht mit den anderen zu sehen. Er war tot.

Da die Briefe drei bis vier Monate brauchten, um anzukommen, dauerte es lang, bis sich regelmäßige Korrespondenz einstellte. Verdure hatte von niemandem Briefe erhalten, was ihn so kränkte, dass er daran starb. Ein Päckchen Briefe, alle für ihn, kam nur wenige Tage nach seinem Tod an.

Als der Briefverkehr regelmäßig wurde, konnte man jeweils nach sechs bis acht Monaten mit einer Antwort rechnen. Es gab jeden Monat Post, aber was man erhielt, war drei bis vier Monate alt.

Und doch – welche Freude, wenn die Post kam! Wir hasteten den kleinen Hügel hinauf, auf dem gleich neben dem Gefängnis das Haus des Postoffiziers stand, und wie einen Schatz trugen wir die Briefe davon.

Wenn sie einen Tag, ja sogar nur eine Stunde zu spät aufgegeben worden waren, mussten wir einen Monat warten.

Die Deportierten hatten Rochefort und uns alle gefeiert. Acht Tage lang spazierten wir über die Halbinsel wie auf einer Lustbarkeit. Dann gab es bei Rochefort, das heißt, bei Grousset und Pain, bei denen seine Kammer aus Lehm vorbereitet worden war, ein Dîner, zu dem Daoumi mit Zylinder erschien. Davon erhielt sein Kanakenprofil etwas Burleskes. Er sang mit dieser spitzen Stimme der Kanaken ein Lied aus Lifon mit seltsamen Viertelnoten, das er mir später gern diktierte.

Ka kop … Sehr schön, sehr gut,
Méa moa … Roter Himmel,
Méa ghi … Rote Axt,
Méa iep … Rotes Feuer,
Méa rouia … Rotes Blut,
Anda dio poura … Lebt wohl, adieu,
Matels matels kachmas … Tapfere Männer.

Nur diese eine Strophe ist mir geblieben.

An diesem Dîner nahm ein kleines Mädchen von ungefähr zwölf Jahren, Eugénie Piffaut, mit ihren Eltern teil.

Sie hatte so große Augen, blau wie der neukaledonische Himmel, dass sie ihr ganzes Gesicht erstrahlen ließen. Sie schläft auf dem Friedhof der Deportierten zwischen einem rosa Granitfelsen und dem Meer. Henri Sueren machte ihr ein Grabmal aus gebrannter Erde, das die Zyklone vielleicht respektiert haben.

Die dort starben, wurden vom langen Zug der Deportierten geleitet, die, in weißes Leinen gehüllt, eine rote Blume von der wilden Baumwolle, ähnlich einer Immortelle, im Knopfloch trugen. Dieser Trauerzug durch die Berge war wirklich schön anzusehen.

Der Friedhof war bereits bevölkert und es waren Blumen gesetzt worden. Auf dem Grabhügel von Passedouet lagen Kränze aus Frankreich. Auf dem, der ein kleines Kind, Théophile Place, bedeckt, wächst ein Eukalyptus. Während der Deportation gab es Blumen auf allen Gräbern. Ein Selbstmörder, Meuriot, schläft unter einem Niaouli-Baum[77].

Der erste Tote hieß Beuret und der Friedhof erhielt seinen Namen, während die westliche Bucht jetzt Bucht von Gentelet heißt, nach dem Ersten, der dort seine Lehmhütte baute.

Die Stadt Numbo, die an Troja erinnerte, wuchs allmählich, denn jeder Neuankömmling fügte seine Hütte aus in der Sonne getrockneten Lehmziegeln hinzu.

Im Tal gelegen, war Numbo wie ein C geformt, an dessen Ostspitze Gefängnis, Post und Kantine lagen, an der Westspitze ein Wald mit Ausläufern auf einige niedrige Hügelspitzen, bedeckt von Meerespflanzen, die gerade dabei waren, irdisch zu werden. Dank der Fluten, die sie ab und zu bewegten, hatte sich die Verwandlung vollziehen können. In der Mitte des C lag die Stadt, angelehnt an eine Erhebung, die sich bis zum nördlichen Wald erstreckte. Auf der Straße dorthin wohnte Familie Dubos.

Das Hospiz ragte über die anderen Häuser hinaus und stand auf zwei gegenüberliegenden, aus Holz gezimmerten Baracken: eine für die Frauen, die andere stand noch leer.

Für Letztere erfand ich eine Verwendung, indem ich dort einige junge Leute versammelte, denen Verdure Unterricht zu geben begonnen hatte. Einige waren wirklich talentiert: Sénéchal, Mousseau und Meuriot, der plötzlich depressiv wurde und sterben wollte, waren Poeten.

Zwischen dem westlichen Wald und dem Meer gibt es eine Reihe Felsen vulkanischen Ursprungs, von denen einige aufrecht stehen und an riesige Menhire erinnern. Die anderen liegen wie schlafende Monster auf dem Strand, der von großen Lavaplatten bedeckt ist.

Aus dem westlichen Wald herausragend steht der Signalmast, den die Schwalben wie mit einer schwarzen Wolke umgeben.

77 Melaleuca quinquenervia, ein Myrtengewächs.

Zweimal im Jahr biegen sich die Lianen des Waldes unter der Last ihrer Blüten, fast alle weiß oder gelb. Die Blätter zeigen alle möglichen Formen. Die des Taro-Baumes sehen wie Pfeilspitzen aus, andere wiederum wie Weinblätter. Die Goldapfel-Liane[78] blüht wie der Orangenbaum. Die Fuchsia-Liane bedeckt die Wipfel der Bäume mit dem Schnee ihrer abertausenden milchigweißen hängenden Blüten.

Die Blüten einer Liane, deren Blätter wie ein Kleeblatt geformt sind, sehen aus wie an einem Faden aufgehängte Körbchen aus lebenden Korallen. Eine weitere blüht, als trüge sie tausende rote Ohrgehänge.

Sträucher sind über und über mit winzigen weißen Nelken bedeckt. Die Strauchkartoffel ist tatsächlich ein Strauch mit kleinen Knollen an ihren Wurzeln. Blüte und Samen ähneln jenen der Kartoffel.

Die Strauchbohne mit blau-schwarzen Blüten ist vielleicht die Einzige, die nicht gelb, weiß oder rot blüht.

Die Farbe Violett zeigt sich in winzigen wilden Stiefmütterchen, die zwischen kleinen rosafarbenen Winden und großen, duftlosen Reseda-Blüten wachsen.

Überall Rizinus: in den Wäldern, auf den Felsen, im Gestrüpp. In den letzten Tagen vor unserer Rückkehr entdeckte ich, nachdem ich immer wieder um Rizinus-Seidenraupen gebeten hatte, dass eine große Anzahl dieser Pflanzen von ihnen bedeckt war.

In diesen Ländern gedeihen vielfältige Arten von Baumwollpflanzen und viele spinnende Insekten. Die Seidenspinne spannt ihre großen silbrigen Fäden in den Wäldern.

Dort gibt es keine giftigen Tiere, aber viele hypnotisieren ihre Beute: Der Skorpion zieht Insekten an, die blaue Fliege umschmeichelt und betört den Kakerlak, um ihn in ihr Loch zu locken, wo sie ihn aussaugt.

Jeder Baum hat sein ihm eigenes Insekt, wie er seine Rinde und seine Blüte hat.

Die Raupe des Niaouli-Baums unterscheidet sich nicht vom Zweig, unzählige Wanzenarten (jeder Baum hat seine eigene) glänzen wie Edelsteine (sie stinken nicht). Wie in unseren Wäldern die Erdbeeren wachsen in den Wäldern Neukaledoniens überall kleine Tomaten, nicht größer als Kirschen, duftend und frisch.

78 Die Lianen, die Louise Michel hier nennt, scheinen Abarten der Passiflora, der Passionsblume, zu sein.

Tausende Vanilleblumen[79] mit weißem Holz, hohl wie Schilfrohr, tragen Beeren von der Farbe gepresster Brombeeren, und sie geben einen Tropfen Saft, der dem Madeira ähnelt.

Die mit verschlungenen Linien verzierte Frucht einer gelb blühenden Liane hatte früher ihr Gegenstück in einer mittlerweile ausgestorbenen Schildkrötenart, deren Panzer die gleichen Verzierungen aufwies. Dieses Tier lebte ohne Glieder, nur mit Kopf und Hals auf dem Meeresgrund, aus dem leere Panzer an die Ufer gespült worden sind.

Auf einem Felskegel taucht eine Meeresalge mit violetten Beeren auf, breitet sich dort kräftiger noch als in den Fluten aus, wird durch allmähliche Bodenhaftung zur Landpflanze.

So entstehen und entwickeln sich, ob bei der Pflanze oder beim Tier, je nach Milieu, neue Organismen.

Wir wissen uns noch nicht des einfachen Organismus der Freiheit zu bedienen, aber es möge der Zyklon kommen, der die neue Welt erschafft, und das Wesen wird sich anpassen, wie der Tang sich nach der bewegten Flut an die Erde gewöhnt.

Die Blätterfliege (die Psilla), die wie ein Sträußchen Blätter fliegt, ist mir, wie noch seltener die Blütenfliege, erschienen, die erste viermal in zehn Jahren, die zweite nur zweimal in den Wäldern. Wenn ein Niaouli, dessen Alter unbekannt ist, plötzlich zusammenfällt, sieht man in seinem Staub seltsame Insekten, die längst als ausgestorben gelten, sich aber unter den drei Schichten der weißen Rinde seit Jahrhunderten vermehrten. Sie sterben an der Luft, die nicht mehr die ihre ist.

Zweimal jährlich fällt, vom Wüstenwind herbeigeweht, der graue Schnee der Heuschrecken herab. Wenn diese Sandbienen vorbeigezogen sind, ist alles zerfressen: die Plantagen, die Blätter der Waldbäume, das Gras der Steppe – selbst die Baumstämme tragen Bisswunden.

Die Heuschrecken greifen als Letztes die Rizinuspflanzen an, die noch lange nach der allgemeinen Austrocknung grün bleiben.

Ich erzählte, dass ich um Seidenraupeneier von der Rizinusraupe gebeten hatte, notfalls auch von jener des Maulbeerbaumes, um sie an den Rizinus zu gewöhnen. Die Wissenschaftler, an die ich mich gewandt hatte, ließen sie aus Paris kommen statt aus Sidney, das nur acht Tage von Neukaledonien entfernt liegt. Sie waren bereits geschlüpft. Ich hätte daran denken sollen, dass, wo der Baum wächst, auch das Insekt lebt, und mit mehr Ausdauer suchen müssen.

79 Heliotrop-Sträucher.

Inmitten des westlichen Waldes, in einer von niedrigen, immer noch streng nach Meerwasser riechenden Bergkuppen umgebenen Schlucht steht ein Olivenbaum, dessen Äste sich waagrecht ausbreiten wie die einer Lärche. Nie lässt sich auf dessen polierten bitteren Blättern ein Insekt nieder. Seine Früchte, kleine Oliven, glänzen ebenfalls und sind dunkelgrün.

Gleich zu welcher Stunde oder Jahreszeit herrscht in seinem Schatten die Kühle einer Grotte, und Geist und Körper kommen augenblicklich zur Ruhe.

Wenn man aber unter die Rinde eines insektengeplagten Baumes etwas Saft von diesem Olivenbaum injiziert und mit dem des belagerten Baumes mischt, werden die Insekten bald das Weite suchen.

In diesem Land, wo Pflanzensaft wirksam ist, kann man damit Pflanzen wie Lebewesen behandeln. In einem bestimmten Jahr starben alle Papayabäume auf der Halbinsel Ducos an der Gelbsucht. Ich impfte einige gesunde Bäume mit dem Saft der kranken. Von diesen überlebten vier Fünftel, während auf der Halbinsel alle eingingen.

Knapp vor unserer Abreise fällte man etwa in der Mitte des westlichen Waldes einen Banyan-Feigenbaum. Nie sah ich seltsamere Insekten als die, die sich im Schatten dieses Baumes in den vielen Ritzen des Felsens versteckten: dicke weiße Maden, wie Engerlinge, aber mit einem Geweih auf dem Kopf, das dem eines Rentiers glich.

Eine Art schwarze Knospe, die zu Beginn von einer Art Leichentuch bedeckt ist, stellt die erste Etappe eines unbekannten Insekts, vielleicht einer Psilla, dar.

Hätte man uns den Alkohol nicht verboten, hätten wir einige dieser seltsamen Tiere auf ihrem Weg in die Metamorphose konservieren können.

Zwischen dem westlichen Wald und Numbo wachsen von Stürmen verbogene Niaouli-Bäume wie Geistergestalten in einer langen Reihe. Seltsam wirken ihre vom Mond beschienenen weißen Stämme und wie die Arme von Riesen erheben sich ihre Äste, die die Versklavung ihrer Heimaterde beweinen.

In sehr dunklen Nächten phosphoreszieren die Niaoulis. Die Raupe dieses Baumes ist weiß wie die Äste und verwandelt sich in ein Fräulein, dessen Flügel und Körper mit den Blättern des Baumes verschmelzen.

Die Niaouli-Blätter geben einen bitteren Tee und die Blüten erzeugen mehr noch als Opium oder Haschisch einen Schlaf mit fantastischen Träumen, in denen man in einen den Meeresfluten ähnelnden Rhythmus fällt.

.....

Die Takatas, die Priester, Medizinmänner und Hexer der Kanaken, trinken einen Tee aus Niaouli-Blüten, um das Land der Weißen zu schauen und andere, prophetische Visionen zu erzeugen. Der Niaouli-Baum gilt als der heilige Baum.

Die einzigen Tiere sind der Brillenvogel, so zutraulich, dass er einen aus nächster Nähe beobachtet, der Kagu, der Notou, eine Riesentaube, die Raubtierschreie ausstößt, einige Schildkröten auf den größten Inseln, überall Eidechsen, große Seeschlangen mit zu kurzen Fangzähnen. Es gibt auf Neukaledonien keine giftige Pflanze und kein giftiges Tier. Der neukaledonische Vampir (der Rosettenflughund, eine große Fledermaus, deren Kopf dem eines Fuchses ähnelt) trinkt gar kein Blut, sondern ernährt sich öfter von Kokosnüssen als von kleinen Vögeln. Es gibt viele Frösche, die mit gewaltigen Stimmen quaken. Blaue Fliegen, Wespen, Kakerlaken, zweimal jährlich der graue Schnee der Heuschrecken und immer Schwärme von Stechmücken, eine Vielzahl Fische aller Arten und aller Farben, einige wilde Katzen, Nachkommen derer, die von Cook zurückgelassen wurden. Sie wurden zu Fischern und entwickelten durch regelmäßige Sprünge, für die sie sich auf die Hinterbeine stützten, eine hasenähnliche Form. Es gibt außer Haien keine gefährlichen Tiere und hierin erschöpft sich die neukaledonische Fauna so ziemlich, wobei wir die riesigen Ratten nicht vergessen dürfen, die von Schiffswracks herüberschwammen. Ich habe erwähnt, dass die neukaledonischen Tiere kein Gift besäßen – was auf den Menschen zutrifft, aber nicht für die Tiere untereinander: Die blaue Fliege sticht die Kakerlake, bevor sie ihr die Augen eindrückt, und es ist wahrscheinlich, dass sie dabei eine Art Curare injiziert. Die Wespe, in deren Nest Fliegen reifen, betäubt diese, damit sie den Nachkommen, die sie rund um ihre Beute herum legt, als Nahrung dienen.

Im rosafarbenen Heidekraut auf den Gipfeln der Hügelkuppen im westlichen Wald bilden eingestürzte Felsen eine Art Festungsruine. Dort bieten Lianen mit durchsichtigen, fragilen Blättern und stark duftenden Blüten großen Tausendfüßlern Unterschlupf, die sich wie Schlangen um andere Insekten winden, nachdem sie sie angelockt haben. In diesem rosafarbenen Heidekraut verschlingt eine braune Spinne, pelzig wie ein Bär, ihren Mann, wenn er ihr nicht mehr gefällt, und befestigt ihn sorgfältig an ihrem Netz.

Ein anderes Insektenungeheuer, wieder eine Spinne, lässt kleinere Spinnen ihr Netz bauen und frisst sie dann nach Lust und Laune.

Erst im dritten Jahr unseres Aufenthalts auf der Halbinsel Ducos sahen wir weiße Schmetterlinge. Schlüpfen sie nur alle drei Jahre oder sahen wir das Ergebnis der neuen Nahrung, die durch die aus Europa mitgebrachten und auf der Halbinsel ausgesäten Pflanzen für die Insekten bereitstand?

Oft sehe ich diese stillen Strände wieder vor mir, wo man, ohne etwas zu sehen, das Wasser unter den Mangrovenbäumen plötzlich plätschern hört, weil irgendwelche Krabbenkämpfe es aufwühlen, wo die wilde Natur und die einsamen Fluten zu leben scheinen.

Alle drei Jahre brüllen, tosen, heulen Wind und Meer in den Zyklonen. Dann scheint jeder Gedanke aufzuhören und man fühlt sich vom Sturm und den Fluten zwischen der Nacht des Himmels und der des Ozeans herumgewirbelt. Ab und zu zerreißt ein gewaltiger roter Blitz die Dunkelheit, dann wieder ist er weiß.

Das Tosen des sich in Strömen ergießenden Wassers, die Druckwellen von Wind und Meer vereinigen sich zu einem großartigen, schrecklichen Chorgesang.

Die Zyklone der Nacht sind schöner als die des Tages.

In den neukaledonischen Nächten zeigt das Meer eine wunderbare Phosphoreszenz, in der die Gestirne im tiefen Blau des Himmels ganz nah scheinen. Es gibt kaum eine Dämmerung in Neukaledonien, aber einen Augenblick, in dem die verschwindende Sonne das Meer aufflammen lässt.

Rocheforts Hütte stand auf einer Anhöhe und jene von Grenet in einer Felsspalte, umgeben von einem Garten, der den halben Berg einnahm. Wenn ihn die Langeweile packte, hieb er mit dem Pickel auf die stiefmütterliche Erde ein und machte Gentelet Konkurrenz, der die andere Seite des Berges bearbeitete.

Wenn man auf dem Weg zu Tendu abbog, kam man zur Hütte von L'Heureux, der dort auf seiner Gitarre spielte. Die war direkt auf der Halbinsel von Vater Croiset, dessen Hütte sich auf demselben Weg befand, aus Rosenholz gebaut worden. Auf der anderen Seite, ebenfalls nahe der Post, auf einer kleinen Anhöhe stand Placets Hütte, in der sein Ältester, der starb, als er noch ganz klein war, und seine beiden Töchter geboren wurden. Weiter unten die Hütte von Balzen, der, weil er aus der Auvergne[80] war, alte Konservenbüchsen in Geräte umwandelte, die wir nutzen konnten. Er widmete sich auch der Chemie und stellte gemeinsam mit dem alten Blanquisten Chaussade Niaouli-Essenz her.

Ganz von Lianen überwuchert stand die Hütte von Penny neben der Frauenbaracke. Er hatte seine Frau und seine Kinder bei sich, von denen Augustine auf der Halbinsel zur Welt gekommen war.

80 Die Auvergne war und ist eine der ärmsten Gegenden Frankreichs, wo man offenbar alles wiederverwertete, was noch irgendwie zu brauchen war.

Etwas weiter weg befand sich die Schmiede von Vater Malezieux, der uns aus alten Eisenresten Sicheln, Gartengeräte und eine Menge anderer Dinge machte.

Gleich daneben Lacourts Hütte und dann die von Provins, Letzterer einer der Trommler der Commune, der an den Tagen, an denen es wichtig gewesen war, dass Paris aufstand, am lautesten zum Aufbruch getrommelt hatte.

Mit zwei Öffnungen, die Fenstern gleichen, einem hübschen Korb mit Wolfsmilch vor dem Eingang und im Inneren etwas, das wie eine Bibliothek aussieht: Hier wohnt Bauër.

Champi bewohnt ein winziges Häuschen bei Numo.

Eines Tages, als wir zu siebt oder acht um seinen Tisch herum saßen, wollten wir durchbrechen, indem jeder von uns sich ganz fest an die Wand lehnte. Ebenfalls im Norden liegt Régères Hütte mit den grünen Spitzbögen.

Dann gibt es noch die große Hütte von Kersisik, gleich beim Hospiz, wo Passdouet wohnt, der auf seine Frau wartet. Die Hütte von Burlot, ganz oben, allein stehend, in der Richtung, wo Vater Royer wohnt, am Strand die des alten Mabile, ich sehe sie alle vor mir. Ich könnte mit der Aufzählung einen ganzen Band füllen, mit der Nennung all dieser armseligen Behausungen aus rohem Ziegel, gedeckt mit Stroh aus dem Busch, die, wenn man sie von oben betrachtete, aussahen wie eine große Stadt der Antike.

Als Rochefort mit fünf weiteren Deportierten – Jourde, Olivier Pain, Paschal Grousset, Bullière und Granthille – floh, versetzte das die neukaledonische Verwaltung in helle Aufregung. Man versammelte einen Kriegsrat, Gouverneur Gautier de la Richerie befand sich auf Forschungsreise auf einem der Schiffe, die die Deportierten bewachten. Das zweite Schiff war auf der Pinieninsel und die Entflohenen waren bereits seit achtundvierzig Stunden weg. Der Zorn der Verwaltung war umso größer, je fröhlicher die Leute auf der Halbinsel Ducos waren.

Die Wächter hatten beim Appell bemerkt, dass Rochefort, Olivier Pain und Granthille fehlten. Sie erfassten die Wahrheit nicht so schnell wie die anderen Deportierten, die sich verschiedene Antworten einfallen ließen. Als Bastien Granthille aufgerufen wurde, rief man aus: »Bastien zieht sich gerade seine Stiefel an!«

Da man verzweifelt nach Rochefort rief, sagten die einen: »Der zündet gerade seine Laterne an!«, die anderen: »Er hat versprochen zurückzukommen«, und wieder andere: »Schau nach, ob sie kommen!«

Zu beunruhigt, um gleich zu strafen, behielten sich die Verwaltungsorgane dies für später vor. Die Darbietung ehrlicher Heiterkeit unter den Deportierten machte die Aufseher so wütend, dass sie auf der Suche nach irgendwelchen brauchbaren Indizien in den Hütten der Ausbrecher Vorhänge zerrissen, die ja wahrlich nichts dafür konnten.

Seit Donnerstag hatte niemand die Flüchtigen gesehen, und nun war Samstag, sie waren also gerettet.

Der Kantinenmeister Duserre, mit dessen Boot Granthille seine Kameraden von der Halbinsel holte, erhielt zwei Wochen Einzelhaft, weil die unselige Barkasse, obwohl man sie mit großen Steinen beschwert und untergetaucht hatte, sich von den Wellen hatte umdrehen lassen und plötzlich obenauf geschwommen war, was Duserre als Komplizen dastehen ließ.

Aber Ende gut, alles gut, denn nicht nur wurde ihm das Boot erstattet, sondern unser wackerer Held, der gezwungen wurde, nach Sydney auszuwandern, lebte dort besser als in Nouméa, wo der Handel, außer in Form von Tauschgeschäften mit Naturalien, nicht viel hergibt.

Auf einigen Seiten meiner bei Roy in der Rue Saint-Antoine erschienenen Memoiren erzählen Briefe vom Benehmen der Kolonialregierung von Neukaledonien anlässlich des Ausbruchs von Rochefort.

Nach dessen Flucht entblödeten sich die Herren Aleyron und Ribourt, die man geschickt hatte, um die Deportierten zu terrorisieren – wahrscheinlich, um damit Rochefort zur Umkehr zu bewegen –, nicht, Wachposten auf die Anhöhen von Numbo zu stellen, die sich dort grandios zur Schau stellten.

In regelmäßigen Abständen hörte man von den Berggipfeln den Ruf »Wache, stillgestanden!« herunterhallen und in klaren Nächten zeichneten sich dort oben im intensiven Mondlicht die schwarzen Silhouetten der Wachen ab.

Einige unter ihnen hatten schöne Stimmen, so bezaubernd, dass wir uns vor die Türen unserer Hütten stellten, um sie zu hören und zu sehen.

Dann aber wurden die Stimmen heiser, wir gewöhnten uns an die Silhouetten, fanden das alles weniger anziehend, aber immer noch hübsch.

Nach den lächerlichen Dingen kamen die hässlichen: Man entzog den Deportierten das Brot. Wie auf einen Hasen legte man auf einen Unglückseligen an, der von den Dingen, die er hatte ansehen müssen, fast verrückt geworden war, nur weil er erst kurz nach der Ausgangssperre in seiner Behausung ankam.

Unter der Herrschaft von Aleyron und Ribourt versagten wir uns nicht den Genuss, unter der Hand Briefe kursieren zu lassen, in denen berichtet wurde, was große Zeitungen in Sydney und London über ihr Verhalten schrieben.

Einige dieser eingeschleusten Briefe habe ich noch:

Halbinsel Ducos, 9. Juni 1875
Liebe Freunde,
hier sind die offiziellen Papiere der Überstellung, von der ich euch erzählt habe.
Einer Überstellung, der wir erst zustimmten, nachdem man unseren Protest zur Kenntnis genommen hatte: 1. über die Form, in der die Order gegeben wurde, 2. darüber, wie wir in der neuen Barackensiedlung leben sollten.
Es ist uns tatsächlich völlig gleichgültig, welchen Teil der Insel wir bewohnen, aber wir konnten die Dreistigkeit des ersten Aushangs nicht dulden, mussten unsere Bedingungen stellen und erst, als diese erfüllt wurden, der Umsiedlung zustimmen. Dies wurde erfüllt.
Hier ist die Abschrift des ersten Aushangs vom 19. Mai 1879 in Numbo. Die Befehle der Regierung werden uns in Form von Aushängen zur Kenntnis gebracht und wir antworten als Deportierter XY, Nummer soundso.

BESCHEID
19. Mai 1875
Laut Befehl der Direktion werden die im Folgenden genannten deportierten Frauen am 20. des Monats das Lager von Numbo verlassen, um in der Westbucht die ihnen zugewiesene Unterkunft zu beziehen: Louise Michel, Nr. 1, Marie Schmidt, Nr. 3, Marie Cailleux, Nr. 4, Adèle Delfossés, Nr. 5, Nathalie Lemel, Nr. 2, Verheiratete Dupré, Nr. 6.

Hier unser Protestschreiben:
Numbo, 20. Mai 1875
Die Deportierte Nathalie Duval, verheiratete Lemel, weigert sich nicht, in das ihr von der Verwaltung zugewiesene Barackenlager zu übersiedeln, bemerkt jedoch folgende Dinge:
Es ist ihr unmöglich, die Übersiedlung selbst durchzuführen. Sie kann sich das zum Kochen erforderliche Holz nicht selbst beschaffen und ausliefern. Sie hat zwei Hühnerställe gebaut und eine Abteilung Grund und Boden bestellt.
Auf das Deportationsgesetz verweisend, in dem steht: »Die Deportierten dürfen in Gruppen oder Familien nach eigener Wahl leben und selbst entscheiden, mit wem es ihnen beliebt,

Beziehungen zu pflegen«, weigert sich Nathalie Duval, verheiratete Lemel, in Gemeinschaft zu leben, es sei denn unter oben genannten Bedingungen.

NATHALIE DUVAL, verheiratete Lemel, Nr. 2

Protestschreiben:

Numbo, am 26. Mai 1875

Die Deportierte Louise Michel protestiert gegen die Maßnahme, den deportierten Frauen eine Unterkunft weitab vom Lager zuzuweisen, als wäre ihre Anwesenheit in demselben skandalös. Es muss dasselbe Gesetz für alle Deportierten, seien es Männer oder Frauen, gelten. Es darf keine unverdiente Beleidigung hinzugefügt werden.

Ich für meinen Teil kann mich nicht zu dieser neuen Unterkunft begeben, bevor uns, die wir ehrlich sind, die Begründung dafür und die Behandlung, die uns vor Ort zuteil werden soll, per Aushang offengelegt werden.

Die Deportierte Louise Michel erklärt, im Fall beleidigender Gründe bis zum Schluss Protest einzulegen, was immer ihr auch geschehen möge.

LOUISE MICHEL, Nr. 1

Am Tag nach unseren Protestschreiben kam der Befehl, noch am selben Tag zu übersiedeln, dem nachzukommen wir uns nicht beeilten, denn wir hatten entschieden, Numbo erst zu verlassen, nachdem man unseren berechtigten Protest berücksichtigt hatte. Wir erklärten, dass wir bereit seien, ins Gefängnis zu gehen, wenn man das wolle, aber dass wir uns keineswegs die Mühe machen würden zu übersiedeln.

Darüber hinaus bekräftigten wir, dass wir, nach Korrektur des frechen Aushangs und nach Einrichtung unserer Behausungen in der Westbucht so, dass wir uns gegenseitig nicht im Weg wären, keinerlei Grund hätten, einen Ort dem anderen vorzuziehen.

Es folgten ein Hin und Her, Drohungen von Seiten des obersten Wächters, der gegen Abend sehr verärgert und, um uns imposanter zu erscheinen, hoch zu Ross zurückkam und dessen Pferd, das sich angesichts der langen Pause, die sein Meister vor unseren Hütten einlegte, langweilte, Kapriolen schlug und ihn schneller, als er wollte, wieder ins Militärlager zurückbrachte.

Drei oder vier Tage später dann die Ankunft des Deportationsdirektors in Begleitung des Territorialkommandanten, der versprach, mittels eines zweiten Aushangs unseren Reklamationen

nachzukommen und das Barackenlager der Westbucht in kleine Behausungen zu unterteilen, in denen wir nach Belieben zu zweit oder zu dritt wohnen könnten, so dass diejenigen zusammen blieben, die denselben Beschäftigungen nachgingen.
Ein Teil der Forderungen wurde zunächst erfüllt, aber wir verließen Numbo nicht, bevor alle umgesetzt waren, und da es im Gefängnis nicht genug Platz für uns alle gab, entschloss man sich, bis zum Ende zu gehen.
Wir befinden uns jetzt in der Westbucht, was für Madame Lemel traurig ist, die, schwer leidend, nicht mehr gehen kann. Aus diesem Grund wage ich nicht, mich der Nähe des Waldes, den ich sehr liebe, zu erfreuen.
So sieht der ohne Leidenschaft und Zorn verfasste Bericht unserer Umsiedlung aus Numbo, auf der Halbinsel Ducos, in die Westbucht, ebenfalls auf der Halbinsel Ducos, aus.

LOUISE MICHEL, Nr. 1
Westbucht, am 9. Juni 1873

Folgender Brief, der laut seinem Datum der erste sein sollte, gelangte erst später zu der australischen Zeitung, die ihn veröffentlichte:

18. April 1876, Numbo
Neukaledonien
Liebe Freunde,
da es einigen von uns vor Kurzem gelungen ist zu fliehen, solltet ihr mittlerweile gehört haben, in welcher Situation sich die Deportierten hier befinden, welchen Beleidigungen, welchem Machtmissbrauch usw. seitens der Herren Ribourt, Aleyron und Konsorten sie ausgesetzt sind.
Ihr wisst, dass unter Admiral Ribourt das Briefgeheimnis offen verletzt worden ist, als könnten die paar Menschen, die das Massaker von '71 überlebt haben, den Mördern auf der anderen Seite des Ozeans Angst machen.
Ihr wisst alle, dass es unter dem Kommando von Oberst Aleyron, den man den Helden der Kaserne von Lobeau nennt, geschehen konnte, dass ein Wächter auf einen Deportierten schoss, und zwar *bei diesem Deportierten zu Hause*, weil er beim Holzsammeln nicht bemerkt hatte, dass er sich bereits jenseits der erlaubten Grenze aufhielt. Kurz zuvor hatte ein anderer Wächter auf den Hund des Deportierten Croiset geschossen und das Tier verletzt, als es sich zwischen den Beinen seines Herrn verkrochen hatte. Hatte man auf den Mann oder auf den Hund gezielt?

Bei der Menge an Vorfällen, die sich seither zusätzlich ereignet haben, werde ich mir wohl nicht alles merken können, aber man sieht sich wieder!
Man hat euch bereits erzählt, dass man denen, die sich beim Appell an die Gesetze der Deportation halten, ohne sich militärisch in Zweierreihen aufzustellen, das Brot entzogen hat. Es wurde energisch gegen diese Sache protestiert, was zeigt, dass trotz aller Versuche, uns durch eingeschleuste Leute zu entzweien, denen unsere Sache völlig fremd ist, wir Deportierten die Solidarität nicht vergessen haben.
Seitdem hat man fünfundvierzig von uns außer Brot, Salz und Trockengemüse alle Lebensmittel vorenthalten, weil sie sich einer Arbeit, die der Fantasie der Regierung entsprungen war, gegenüber ablehnend verhalten hatten.
Vier Frauen enthielt man ebenfalls Lebensmittel vor, weil sie *bezüglich ihres Benehmens und der Moral zu wünschen übrig ließen*, was falsch ist. Langlois, der Ehemann einer der Damen, wurde, weil er sich energisch für seine Frau eingesetzt hatte, die ihm nie Anlass zur Unzufriedenheit gegeben hatte, zu achtzehn Monaten Gefängnis und 3.000 Francs Strafe verurteilt.
Laut Aussage von Verlet hat Place, nachdem er sich ebenfalls für seine Gefährtin, deren Verhalten den Respekt der gesamten Deportierten-Gemeinde verdient, eingesetzt hatte, sechs Monate Gefängnis und 500 Francs Geldstrafe ausgefasst. Darüber hinaus litt seine Frau während seiner Untersuchungshaft so große Qualen, dass ihr, die stillte, das Kind starb. Ein Verlust, der durch nichts auf der Welt wettgemacht werden kann. Es war ihm versagt, sein Kind lebend zu sehen.
Noch weitere Deportierte wurden verurteilt. Cipriani, bekannt für seine Würde und seinen Mut, zu achtzehn Monaten Gefängnis und 3.000 Francs. Fourny zu ähnlichen Strafen wegen frecher Briefe, die die Machthaber sehr wohl verdient hatten.
Erst kürzlich wurde Bürger Malezieux, der Doyen der Verbannten, abends, als er mit einigen der Deportierten, die mit ihm arbeiten, vor seiner Hütte saß, von einem betrunkenen Wächter der nächtlichen Ruhestörung bezichtigt, geschlagen und ins Gefängnis gesteckt.
Unsere freundlichen Sieger belieben Strenge mit Humor zu verbinden: Die Leute, die seit ihrer Ankunft am härtesten gearbeitet haben, wurden auf einer Liste als Sonderlinge vermerkt. Einer von ihnen befindet sich auf zwei unterschiedlichen Listen, was vom offiziellen Journal von Nouméa bestätigt wird. Die eine kennzeichnet ihn als straffälligen Arbeitsver-

weigerer, auf der anderen wird er für seine besonderen Leistungen zur Belohnung vorgemerkt.
Ich habe vergessen, eine Provokation zu erwähnen, die einige Tage vor der Ankunft von Pritzbuer beim Abendappell geschah. Ein für seine Unverfrorenheit bekannter Wächter bedrohte die Deportierten mit gezücktem Revolver. Tiefste Verachtung begegnete ihm dafür wie für viele weitere Provokationen. Seither versuchen die Herren Aleyron und Ribourt sich zu rechtfertigen.
Wahrscheinlich wird es weitere Listen von Arbeitsverweigerern geben. Denn es gibt keine Arbeit, da seit zu langer Zeit sämtliche Verbindungen nach außen gekappt worden sind. Außerdem verlangen die Berufe einiger Deportierter erste Ausgaben, die ihnen nicht möglich sind, also könnt ihr euch vorstellen, wie die Situation aussieht.
Jedenfalls zeigen alle diese Fälle, wie tief ihr Hass die Sieger sinken lässt. Es ist nicht verkehrt, das alles zu wissen, nicht etwa, weil wir es ihnen gleichtun wollen, denn wir sind weder Henker noch Kerkermeister, sondern weil es wichtig ist, die Großtaten der Partei der Ordnung zu kennen und publik zu machen, damit sie für immer verschwinden möge.
Auf bald, sollte die Situation es erfordern, dass die, die nicht so sehr am Leben hängen, es riskieren, um die Verbrechen unserer Herren und Meister sichtbar zu machen.
LOUISE MICHEL, Nr. 1

Man wird nach diesen Fakten keine Mühe haben zu verstehen, warum ich nach meiner Rückkehr auf die Bitte, ich möge eine Aussage machen, wie folgt antwortete:

An die Deputiertenkammer, Kommission Nr. 10
An den Präsidenten der Untersuchungskommission für disziplinäre Regelungen in Neukaledonien
Paris, am 2. Februar 1881
Sehr geehrter Herr Präsident,
ich bedanke mich für die Ehre, die Sie mir erweisen, indem Sie mich als Zeugin über die Strafanstalten Neukaledoniens aussagen lassen wollen.
Aber obwohl ich das Licht begrüße, das unsere Freunde auf die weit entfernten Folterknechte richten, werde ich zum jetzigen Zeitpunkt, da Monsieur de Galliffet, der vor meinen Augen

Gefangene erschießen ließ, Staatschef[81] ist, darauf verzichten, gegen die Banditen Aleyron und Ribourt auszusagen.

Diese Leute waren nicht dorthin geschickt worden, um uns auf Rosen zu betten, als sie den Deportierten das Brot entzogen, sie beim Appell von Wärtern mit gezückter Pistole provozieren ließen, auch nicht, als man auf einen Deportierten, der eines Abends in seine Hütte zurückkehrte, schießen ließ.

Wenn Barthélémy de Saint-Hilaire Minister und Maxime du Camp Mitglied der Académie ist, wenn Dinge wie die Verbannung von Cipriani, des jungen Morphy und andere schändliche Vorfälle geschehen, wenn Monsieur de Galliffet sein Schwert erneut gegen Paris ausstrecken darf und dieselbe Stimme, die verlangte, dass man gegen »die Banditen von La Villette« mit der ganzen Härte des Gesetzes vorgehen sollte, sich nun erheben würde, um Aleyron und Ribourt zu vergeben und sie zu loben, dann warte ich lieber auf die Stunde der großen Rechtsprechung.

Mit hochachtungsvollen Grüßen

LOUISE MICHEL

Als um '77 herum Minister Baïaut, meiner Erinnerung nach war es er, von der Radikalen Linken gefragt wurde, warum so viele ehrenwerte Männer von der Amnestie ausgeschlossen wurden, antwortete er, dass es welche gab, die die Gnade mit der Begründung, sie wollten ihre Verantwortung tragen, zurückgewiesen hätten. Clemenceau hatte auf das Angebot folgendermaßen erwidert: »Warum wollen Sie, dass geschlagene Menschen die Grauen der Unterdrückung vergessen sollen? Sie sagen, dass Sie nichts vergessen, wenn Sie aber nicht vergessen, werden auch Ihre Gegner sich erinnern.« Clemenceau hatte recht. Wir wiesen die Gnade zurück, weil es unsere Pflicht war, die Revolution, für die Paris in Blut getaucht worden war, nicht herabzuwürdigen.

Das Ende meines Briefes vom 18. April verwies auf ein Projekt von Madame Rastoul und mir, für das wir mittels einer mit Fäden und anderen kleinen Dingen gefüllten Schachtel kommunizierten, die von der Halbinsel Ducos nach Sydney ging, wo sie wohnte.

Die Briefe befanden sich zwischen zwei aneinandergeklebten Blättern auf dem Boden der Schachtel.

Ich sollte eines Nachts nach dem Appell über die Berggipfel hinter den Wachposten durch den nördlichen Wald und über die

81 Eigentlich war Galliffet Kriegsminister. Er trat wohl 1879 zur Präsidentschaftswahl an, erhielt jedoch nur eine Stimme.

Franzosenbrücke, unter der sich oft nur Meeresschlamm befand, und unter Einhaltung bestimmter Vorsichtsmaßnahmen über den Friedhof nach Nouméa gelangen.

Von dort sollte mich jemand, von Madame Rastoul unterrichtet, zu dem von ihr bezahlten Kurier bringen.

In Sydney angelangt hätte ich versucht, die Engländer durch meine Berichte über Aleyron und Ribourt zu rühren, und wir hofften, dass eine mit mutigen Seeleuten besetzte Brigg mit mir zurückfahren würde, um die anderen zu holen.

Wäre das nicht gelungen, dann hätte ich den Rückweg allein angetreten, denn wir waren nur zwanzig deportierte Frauen, und es mussten alle zwanzig sein oder gar keine.

Es war aber unsere Schachtel, die nicht zurückkam, und ich erfuhr erst bei meiner Rückkehr, beim Zwischenstopp in Sydney, dass Brief und Schachtel erst in dem Augenblick abgegeben worden waren, in dem ich bereits das vereinbarte Zeichen hätte erhalten sollen, um unseren Plan umzusetzen.

Die Verwaltung Neukaledoniens sprach mich nie auf dieses Vorhaben an, das im Moment des Gelingens aufgedeckt worden war.

MEMOIREN VON LOUISE MICHEL, Seiten 304 bis 313

Neunundsechzig deportierte Frauen waren auf der »Fénelon« gekommen, um tapfer das Elend ihrer Männer zu teilen.

Es fanden auch einige Hochzeiten auf der Halbinsel statt. Henri Place heiratete Marie Cailleux, ein junges Mädchen von großer Sanftmut, die sich während der Maitage tapfer auf den Barrikaden geschlagen hatte.

Langlais hatte Elisabeth de Ghy geheiratet. Man schloss sich unter Deportierten häufig zu Lebensgemeinschaften zusammen. Die Damen Dubos, Arnold, Pain, Dumoulin, Delaville, Leroux, Piffaut und andere hatten sich zu einer neuen Familie zusammengetan. Kleine Kinder wuchsen unter den Niaoulis glücklicher auf als jene, die man zu Hause in die Besserungsanstalt steckte, weil ihre Väter hingerichtet worden waren.

Die Verbannten auf der Pinieninsel bekamen noch weniger Post als wir, weil sie sich zwanzig Meilen weit im Meer befanden und Post ausschließlich durch die Verwaltung erhalten konnten.

Die einen wurden verrückt wie Albert Grandier, der Redakteur des *Rappel*, dessen Verbrechen aus einigen wenigen Artikeln bestanden hatten, andere verloren die Geduld, wurden zornig. Vier von ihnen wurden zum Tod verurteilt und exekutiert, weil sie einen Delegierten geschlagen hatten, einer davon war nur mit einem anderen befreundet gewesen und hatte gar nichts getan.

Man ließ sie an ihren eigenen Särgen vorbeiziehen, und sie taten dies lächelnd, von ihrem Leben befreit.

Das Exekutionskommando zitterte und die Soldaten mussten von den Verurteilten beruhigt werden.

Letztere grüßten die Deportierten und warteten, ohne blass zu werden.

Die Verwaltung wollte ihre Leichen nicht herausgeben. Man färbte die Hinrichtungspfähle rot und sie blieben für den Rest der Verbannung dort stehen.

Die Deportierten der Pinieninsel saßen, wenn sie eine Gefängnisstrafe ausgefasst hatten, auf der Halbinsel Ducos ein, so erfuhren wir von ihrem traurigen Leben.

Am 11. März '75 versuchten zwanzig Deportierte der Pinieninsel auf einer von ihnen selbst gebauten Barke nach Australien zu entkommen. Am 18. März desselben Jahres wurden Trümmer des Bootes auf den Strand gespült. Nicht ein Kleidungsstück, nicht ein Fetzen Stoff, nicht eine Leiche.

Waren sie von Haien verspeist oder von den Eingeborenen eines dieser Archipele, die den Ozean sprenkeln wie Sterne den Himmel? Wurden sie so weit zwischen diese unbekannten Inseln verschleppt, dass sie nirgendwo anders mehr hinfanden? Diese zwanzig nannten sich:

Rastoud, Sauvé, Savy, Demoulin, Gasnié, Berger, Chabrouty, Roussel, Saurel, Ledru, Leblanc Louis, Masson, Duchêne, Galut, Guignes, Adam, Barthélémy, Palma, Gilbert und Edat.

An diesem 18. März, an dem die Trümmer ihres Bootes gefunden wurden, starb Maroteau in der Krankenstation der Insel Nou.

Die Insel Nou ist der finsterste Höllenkreis.

Dort befanden sich Allemane, Amouroux, Brissac, Alphonse Humbert, Levieux, Cariat, Fontaine, Dacosta, Lisbonne, Lusipia, Roques de Filhol, Trinquet, Urbain usw. Als Leidgeprüfteste waren sie uns besonders teuer. An der doppelt verstärkten Kette, die Eisenkugel hinter sich herziehend, saßen sie neben den schlimmsten Verbrechern ein. Zuerst erduldeten sie deren Beschimpfungen, aber nach und nach verschafften sie sich Respekt.

Zwei Arme, die sich um einen kleinen Hafen herum zueinander beugen, das sind die Halbinsel Ducos und die Insel Nou, zwischen den Schultern, am Hafen, liegt Nouméa.

Von der westlichen Bucht aus sieht man die Gebäude von Nou, den Bauernhof und eine Reihe Kanonen auf der gleichen Seite. Lang und oft standen wir am Ufer und schauten zu diesem trostlosen Ort hinüber!

.....

Gegen Ende der Deportationszeit kamen die Insassen von Nou herüber nach Ducos. wir feierten ein fröhliches Fest, das einzige, das wir seit '71 gefeiert hatten, dafür zählte es mehrfach.

Gegen die Ausbrüche werden von der Verwaltung Kanaken eingesetzt, brutaler als die anderen und darauf dressiert, die Flüchtlinge mit zusammengebundenen Armen und Beinen an einer Stange zu befestigen, mit der sie sie, auf die gleiche Weise, wie sie ihre Schweine tragen, zu zweit transportieren. Man nennt sie die Eingeborenen-Polizei, und es ist verwunderlich, dass nicht schon längst einige besonders disziplinierte Abordnungen unter ihnen nach Paris entsandt wurden, damit sie dort die Polizei unterstützen.

Es wurden nicht alle Kanaken auf diese Art korrumpiert. Viele konnten die Kränkungen, denen man sie unterzog, nicht ertragen und mehrere Stämme standen dagegen auf.

Die Siedler (die selbstverständlich von der Verwaltung beschützt wurden) hatten eine Kanakin entführt. Ihr Vieh graste bis vor die Hüttentüren, man verteilte Land unter ihnen, das von den Kanaken bestellt worden war. – Der mutigste Stamm, der des großen Häuptlings Ataï, stand auf und zog die anderen mit sich.

Man schickte die Frauen mit Süßkartoffeln, Taro und Jamswurzeln in die Berghöhlen, grub das Kriegsbeil aus und der Aufstand begann. Auf der Seite der Kanaken mit Steinschleudern, Pfeilen und Totschlägern, auf der Seite der Weißen mit bergtauglichen Kanonen, Gewehren und allen europäischen Waffen.

Bei Ataï befand sich ein Barde mit grünlich-weißer Haut und gekrümmter Haltung, der Kampflieder sang. Er war ein Takata, das heißt: ein Arzt, Hexer und Priester. Er wurde im Kampf getötet. Sein Körper war so verdreht wie die Stämme der Niaouli-Bäume, aber sein Herz war stolz.

Die Geschichte zeigt auch eine seltsame Verstrickung: Andia hatte nach Tradition seiner Vorfahren einen Dudelsack gemacht. Da er aber wild war wie die, mit denen er zusammenlebte, hatte er diesen aus der Haut eines Verräters gemacht. Und dann starb Andia, dieser Barde mit dem riesigen Kopf und dem Zwergenkörper, dessen blaue Augen voller Lichtreflexe waren, für die Freiheit durch die Hand eines Verräters.

Auch Ataï wurde von einem Verräter geschlagen.

Laut dem Gesetz der Kanaken darf ein Häuptling nur von einem anderen Häuptling oder dessen bevollmächtigtem Vertreter geschlagen werden.

Nondo, ein Häuptling, der sich der Verwaltung verkauft hatte, bevollmächtigte Segon und überreichte diesem die Waffe, mit der Ataï getötet werden sollte.

Der kehrte mit einigen der Seinigen zu seinem Lager zurück, als Segon sich aus der Reihe der Weißen löste und auf den großen Häuptling zeigte, den man an seinem schneeweißen Haar erkennen konnte.

Ataï stand den Weißen gegenüber, seine Steinschleuder war um seinen Kopf gewickelt, in der Rechten trug er den Säbel, den er den Gendarmen im Kampf abgenommen hatte, in der Linken einen Tomahawk. Seine drei Söhne und der Barde Andia umringten ihn. Letzterer verwendete seine Pfeile wie eine Lanze.

Der Häuptling entdeckte Segon: »Ah, da bist du also!« Der Verräter schwankte unter den Blicken des alten Häuptlings, aber er wollte mit ihm fertig werden und schoss einen Pfeil durch dessen rechten Arm. Da hebt Ataï den Tomahawk, den er in der Linken hält. Seine Söhne fallen, einer tot, die anderen verletzt.

Andia stürzt vor und ruft: »Tango! Tango! – Verfluchter! Verfluchter!«, und dann fällt er, tödlich getroffen.

Segon schlägt Ataï mit Axthieben, wie man einen Baum fällt. Der alte Häuptling hebt die Hand zu seinem halb abgetrennten Kopf und erst nach einigen weiteren Hieben liegt er bewegungslos.

Nun stoßen die Kanaken den Todesschrei aus, der sich als Echo in den Bergen fortsetzt.

Mit demselben Schrei ehrten die Kanaken den französischen Offizier Gally Passeboc[82], als er starb, denn sie achten die Mutigen vor allen anderen.

Ataïs Kopf wurde nach Paris geschickt. Was mit dem von Andia geschah, weiß ich nicht.

Möge Ataïs Barde zu ihrer beider Andenken weitersingen.

Der Takata pflückt das Adueke, das Kriegsgras, den »Ast der Geister«, im Wald.

Die Krieger teilen das Adueke untereinander, das sie fürchterlich wirken lässt und einen Zauber über die Wunden legt.

Die Geister der Ahnen entfachen den Sturm, sie warten auf die tapferen Freunde, auf die mutigen Feinde, denn alle Mutigen sind im Jenseits willkommen.

Mögen die, die leben wollen, davongehen. Jetzt ist Krieg, wo das Blut fließt wie Wasser und das Adueke vom Blut rot wird.

Aus den MEMOIREN VON LOUISE MICHEL

82 Der jüngste Oberst der französischen Streitkräfte, Regimentskommandeur auf Neukaledonien, fiel im Kampf gegen die aufständischen Kanaken und galt offenbar als mutig.

Heute ist Ataï gerächt. Der Verräter, der am Aufstand auf Seiten der Weißen teilnahm, versteht nun, enteignet und verbannt, sein Verbrechen.

So mancher Deportierte stand auf der Seite der Kanaken, es gab aber auch Gegner. Ich für meinen Teil war ganz für sie. Daraus erfolgten derartige Diskussionen unter uns, dass eines Tages der ganze Wachposten herunterstieg, um zu erfahren, was da los war. Wir waren nur zwei, schrien aber wie dreißig.

Die Lebensmittel wurden uns von Domestiken, von Kanaken, die man zu Aufpassern gemacht hatte, in die Bucht gebracht. Sie waren sehr sanft, hüllten sich, so gut es ging, in schlechte Lumpen und man hätte sie, naiv und schlau, wie sie waren, gut und gern mit europäischen Bauern vergleichen können.

Während des Kanakenaufstands hörte ich in einer stürmischen Nacht ein Klopfen an der Tür des Teils der Hütte, der mir zugeteilt war. »Wer ist da?«, fragte ich. »Taïau!«, kam die Antwort. Das heißt Freund und ich erkannte die Stimme unserer Lebensmittelträger.

Ja, sie waren es. Sie wollten sich von mir verabschieden, bevor sie im Sturm zu den ihrigen schwammen, um böse Weiße zu bekämpfen, wie sie es ausdrückten.

Da riss ich die rote Schärpe der Commune, die ich durch tausend Schwierigkeiten hindurch aufbewahrt hatte, entzwei und teilte sie zur Erinnerung mit ihnen.

Der Kanakenaufstand wurde im Blut ertränkt, die rebellischen Stämme wurden dezimiert. Sie sterben aus, ohne dass die Kolonie davon reicher würde.

Eines Tages während der ersten Zeit der Verbannung sahen wir deportierte Araber in ihren weißen Burnussen ankommen, die sich ebenfalls gegen die Unterdrückung erhoben hatten.

Diese Orientalen, die weit von ihren Zelten und Herden gefangen gehalten wurden, waren einfache, gute Menschen mit einem ausgeprägten Rechtsgefühl. Sie verstanden nicht, warum man so mit ihnen verfuhr. Bauër, der meine Liebe für die Kanaken nicht teilte, teilte sie aber für die Araber, und ich glaube, wir werden sie mit großer Freude wiedersehen. Sie entwickelten eine enthusiastische Zuneigung zu Rochefort.

Leider befinden sich immer noch einige von ihnen in Neukaledonien, das sie wahrscheinlich nie mehr verlassen werden!

Einer der wenigen, die zurückkehrten, El Mokrani, der zum Begräbnis von Victor Hugo gekommen war, wollte mich in Saint-Lazare, wo ich mich gerade befand, besuchen, aber da er sich keine Erlaubnis geholt hatte, war das unmöglich.

.....

Während der letzten Deportationsjahre erhielten jene, deren Familien in Frankreich geblieben waren und denen die Trennung lang erschien, vor allem jene, die kleine Kinder hatten, Briefe, in denen von einer baldigen Begnadigung die Rede war. Die Zeit verging, ohne dass die Begnadigung erteilt wurde. Die Unglücklichen, die den Versicherungen unvorsichtiger Freunde geglaubt hatten, starben nun zahlreich und wir gingen oft in langen Reihen über die Bergwege zum sich füllenden Friedhof. Mir bleiben von dieser Zeit noch einige Verse:

Beim wunderbaren Mondschein
biegen sich die weißen Stämme
des Teebaums über dem hoh'n Gras,
von der Kraft des Sturmes bewegt.
Hier aus unbekannten Tiefen
steigt der Zyklon in die Wolken
und rau heult jede Nacht der Meereswind,
seine Klagen decken den verdammten Frost.

Über den Niaoulis stöhnt der Zyklon,
blas, Wind des Meers, den dumpfen Trompetenton.

Dunkelheit muss Morgenrot weichen,
jede Nacht den Tag verbirgt,
gestern nur Traum als Zeichen.
Die Wellen rollen, die Zeit verrinnt,
die Wüste wird zur Stadt.
Auf Trauer, die der Seegang schlägt,
die Menschheit sich weiter bewegt.

Erschienen wir in der Zukunft,
so wie wir heute vor uns
diese wilden Stämme sehen,
deren Tänze sich wirbelnd drehen,
und wenn diese jungen Rassen
sich mischen mit dem alten Blut,
bilden sich vitale Kräfte,
der Mensch veredelt wie das Korn.

Über den Niaoulis stöhnt der Zyklon,
blas, Wind des Meers, den dumpfen Trompetenton.

.....

II
Die Rückkehr

Diejenigen, die fünf Jahre auf der Halbinsel Ducos verbracht hatten, konnten, wenn sie in der Lage waren, sich selbst zu ernähren, nach Nouméa übersiedeln, unter der Bedingung, dass die Verwaltung ihnen weder Nahrungsmittel noch Kleidung geben musste.

Sie bekamen eine Aufenthaltsbewilligung auf der Hauptinsel, in der ihr Personenstand und ihre Daten vermerkt waren. Auf der Rückseite stand:

> (Amt für Deportation)
> Aufenthaltsgenehmigung auf der Hauptinsel
> Laut Beschluss des Gouverneurs vom 24. Januar 1879 wurde dem Festungshäftling Nummer … erlaubt, sich auf der Hauptinsel in Nouméa bei … niederzulassen.
> Der Deportierte wird angehalten, sich am Tag der Postaufgabe nach Europa um 7 Uhr morgens in der Verwaltungsdirektion zu melden, um seine Anwesenheit feststellen zu lassen. Er darf sich im Umkreis von acht Kilometern rund um seinen Wohnort frei bewegen, den er nicht ohne erneute Bewilligung wechseln darf.
> Der Deportierte verliert jeglichen Anspruch auf Bekleidung und Unterkunft seitens der Verwaltung. Im Fall einer Erkrankung wird er bei Selbstbehalt der Behandlungskosten in einem Krankenhaus der Deportationsverwaltung aufgenommen.
> Der stellvertretende Direktor der Deportationsverwaltung
> ORAUER

Diese Karte diente mir seitdem wiederholt als Personalausweis.

Mit meinen Diplomen als Lehrerin unterrichtete ich zunächst die Kinder der Deportierten in Nouméa gemeinsam mit einigen anderen aus der Stadt. Dann vertraute mir Monsieur Simon, der Bürgermeister von Nouméa, für Gesangs- und Zeichenunterricht die Mädchenschulen der Stadt an. Außerdem hielt ich dort zwischen 12 Uhr mittags und 14 Uhr sowie abends ziemlich viele Einzelstunden.

Sonntags war meine Hütte von früh bis spät voller Kanaken, die aus ganzem Herzen lernten, vorausgesetzt die Methoden waren bewegt und sehr einfach. Auf kleinen Täfelchen, die uns Monsieur Simon gab, schnitzten sie recht hübsch einheimische Blumen im Relief. Figuren hatten steife Arme, aber wenn das Modell seinen Ausdruck etwas übertrieb, erfassten sie es recht gut. Ihre zunächst sehr schrillen Stimmen wurden nach einigen Tonleiter-Übungen voller. Nie hatte ich folgsamere und liebevollere Schüler, und es waren alle Stämme vertreten. Da war Daoumis Bruder, ein wahrer Wilder, der jedoch kam, um das von Daoumis Tod unterbrochene Werk fortzusetzen (für seinen Stamm zu lernen).

Der arme Daoumi hatte die Tochter eines Weißen geliebt. Als deren Vater sie verheiratete, starb er aus Liebeskummer. Für sie wie für die Seinigen hatte er dieses riesige Werk auf sich genommen: zu lernen, was ein Weißer weiß. Er versuchte, wie ein Europäer zu leben.

Die Taïaus erzählten mir, warum sie während des Aufstands die Maristen-Brüder weiterhin respektierten, obwohl diese jeden Kanaken, der als Domestike auf dem Land der Mission lebt, zehn Sous zahlen lassen: Die Brüder brachten ihnen das Lesen bei.

Das Lesen beibringen! Das betrachten sie als Wohltat, die mehr zählt als jede Misshandlung.

In Nouméa traf ich nicht nur den guten Étienne, der in Marseille, wie einige andere auch, zum Tode verurteilt, dann jedoch in die Verbannung geschickt worden war; auch der alte Malato*, der von Bürgermeister Simon sehr verehrt wurde, war da. Im Kolonialwarenladen stieß ich auf einen der Seeleute der Commune, den Leutnant zur See Cognet. Da waren Madame Orlowska, die sich wie eine Mutter um uns alle kümmerte, und Victorine, die die Bäder von Nouméa beaufsichtigte und uns so oft baden ließ, wie wir nur wollten. In Nouméa wurde Freundschaft groß geschrieben.

Als ich die Halbinsel Ducos mit Burlot an meiner Seite verließ, der den ganzen Weg bis zum Schiff die Schachtel mit meinen Katzen auf dem Kopf trug, trafen wir Gentelet, der schon auf uns wartete. »Wollen Sie in Holzpantinen in Nouméa Einzug halten?«, fragte er mich. »Aber selbstverständlich!« »Sicher nicht!«, gab er zurück und streckte mir ein graues Papier entgegen, in dem er ein Paar Schuhe aus Europa eingewickelt hatte.

Jedes Mal, wenn er Arbeit hatte, beschenkte Gentelet die Deportierten und er kaufte nach und nach für die Gedenkfeier am 18. März Weinflaschen, die er einstweilen im Busch vergrub.

Am letzten 14. Juli, den ich dort verbrachte, kamen die Direktorin des Pensionats von Nouméa, Madame Penaud, ein Artillerist und ich der Bitte von Monsieur Simon nach und begaben uns zwischen den beiden abendlichen Kanonenschüssen (der Kanone, die Tag und Nacht ankündigt) auf den Platz der Kokospalmen, um dort die Marseillaise zu singen.

In Neukaledonien gibt es weder Morgen- noch Abenddämmerung. Die Dunkelheit fällt plötzlich herab.

Wir fühlten die Menschenmenge um uns herum, ohne sie zu sehen. Nach jeder Strophe antwortete uns der schrille Chor der Kinderstimmen, um alsbald von der Blechmusik übertönt zu werden.

Wir hörten die Kanaken im leisen Rascheln der Palmenzweige weinen.

Monsieur Simon ließ uns holen und wir wurden zwischen zwei Reihen Soldaten zum Bürgermeisteramt geleitet. Aber die Kanaken luden mich ein, dem Pilón, ihrem Tanz, beizuwohnen und ich entschuldigte mich bei den Weißen, um mit den Schwarzen zu gehen (beladen mit Feuerwerkskrachern und ähnlichen Dingen, die Simon mitschickte).

Jeder Stamm, der es wollte, hatte sein Feuer auf einem riesigen Feld, das alle gemeinsam nutzten. Der dezimierte Stamm von Ataï hatte auch sein Feuer angezündet, als aber der Tanz begann, stiegen fünf oder sechs der Überlebenden darauf und löschten es mit ihren Füßen als Zeichen der Trauer.

Der Pilón sieht seltsam aus, vor allem, wenn alle in einer langen Reihe durch das Feuer tanzen. Aber es war ein wirklich großer Anlass. Die anderen stimmten zu, dass wir alles, was wir für die ganze Gemeinschaft mitgebracht hatten, ausschließlich dem trauernden Stamm geben sollten.

Nur wenige Tage danach rief man uns zu den letzten Schiffen, die Amnestie war da. Zugleich erfuhr ich, dass meine Mutter einen Anfall von Lähmung gehabt hatte. Mit meinen Unterrichtsstunden und den 100 Francs, die ich monatlich in den Schulen verdiente, war es mir möglich gewesen, etwa 100 Francs zu sparen, was mir erlaubte, das Kurierschiff nach Sidney zu nehmen, um schneller da zu sein und sie noch einmal sehen zu können.

Vor meinem Abschied von Nouméa und bevor ich das Kurierschiff bestieg, wimmelte es am Ufer vor Kanaken. Ich hatte, ungläubig, dass die Amnestie so schnell käme, eine Schule für die Stämme gründen wollen. Sie erinnerten mich mit Bitterkeit daran: »Du kommst nicht mehr!« Und ich sagte, ohne sie täuschen zu wollen: »Ich komme wieder.«

Solange ich es vom Schiff aus sehen konnte, schaute ich auf das schwarze Gewimmel am Ufer und weinte auch (wer weiß, würde ich sie wiedersehen?). Bei meiner Ankunft im wunderbaren Hafen von Sydney schien mir, dass ich nie etwas so Herrliches gesehen hatte. Rosa Felsen, gleich riesigen Türmen, zwischen ihnen ein Tor wie für Titanen gebaut wie in Nouméa, wie in Rom sieben blassblaue Hügel unter dem Himmel. Es ist unmöglich den Blick von dieser grandiosen Kulisse zu lösen.

Dann waren meine Papiere ungenügend (sie sagten, ich hätte sie gefunden haben können), das könnte jemand anderer sein und Duser, der in Sydney stationiert war, musste bestätigen, dass das wirklich ich war. Er hatte bereits Unannehmlichkeiten wegen Rocheforts Flucht gehabt, aber stimmte diesem weiteren Abenteuer zu, das ihm im Übrigen keinerlei Schwierigkeiten einhandelte. Sydney war ja englische Kolonie.

Da ich aus eigenen Stücken gekommen war, wollte der Konsul, eine Tabaksdose auf zwei Beinen, der aus einem flämischen Gemälde entsprungen schien, mich nicht mit den neunzehn anderen Deportierten – denen man erlaubte, von Sydney abzureisen, weil sie dort gearbeitet hatten – in die Heimat zurückschicken. Aber mit der üblichen Kaltblütigkeit, die ich bei solchen Anlässen habe, sagte ich, dass er mir seine Entscheidung unverzüglich mitteilen solle, damit ich mir meine Überfahrt mit einigen Vorträgen verdienen könnte.

»Zu welchem Thema?«, fragte er.

»Zur französischen Verwaltung in Nouméa, das wird vielleicht einige neugierig machen.«

»Und was werden Sie sagen?«

»Ich werde erzählen, was Rochefort nicht sagen konnte, weil er es nicht erlebt hat: Als da wären sämtliche von Aleyron und Ribourt begangenen Grausamkeiten sowie die Ursachen des Kanakenaufstands, die Versklavung der Schwarzen mittels Schuldarbeit …«

Ich weiß nicht, was ich sonst noch alles gesagt habe, bis mich die alte Tabaksdose mit einem Blick, der furchterregend sein sollte, aufhielt und, die Feder auf das Papier quetschend, das er mir aushändigte, befahl: »Sie werden mit den anderen fahren!«

Ich habe immer angenommen, dass er im Grunde gar nichts gegen mich hatte. Wir reisten also zu zwanzigst auf der »John Helder« von Sydney nach Europa, wo wir in London landen sollten. Das Schiff passierte Melbourne, das weniger schön anzusehen war als Sidney, aber doch eine große, weite, schachbrettartig in der Ebene angelegte Stadt.

Wir fuhren durch den Suezkanal und vor Mekka starb ein armer begnadigter Araber, der todkrank versprochen hatte, sollte er jemals zurückkehren, Allah diese Pilgerfahrt zu opfern.

Allah zeigte sich ihm gegenüber wenig großzügig, während uns, den Feinden Gottes, bis zuletzt der Anblick des Roten Meeres vergönnt war und wir den Nil bestaunen durften, wo der Papyrus raschelt und die Karawanenkamele am Ufer ruhend den Hals auf dem Sand ausstrecken.

Und welch seltsamen Anblick boten die Felsen in Sphinxgestalt und die endlose Weite der Sandebene!

Am Ende der Reise irrten wir überraschenderweise acht Tage lang im Ärmelkanal umher.

Es herrschte so dichter Nebel, dass man nur die Positionslichter der »John Helder« sah, die wie verirrte Sterne ihren Weg durchs Wasser suchten, begleitet vom Ton der Alarmglocke und dem ununterbrochenen Klagen der Sirene. Es war wie im Traum.

Freunde, die uns auf Booten entgegengefahren waren, glaubten uns verloren, und als wir endlich zur Themsemündung kamen, weinten sie vor Freude.

Man empfing uns mit offenen Armen, wir sahen Richard, Armand Moreau, Combault, Varlet, Prenet, den alten Maréchal. Und dann, noch älter als der: Vater Charenton, der Bäcker, der in den ersten Zeiten des Exils jenen, die gerade vor dem großen Schlachten geflohen waren, seinen Ofen, Schutz und Brot angeboten hatte.

Als wäre es heute, sehe ich Dacosta vor mir, wie er mit tränengefüllten Augen auf der obersten Stufe zum Haus von Madame Oudinot, bei der wir zum Abendessen eingeladen waren, auf uns wartete.

Viele waren schon fort, aber denen, die dageblieben waren, konnten wir versichern, wie glücklich wir gewesen waren, über alle Hindernisse hinweg, dort, wo wir waren, das Manifest der Londoner Kommunarden zu Gesicht zu bekommen (siehe Appendix Nr. 3).

Sie sangen uns wie vor zehn Jahren das Lied des »Bonhomme«:

Bonhomme, bonhomme,
'S ist Zeit, dass du erwachst!

Sie führten uns zum Klub in der Rose Street, wo die englischen, deutschen und russischen Genossen uns willkommen hießen und uns bis zum Bahnhof von New Haven begleiteten. Die Londoner Freunde bezahlten unsere Reise, deren Kosten der Konsul mit Regierungsgeldern nur bis London übernommen hatte, wo die »John Helder« angelegt hatte.

In Dieppe trafen wir Marie Ferré in Begleitung von Madame Bias, einer alten Freundin von Blanqui. Dann in Paris die Menschenmenge, die große wogende Menge, die sich erinnert.

Ich sah meine Mutter, meinen alten Onkel und meine alte Tante wieder. Wer Revolutionäre nicht kennt, bildet sich ein, diese würden die ihrigen nicht lieben, weil sie sie immer der Idee opfern. Sie lieben sie im Gegenteil umso mehr, je größer das Opfer ist.

Wir nahmen unser Leben als Revolutionäre wieder auf und die Idee wuchs durch all die durchlittenen Schmerzen und wurde größer.

Auf der Halbinsel waren wir sechs Anarchisten gewesen, nun fanden wir Gruppen, die denselben Weg gegangen waren. Es bestand kein Bedarf nach dem Plan eines Andrieux*, uns durch ein anarchistisches Journal ins Verderben zu stürzen, das unsere Ideen ans Tageslicht gebracht hätte.

Sechsundzwanzig Jahre nach dem großen Schlachten sehen wir heute durch das Elend der Arbeiter und ihre immer schrecklichere, gewaltsamere Unterwerfung hindurch die neue Welt unaufhaltsam herannahen.

Wie der Posten auf seinem Ausguck, der es gewohnt ist, in den fernen Wolken die ersten Anzeichen des Sturms zu unterscheiden, so erkennen wir, was wir bereits gesehen haben.

Unmöglich, auf den letzten paar Seiten dieses Buches zu erzählen, was sich seit meiner Rückkehr ereignet hat. Es würde mehr als einen ganzen Band füllen, und dieser wird folgen, sollten die Ereignisse es erlauben, dass wir uns mit der Vergangenheit aufhalten, die heutzutage so rasend schnell altert.

Minütlich versinkt die alte Welt im Sumpf, das Aufblühen der neuen Ära steht unmittelbar und unwiderruflich bevor, nichts kann sie aufhalten, nur der Tod.

Nur eine universelle Katastrophe kann das Eozän*, das sich ankündigt, verhindern.

Die einzelnen Gruppen bilden heute eine bewusste und freie Menschheit: Wir sind angekommen.

Gekaufte Richter mögen erneut Strafgerichte gegen die Ehrlichsten anstrengen, Unschuldige auf die Anklagebank setzen und die wahren Schuldigen mit dem, was man die höchsten Ehren nennt, überschütten lassen, Regierende mögen all die Sklaven ohne Bewusstsein zu Hilfe rufen. Nichts, nichts davon wird noch etwas ausrichten, der Tag muss kommen! Er wird kommen.

Weil das Ende da ist, werden die Dinge schlechter, seit dem Gesetz vom 29. Juli 1881, dem »loi scélérate«, sind sie so viel schlechter geworden, dass man es heute[83] anwendet, auch wenn man es damals nicht wagte.

Im *Courrier de Londres et de l'Europe* vom 13. Januar 1894 finde ich einen Bericht über die sogenannten »lois scélérates«, den ich interessant genug finde, um ihn hier wiederzugeben, denn wenige Menschen kennen diese Gesetze wirklich (da man ja glaubte, dass sie nicht anwendbar wären).

DIE NEUEN GESETZE
RUNDSCHREIBEN DES SIEGELBEWAHRERS
Antonin Dubost, Siegelbewahrer, Justizminister, richtet folgendes Rundschreiben an die Generalstaatsanwälte:
An den Generalstaatsanwalt.
Die kürzlich von den beiden Kammern abgestimmten Gesetze verändern nicht die allgemeine Regierungspolitik, welche der republikanischen Tradition sowie den liberalen und progressiven Tendenzen der Nation weiterhin treu bleibt.
Sie dienen dazu, Maßnahmen wirksamer zu machen, welche unerlässlich geworden sind, um die öffentliche Sicherheit zu verteidigen, welche von sogenannten Lehren bedroht wird, deren Durchsetzung der Anarchismus mit den abscheulichsten Attentaten verfolgt. Diese Maßnahmen haben also einzig zum Ziel, die öffentliche Ordnung als Bedingung für den Fortschritt zu garantieren.
Es scheint mir nützlich, Ihre Aufmerksamkeit auf die wichtigsten Bestimmungen zu lenken, deren Durchsetzung Sie mit Wachsamkeit und fester Hand zu erfüllen haben.

DIE RECHTFERTIGUNG VON VERBRECHEN
Das Gesetz vom 29. Juli 1881 ließ die Anstiftung zum Diebstahl und zu anderen Verbrechen, die im Artikel 435 des Strafgesetzbuches genannt werden, ungeahndet.
Die direkte Anstiftung zu Mord, Plünderung und Brandstiftung war strafbar, aber die Rechtfertigung dieser Verbrechen entging jeglicher Verfolgung.
Zukünftig haben jene, die Diebstahl, Mord, Plünderung, Brandstiftung und weitere in Artikel 435 des Strafgesetzbuches ausgewiesene Verbrechen rechtfertigen, ebenso wie jene, die direkt zu solchen Verbrechen aufrufen, Strafen zu erwarten, die das neue Gesetz vorsieht, um eine der Schwere der begangenen Verstöße angemessene Verfolgung sicherzustellen. Der

83 »Heute« bedeutet 1895.

Gesetzgeber hat die Rechtfertigung mit dem Aufruf gleichgesetzt, weil eine kriminelle Handlung zu rechtfertigen tatsächlich bedeutet, über Umwege zur Tat anzuregen, es also ebenso gefährlich ist wie die direkte Anstiftung.

ARTIKEL 49 DES GESETZES VON 1881

Die wichtigste Neuerung des Gesetzes vom 13. Dezember 1893 besteht in der Modifikation des Artikels 49. Personen, die sich der hier oben aufgezählten Straftaten schuldig machen, wie auch jene, die Soldaten zum Ungehorsam anstiften, werden nach den Regeln der allgemeinen Rechtsprechung unter Präventiv-Arrest gesetzt sowie ihre Unterlagen konfisziert.

Es kann kein ernstzunehmender Grund angeführt werden, die Delinquenten, gegen die die Justiz prompt und wirksam vorgehen können muss, vor der Anwendung des Gesetzestextes zu verschonen.

Im unbestreitbaren Interesse der öffentlichen Ordnung ist es wichtig, dass diese neuen Regelungen jedes Mal angewandt werden, wenn Verstöße begangen wurden, und dass Sie, gemeinsam mit den Verwaltungsorganen, besonders wachsam vor allem auf gewisse öffentliche Versammlungen reagieren, die zum Herd von Agitation und Unordnung geworden sind, auf denen man sich der Anregung, Verbrechen zu begehen, höchst schuldig macht und wo offen geraten wird, Propaganda durch Fakten sprechen zu lassen. Zudem werden Sie die Anstiftung militärischer Organe zur Vernachlässigung ihrer Pflichten und zum Ungehorsam keinesfalls ignorieren, sondern dieser nachgehen, um sie zu verfolgen. In solchen Fällen heißt unterdrücken die Heimat zu verteidigen.

VERBRECHERISCHE VEREINIGUNGEN

Wenn das Gesetz vom 29. Juli 1881 es nicht vermochte, die Anstiftung zum Verbrechen zu unterdrücken, falls diese Anstiftungen sich hinter Rechtfertigungen verstecken, so gab es keinerlei andere legale Mittel, die Vorbereitung dieser Verbrechen zu unterbinden.

Durch den Genuss einer allzu langen Straffreiheit konnten sich anarchistische Gruppen bilden, die sich, durch einen gemeinsamen Gedanken verbunden, der Vorbereitung einer nicht enden wollenden Serie von Attentaten widmen. Dann verständigt sich eine beträchtliche Anzahl der Mitglieder darüber und die Durchführung der geplanten Verbrechen obliegt manchmal der freien Entscheidung einzelner Individuen, wel-

che isoliert vorgehen, um sich den Nachforschungen der Justiz besser entziehen zu können.
Um alle Schuldigen zu erreichen, war es unerlässlich, die Artikel 265 und folgende der Strafgesetzordnung über verbrecherische Vereinigungen zu ändern. Die neuen Richtlinien zielen darauf ab, sowohl die Vereinigung selbst, gleichgültig, wie lange sie bestehen mag oder wie hoch die Zahl ihrer Mitglieder sein möge, zu bestrafen wie auch jegliche Absprache, die mit dem Ziel besteht, Attentate gegen Personen oder Eigentum durchzuführen oder vorzubereiten.
Indem die Worte »entente établie«[84] in den neuen Artikel 265 eingeführt wurden, wollte der Gesetzgeber den Behörden die Grundlage bieten zu ermessen, unter welchen Umständen eine Absprache zwischen zwei oder mehreren Individuen existiert, um Attentate durchzuführen oder vorzubereiten. Auf diese Weise kann das Verbrechen benannt werden, bevor es zur Umsetzung kommt.

VERBANNUNG

Neben bereits bestehenden Strafen erlaubt Artikel 266 zukünftig, die Verurteilten mit Verbannung zu bestrafen. Es wird Ihnen, Herr Generalstaatsanwalt, nicht entgangen sein, dass diese Strafe in vielen Fällen ein wirksames Mittel zur Verteidigung der Gesellschaft darstellt. Es ist tatsächlich wichtig, Männer, deren Anwesenheit in Frankreich nach Verbüßung ihrer Strafe eine Gefahr für die öffentliche Sicherheit darstellen mag, aus unserer Gesellschaft zu entfernen.

VERWAHRUNG VON SPRENGKÖRPERN

Um die Maßnahmen gegen die Befürworter der Propaganda durch Fakten zu vervollständigen, war es unerlässlich, Artikel 3 des Gesetzes vom 19. Juni 1871 bezüglich der Aufbewahrung von Sprengkörpern und Brandsätzen abzuändern. Jedes Individuum, das ohne legitime Gründe solches Gerät bei sich hat, wird bereits verdächtigt. Aber das Gesetz von 1871 konnte nicht alle neuen Mittel der Zerstörung vorhersehen.
Der neue Artikel 3 erlaubt es, nicht nur den unbegründeten und unerlaubten Besitz jeglichen Sprenggeräts oder jeglichen hierzu verwendbaren Pulvers anzuzeigen, sondern den unbegründeten und unerlaubten Besitz jeglicher Substanz, die ausgewiesenermaßen zur Herstellung von Sprengstoff verwendet wird.

84 »Entente établie« heißt soviel wie ein Einvernehmen herstellen.

EMPFEHLUNGEN

Herr Generalstaatsanwalt, so sehen die neuen Maßnahmen aus, die die Kammern in unser Strafgesetz eingeführt haben, um Sie in die Lage zu versetzen, wirksam zur Verteidigung der öffentlichen Hand und der Ordnung vorzugehen. Sie werden diese Maßnahmen entschlossen anwenden. Kein Verstoß darf unbestraft bleiben.

Die Verwaltungsbehörden werden der Justiz alle ihnen zu Diensten stehenden Mittel zur Verfügung stellen.

Sie werden sich unter allen Umständen mit ihnen absprechen, durchdrungen von dem Gedanken, dass es nur dann eine Regierung geben kann beziehungsweise eine solche nur dann wirksam handeln kann, wenn alle Behörden durch enge Solidarität miteinander verbunden sind.

Ich zweifle nicht daran, dass die Einigung zwischen Anwälten und Richtern auf der einen Seite und Beamten auf der anderen ohne Schwierigkeiten zustande kommen wird, handeln doch die einen wie die anderen ihren Aufgaben ergeben und im Bewusstsein ihrer Verantwortung.

In dringenden Fällen oder wenn Verstöße evident sind, werden Sie nicht zögern, initiativ zu werden und die Verfolgung aus eigenem Antrieb aufzunehmen. Sie sollten mir aber jedes Mal berichten, wenn die Angelegenheit dies erfordert. In den meisten Fällen ist nur die schnelle Unterdrückung wirklich nützlich, daher werden Sie darauf achten, die Verfolgung immer äußerst zügig durchzuführen und so oft, wie es Ihnen notwendig erscheint, außerordentliche Strafgerichtssitzungen einberufen.

Die Regierung hofft, dass die energische und nachhaltige Anwendung der neuen Gesetze genügen wird, um krimineller Propaganda ein Ende zu setzen. Das Land erwartet von uns effizienten Schutz. Unsere Pflicht ist es, diesen mit allen Mitteln, die uns durch die Gesetze zur Verfügung stehen, zu garantieren.

Mit der Versicherung meiner Wertschätzung

Der Siegelbewahrer und Justizminister

ANTONIN DUBOST

Was man 1874 nicht wagte, wagt man heute und wie in den schönsten Tagen von Versailles kann ein Zeitungsartikel Verbannung oder Tod bedeuten. – Die Verurteilung von Etienvent diese Woche hat das bewiesen und wäre da nicht die Ehrenhaftigkeit unserer Nachbarstaaten, die ihnen die Auslieferung verbietet, so würde er Cyvoct in dem Straflager ersetzen, in dem Marioteau gestorben ist.

Und doch bewegt sich der wissenschaftliche Fortschritt derart schnell, dass alle Lügen bald vor ihm verschwinden werden.

Die kommende Rasse, deren Jugendliche mehr wissen werden als die Weisesten unter uns, wird Lügen verabscheuen und das menschliche Leben respektieren. Ihre Knochen werden nicht über Madagaskar verstreut werden und sie selbst wird dort nicht die Eingeborenen erschießen, wie es ihr gefällt, um ihre Taten dann, wie Galliffet oder Vacher, mit dem Blutrausch zu entschuldigen.

Diese Jugend wird man nicht dazu verwenden, den Schlächter Abdul-Hamid bei seinem grausigen Amt zu bewachen. Man wird sie nicht wie die spanischen Soldaten nach Kuba schicken, um dort jene zu ermorden, die für die Freiheit aufstehen, und man wird sie nicht zu Folterknechten in Montjuich machen können.

Wir erleiden heute größere Versklavung als an dem Tag, an welchem die Versammlung von Versailles den Gnom Foutriquet zu liberal fand, aber die Idee ist freier geworden und sie wird immer größer.

Man erinnere sich, was Schüler letztes Jahr gerufen haben: »Die Herzen hoch! Kameraden, lasst uns für die heilige Unabhängigkeit aufstehen!«

Warten wir ab, wie unermesslich groß die Wirkung der Ausstellung von 1900 auf das Wissen der Menschheit sein wird.

Heute, am 2. Januar 1898, an dem ich dieses Buch beende, eröffnet die Fotografie neue Wege; die Röntgenstrahlen, die es erlauben, durch das Fleisch zu schauen, ersetzen die Vivisektion. Wenn die Grausamkeit unter den Völkern verschwindet, wie kann man nicht daran glauben, dass der Wille und die Intelligenz der Menschen frei sein werden?

Ich erinnere mich an einen Abend vor mehr als sechs Jahren im Theatersaal der »Capucines«, wo ich meine Gedanken schweifen ließ und die Zukunft vor mir sah. Und da wagte ich es mir vorzustellen, wie es wäre, das Denken, das ja aus Elektrizität besteht, zu fotografieren. Da es keine Sprache hat, würde man Zeichen sehen, ähnlich den Linien von Blitzen, die wie eine Art Stenografie für alle Sprachen gleich wären.

Man kann bereits durch dichte Körper schauen, es hindert uns nichts daran, bis zum Ende zu gehen.

.....

Dank der Wissenschaft wird auch das Jenseits seine Geheimnisse lüften und das Ende der Götter einläuten. Vor und nach uns die Ewigkeit, die Unendlichkeit der Planeten, die wie Lebewesen ihren ständigen Veränderungen nachgehen. Nur Mut, der Keim der neuen Jahrhunderte bricht gerade auf.

Auch wenn manche in ihrer Qual die ersten grünen, dem neuen Ufer entrissenen Zweige, die bereits vor uns schwimmen, nicht sehen wollen, bricht die alte Gesellschaft schneller auseinander, als sie es für möglich halten.

Noch bevor man auf Pottiers Grab oder auf das steinerne Buch darauf seine schrecklichen Verse graviert hat:

Ich bin die alte Kannibalin,
verkleidet als Gesellschaft,
sieh meine Hände rot vom Gemetzel,
mein Auge unterlaufen von Blut.
Ich hab keinen Platz mehr in der Höhle,
die voll von Aas ist und Gebein,
schau her: ich fraß deinen Vater
und werde es mit deinen Kindern tun.

POTTIER

Ja, noch bevor man diesen Fluch eingeritzt hat, wird die alte menschenfressende Gesellschaft vielleicht tot sein, wenn die Stunde der gerechten und freien Menschheit anbricht, die zu groß geworden ist, um in ihre blutige Wiege zurückzukehren.

Paris, am 20. Mai 1898

.....

ANHANG

I
Bericht von Béatrix Excoffon

Béatrix Œuvrie, verheiratete Excoffon, vertraute mir vor einigen Jahren die Geschichte ihres Lebens während der Commune und nach ihrer Verurteilung an. Ich kann hier aus Platzgründen nur die Seiten über die Armee der Frauen zitieren, deren rote Fahne über der Festung von Issy wehte. Dieser einfache Bericht zeigt, wie mutig die Pariserinnen für die Freiheit marschierten.

> Am 1. April 1871 fragte mich eine Nachbarin, die überrascht war mich zu sehen, ob ich die Zeitung gelesen hätte, in der eine Frauenversammlung auf der Place de la Concorde angekündigt wurde. Sie wollten, um weiteres Blutvergießen zu vermeiden, nach Versailles gehen.
> Ich informierte meine Mutter darüber, dass ich fort müsse, umarmte meine Kinder und dann los.
> Auf der Place de la Concorde stieß ich um halb zwei zum Demonstrationszug, der aus sieben- bis achthundert Frauen bestand. Die einen sprachen davon, dass sie Versailles erklären würden, was Paris wolle, die anderen redeten von Dingen, die vor hundert Jahren stattgefunden hatten, als die Frauen von Paris ebenfalls nach Versailles gegangen waren, um den Bäcker, die Bäckerin und den kleinen Bäckersjungen[85] abzuholen, wie man damals sagte.
> So kamen wir zum Stadttor von Versailles, wo wir auf die freimaurerischen Parlamentarier trafen, die gerade zurückkamen. Die Citoyenne, die die Demonstration organisiert hatte, fiel fast um vor Müdigkeit und schlug vor, eine Versammlung abzuhalten.
> Wir fielen in die Salle Ragache ein, wo wir eine andere Leiterin wählen mussten, denn die Müdigkeit der ersten hatte sich

85 Dies waren Spitznamen für Ludwig XVI., Marie Antoinette und den Dauphin.

nach dem so langen Marsch zu unerträglichen Schmerzen in den Beinen gesteigert.
Ich wurde ernannt, sie zu ersetzen, also musste ich auf einen Billardtisch steigen und von dort aus sagte ich, was ich dachte: dass wir nicht mehr zahlreich genug wären, um nach Versailles hineinzumarschieren, aber doch genug, um die Verletzten in den Marschkompanien der Commune zu versorgen.
Die anderen pflichteten mir bei und wir wollten am nächsten Tag aufbrechen. Es wurden einige Tage mehr. Die kranke Citoyenne konnte uns noch bis zum Generalstab der Nationalgarde begleiten.
Beim Generalstab nahm der Chef meinen Namen auf und gab mir und den Bürgerinnen, die mich begleiteten, einen Passierschein.
Als ich fragte, in welche Richtung ich gehen sollte, riet man mir Neuilly. Am Vortag hatte es am Mont Valérien Geschützdonner gegeben und wir wollten sehen, ob es noch ungeschützt in den Feldern liegende Verletzte gäbe.
Es fanden sich zwanzig Frauen, die mich begleiten wollten.
Wir zogen Richtung Tor von Neuilly los. Unterwegs gaben uns viele Menschen Tücher und Verbandszeug. Ich kaufte bei einem Apotheker notwendige Medikamente, und so durchsuchten wir Neuilly, um zu sehen, ob nicht irgendwo Verletzte wären und ohne uns darüber im Klaren zu sein, dass wir uns mitten in den Reihen der Versailler befanden.
Plötzlich sahen wir Gendarmen und blieben, die Gefahr witternd, stehen. Aber wir konnten nicht vorbei.
»Lassen Sie uns passieren«, baten wir, »wir wollen die Verletzten versorgen.« Wir hörten wohl den Kanonendonner, ohne aber richtig zu wissen, woher er kam.
Ich ließ einen Jungen gegen ein paar Sous einen Ast abschneiden, mit dem wir uns unbesiegbar vorkamen.
Wir vereinbarten, nichts über den Passierschein zu sagen, den wir ja von der Commune erhalten hatten, und meine Gefährtinnen sagten, ich solle die Fahne zusammenrollen. Ich wollte sie aber offen lassen und so fanden wir uns plötzlich auf einer Brücke umringt von Gendarmen wieder, die wir darum baten, uns vorbeizulassen, was diese uns aber verwehrten.
Man schickte nach dem Postenkommandanten, einem Leutnant, der fragte, was wir mit der roten Fahne wollten. Ich antwortete, dass wir Verletzte versorgen und über die Brücke wollten, weil uns das dem Ort näher brachte, woher der Kanonenlärm kam.

Er zögerte einen Augenblick und währenddessen hob eine von uns, vergessend, was wir vereinbart hatten, an zu erklären, dass wir einen Passierschein hätten.

»Wie können Sie das behaupten?«, warf ich ein. »Wir haben doch gar keinen!«

Da verstand sie und hob noch einmal an: »Ich wollte sagen, wenn der Herr uns einen ausstellen könnte.«

Schließlich sagte der Leutnant den Gendarmen, sie sollten uns vorbeilassen, wir seien ja nur unbewaffnete Frauen.

Am anderen Ende der Brücke hörten wir die Kanonen immer noch. Eine Passantin meinte, das käme von Issy, und als wir sie fragten, wie wir dorthin gelangen könnten, deutete sie uns, weiterzugehen und den Bootsmann auf der Insel zu rufen.

»Aber Sie müssen sagen, dass Sie Frauen der Commune sind, sonst lässt er Sie nicht in sein Boot.«

Das war alles am Anfang, als die Bewohner der Umgebung von Paris noch nicht so voller Angst und Schrecken waren und das Töten noch nicht so leicht von der Hand ging.

Wir riefen den Bootsmann, dem wir erklärten, dass wir unsere verletzten Brüder pflegen wollten. Der gute Mann bat uns zu sich ins Haus, drängte uns Erfrischungen auf und schnitt einen langen Ast ab, auf den er die Fahne aufzog, bevor er sie uns wieder gab.

Wenn ich an diese Zeit zurückdenke und dieser Bootsmann, fast ein Greis, aus meiner Erinnerung aufsteigt, der uns großzügig mit allen Vorräten, die er in seiner Hütte finden konnte, beschenkte, aus dem einfachen Grund, weil wir ausgezogen waren, unsere Ideale zu verteidigen, muss ich auch an meinen Vater in Cherbourg denken. Wenn unglückselige Deportierte zurückkamen, wurde auf der Suche nach Dingen, die sie brauchen konnten, das ganze Haus umgedreht. Manchmal erkannte er Freunde unter den Opfern, denn er selbst war beim Staatsstreich von 1851 in Cherbourg festgenommen worden.

Nachdem man ihn freigelassen hatte, stand neun Jahre lang im Kasernenaushang, dass es verboten sei, zum Uhrmacher Œuvrie zu gehen, und dass Zuwiderhandelnde mit einem Monat Polizeiarrest bestraft würden. Der Hass des Kaiserreichs verfolgte ihn wie der von Versailles mich.

Vor dem Kriegsrat warf man mir vor, die Tochter eines Revolutionärs von '51 zu sein, aber man verabsäumte zu sagen, dass der Verbrecher gegen das Kaiserreich vom Anspruch auf staatliche Unterstützung, wie sie andere erhielten, für immer ausgeschlossen war.

Ich komme zu meinem Bericht zurück. Ich hatte mich vorn im Boot hingesetzt und hielt stolz die Fahne hoch.

Wir erfuhren bald und unmissverständlich, dass die Gendarmen nicht die Absicht hatten, uns anlegen zu lassen, denn sie schickten uns mehr als 50 Kugeln, die uns jedoch nicht erreichten.

Am anderen Ufer sagte uns der gute Bootsmann, er sei froh, dass wir unsere Feuertaufe so glimpflich überstanden hätten. Er schüttelte jeder von uns die Hand und fügte hinzu, dass er, sollten wir ihn brauchen, ganz zu unserer Verfügung stehen würde.

So kamen wir zur Festung von Issy, wo ein Nationalgardist mich erkannte und mir sagte, mein Mann wäre auch hier.

Wie glücklich war ich mit meinem Mann an meiner Seite, dem ich erzählte, wie gütig das Schicksal uns behandelt hatte! Ich hatte die Illusion, uns könnte nur gemeinsam etwas geschehen und wir würden bis zum Tod vereint sein.

Im Fort traf ich auch Louise, die mit dem 61. von Montmartre marschiert war, und ich blieb zwei Wochen als Sanitäterin der »enfants perdus« im Fort.

Zu dieser Zeit musste das Wachsamkeitskomitee umorganisiert werden, aber Louise, die es während der Belagerung mit den Bürgerinnen Poirier, Blin, d'Auguet, mir und einigen anderen gegründet hatte, wollte die Marschkompanien nicht verlassen, und so kehrte ich für das Komitee nach Paris zurück, wo wir uns um die ambulante Krankenversorgung kümmerten sowie die Versorgung der Verletzten, die Verteilung der Sanitäterinnen usw. organisieren mussten.

Ich ging durch alle Klubs, um die Petition unterschreiben zu lassen, die den Austausch von Blanqui gegen den Erzbischof forderte. Von unserer Sanitätsstation vom Elysée Montmartre aus schickte das Wachsamkeitskomitee der Frauen Delegationen zu Beerdigungen und kümmerte sich um die Witwen, Mütter und Kinder derjenigen, die für die Freiheit gestorben waren. Das Komitee blieb bis zum Schluss an vorderster Front aktiv.

Am Abend, bevor Montmartre eingenommen wurde, war das Komitee in meinem Haus versammelt. Wir sahen es als unsere Hauptaufgabe an, alles zu zerstören, was jemanden kompromittieren konnte.

Dreimal legten Soldaten auf mich an, um mich hinzurichten, aber dann schickte man mich nach Satory, wo ich als eine der Ersten ankam und vier Tage lang im Hof auf Steinen schlief.

.....

Ich wurde gemeinsam mit meiner Mutter, die man für meine Taten festgenommen hatte, was meine Person verdoppelte, der gemischten Kommission vorgeführt. Man ließ uns auf eine Art Dachboden neben einem Lager für Futtermittel steigen. Es war Nacht und es regnete sintflutartig.

Da kam Louise mit tropfender Kleidung, als wäre sie ein Regenschirm, ebenfalls eine Gefangene. Ich wrang die Kleidungsstücke direkt auf ihrem Rücken aus und da ich noch ein paar Strümpfe in meiner Tasche hatte, gab ich ihr diese statt ihrer nassen, die wir kaum herunterziehen konnten, während sie uns erzählte, dass man sie morgen erschießen wollte.

Wir sprachen über solche Dinge, als würden wir von irgendwelchen Alltäglichkeiten sprechen, und waren vor allem glücklich, einander zu sehen.

Man hatte beschlossen, Louise nicht zu durchsuchen, weil sie ja erschossen werden sollte, und wahrscheinlich verdankte ich es diesem Umstand, dass man auch mich in Ruhe ließ. Ich hatte einige Papiere bei mir, auch sie hatte welche, unter anderem eine Order, eine der kleinen Orgeln aus Notre-Dame zum Zwecke des Gesangsunterrichts in die Schule zu bringen.

Wir waren sieben: meine Mutter, das Ehepaar Millière, Madame Dereure, ich, Louise und die Hilfslehrerin ihrer Schule, Malvina Poulain. Die Offiziere schickten eine Frau zu mir, um meine Papiere zu holen, aber ich antwortete, dass ich keine hätte, und wir sieben begannen sie zu zerkauen, was keine leichte Aufgabe war.

Als ein Gendarmerie-Leutnant auftauchte, der seinerseits die Papiere verlangte, waren sie nicht mehr leserlich. Ich streckte ihm zwei oder drei Blättchen, die in meiner Tasche geblieben waren, entgegen, die er mir zurückgab, während er leise murmelte: »Sie sind eine mutige kleine Frau und wenn alle so wären wie Sie, dann gäbe es weniger Opfer.«

Auch unter den Gendarmen gab es Männer, die weniger hart waren als die anderen. Vielleicht erinnerten sie sich an ihre Frauen und Kinder, die von der Commune versorgt worden waren.

Als ich vor die gemischte Kommission kam, rettete mir dieser Mann das Leben, denn ich sah nur meinen Mann und meine Kinder vor mir, von denen ich getrennt war, meinen alten, kranken Vater, den die Freiheit meiner Mutter vielleicht noch retten konnte. Also nahm ich alles, was möglich war, auf mich, auch das, was ich nicht getan hatte. Der Mann ließ mich von dort wegholen, stellte mich zur Seite und sagte: »Auf diese Art werden Sie erschossen, Sie Unglückselige!«

Was ist nicht alles seitdem geschehen! Man hat uns überall festgehalten. Ich habe meinen Vater, meine Mutter, meine ältesten Kinder verloren und meinen Mann, dessen Tod für mich den totalen Zusammenbruch bedeutete. Und trotzdem steigen aus dem Grund meiner Erinnerungen die grauenhaften Dramen von Satory vor mir auf.

Am Vorabend unseres Aufbruchs zu den Arbeitslagern von Versailles, um 11 Uhr abends, hatte man einen unglücklichen Nationalgardisten erschossen, der verrückt geworden war und geglaubt hatte, über einen Tümpel hinweg flüchten zu können.

Sein letzter Schrei war: »Meine Kinder! Meine Frau!«

Ist nicht die Trennung, der Verlust derer, die uns lieb sind, der schrecklichste aller Schmerzen?

Wie viele von denen, die Brüder, Väter oder Ehemänner hatten, glaubten in ihrem Wahn die Stimme ihrer Lieben zu hören!

Sieben unserer Frauen wurden in einer einzigen Nacht verrückt. Andere brachten vor der Zeit Kinder zur Welt, die der Schmerz der Mütter umbrachte. Die Stärksten überlebten.

BÉATRIX ŒUVRIE, WITWE EXCOFFON

Lasst uns mit dem Brief eines Häftlings in Brest enden:

II
Brief eines Gefangenen von Brest

Nach der Einnahme von Châtillon stellte man uns im Kreis auf dem Plateau auf und holte die Soldaten aus unseren Rängen heraus. Man ließ sie im Schlamm niederknien und auf Befehl von General Pellé erschoss man diese jungen Unglücklichen gnadenlos vor unseren Augen und unter dem Spott der Offiziere, die uns für unsere Niederlage mit allen möglichen grausamen und dummen Bemerkungen verhöhnten.

Schließlich lässt man uns nach einer guten Stunde dieses Schauspiels in Reihen aufstellen und wir bewegen uns zwischen dem doppelten Spalier berittener Gebirgsjäger auf Versailles zu. Unterwegs begegnen wir Vinoy, der vor den Deutschen kapituliert hat und den nun sein Generalstab eskortiert. Er befiehlt trotz des ausdrücklichen Versprechens von General Pellé, uns am Leben zu lassen, unsere Offiziere, die man an der Spitze unseres Zuges gehen lässt und denen man sämtliche Abzeichen gewaltvoll heruntergerissen hat, zu erschießen, als ein Hauptmann Vinoy auf das Versprechen seines Generals aufmerksam macht.

Der Komplize des Dezembermanns verschonte nun zwar unsere Offiziere, befahl aber dennoch, den General Duval, dessen Generalstabschef und den Kommandanten der Freiwilligen von Montrouge augenblicklich hinrichten zu lassen. Diese drei Mutigen riefen im Sterben: »Es lebe die Republik! Es lebe die Commune!« Ein Reiter riss unserem unglücklichen General die Stiefel herunter und spazierte damit wie mit einer triumphalen Trophäe herum. Daraufhin entfernte sich der grausame Vinoy und wir machten uns weiter auf den schmerzvollen und demütigenden Marsch, mal gehend, mal laufend, je nach dem Geschmack unserer Führer, die sich an Gemeinheiten buchstäblich sattsoffen, bis wir in Versailles ankamen.

Hier fällt uns die Feder aus der Hand. Es ist tatsächlich unmöglich, den Empfang zu beschreiben, den man uns in der Hauptstadt der Landbewohner bereitete. Gestoßen, mit Fausthieben und Stockhieben traktiert, inmitten von Gejohle und lautem Gebrüll ließ man uns zweimal um die Stadt gehen, gut kalkulierte Pausen miteinberechnet, in denen wir den Grausamkeiten der am Straßenrand auf uns wartenden Meute von Spitzeln und Polizisten umso besser ausgeliefert waren.

Zuerst führte man uns vor das Kavalleriedepot, wo wir mindestens zwanzig Minuten warten mussten. Die Menschenmenge riss unsere Decken, unsere Mützen, unsere Trinkkanister fort. Nichts entging der Wut dieser vor Hass und Rachegelüsten trunkenen Wahnsinnigen. Man beschimpfte uns als Diebe, Räuber, Mörder, Kanaillen usw. Von dort mussten wir weiter zur Kaserne der Wachen von Paris.

Man ließ uns in den Hof eintreten, wo die anwesenden Herren uns mit einem Schwall infamer Beleidigungen empfingen, auf Befehl ihrer Chefs geräuschvoll ihre Flinten luden und uns lachend erklärten, sie würden uns alle wie Hunde niederschießen. Eskortiert von dieser hässlichen Soldateska bewegten wir uns nach Satory, wo man uns, 1.685 an der Zahl, in ein Futtermittellager sperrte. Völlig erschöpft und ausgehungert konnten wir uns so eng zusammengepfercht nicht hinlegen. Wir verbrachten zwei Tage und zwei Nächte stehend, standen abwechselnd auf, damit jeder von uns sich ein wenig auf einem nassen Strohhalm ausstrecken konnte, und aßen und tranken nichts als ein wenig Brot und schmutziges Wasser, das unsere Wächter aus einem Tümpel holten, in den ihre Notdurft zu verrichten sie sich nicht genierten. Es ist entsetzlich, aber so ist es.

Nachdem man uns alles genommen hatte, schickte man uns zur Bahn nach Westen.

Man presste je vierzig von uns in hermetisch abgeriegelte lichtlose Viehwaggons und gab uns als Nahrung etwas Zwieback und einige Kanister Wasser. Wir blieben darin bis Samstagmorgen um vier, dann wurden sechshundert von uns in Brest hinausgelassen. Die anderen Gefangenen waren in verschiedene andere Gefängnisse gebracht worden. Unterwegs hatten wir erfolglos unsere Wächter um Wasser und Luft angefleht, sie blieben unseren Bitten gegenüber taub und drohten uns beim leisesten Anzeichen eines Aufbegehrens mit ihren Revolvern. Mehrere unter uns waren verrückt geworden. Denkt doch! Einunddreißig Stunden Bahnfahrt, unter diesen Bedingungen eingesperrt. Was sollte an diesen Fällen von Wahnsinn überraschen? Ist es nicht eher erstaunlich, dass nicht einer erheblich größeren Anzahl von uns viel Schlimmeres geschah?

Als wir aus dem Zug stiegen, wurden wir sofort zur Festung Kelern verschifft, wo wir uns nach wie vor befinden, ohne Kontakt zur Außenwelt und beinahe ohne Nachricht von unseren Familien, deren Briefe uns nur geöffnet erreichen, wie die unseren auch erst abgeschickt werden, nachdem sie durch die Zensur gelangt sind. Wir sind in feuchten Kasematten eingesperrt, auf übles Stroh gebettet, es mangelt uns an Nahrung und die meisten von uns leiden Hungerqualen. Wir bekommen nicht einmal zwei Schüsseln Suppe und kaum eineinhalb Pfund Brot täglich. Zu trinken nur Wasser.

Citoyen Elisée Reclus, ein in der Welt der Wissenschaft bekannter Mann, befindet sich unter uns und trägt maßgeblich dazu bei, unser trauriges Dasein durch tägliche ebenso lehrreiche wie interessante, immer in höchstem Maße von den Gedanken an Recht und Gerechtigkeit durchdrungene Vorträge erträglicher zu machen. Er bestärkt unseren republikanischen Glauben und einige von uns werden es ihm zu verdanken haben, wenn sie das Gefängnis als bessere Menschen verlassen, als sie es betreten haben.

Er möge hier den Ausdruck unserer Dankbarkeit für seine edlen Bemühungen und der tiefsten Wertschätzung, die wir für ihn empfinden, erhalten.

LA LIBERTÈ
Brüssel, im April 1871

DEN KOMMUNARDEN

III.
Von den Verbannten aus dem Londoner Exil 1874 veröffentlicht

Nach drei Jahren der Unterdrückung und der Massaker sieht die Reaktion ein, dass der Terror zwischen ihren mittlerweile geschwächten Händen aufhört, ein Mittel des Regierens sein zu können.

Nach drei Jahren absoluter Macht sehen die Besieger der Commune, wie die Nation nach und nach Leben und Bewusstsein wiedergewinnt und ihrem Würgegriff entgleitet.

Einig gegen die Revolution, jedoch untereinander zerstritten, verschleißen sie durch Gewaltausübung und vermindern durch Uneinigkeit ihre Kampfkraft, mit der sie allein hoffen können, ihre Privilegien zu erhalten.

In einer Gesellschaft, in der die Bedingungen, die zu ihrer Herrschaft geführt haben, täglich dahinschwinden, trachtet die Bourgeoisie erfolglos danach, diese zu erhalten. Den unmöglichen Traum träumend, dass sie den Lauf der Zeit aufhalten könne, möchte sie eine revolutionäre Nation in der Gegenwart festnageln oder sie sogar in die Vergangenheit zurückschicken.

Die Mandatare dieser Bourgeoisie, dieser in Versailles sitzende Generalstab der Reaktion, scheinen keine andere Mission zu haben, als den Verfall ihrer Herrschaft durch politische Unfähigkeit zu zeigen und ihren eigenen Fall durch Unfähigkeit zu beschleunigen. Die einen rufen nach einem König, einem Kaiser, die anderen verkleiden eine perfektionierte Form der Versklavung, die sie dem Volk aufzwingen wollen, mit dem Wort Republik.

Was auch immer der Ausgang der Versailler Pläne sein mag, Monarchie oder bourgeoise Republik, es wird dasselbe Resultat herauskommen: der Sturz von Versailles, die Vergeltung der Commune.

.....

Denn wir erreichen einen der großen historischen Momente, eine der großen Krisen, wo das Volk, das im Elend zu vergehen und im Tod aufzuhören scheint, mit neuer Kraft seinen revolutionären Marsch wieder aufnimmt.

Wir werden den Sieg nicht in nur einem Tag erringen, aber der Kampf wird wieder beginnen und die Herrscher werden mit den Beherrschten rechnen müssen.

Diese Situation schafft neue Aufgaben für uns Exilierte. Vor der zunehmenden Auflösung der reaktionären Kräfte und der Möglichkeit wirksameren Agierens kann es nicht genügen, die Unversehrtheit des Verbannten gegenüber polizeilichen Übergriffen zu verteidigen. Vielmehr müssen wir unsere Kräfte mit denen der Kommunarden in Frankreich vereinen, um diejenigen von uns, die dem Feind in die Hände fielen, zu befreien und unsere Vergeltung vorzubereiten.

Es scheint nun die Stunde gekommen, in der die in der Verbannung Lebenden Stellung beziehen und sich deklarieren müssen.

Aus diesem Grund gibt es nun die Gruppe der REVOLUTIONÄREN COMMUNE.

Es wird Zeit, dass Atheisten, Kommunisten und Revolutionäre einander erkennen – alle jene, welche, die Revolution in ihrem Ziel und ihren Mitteln gleichermaßen begreifend, den Kampf wieder aufnehmen wollen. Für diesen entscheidenden Kampf ist die Partei der Revolution, die Partei der Commune neu zu gründen.

Wir sind *Atheisten*, weil der Mensch niemals frei sein wird, bevor er nicht Gott aus seinem Geist und aus seiner Vernunft verbannt hat.

Aus der Vision des Unbekannten entstanden, aus der Ignoranz geschaffen, von üblen Machenschaften benutzt und aus Dummheit erduldet, bildet diese monströse Vorstellung eines Wesens außerhalb der Welt und des Menschen die Vorlage jeglichen Elends, mit dem sich die Menschheit herumzuschlagen hatte, und stellt das Haupthindernis für ihre Befreiung dar.

Solange die mystische Vision der Gottheit die Welt verdunkelt, kann der Mensch diese weder kennen noch besitzen. Statt Weisheit und Glück wird er darin nur Sklaverei, Elend und Unwissenheit finden.

Dieser Idee, dass es ein Wesen außerhalb der Welt gäbe, das diese regiere, sind alle Formen moralischer und sozialer Sklaverei zu verdanken: Religionen, Despotismus, Eigentum und Klassen, unter denen die Menschheit ächzt und blutet.

Gott aus dem Bereich des Wissens zu verbannen, ihn aus der Gesellschaft zu verbannen muss für den Menschen zum Gesetz werden, wenn er Wissen erlangen will, wenn er das Ziel der Revolution verwirklichen will.

Wir müssen diesen Irrtum, der alle anderen Irrtümer generiert, aus der Welt schaffen, weil er es ist, der den Menschen seit Jahrhunderten beugt, in Ketten legt, beraubt und martert.

Möge die Commune die Menschheit für immer von diesem Geist ihrer vergangenen und der Ursache ihrer gegenwärtigen Leiden befreien.

Es gibt in der Commune keinen Platz für den Priester: Jede religiöse Handlung oder Vereinigung muss verbannt werden.

Wir sind *Kommunisten*, weil wir wollen, dass die Aneignung der Erde und ihrer Reichtümer nicht einigen wenigen, sondern der Gemeinschaft vorbehalten sei. Weil wir wollen, dass die von jeglicher Unterdrückung befreiten, endlich über alle Produktionsmittel wie Land, Fabriken und vieles mehr herrschenden Arbeiter aus der Welt einen Ort des Wohlbefindens und nicht des Elends machen.

Nach wie vor ist die Mehrheit der Menschen dazu verurteilt, für den Genuss einer kleinen Gruppe von Aufpassern und Herrschern zu arbeiten.

Als letzten Ausdruck aller Sklaverei hat die Herrschaft der Bourgeoisie die Ausbeutung der Arbeitskraft sämtlicher mystischer Schleier entledigt, die früher zur Verdunklung dienten. Regierungen, Religionen, Familie, Gesetze, Institutionen der Vergangenheit wie der Gegenwart zeigen sich endlich in dieser zu simplen Begrifflichkeiten von Kapitalisten und Lohnabhängigen reduzierten Gesellschaft als die Instrumente zur Unterdrückung, mit denen die Bourgeoisie ihre Herrschaft und die Kontrolle über das Proletariat aufrecht hält.

Indem er zur Vermehrung seines Reichtums den gesamten von der Arbeit geschaffenen Mehrwert für sich behält, lässt der Kapitalist dem Arbeiter gerade einmal das, was dieser braucht, um nicht Hungers zu sterben.

Gewaltsam in dieser Hölle der kapitalistischen Produktion und des Eigentums festgehalten, scheint der Arbeiter seine Ketten nicht sprengen zu können.

Aber das Proletariat ist sich seiner selbst endlich bewusst geworden: Es weiß, dass es die Ereignisse der neuen Gesellschaft in sich trägt, dass der Lohn seines Sieges über die Bourgeoisie Befreiung heißt und dass die Beseitigung dieser einen Klasse die Beseitigung aller Klassen bedeutet und dann das Ziel der Revolution erreicht sein wird.

Wir sind Kommunisten, weil wir dieses Ziel ohne Kompromisse erreichen wollen, welche, den Sieg hinausschiebend, die Zeit der Sklaverei nur verlängern.

Indem er das persönliche Eigentum zerstört, stürzt der Kommunismus nacheinander alle Institutionen, deren Angelpunkt das Eigentum ist. Vom Eigentum verjagt, wo er sich mit seiner Familie verschanzt hält, wird der Reiche seinen Egoismus und seine Privilegien nirgendwo mehr pflegen können.

Durch die Abschaffung der Klassen werden sämtliche Institutionen verschwinden, die zur Unterdrückung des Individuums sowie der Gruppe dienen und deren einziger Zweck es war, diese Klassen zu erhalten und den Arbeiter zum Diener seiner Herren zu machen.

Bildung für alle wird die intellektuelle Gleichheit garantieren, ohne die jegliche materielle Gleichheit wertlos wäre.

Keine Lohnabhängigen mehr, keine Opfer von Elend, Solidaritätsmangel oder Konkurrenz mehr, sondern die Vereinigung gleicher, alle Arbeit untereinander verteilender Arbeiter, damit die höchste Entwicklung der Gemeinschaft, der größte Wohlstand für alle erreicht werden.

Denn jeder Mitbürger findet seine größte Freiheit, die größte Entfaltung seiner Individualität in der größtmöglichen Entfaltung der Gemeinschaft.

Dieser Zustand wird der Lohn für den Kampf sein und wir wollen diesen Kampf ohne Kompromiss oder Aufschub, bis zur Zerstörung der Bourgeoisie, bis zum endgültigen Triumph.

Wir sind Kommunisten, weil der Kommunismus die radikalste Negation der Gesellschaft darstellt, die wir stürzen wollen, während er die Gesellschaft, die wir gründen wollen, am entschiedensten vertritt.

Weil er als Doktrin der sozialen Gleichheit mehr als alle anderen Doktrinen der Ablehnung von bourgeoiser Herrschaft und zugleich Doktrin der Revolution ist. Weil das Proletariat in seinem Kampf gegen die Bourgeoisie im Kommunismus den Ausdruck seiner Interessen und die Richtung seines Handelns findet.

Wir sind *Revolutionäre*, auch Kommunarden genannt, weil wir, da wir den Sieg wollen, auch die Mittel dafür begrüßen. Weil wir, indem wir die Bedingungen des Kämpfens verstehen und diese erfüllen wollen, die stärkste Organisation des Kampfes, die Koalition aller Kräfte und nicht ihre Zerstreuung suchen, sondern ihre Zentralisierung.

Wir sind Revolutionäre, weil wir, um das Ziel der Revolution zu erreichen, eine Gesellschaft, die sich nur durch Gewalt erhält,

.....

auch durch Gewalt zu stürzen bereit sind. Weil wir wissen, dass Schwäche und Legalität Revolutionen töten, während die Kraft sie rettet. Weil wir anerkennen, dass es die von der Bourgeoisie für den Erhalt ihrer Privilegien so eifersüchtig gehütete politische Kraft zu erobern gilt. Weil es notwendig ist, in einer revolutionären Periode, in der die Institutionen der aktuellen Gesellschaft hinweggerafft werden müssen, die Diktatur des Proletariats zu etablieren und zu erhalten, bis es in einer befreiten Welt nur mehr gleiche Bürger einer neuen Gesellschaft gibt.

Als Bewegung für eine neue Welt der Gerechtigkeit und Gleichheit trägt die Revolution ihr eigenes Gesetz in sich, und alles, was sich ihrem Triumph entgegenstellt, muss vernichtet werden.

Wir sind Revolutionäre, wir wollen die Commune, weil wir in der zukünftigen Commune wie in denen von 1793 und 1871 nicht etwa den egoistischen Versuch einer Stadt, sondern die im ganzen Land triumphierende Revolution erblicken: die Republik der Kommunarden. Denn die Commune ist das revolutionäre Proletariat, bewaffnet mit Diktatur für die Abschaffung von Privilegien und die Zerstörung der Bourgeoisie.

Die Commune ist die militante Form der sozialen Revolution. Sie ist die aufrechte Revolution, die Herrscherin über den Feind. Die Commune ist die revolutionäre Periode, aus der die neue Gesellschaft erwachsen wird.

Die Commune, und das sollten wir, die wir die Pflicht des Erinnerns und der Rache für die Ermordeten übernommen haben, nicht vergessen, ist auch Vergeltung.

*

Im großen Kampf zwischen Bourgeoisie und Proletariat, zwischen gegenwärtiger Gesellschaft und Revolution unterscheiden sich die beiden Lager deutlich und nur Dummheit oder Verrat können sie verwechseln.

Auf der einen Seite alle Parteien der Bourgeoisie: Legitimisten, Orleanisten, Bonapartisten, Republikaner, konservativ oder radikal, auf der anderen Seite die Partei der Commune, die Partei der Revolution, die neue Welt gegen die alte.

Einige dieser vergangenen Daseinsformen haben ihr Leben bereits ausgehaucht und die verschiedenen Varianten von Monarchie haben sich schließlich in der widerlichen Form des Bonapartismus aufgelöst.

Was jene Parteien betrifft, welche sich hinter den Bezeichnungen konservative oder radikale Republikaner verbergen und welche die Gesellschaft ohne Vermittlung durch einen König, sondern vielmehr auf direktem Weg in der fortgesetzten Ausbeutung des

Volkes durch die Bourgeoisie zu lähmen suchen, so unterscheiden sie sich, ob sie sich radikal oder konservativ nennen, weniger durch ihre Ideen als vielmehr dadurch, welche Etappen sie auf dem Weg der Bourgeoisie zu ihrem endgültigen Ruin durch den Sieg des Volkes repräsentieren.

Indem sie vorgeben, an das betrügerische allgemeine Wahlrecht zu glauben, möchten sie erreichen, dass das Volk dieses Mittel akzeptiere, mit dem die Revolution zwischenzeitlich in die Versenkung geschickt wird. Sie wollen sehen, wie die Partei der Revolution, indem sie in die legale Ordnung der bürgerlichen Gesellschaft überführt wird, sich auflöst und wie die revolutionäre Minderheit vor der verfälschten Meinung des Durchschnitts, der Mehrheit, welche allen Einflüssen von Ignoranz und Privilegien ausgesetzt ist, abzudanken gezwungen ist.

Die Radikalen werden die letzten Verteidiger der sterbenden Welt der Bourgeoisie sein.

Um sie herum werden sich sämtliche Vertreter der Vergangenheit versammeln, um einen letzten Kampf mit der Revolution zu führen. Das Ende der Radikalen wird das Ende der Bourgeoisie sein.

Da wir den Massakern gegen die Commune noch kaum entkommen sind, lasst uns denen, die das gern vergessen möchten, in Erinnerung rufen, dass das Massaker von Paris von den Linken in Versailles ebenso befohlen wurde wie von den Rechten und dass die Armee der Schlächter von der einen wie von der anderen Seite mit Lob überschüttet wurde. Vor dem Hass des Volkes müssen linke wie rechte Versailler gleichgestellt sein, denn wenn es gegen das Volk geht, sind sich beide, Radikale wie Jesuiten, einig.

Hier darf es keinen Irrtum geben und jeder Kompromiss, jedes Bündnis mit den Radikalen muss als Verrat gelten.

Näher bei uns, zwischen beiden Lagern herumirrend oder sogar in unseren eigenen Reihen verirrt, finden wir die Männer, deren Freundschaft sich verhängnisvoller auswirkt als ihre Feindschaft, weil sie den Sieg des Volkes, würde dieses auf diese Männer hören und sich von deren Illusionen beeindrucken lassen, bis in alle Ewigkeit hinauszögern würden.

Sie begrenzen die Mittel des Kampfes mehr oder weniger auf den ökonomischen Kampf und predigen in unterschiedlichen Abstufungen Abstinenz vom bewaffneten, vom politischen Kampf.

Während sie in ihrer Theorie über die Auflösung der bewaffneten Kräfte nachdenken, scheinen sie gegenüber der bewaffneten Bourgeoisie die Niederlage organisieren und das unbewaffnete

Volk den Schlägen seiner Feinde ausliefern zu wollen, während es nottut, die Kräfte für den größten Kampf zu bündeln.

Sie verstehen nicht, dass die Revolution der von der Menschheit bewusst gewählte Weg ist, weil ihre historische Entwicklung und ihre Natur ihr diesen Weg vorschreiben. Sie setzen Bilder ihrer Fantasie an die Stelle von realen Begebenheiten und möchten die schnelle Bewegung einer Revolution durch die Langsamkeit einer Evolution ersetzen, zu deren Propheten sie sich selbst ernennen.

Als Liebhaber von halben Maßnahmen, als kompromissbereite Unruhestifter richten sie die Siege des Volkes, die sie nicht zu verhindern wussten, zugrunde. Sie verteidigen unter dem Vorwand der Gleichheit die Institutionen und Interessen der Gesellschaft, gegen die sich das Volk erhoben hat.

Sie verunglimpfen Revolutionen, die sie nicht mehr verlieren können.

Sie nennen sich Kommunalisten.

Statt anzuerkennen, dass die revolutionäre Kraft der Pariser Bevölkerung die Erreichung einer gesamtfranzösischen »République Communeuse« zum Ziel hatte, sehen sie in der Revolution des 18. März eine Volkserhebung für die Gebührenbefreiung für Gemeinden.

Sie verleugnen den Sinn dieser Revolution, die sie nicht verstanden haben, zweifellos, um die Nerven einer Bourgeoisie zu schonen, deren Leben und Interessen sie so gut zu schonen verstehen. Vergessend, dass eine Gesellschaft nur dann zugrunde geht, wenn ihre Denkmäler, ihre Symbole ebenso getroffen werden wie ihre Institutionen und Verteidiger, möchten sie die Commune von ihrer Verantwortung freisprechen, Geiseln exekutiert und den großen Brand gelegt zu haben. Sie wissen nicht oder tun so, als ob sie es nicht wüssten, dass die Geiseln, Priester, Gendarmen und Bourgeois durch den Willen des Volkes und der vereinten Commune getroffen wurden, wie auch die Brände durch ebendiesen Willen gelegt wurden.

Wir aber wollen unseren Teil der Verantwortung für diese Handlungen der Selbstjustiz gegen die Feinde des Volkes tragen, von Clément-Thomas und Lecomte bis zu den Dominikanern von Arcueil, von Bonjean bis zu den Gendarmen der Rue Haxo, von Darboy bis Chaudey.

Wir wollen unseren Teil der Verantwortung für die Brände tragen, die Denkmäler monarchischer oder bourgeoiser Unterdrückung zerstörten oder die Kämpfer schützten.

Wie können wir Mitleid für diejenigen heucheln, die das Volk jahrhundertelang unterdrückten, für die Komplizen dieser Männer, die seit drei Jahren mit Erschießungen und Deportationen ihre Triumphe feiern, mit der Vernichtung derer, die dem unmittelbaren Massaker noch entkommen konnten?

Noch erinnern wir uns an diese nicht enden wollenden Morde an Männern, Frauen und Kindern, noch sehen wir das Schlachten vor uns, das Ströme von Blut in den Straßen, den Kasernen, auf den Plätzen, in Spitälern und Häusern fließen ließ. Wir haben noch nicht vergessen, dass Verletzte gemeinsam mit den Toten begraben wurden, wir sehen Versailles, Satory, die Kais, die Arbeitslager und Neukaledonien. Wir sehen Paris, Frankreich gebeugt unter dem Terror, der nachhaltigen Unterdrückung, dem endlosen Morden.

Kommunarden Frankreichs, Verbannte, lasst uns unsere Kräfte gegen den gemeinsamen Feind vereinen. Möge jeder seine Pflicht im Rahmen seiner Möglichkeiten tun!

Für die Gruppe der »Revolutionären Commune«:
ASERLEN, BERTON, BREUILLÉ, CARNÉ, JEAN CLÉMENT,
F. COURNET, C. H. DACOSTA, DELLES, A. DEROUILLA,
E. EUDES, H. GAUSSERON, E. GOIS, A. GOUILLÉ,
E. GRANGER, A. HUGUENOT,
E. JOUANIN, LEDRUX, LÉONCE, LULLIER,
P. MALLET, MARGUERITTES, CONSTANT MARTIN,
A. MOREAU, H. MORTIER, A. ALDRINI, PICHON,
A. POIRIER, RYSTO, B. SACHS, SOLIGNAC,
ED. VAILLANT, VARLET, VIARD
London, im Juni 1874

NACHWORT

Auszüge aus dem Memorandum eines Verlegers

Von Paul-Victor Stock

Louise Michel wurde mir, glaube ich, von Charles Malato im Laufe des Jahres 1897 vorgestellt, und zwar bezüglich der Veröffentlichung einer *Geschichte der Commune*, an der sie arbeitete und über die Malato mich informiert hatte.

Wir einigten uns schnell und Louise Michel machte sich gewissenhaft an die Arbeit, um ihr Manuskript zu verbessern und zu vervollständigen. Sie schrieb mir Folgendes aus Paris, wo sie sich im Oktober 1897 befand:

> Lieber Monsieur Stock,
> ich wollte Ihnen das gesamte Werk bringen, doch der Tod meines Onkels hat das verunmöglicht (es fehlen rund fünfzig Seiten, die Deportation, vielleicht das Beste von allem). Ich habe noch nicht Korrektur gelesen, aber Rochefort sagt, es sei gut, er möchte das Werk fertig lesen und bittet Sie, ihn nächsten Samstag zwischen 1 und 2 Uhr aufzusuchen. Einigen Sie sich, dann werde ich das Buch sofort fertigstellen.
> Bitte antworten Sie mir schnell, damit ich ihm ausrichten kann, ob er am Samstag zwischen eins und zwei mit Ihnen rechnen kann.
> Mit herzlichen Grüßen
>
> L. M.
>
> Entschuldigen Sie meine Eile: Da mein Onkel früher gestorben ist, als ich dachte, sorge ich mich sehr um das Schicksal meiner armen alten Tante und muss schnell machen.
>
> L. M.
>
> (Die Adresse von Rochefort: 25, Villa Dupont, 48, Rue Pergolèse)

.....

Am 5. Januar schreibt Louise Michel aus London, dass die Arbeit fertig sei:

> Lieber Monsieur Stock,
> ich bringe Ihnen vor dem 10. diesen Monats meine *Geschichte der Commune* in einem einzelnen Band von vierhundertachtzig Seiten, wie wir es vereinbart haben.
> Bis dahin viele liebe Grüße
> LOUISE MICHEL

In der Zwischenzeit war unsere Beziehung enger geworden und nach und nach wurden diese »Pétroleuse« und ich zu Freunden. Ich hatte der unerhörten Güte dieser Frau nicht widerstehen können und all die nachteiligen Geschichten über sie, die in mein Gehirn eingebrannt worden waren, hatten sich beim Umgang mit ihr schnell aufgelöst. Ihr Altruismus war unglaublich und ihre Großzügigkeit gegenüber allen Notleidenden, auch Tieren, suchte ihresgleichen. Sie besaß nichts, auf ihrem Weg verteilte sie alles, was sie bei sich hatte. Sie gab dem, dessen Not ihr größer vorkam als die eigene, die letzten Francs, ihren Schirm, ihren Mantel und hätte ihre Gefährtin sie nicht gegen sich selbst geschützt, hätte sie am Ende des Tages, wenn sie in ihre einfache Bleibe zurückkehrte, alles verschenkt gehabt, mit dem sie morgens beim Weggehen noch bedeckt gewesen war!

Sie war mit einem neuen Kleid ausgegangen und kam im Unterrock zurück, weil sie es mangels anderer Dinge, die sie noch hätte verteilen können, einer Ärmeren gegeben hatte …

Ihre Liebe zu Tieren ist sprichwörtlich und die nächsten Zeilen aus ihren Memoiren werden genügen, einen Eindruck davon zu vermitteln:

> Man sagt, dass ich an der Barrikade von Perronnet, in Neuilly, einer Katze in Gefahr mit allzu großem Eifer zu Hilfe eilte. Das unglückliche Tier schrie in einer von Schrapnellen heimgesuchten Ecke und rief wie ein Mensch. Meine Güte, ja, da holte ich die Katze, aber es dauerte nur eine Minute. Etwas später brachte ich sie in Sicherheit, nur einen Schritt entfernt. Und tatsächlich hat man sie aufgenommen.

War ihre Mama angeblich sehr hübsch gewesen, so war Louise Michel umso hässlicher. Sie berichtet, dass man in ihrer Kindheit zu ihrer Mutter sagte: »Unmöglich, dass dieses unansehnliche Kind Ihr eigenes ist!«

Die Louise Michel, die ich kannte, hatte ein männliches Gesicht, wie mit Sichelhieben herausgehauen, ehrliche Augen, aus denen sehr viel Güte sprach, und eine außerordentlich sanfte Stimme. Die Stirn sehr hoch, die ergrauenden Haare fielen in schmucklosen Locken herab. Schwarz von Kopf bis Fuß, mit einem unförmigen Hut, auf die Schnelle angekleidet, den Rock irgendwie herum geknöpft, sei es mit der Hinterseite vorn oder seitlich, erschien sie einem trotz dieses disparaten Eindrucks auf Anhieb sympathisch und man hatte sofort den Eindruck, dass diese Frau, »die gute Louise«, jemand Besonderer war.

Als ihr Buch erschien, schrieb sie auf das mir zugedachte Exemplar:

> In guter Erinnerung und mit freundschaftlichen Grüßen an den Anarchisten-Verleger, Monsieur Stock
>
> L.MICHEL, ehemalige Übeltäterin aus der Zeit der Commune und auch heute noch
> L.MICHEL, Paris, am 23. Juni 1898

Da die *Commune* bereits verkauft wurde, bot mir Louise Michel einen Roman an, *Das rote Jahrhundert*, an dem sie gerade arbeitete. Dazu sagte sie: »Es erzählt vom Albtraum der alten Welt, in dem bereits etwas vom Traum durchscheint, den der Übermensch träumt. Manchmal hört er das von unseren absurden Vorurteilen hervorgerufene Lachen, aber er hört auch aus weit entfernter Zukunft die Stunde läuten, in der die Wissenschaft, die Künste und all die Entdeckungen neue Sinne entstehen lassen und unbekannte Horizonte sichtbar werden.«

Zu diesem *Roten Jahrhundert* schrieb sie mir von Kropotkin in Bromley, wo sie sich gerade aufhielt, am 16. September 1899:

> Lieber Monsieur Stock,
> nachdem ich Ihnen für Ihre Bereitschaft danken möchte, die 100 Francs meiner Tante trotz der schlechten Verkaufszahlen meiner *Geschichte der Commune* an unseren Freund Malato weiterzugeben, darf ich Sie noch darum bitten, mir vor meiner (baldigen) Rückkehr meinen Roman *Das rote Jahrhundert* zu schicken, so dass er nicht verloren geht. Er ist nur zur Hälfte Korrektur gelesen und ich möchte ihn fertig korrigieren, bevor ich ihn Ihnen zurückbringe. Ich habe das Manuskript bei meiner letzten Reise bei Ihnen liegen lassen.
> Kropotkin, bei dem ich einige Tage verbringe und dem ich davon erzählt habe, findet die Geschichte gut. Außerdem ist sie

aktuell, denn den Charakter Luc Beauséjour und einige andere gibt es wirklich.
Ich erwarte also, das Manuskript mit Ihrer freundlichen Unterstützung bald in Händen zu halten, um nicht alles auf den Druckfahnen korrigieren zu müssen. Die letzten Seiten sind in derartiger Eile geschrieben worden, weil ich es mitbringen wollte, dass ich vielleicht die Hälfte der Sätze nicht ausgeschrieben habe.
Bitte entschuldigen Sie, dass ich Ihnen die Mühe mache, das Manuskript suchen und schicken zu müssen, aber ich will es korrigieren.
Mit freundschaftlichen Grüßen
L. MICHEL

Im Jahr 1900 sehen wir uns oft, da sie in Paris ist. Sie erzählt mir von ihrem Roman sowie von einer Wiederauflage, die sie sich für ihren kleinen Band *Kanakische Sagen und Heldenlieder* wünscht.

Mit folgendem Schreiben setzt sie mich über ihre Lage in Kenntnis:

Hôtel de Cronstadt, 2, Rue Jacob
Paris, den 6. November 1900
Lieber Monsieur Stock!
1. Hiermit werde ich für die *Geschichte der Commune* etwas Werbung machen können: Allerorts möchte man meine Biografie lesen, und die ist auf verschiedenen Seiten aufgeteilt in diesem Buch am besten dargestellt.
2. Ich konnte meinen Roman noch nicht Korrektur lesen, aber vielleicht könnten Sie in der Zwischenzeit den kleinen Band *Kanakische Sagen und Heldenlieder* wiederauflegen, den ich Ihnen hier mitschicke. Der Verleger ist verstorben und ich glaube, es wird ein Erfolg, denn man verlangte bei den Vorträgen in La Bodinière danach.
3. Lieber Monsieur Stock, es gibt noch eine dritte Sache, die lustig, aber auch unangenehm ist. In La Bodinière liefen die Vorträge gut, aber die Kosten übersteigen die Einnahmen mit der Reise, die man mir vorschlägt, worüber ich Ihnen noch berichten werde (das Schreckliche ist aber, dass ich diese Reise brauche, um nach London zurückkehren zu können), könnten Sie mir für diesen kleinen Band irgendetwas geben?
Ich hole mir die Antwort in drei bis vier Tagen.
Mit freundschaftlichen Grüßen
LOUISE MICHEL

In der Zwischenzeit hatte ich sie gebeten, mir ihre Biografie zu schicken, die oft nachgefragt wurde und aus der ich eine kleine Broschüre machen wollte. Sie schrieb mir nur Folgendes, das meinem Wunsch in keiner Weise entsprach, weil es nicht genügte:

> Es sind über mich derart viele Biografien entstanden, ich habe zur Unterstützung so oft auf meine *Memoiren* verwiesen und allzu oft haben die Leute, ohne sie heranzuziehen, mir ein frei erfundenes Leben und einen ebensolchen Charakter angedichtet, so dass ich mich lange nicht darum gekümmert habe, bis Sie mich um Aufzeichnungen baten. Hier sind sie:
> Hier ist das Porträt, das die *Gazette des Tribunaux* 1871 von mir gemacht hat und das vom Journal *Le Voleur* veröffentlicht wurde. Es ist genauer als die danach verfassten Porträts, die meine Großmut bis zur Entstellung übertrieben haben.
> Seit dem schrecklichen Jahr haben sich die Ereignisse in meinem Leben gehäuft. Bis dahin hatte ich nur Vroncourt (Haute-Marne) gesehen, wo ich 1836 geboren wurde, sowie Chaumont, wo ich mich bei den Desmoiselles Royer, die damals die Hauptfächer unterrichteten, auf die Prüfungen vorbereitete.
> Ganz jung hatte ich versucht, in der Haute-Marne Volksschullehrerin zu werden; da ich aber dem Kaiserreich keinen Eid ablegen wollte, ging ich nach Paris, das mich ohnehin wie ein Magnet anzog.
> Ich träumte von allem und war gierig nach allem: Poesie, Musik, Zeichnen. Zum Glück warf ich jedoch all dies zu Gunsten meiner Liebe für die Revolution weg, der ich mich ganz und gar auslieferte. Das wahre Ideal der Zukunft, das sich immer noch mehr enthüllte, nahm mich ganz für sich ein.
> Im Jahr 1871 brachte ich meine ganze Zeit in Paris als Volksschullehrerin zu, zunächst als Begleitlehrerin bei Madame Vallier, 1, Rue du Château-d'Eau, dann, immer noch als Lehrerin, in Montmartre, 24, Rue Oudot.
> Die Gefängnisse von Neukaledonien, weitere Gefängnisse. Seit meiner Rückkehr ist London meine Residenz und über alledem meine Vorträge, das ist mein Leben. Es wird sich so bis zu meinem Tod fortsetzen.
>
> Hôtel de Cronstadt, 2, Rue Jacob. Paris, den 11 Juli 1902
> Lieber Herr Stock,
> hätte ich Exemplare der *Commune* dabei gehabt, dann hätte man mir welche in den Provinzbibliotheken, die ich während meiner Tournee gesehen habe, abgenommen.

.....

Könnten Sie mir über Madame de Mahis vier Bände für meine Freunde in der Provinz schicken, die ein wenig Werbung für das Buch machen wollen?
Es hat mir sehr leid getan, dass ich nur so wenig Zeit für die wenigen Augenblicke mit Ihnen aufbringen konnte.
In Freundschaft.

L. MICHEL

Hôtel de Cronstadt, 2, Rue Jacob. 12. Mai 1904
Lieber Herr Stock,
ich komme nicht selbst zu Ihnen, da ich noch nicht ausgehen kann (ich brauche unbedingt noch ein paar Tage Ruhe vor der langen Reise nach Toulon, zu der ich erstmals wieder ausgehen werde), ich muss Sie aber unbedingt wegen der *Geschichte der Commune* sehen: Ich erhalte zahlreiche Briefe, in denen ich gefragt werde, *wo sich meine Bücher befinden,* ich werde die Situation nutzen, um Auskunft darüber geben zu können.
Es ist eine fantastische, und doch ganz wirkliche Sache, von der ich ohne diese Erkrankung nie etwas gewusst hätte.
In der Zwischenzeit bitte ich Sie, lieber Herr Stock, nur für zwei Bände Ihre Entscheidung rückgängig zu machen, die ich wohl verstehe. Einer dieser Bände ist für Dr. Berthelot, der mich dem Tod entrissen hat, der andere für die Freunde aus Toulon, denen ich unmöglich keinen geben kann. Sie würden mir unendlich helfen.
In Freundschaft und mit vielem Dank im Voraus.

L. MICHEL

Ich vertraue darauf, dass Sie die beiden Bände meiner Verwandten Madame de Mahis, die Ihnen dieses Schreiben bringen wird, übergeben können.

Es ist dieser letzte Name, »Madame de Mahis, meine Verwandte«, der von höchstem Interesse ist, und zwar deshalb:

Clémence-Louise Michel wurde im Herrenhaus von Vroncourt (Haute-Marne) am 20. April 1833 geboren.

Einige geben den 20. Mai 1830 an, sie selbst den 1. Mai 1836.

Sie war ein uneheliches Kind, wie sie es in ihren *Memoiren* schreibt.

Ihre Mutter, Marianne Michel, war das Zimmermädchen der Gutsherrin, Madame de Mahis. Allerdings ein Zimmermädchen in einer ganz besonderen Situation, wie man sie früher antreffen konnte. Die Familie Michel war seit zwei Generationen im Dienst der Gutsherren und Marianne Michel, die wie ihre fünf Geschwis-

.....

ter auf dem Herrensitz geboren worden war, war dort gemeinsam mit dem Sohn und der Tochter der Gutsherren aufgezogen worden, so dass der Abstand zwischen Herrschaft und Dienstboten praktisch nicht existierte.

Marianne Michel war liebenswürdig und sehr hübsch. Sie ließ sich verführen und wurde schwanger.

In ihren *Memoiren* schreibt Louise Michel:

> Ich bin, was man einen Bastard nennt, aber die mir das schlechte Geschenk des Lebens gegeben haben, waren frei, sie liebten einander und keine der elenden Geschichten, die über meine Geburt erzählt werden, ist wahr oder könnte meiner Mutter etwas anhaben. Ich bin nie einer ehrlicheren Frau begegnet.

Louise Michel betete ihre Mutter, die am 3. Januar 1885 starb, an.

Die »rote Jungfrau« war zu dieser Zeit in Saint-Lazare, um dort eine Verurteilung zu sechs Jahren Gefängnis zu verbüßen.

Ihre Mutter lag sterbend in einer Frühstückspension auf dem Boulevard Ornano. Man versagte Louise Michel, sie ein letztes Mal zu umarmen. Aber angesichts der Entrüstung der Presse erlaubte man ihr, am Leichenzug teilzunehmen, und sie begleitete zwischen zwei Sicherheitsbeamten die Frau, die sie »Mama« genannt und die sie so sehr geliebt hatte, zum Friedhof von Levallois.

In ihren *Memoiren*, in denen sie ihre Kindheit köstlich beschreibt und alles, was sie umgibt, mit Charme zu erzählen weiß, nennt sie keinen einzigen Namen. Wenn sie von den ihrigen spricht, sind es ihre Mutter, ihre Großmütter, ihr Großvater, ihre Onkel, ihre Tanten. Nie spricht sie von ihrem Vater, der »offiziell« der Sohn des Hauses war, Laurent de Mahis. Als Mariannes Schwangerschaft sichtbar wurde, entfernte Madame de Mahis ihren Sohn erbost aus dem Herrenhaus von Vroncourt. Sie ließ ihn auf einem ihrer Bauernhöfe wohnen, wo seine Schwester, Mademoiselle de Mahis, bald zu ihm stieß, damit er nicht völlig isoliert leben musste. Er kehrte erst viel später zum Schloss zurück, um bestimmten seine Hochzeit betreffenden Formalitäten nachzukommen.

Louise Michel, die von Monsieur und Madame de Mahis quasi adoptiert wurde, lebte als drittes Kind im Haus. Sie wurde von ihrem »Großvater« und ihrer »Großmutter« väterlicherseits erzogen und ausgebildet und ihr Geschmack für Dichtung und Musik kam von ihnen.

Monsieur und Madame de Mahis waren Musiker, er war auch Dichter. Hier ist das Ende eines seiner Gedichte:

Hier ist alles alt und gotisch;
Gemeinsam wird alles verschwinden:
Die Alten, die antike Ruine;
Und das Kind, das weit fortzieh'n wird.
Grandpère DEMAHIS

Louise Michel, die viel las, war als ganz junges Mädchen von den *Paroles d'un croyant* sehr beeindruckt gewesen. Noch immer jung, war sie eine glühende Anhängerin von Victor Hugo, den sie 1851 in Paris traf und mit dem sie immer weiter korrespondierte.

Die inoffizielle Version der Vaterschaft klingt ganz anders als die offizielle. Louise Michels Vater wäre nicht etwa Marianne Michels Kindheitsgefährte Laurent de Mahis, sondern dessen Vater, Monsieur Corsambleu de Mahis, der, den Louise Michel ihren »Großvater« nennt. Um seiner Frau, der guten und wunderbaren Madame de Mahis, Kummer zu ersparen, hatte Monsieur Corsambleu de Mahis die Schuld von seinem Sohn übernehmen lassen, der sie in Selbstverleugnung getragen habe.

Diese inoffizielle Version scheint, wenn man die Fakten näher studiert, plausibel und es ist diese, die man im ganzen Land akzeptierte. Eine interessante und umfangreiche Studie von Alcide Marot, die 1929 im *Mercure de France* (Nummer des 1. Januar) über Louise Michels Jugend veröffentlicht wurde, scheint schlüssig.

In dieser sehr gewissenhaften Studie erfahren wir auch, dass Maurice Barrès von Louise Michels Persönlichkeit sehr beeindruckt war. Ihr Charakter regte ihn an, aus ihr die Hauptfigur eines seiner Bücher zu machen. Für seine Recherchen sei er sogar nach Vroncourt gereist, um dort Erinnerungen auszugraben und sich Eindrücke von den Orten und Landschaften zu verschaffen, wo Louise Michel gelebt hatte.

Sein Tod machte das Projekt zunichte.

Corsambleu de Mahis starb 1848, einige Jahre später folgte ihm seine Frau nach, und als die beiden »Großeltern« verschwunden waren, wurde das Haus verkauft.

Als der Tod über das Haus gekommen war und mein Heim leerfegte, als die, die mich aufgezogen hatten, unter den Fichten des Friedhofs lagen, begannen für mich die Vorbereitungen für die Prüfungen zur Volksschullehrerin.

Ich wollte meine Mutter glücklich machen. Arme Frau!

Es wurden der männliche und der weibliche Vormund (ihre Mutter) sowie deren Stellvertreter ernannt.

.....

> Es waren kaum genug, so erzählt man, um mich daran zu hindern, die acht- oder zehntausend Francs (in Form von Land), die ich geerbt hatte, auf der Stelle auszugeben. Jetzt ist das alles bereits weit weg.

»Ich erbte« ist sicherlich der falsche Begriff. Als was hätte sie denn erben sollen? Es war zweifellos ein Vermächtnis von Madame de Mahis.

> Ich sehe eine einzelne Parzelle des Grundstücks vor meinem inneren Auge. Es war ein Wäldchen, das meine Mutter selbst gepflanzt hatte, neben den Weinbergen hinauf, und das sie während ihres langen Aufenthaltes in der Haute-Marne bei ihrer Mutter weiterhin pflegte, während ich Hilfslehrerin in Paris war, das heißt: um 1865 oder 1866 herum.
>
> Meine Mutter musste das Grundstück während meines Aufenthalts in Neukaledonien verkaufen, um die Schulden zu bezahlen, die ich während der Belagerung gemacht hatte und die man von ihr zurückforderte.

Nach dem Tod von Monsieur und Madame Mahis wurde ihr verboten, weiterhin mit Louise Michel de Mahis zu unterschreiben, wie sie es gewohnt war, seit sie schreiben konnte.

Das »Fräulein vom Schloss« wurde, als sie ihr Diplom in der Tasche hatte, freie Volksschullehrerin in einem Nachbardorf, in Audeloncourt; danach kam sie nach Paris, das sie stark anzog, und dann wurde ihr Leben das bekannte.

Wer war nun diese Madame de Mahis, »ihre Verwandte«, die sie in den letzten beiden hier abgedruckten Briefen erwähnt und die 1902 und 1904 und an der Schwelle ihres Todes (am 10. Januar 1905) an ihrer Seite auftaucht?

War es die Schwester von Laurent de Mahis oder eines seiner beiden Kinder?

Doktor Bertholet ist jedenfalls der Arzt der Pflegestationen von Toulon, der Louise Michel im April und Mai 1904 mit großer Hingabe pflegte, als sie nach einer für eine Frau von einundsiebzig Jahren zu langen und ermüdenden Vortragsreise gesundheitlich schwer angeschlagen war.

Ach! Diese Vortragsreisen, die einige ihr aufzwangen, obwohl ihre Gesundheit labil war! Wie haben diese Leute ihre Vertrauensseligkeit, ihren Mut und ihren guten Willen ausgenutzt!

Es war während einer Reise durch die Basses-Alpes, dass sie zum zweiten Mal an Lungenentzündung erkrankte. Man holte sie von Sisteron nach Marseille, wo sie nach etwa zehn Tagen am 9. Januar 1905 starb.

Die Ärzte Bertholet und Dufour pflegten sie. Die gute Louise erlosch sanft, ohne zu leiden, in einem Zustand der Erschöpfung, den sie ein Jahr zuvor in Toulon besiegt hatte, als ihre Freunde geglaubt hatten sie zu verlieren. Sie starb in den Armen einer treuen und hingebungsvollen Freundin, Charlotte Vauvelle.

In Marseille fanden die ersten Trauerfeiern statt.

Trauerfeiern? ... Kann man das so nennen? Louise Michel wurde mit großer Schlichtheit begraben. Ein mit einem roten Tuch bedeckter Leichenwagen führte sie zu ihrer letzten Ruhestatt. Es war ein armseliger Wagen, ein Einspänner. Aber dahinter, was für eine Menschenmenge ... Und was für eine Menge stand am Rand, um die Prozession vorbeiziehen zu sehen!

Dann wurde der Leichnam nach Paris überführt, um auf dem Friedhof von Levallois, im Grab, wo bereits die Mutter lag, beigesetzt zu werden.

Das Begräbnis von Louise Michel in Paris war etwas nie Dagewesenes und wäre die Polizei nicht, wie es damals üblich war, auf so abstoßende Weise gewalttätig geworden, hätte man es grandios nennen können.

Es hatte bei den Beisetzungen von Émile de Girardin und von Gambetta beachtliche Menschenmengen gegeben. Sie waren nichts verglichen mit jener, die dem Leichenzug (letzter Klasse) von Louise Michel folgte, oder mit jener, die die Straßen auf der gesamten Strecke von der Gare de Lyon bis Levallois säumte.

Die Stimmung dieser Menschenmassen war eine ganz andere. Bei den Trauerfeierlichkeiten für Girardin und Gambetta stellte die Anwesenheit der Trauergäste vor allem eine politische Kundgebung dar. Bei Louise Michels Beisetzung war man gekommen, um den Altruismus, die Herzensgüte und Barmherzigkeit der Toten mit Anteilnahme und Anerkennung zu würdigen.

GLOSSAR

Wir haben die Informationen für die folgenden Glossar-Einträge aus verschiedenen Quellen bezogen. Viele Informationen ließen sich in der französischen Wikipedia finden. Besonders hinweisen wollen wir auf die verdienstvolle Homepage https://maitron.fr/, auf der wir sehr viele Informationen über einzelne KommunardInnen gefunden haben. Weiterhin finden sich nützliche Hinweise auf: http://www.mvmm.org/c/docs/loges/, https://paris-blog.org/, https://www.unjourdeplusaparis.com/.

Einzelne spezielle Quellen sind unter den Einträgen eingefügt.

18. Brumaire: siehe **Brumaire**.

Edmond **Adam**: Hochrangiger Vertreter der Republik, von 11. Oktober 1870 bis 1. November 1870 Polizeipräfekt von Paris. Nach den Unruhen des 31. Oktober trat er von seinem Amt zurück.

Agar oder auch Florence **Charvin** war eine Schauspielerin und Sympathisantin der Commune.

Amerikanisches Duell: eine Form des Suizids, der infolge einer Übereinkunft stattfindet, durch das Los bestimmt wird und daher dem bekannteren russischen Roulette ähnelt. Die genaue Durchführung kann variieren. In einer Form müssen die Beteiligten von zwei Kugeln (schwarz und weiß) eine verdeckt auswählen. Derjenige, der die schwarze Kugel zieht, muss sich innerhalb eines bestimmten Zeitraums töten. Die Bezeichnung Duell ist insofern unzutreffend, als es sich nicht um einen Kampf mit gleichen Waffen handelt. Vielmehr kann das amerikanische Duell mit einem mittelalterlichen Gottesurteil verglichen werden.

Charles **Amouroux**: Freimaurer, Gewerkschafter und Kommunarde. Wurde nach Neukaledonien deportiert.

Salomon August **Andrée**: Andrées Expedition mit einem Gasballon zum Nordpol startete am 11. Juli 1897 und endete im Oktober desselben Jahres mit dem Tod der drei Teilnehmer: Salomon August Andrée, Ingenieur Knut Frænkel und Fotograf Nils Strindberg. Das Schicksal der Männer blieb 33 Jahre lang ein Rätsel, bis 1930 ihr letztes Lager entdeckt wurde.

Louis **Andrieux** war Polizeipräfekt von Paris und schrieb in seinen Memoiren, man könne Ideen nicht dadurch unterdrücken, dass man verhindere, dass sie ausgedrückt würden (nach: Klaus Weinhauer: *Gewalt ohne Ausweg? Terrorismus als Kommunikationsprozess in Europa seit dem 19. Jahrhundert*).

Die Brüder **Appert** waren Fotografen, die die Commune dokumentierten.

Arnaud de l'**Ariège**: eher gemäßigter Republikaner, Bürgermeister des VII. Bezirks in Paris. Er schloss sich am 18. März 1871 jenen an, die vor der Nationalversammlung forderten, sie möge sich Paris anschließen.

Armbindenträger: »Brassardiers«, also Träger von Armbinden oder Manschetten, nannte man während der »blutigen Woche« sich derart kennzeichnende Anhänger von Versailles.

Jacob van **Artevelde** (* um 1290–1345): von 1340 bis 1345 faktisch Regent von Flandern. Sein Sohn Philipp van Artevelde war Anführer des Genter Aufstandes im Jahr 1382.

Austerlitz: In der Schlacht von Austerlitz am Pratzeberg zwischen Brünn (Brno) und Austerlitz (Slavkov u Brna) in Mähren besiegte Kaiser Napoleon I. von Frankreich eine Allianz aus österreichischen Truppen unter Kaiser Franz I. und russischen Truppen unter Zar Alexander I.

Badingue, Badinguet, Badinguette: Spitznamen für Napoleon III. und seine Frau. »Der junge Napoleon verliert sich in politischen Abenteuern, versucht Putsche, wird zu lebenslanger Haft verurteilt, flieht schließlich 1846 in den Kleidern eines Anstreichers aus der Festung Ham nach England. Besagter Handwerker heißt Badinguet; seither nennen Napoleons Gegner ihn ›Badinguet‹ und später seine Frau ›La Badinguette‹« (aus: Germanistische Studien № 8, https://www.google.com/url?sa=t&rct=j&q=&esrc=s&source=web&cd=1&ved=2ahUKEwiKpqyr27zjAhWaQxUIHUmpB1wQFjAAegQIARAC&url=http%3A%2F%2Fdspace.nplg.gov.ge%2Fbitstream%2F1234%2F168044%2F1%2FGermanistische_Studien_2008_N8.pdf&usg=AOvVaw2E8PGGqC6m8aVtlgz5NflE).

Barois: Kommunardin, die sich für die Abschaffung der Prostitution einsetzte.

Bartholomäusnacht (auch Pariser Bluthochzeit genannt, französisch *Massacre de la Saint-Barthélemy*): Pogrom an französischen Protestanten, den Hugenotten, das in der Nacht vom 23. zum 24. August 1572, dem Bartholomäustag, stattfand. Admiral Gaspard de Coligny und weitere Führer der Hugenotten wurden dabei ermordet. Sie waren anlässlich der (vermeintlich der Versöhnung dienenden) Hochzeit des Protestanten Heinrich von Navarra (des späteren Königs Heinrich IV.) mit Margarete von Valois in Paris versammelt. In derselben Nacht wurden weitere tausende Protestanten in Paris und in den Folgetagen frankreichweit ermordet. Das Pogrom ist ein zentrales Ereignis der Hugenottenkriege und mit vier Ereignissen verknüpft: einem ersten fehlgeschlagenen Attentat auf Admiral de Coligny am 22. August 1572, der zwei Tage später erfolgten Ermordung der Hugenottenführer einschließlich de Colignys, dem danach einsetzenden Pogrom in den Straßen von Paris sowie einer Welle von Gewalt, die sich kurz darauf über fast ganz Frankreich ausbreitete.

Henri François Adolphe **Bauër** (* 17. März 1851 in Paris; † 21. Oktober 1915 ebenda), der im literarischen Leben ausschließlich die Namensform Henry Bauër benutzte, war ein französischer Journalist. Als 20-Jähriger kämpfte er für die Pariser Commune, unter anderem als Offizier der Truppen der Commune in der »blutigen Woche«, und wurde nach der Niederschlagung des Aufstands für insgesamt sieben Jahre nach Neukaledonien verbannt. Nach seiner Rückkehr erreichte er eine einflussreiche Position als Theaterkritiker und Journalist in der Pariser Zeitung *L'Écho de Paris*. Er setzte sich dort massiv für die neuere Literatur ein, insbesondere für den Naturalismus. Unter anderem unterstützte er Émile Zola sowohl in seinen literarischen Ambitionen als auch in der Dreyfus-Affäre und gehörte zu den wenigen Befürwortern von Alfred Jarrys Drama *König Ubu*.

Bauffremont: Als Regimentskommandeur befehligte Bauffremont gemeinsam mit General Galliffet den berühmten Angriff von Sedan.

François-Achille **Bazaine**: Marschall von Frankreich, dessen Zögern im späteren Verlauf des Deutsch-Französischen Krieges die Kapitulation einleitete.

Belagerungsbrot, »pain du siège«: schwarzes Brot aus unbekannter Zusammensetzung, das man während der Belagerung von Paris durch die Deutschen buk und verkaufte.

Charles Victor **Beslay**: Ingenieur und in den 1820er Jahren aktives Mitglied der Carbonari. 1831 und 1834 wurde er in das Parlament der Julimonarchie gewählt. In Paris gründete er eine Dampfmaschinenfabrik und übernahm die Ideen seines Freundes Proudhon. Am 26. März 1871 in den Rat der Commune gewählt, war er dessen Alterspräsident und arbeitete dort in der Finanzkommission mit. Am 29. März wurde er Delegierter der Commune bei der Bank von Frankreich. Ende Mai 1871 ließ ihn die Thiers-Regierung bewusst ins Exil entkommen, im Dezember 1872 wurde das Kriegsgerichtsverfahren gegen ihn niedergeschlagen. Im Nachhinein bescheinigte die Bank seiner Amtsführung zwar mangelnde äußere Ordnung, aber inhaltliche Korrektheit.

Louis-Auguste **Blanqui** (* 7. Februar 1805 in Puget-Théniers, Département Alpes-Maritimes; † 1. Januar 1881 in Paris) war ein französischer Revolutionär und Theoretiker.

Sein intellektueller und politischer Werdegang wurde durch die Theorien von François Noël Babeuf, Charles Fourier und Claude-Henri Comte de Saint-Simon beeinflusst.

Blanqui wirkte am Sturz Karls X. in der Julirevolution von 1830 mit. Von 1831 an organisierte er republikanische und sozialistische Geheimbünde und führte die geheime Gesellschaft der Jahreszeiten an. Er organisierte mit Armand Barbès und anderen Mitgliedern der Geheimgesellschaft einen bewaffneten Aufstand, der am 12. und 13. Mai 1839 in Paris niedergeschlagen wurde. Den Anführern des Aufstandes wurde der Prozess gemacht, Barbès zum Tode verurteilt. Blanqui blieb zunächst flüchtig, wurde im Oktober 1839 verhaftet und zu lebenslanger Haft verurteilt. Nach neun Jahren wurde Blanqui begnadigt und trat noch im selben Jahr als Wortführer der Linken im Pariser Juniaufstand von 1848 in Erscheinung. Daraufhin wurde er erneut verhaftet und zu zehn Jahren Gefängnis verurteilt. Dort entwarf er eine eigene sozialistische Theorie, in deren Zentrum die Idee einer Diktatur des Proletariats steht: »Dass Frankreich vor bewaffneten Arbeitern strotzt, ist der Beginn des Sozialismus.« Nach seiner Freilassung und erneuten Verurteilung und Inhaftierung in den Jahren 1861–1865 begab er sich ins Exil nach Belgien.

Nach der Generalamnestie des Jahres 1869 kehrte er wieder nach Frankreich zurück. Am 14. August 1870 misslang ein Aufstandsversuch der Blanquisten auf dem Boulevard de la Villette. Nach der Proklamation der III. Republik am 4. September 1870 wurde Blanqui Herausgeber der Zeitschrift *La Patrie en Danger* und Kommandant des 169. Bataillons. Am 9. März 1871 verhaftet und an einem geheimen Ort gefangen gehalten, wurde er am 26. März zum Mitglied der Pariser Commune gewählt. Den Austausch gegen den durch die Commune inhaftierten Erzbischof von Paris lehnte die Regierung von Adolphe Thiers ab.

Blanqui wurde 1879 begnadigt. Kurz vor seinem Tod schrieb er sein Hauptwerk, die *Critique sociale*, die aber erst im Jahr 1885 posthum veröffentlicht wurde. Blanqui hatte großen Einfluss auf spätere kommunistische und sozialistische Bewegungen. Seine Anhänger, die Blanquisten, schlossen sich schließlich der Sozialistischen Partei Frankreichs an.

Blanquisten: Anhänger von Louis-Auguste Blanqui.

Die »**blutige Woche**« oder auch »Maiwoche« sind Synonyme für die Tage im Mai 1871, in denen die Commune zerschlagen und Paris von der Versailler Regierung mit großem Blutvergießen eingenommen wurde.

Louis Jules **Bourgouin**: Generalstabsmitglied der Nationalgarde, im Alter von 56 Jahren vor der Barrikade von Neuilly getötet.

Gabriel Marie **Brideau**: siehe Émile **Eudes**.

Brüder in Spanien: Der erste erfolgreiche Versuch, den Anarchismus in Spanien bekannt zu machen, fand nach der erfolgreichen Septemberrevolution 1868 statt, in deren Folge Königin Isabella II. gestürzt wurde. Der junge italienische Revolutionär Giuseppe Fanelli kam nach Spanien, mit dem Vorhaben, Mitglieder für die Internationale Arbeiterassoziation zu gewinnen. Die erste Sektion der Internationale wurde in Madrid als *Núcleo provisional* gegründet und konstituierte sich später als provisorische Landessektion der Internationale in Spanien. Giuseppe Fanelli reiste im Januar 1869 nach Barcelona weiter und förderte dort die Bildung der ersten Sektion, die am 2. Mai 1869 gegründet wurde. Bis 1870 wuchs so die Zahl der Mitglieder in Madrid auf etwa 2.000 an. Weitere Sektionen bildeten sich kurz darauf in anderen größeren Städten. Am meisten Unterstützung erfuhr der Anarchismus im industriellen Barcelona, einer Bastion des proletarischen Widerstands.

Noch schneller als in den Städten verbreiteten sich die anarchistischen Ideen bei der Landbevölkerung, von der große Teile durch weitreichende Landreformen in existenzielle Nöte geraten waren.

18. **Brumaire** (auch 9. November 1799): Im Jahr VIII der Revolution erfolgte der Staatsstreich Napoleons I., der sich zum Alleinherrscher mit diktatorischen Vollmachten machte. Karl Marx veröffentlichte 1852 seine Schrift *Der 18. Brumaire des Louis Bonaparte*, worin den Verlauf des Staatsstreichs Louis Napoleons (1808–1873) in Frankreich im Dezember 1851 analysiert.

Hippolyte-Albert **Cambriels** trat 1836 in die französische Armee ein und stieg zum Brigadegeneral auf. Während des Deutsch-Französischen Krieges 1870/71 erhielt er das Kommando über eine Brigade des neu errichteten 12. Armeekorps der Armee von Châlons. Er wurde in der Schlacht bei Sedan am Kopf verwundet und gefangen genommen. Während des Transports konnte er jedoch fliehen und stellte sich in Tours der Regierung der nationalen Verteidigung zur Verfügung.

Capua: Von den Etruskern gegründete Siedlung im römischen Reich. »Die Samniten aus den umliegenden Bergen bedrängten [...] Capua und [nahmen] es 343 v. Chr. wohl mit Unterstützung von Teilen der Bevölkerung ein. Daraufhin wurde Rom zu Hilfe gerufen und die Eindringlinge vorläufig zurückgedrängt. Bewährte und treue *equites* (Ritter) aus Capua erhielten daraufhin das römische Bürgerrecht. Während des Zweiten Samnitenkrieges versuchte die Stadt zwischen Römern und Samniten zu taktieren. Die samnitische Gefahr blieb latent bis ins Jahr 295 v. Chr., als sich die letzten Verwüstungen im *campus Stellatis* (Gebiet zwischen Capua und Cales) ereigneten« (http://imperiumromanum.com/geografie/staedte/capua_01.htm).

Marie Pape-**Carpantier** (* 10. September 1815 in La Flèche; † 31. Juli 1878 in Villiers-le-Bel) war eine französische Pädagogin und Feministin. Sie kämpfte gegen soziale Ungerechtigkeit und Not sowie für Bildung für Mädchen. Es ist möglich, dass sie mit den Freimaurern verbunden war.

»Carrières d'Amérique«: Paris ist zwar nicht auf Sand und auch nicht auf Eichenpfählen, aber in weiten Teilen auf ehemaligem Bergwerks- und Steinbruchgelände erbaut. Abgebaut wurden vor allem Gipssteine, die zu gebrauchsfertigem Gipspulver verarbeitet wurden; die »Carrières d'Amérique« wurden jedoch 1850 geschlossen. Darüber befand sich dann ein verrufenes Viertel mit Kriminellen.

Castell de Montjuïc: Barcelonas Festung wirkte als Schutz des Hafens und der Stadt, aber auch als Zwingburg fremder Herrschaft über die Stadtbevölkerung.

Éléonore Louis Godefroy **Cavaignac** (1800–1845) war ein Revolutionär und Vordenker der demokratischen und sozialen Republik. Aktiver Kämpfer in den Revolten von 1830 und 1848, war er doch Pazifist, der sich weigerte, Waffen in die Hand zu nehmen. Trotzdem wurde er in Pélagie interniert, floh und ging ins Exil nach London, nachdem Belgien ihn abgelehnt hatte. Von London ging Cavaignac nach Algerien und kehrte von dort nach Paris zurück. Sein Leichenzug war riesig.

Louis-Eugène **Cavaignac** (1802–1857): Als am 23. Juni 1848 nach Auflösung der Nationalwerkstätten in Paris der Juniaufstand ausbrach, übertrug die Nationalversammlung Cavaignac den Oberbefehl über die Truppen, die den Aufstand niederschlagen sollten. Während der viertägigen Straßenkämpfe ging er mit großer Härte gegen die Aufständischen vor. Laut Schätzungen wurden 3.000 bis 5.000 Arbeiter getötet, weitere 15.000 wurden in Straflager oder überseeische Kolonien deportiert. Die Regierungstruppen verzeichneten etwa 1.600 Tote. Nach der Niederschlagung des Aufstands wählte die Nationalversammlung am 28. Juni Cavaignac einstimmig zum Ministerpräsidenten. Er unterlag am 10. Dezember 1848 bei der Präsidentenwahl mit 1,5 Mio. gegen 5,5 Mio. Stimmen seinem Gegenkandidaten Louis Napoleon.

Marie La **Cécilia** (* 1839; † unbekannt): Marie **David**, mit dem General der Commune Napoléon La Cécilia verheiratet, während der Commune Sekretärin der Vereinigung für die Durchsetzung von Frauenrechten. Ihre kleine Tochter starb während der »blutigen Woche« im Mai 1871. Marie konnte mit ihrem Mann über Belgien nach Großbritannien fliehen.

Napoléon François Paul Thomas La **Cécilia** (* 13. September 1835 in Tours; † 25. November 1878 bei Alexandria, Ägypten): Linguist und Professor für Sprachen, General der Commune.

Charette: bretonischer Offizier des Vendée-Aufstands, der gegen die Französische Revolution kämpfte und in konservativen Kreisen als Held angesehen wird.

Florence **Charvin**: siehe **Agar**.

»Les **Châtiments**« (»Die Bestrafungen«): Gedichtsammlung von Victor Hugo, in der dieser Napoleon III. scharf verurteilt. Es geht in diesem Gedicht um den Tyrannenmord, den Harmodius und sein Liebhaber Aristogidon laut Thukydikes an Hipparch begehen. Der ins englische Exil entflohene

Victor Hugo rief seine Landsleute zum Widerstand, sogar zum Tyrannenmord auf.

Gustave **Chaudey**: Rechtsanwalt und Internationalist. Am 22. Januar 1871 stand Chaudey bei der Auseinandersetzung auf dem Rathausplatz im Rathaus. Er wurde später von Rigault, dem Generalstaatsanwalt der Commune, beschuldigt, Feuerbefehl auf die Menschenmasse gegeben zu haben. Nachdem Chaudey seine Beteiligung an der Verteidigung des Rathauses zugegeben hatte, wurde er am 19. Mai 1871 von der Commune inhaftiert und am 23. Mai 1871 hingerichtet. Offenbar war der Fall Chaudey innerhalb der Commune umstritten. Delescluze soll sich vehement einer Freilassung, die von anderen gefordert wurde, widersetzt haben.

Michel Eugène **Chevreul** (* 31. August 1786 in Angers; † 9. April 1889 in Paris): französischer Chemiker, Begründer der Fettchemie und der modernen Theorie der Farben.

Chouannerie nennt man den bewaffneten Widerstand königstreuer Katholiken der Bretagne gegen die Erste Republik in der Zeit von 1793 bis ca. 1804.

El **Cid**: kastilischer Ritter und Söldnerführer aus der Zeit der Reconquista, der in der Neuzeit zum spanischen Nationalhelden avancierte.

Amilcare **Cipriani**: italienischer Anarchist, der Legende nach von seinem Vater mit Kanonenpulver getauft. Er kämpfte 16-jährig bei Solferino und schloss sich Garibaldi an, dem er nach Sizilien folgte. 1870 schloss er sich der Commune an, in der er zum Chef des Generalstabs ernannt wurde. Er wurde am 3. April 1871 von Versailler Truppen gefangen genommen. Seine Verurteilung zum Tod wurde in Deportation nach Neukaledonien umgewandelt, von wo er 1881 zurückkehrte. 1897 kämpfte er in Griechenland gegen die Türken und wurde 1898 in Italien gemeinsam mit fünf weiteren Anarchisten zu drei Jahren Gefängnis verurteilt. Nachdem er sich 1918 in »seinem Montmartre« niedergelassen hatte, verschwand er spurlos.

Georges Benjamin **Clemenceau** (* 28. September 1841 in Mouilleron-en-Pareds, Département Vendée; † 24. November 1929 in Paris) war einer der einflussreichsten französischen Politiker und Journalisten der Dritten Republik. Er studierte zunächst Medizin. In Paris wurde er politisch aktiv und gründete mit politischen Freunden seine erste Zeitung *Le Travail*. Später folgten die Zeitungen *La Justice*, *L'Aurore*, *Le Bloc* und *L'Homme libre*. Er gab sich entschieden antiklerikal und opponierte als Anhänger der Republik gegen das Zweite Kaiserreich, weshalb er mehrfach für kurze Zeit verhaftet wurde. Von 1865 bis 1869 lebte er als Journalist und Lehrer in Connecticut. 1870 kehrte er nach Frankreich zurück und wurde im selben Jahr Bürgermeister von Montmartre. Als radikaler Nationalist stimmte er gegen den Frieden mit Deutschland. Nach der Pariser Commune erfolgte seine Wahl in die Abgeordnetenkammer für die Radikalsozialisten. Als Gegner der französischen Kolonialpolitik und Antiklerikaler erwarb er sich einen Ruf und wurde zum profiliertesten Vertreter der parlamentarischen Linken in der Dritten Republik. 1876 wurde er Vorsitzender der Radikalsozialisten. Während der Dreyfus-Affäre setzte er sich als Eigentümer und Herausgeber der Zeitschrift *L'Aurore* gemeinsam mit Jean Jaurès und Émile Zola für den verurteilten Offizier ein. Zolas

berühmtes *J'accuse* erschien 1898 in *L'Aurore*. In dieser Krise, die die Republik tief erschütterte, wurde Clemenceau zu einem der bedeutendsten Politiker Frankreichs.
1902 wurde Clemenceau in den Senat gewählt, 1906 Innenminister. In dieser Funktion setzte er 1906 das Militär gegen streikende Bergarbeiter ein, was ihn der Sozialistischen Partei entfremdete, mit der er brach. Von 1906 bis 1909 war Clemenceau Premierminister. In dieser Zeit setzte er die abschließende Regelung der Trennung von Kirche und Staat durch. Innenpolitisch war die Einführung der Einkommensteuer die wichtigste Entscheidung in Clemenceaus erster Amtszeit.
Das Amt des Ministerpräsidenten übernahm der 76-jährige Clemenceau am 16. November 1917 erneut. Bei den Verhandlungen um einen Waffenstillstand im Ersten Weltkrieg konnte Clemenceau Frankreichs Recht auf Reparationen durchsetzen. Mit der Unterzeichnung des Waffenstillstands am 11. November 1918 erreichte er den Höhepunkt seiner Popularität und wurde landesweit als »Père la Victoire« (»Vater Sieg«) gefeiert.
Bei der Friedenskonferenz 1919 in Versailles trat Clemenceau als entschiedener Gegner Deutschlands auf. Er wollte Frankreichs Interessen durch eine größtmögliche Schwächung Deutschlands schützen und forderte die Abtretung von Elsass-Lothringen, des Saargebiets und des Rheinlands und verlangte außerdem umfangreiche Reparationen. Am 28. Juni 1919 unterzeichnete Clemenceau schließlich den Versailler Vertrag. In seinem letzten Buch, posthum nach 1929 erschienen, warnt er vor den Gefahren einer deutschen Aufrüstung.

Jacques Léonard **Clément-Thomas** (* 1809 in Libourne, Gironde; † 18. März 1871 in Paris) war ein Republikaner, der sich wegen seiner oppositionellen Gesinnung unter Napoleon III. in Gefahr brachte, zur Deportation verurteilt wurde, fliehen konnte und nach Belgien ins Exil ging. Am 4. September 1870 kehrte er nach Paris zurück und wurde von der Regierung der nationalen Verteidigung zum Chef der Nationalgarde, Abteilung Seine, ernannt. Nach der desaströsen Schlacht um Buzenval am 19. Januar 1871 demissionierte er. Am 18. März 1871 stellte er sich den Kommunarden auf den Barrikaden Montmartres in den Weg und wurde gleich nach General Lecomte erschossen. Die beiden zählten zu den ersten Toten der Pariser Commune.
Interessant eine Gegendarstellung aus reaktionärer Sicht – *Die Gartenlaube* (1876), Leipzig: Ernst Keil, 1876, Seite 14: »Ein wüster Knäuel von Bürgerwehrleuten, Soldaten, Weibern und Kindern verhandelt die Ereignisse des Tages und erschöpft sich in Verwünschungen des Generals Lecomte. ›Er hat seine Soldaten zum feuern auf das Volk kommandirt; dreimal hat er Feuer kommandirt, der Lumpenhund‹, geifert eine Megäre von Marketenderin. ›Er hat rechtgethan‹, sagt nachdrucksam ein hochgewachsener, weißbärtiger Greis von soldatischer Haltung, aber in schwarzem Bürgerkleid. Die Menge beantwortet diese Bemerkung mit einem Hagel von Flüchen und Verwünschungen. Aber uneingeschüchtert sagt der alte Herr noch lauter: ›Ja, der General that nur seine Schuldigkeit. Ihm war von seinen Vorgesetzten befohlen, die Kanonen zu holen und die Rottirungen zu zerstreuen, und er mußte diesen Befehl vollziehen.‹ Die Megäre, vielleicht die Enkeltochter einer der ›Guillotinefurien‹ von 1793, springt mit *einem* Satze vor den greisen Wahrheitsager hin, sieht ihn

scharf an, hält ihm die geballte Faust unter die Nase, schnaubt ein wüthendes ›Ha!‹ hervor und schreit dann, rückwärts gewandt, der Horde zu: ›Das ist Clément Thomas.‹ Ein Todesurtheil. Denn seit lange schwärender Pöbelhaß ruhte auf dem General Clément Thomas. Er hatte ja zweimal, im Jahre 1848 und dann wieder im Winter von 1870–71, das Oberkommando über die Pariser Nationalgarde gehabt, und beidemale hatte er ehrlich und energisch seine Schuldigkeit gethan. Auch gegen den Pöbel gethan. Jetzt war der Pöbel obenauf und pöbelte darauf los, wie von ihm zu erwarten.«

Combault: metallverarbeitender Handwerker, Internationalist und Freimaurer.

Constance éprouvée: eine Freimaurer-Loge in Rouen.

Die **Convention** war während der Französischen Revolution die konstitutionelle und legislative Versammlung, die vom 20. September 1792 bis zum 26. Oktober 1795 (dem 4. Brumaire des Jahres IV) tagte.

Rue de la **Corderie**: Straße, in der das republikanische Zentralkomitee zur Verteidigung der 20 Bezirke von Paris sein erstes Manifest herausgab.

Gustave **Courbet** (* 10. Juni 1819 in Ornans; † 31. Dezember 1877 in La Tour-de-Peilz): französischer Maler, der sich als Mitglied der Commune an der Demontage der Vendôme-Säule beteiligte, also in der Zeit nach der Commune als Staatsfeind angesehen wurde. Bei der Statue des Loire-Fischers handelt es sich um eine nach einer Vorlage von Courbet in seiner Heimatstadt errichtete Skulptur.

Cournet war während der Commune Mitglied der Kommission zur Wahrung der Interessen der musischen Künste und der Künstler.

Craon bediente im Mai 1871 an der Porte Maillot zwei Kanonen auf einmal, bis zu seinem Tod, drei Tage vor Eindringen der Versailler Truppen.

Gaston **Crémieux** war ein aktives Mitglied der Commune von Marseille.

Cresson: Generalstaatsanwalt im Berufungsgericht, ab 2. November 1870 Polizeipräfekt von Paris.

Antoine Marie **Cyvoct**: Anarchist aus Lyon, dem man 1882 vorwarf, im Restaurant des Theaters Bellecour eine Bombe gezündet zu haben. Er bestritt diese Tat.

Marie **David**: siehe Marie La **Cécilia**.

Louis Charles **Delescluze** (* 20. Oktober 1809 in Dreux, Département Eure-et-Loir; † 25. Mai 1871 in Paris): französischer Journalist und führendes Mitglied der Pariser Commune. Als er den Untergang der Pariser Commune voraussah, stellte er am 20. Mai in einer Sitzung der Commune den Antrag, vor dem Eindringen des republikanischen Militärs alle öffentlichen Gebäude mit Petroleum in Brand zu stecken und alle Geiseln zu erschießen. Nachdem Delescluze am 25. Mai 1871 auf einer Barrikade in der Rue d'Angoulême den Tod gefunden hatte, wurde er 1874 in Abwesenheit zum Tode verurteilt.

Deneuvillers: Kommunarde, Chefsekretär im ersten Büro der Polizeipräfektur von Paris und Offizier der Nationalgarde. Floh nach Belgien.

De Pleuc: Politiker und ab 1868 einer der Leiter der Banque de France, der es während der Pariser Commune schaffte, den Kommunarden sehr wenig Geld auszuzahlen.

Maria **Deraismes (Deresme)** (* 17. August 1828 in Paris; † 6. Februar 1894 ebenda): französische Rednerin und Feministin, die erste Frau, die von den französischen Freimaurern aufgenommen wurde und die selbst Ende des 19. Jahrhunderts die internationale und gemischte Loge »Le Droit Humain« gründete. Sie befand sich unter den aktiven Unterstützerinnen und Mitkämpferinnen von Louise Michel während der Commune und gründete mit ihr und mit anderen verschiedene Vereine und Initiativen im Kampf für Frauenrechte und für Bildung.

Dezembermann war einer der Spitznamen für Napoleon III., der im Dezember 1851 mit einem Putsch die absolute Macht an sich riss.

Jaroslaw **Dombrowski**, in Zytomierz, Polen, damals Russland, geboren, war Mitglied der Internationale und wurde General der Truppen der Commune. Am 23. Mai 1871 wurde er an der Barrikade von Myrha im XVIII. Arrondissement tödlich verletzt und verstarb wenig später im Krankenhaus.

Pierre Frédéric **Dorian**, Schmied und radikaler Republikaner, von 4. September 1870 bis 19. Februar 1871 Minister für öffentliche Baumaßnahmen.

General Abel **Douay** (1809–1870): An der Schlacht von Wissembourg-Geisberg am 4. August 1870 waren auf deutscher Seite 22 Bataillone, auf französischer Seite 11 Bataillone beteiligt. Den Sieg in der Schlacht hatten die Deutschen ihrer zahlenmäßigen Überlegenheit sowie der Tatsache zu verdanken, dass General Douay auf einen Kampf anscheinend nicht vorbereitet war. Fontane unterstellte dem gefallenen General Douay, dass dieser erst am Vortag der Schlacht sich zum ersten Mal eine Karte des Gebietes angesehen habe. Die Verluste waren auf beiden Seiten erheblich. Auf deutscher Seite gab es 700 Tote, Verwundete und Gefangene, auf französischer Seite über 1.000.

Drittes Kaiserreich: siehe **Staatsstreich vom 2. Dezember 1851**.

Auguste-Alexandre **Ducrot** war ein französischer General. Nach der Kapitulation von Sedan gab Ducrot sein Ehrenwort, sich in Pont-à-Mousson zu stellen, worauf ihm gestattet wurde, sich selbständig dorthin zu begeben. Dort angekommen, meldete er sich der Vorschrift gemäß, entfloh jedoch in der Verwirrung, die auf dem überfüllten Bahnhof herrschte. Er begab sich dann nach Paris und erhielt dort das Oberkommando der aus regulären Truppen und »Gardes mobiles« (Mobilgarden) gebildeten zweiten Armee. Mit dieser bereitete er einen großen Ausfall vor, der Ende November in die Tat umgesetzt wurde. Nachdem Ducrot in einem phrasenhaften Aufruf geschworen hatte, nur siegreich oder tot nach Paris zurückzukehren, griff er 30. November die Zernierungsarmee im Osten bei Villiers an und errang in den ersten Tagen einige Erfolge, konnte aber doch nicht den Durchbruch der feindlichen Linien erzwingen und musste am 4. Dezember nach Paris zurückkehren, da die furchtbare Kälte weitere Kämpfe unmöglich machte.

Émile-Victor **Duval** war Kommandant der Polizeipräfektur und im Rat der Commune Mitglied der Militär- und Exekutivkommission. Am 1. April 1871 zum General ernannt, ließ er sich widerwillig auf die gescheiterte Mission des »Spaziergangs nach Versailles« ein, in deren Folge er hingerichtet wurde.

El Cid: siehe El **Cid**.

»Enfants perdus«, »verlorene Kinder«: Straßenkinder, Waisenkinder und eine Anzahl Jugendlicher, die sich an den bewaffneten Kämpfen zur Verteidigung der Commune beteiligten. Es soll Barrikaden gegeben haben, die ausschließlich von todesmutigen Straßenkindern verteidigt wurden. Es ist bekannt, dass drei der insgesamt über 250 Bataillone der Commune Jugendliche in ihren Reihen hatten.

Jean des **Entomures**: Figur von Rabelais, ein saufender, fressender und fluchender Mönch, der wagemutig ganz allein eine Horde feindlicher Soldaten in die Flucht prügelt. Eine der originellsten Figuren in *Gargantua et Pantagruel*.

Das **Eozän** ist in der Erdgeschichte eine chronostratigraphische Serie (= Zeitintervall) innerhalb des Paläogens. Das Eozän begann vor etwa 56 Millionen Jahren und endete vor etwa 33,9 Millionen Jahren und ist die zweite Serie des Paläogens. Benannt ist das Eozän nach der griechischen Göttin der Morgenröte, Eos. Der Name wurde von Charles Lyell 1847 geprägt.

Émile **Eudes** und **Brideau**: Émile Eudes und Gabriel Marie Brideau waren Blanquisten, die sich am Attentat von La Villette beteiligten, gefangen genommen und in der Folge zum Tode verurteilt wurden. Der Sturz des Kaiserreichs am 4. September 1870 rettete ihnen das Leben und sie konnten am 5. September von Anhängern der Republik aus dem Gefängnis befreit werden. 1871 wurden sie nach der Niederschlagung der Commune noch einmal zum Tode verurteilt, allerdings in Abwesenheit, da sie rechtzeitig nach London flüchten konnten.

Victorine **Eudes** war Blanquistin und Kommunardin. Sie hatte als Assistenzlehrerin von Louise Michel unterrichtet, sie dann aus den Augen verloren und traf sie erst wieder, als beide auf dem Weg zum Gefängnis von Sainte-Pélagie waren, um Émile Eudes, Victorines Mann, dort zu besuchen. Beide wussten voneinander nicht, dass sie militante Kommunardinnen geworden waren. Eudes konnte mit ihrem Mann nach London flüchten.

Excoffon: Beatrix Œuvrie, verh. Excoffon, eine der energischsten Frauen der Commune, die sich als Verantwortliche für ein mobiles Lazarett nicht davor scheute, durch die feindlichen Linien der Versailler hindurch zu den Verletzten und Pflegebedürftigen durchzudringen. Sie landete wie Louise Michel im Festungskerker von Satory. Nach ihrer Haft bis 1878 blieb sie mit Michel verbunden und gab ihr das letzte Geleit.

Jules Claude Gabriel **Favre** (1809–1880): französischer Politiker, von 1870 bis 1871 Außenminister in der Regierung der nationalen Verteidigung und von 1848 bis 1851 Abgeordneter des gemäßigten Bürgertums im französischen Parlament. An der Seite von Adolphe Thiers kämpfte er politisch gegen Napoleon III. 1857 bis 1863 gehörte er der gesetzgebenden Versammlung an. In der liberalen Endphase des Kaiserreichs führte er die republikanische Bewegung an und unterdrückte deren revolutionäre Bestandteile.

Feldkasten: Laut *Dictionnaire de l'armée de terre*, Band 2, nannten die Deutschen ambulante Sanitätskasten »Feldkasten«.

Fériloque, ein ehemaliger Seemann, war Nationalgardist in der 4. Kompanie des 76. Bataillons der Kommunarden. Er wurde am 9. April 1871 an der Porte Maillot schwer verletzt.

Fernandez: Sanitäterin der Commune. Sie unterschrieb gemeinsam mit Louise Michel einen flammenden Aufruf zur Verteidigung der Revolution. Außerdem leitete sie im Rahmen der Solidarité de Batignolles verschiedene Wohltätigkeitsaktivitäten.

Théophile Charles Gilles **Ferré** (* 6. Mai 1846 in Paris; erschossen am 28. November 1871 in Versailles). Anwaltsgehilfe und militanter Blanquist, unter Napoleon III. viermal aus politischen Gründen verurteilt. Während der Belagerung Mitglied der Nationalgarde, gehörte er zu denjenigen, die sofort nach dem 18. März 1871 nach Versailles ziehen wollten, um dort Regierung und Nationalversammlung zu sprengen. Am 26. März wurde er in den Rat der Commune gewählt und Mitglied der Kommission für Allgemeine Sicherheit. Am 24. April trat er kurzzeitig zurück, am 1. Mai wurde er stellvertretender Staatsanwalt der Commune und am 13. Mai Delegierter für die allgemeine Sicherheit (»Polizeiminister«). Ferré stimmte sowohl für die Einsetzung des Wohlfahrtsausschusses als auch für die Geiselermordung. Am 2. September 1871 wurde er zum Tode verurteilt.

Jules François **Ferry** (1832–1893): französischer Ministerpräsident und Minister in der Dritten Republik. Ferry war von Beruf Jurist und gehörte dem linken republikanischen Lager an. Er tat sich als Gegner des Zweiten Kaiserreiches hervor und war ab 1869 Parlamentsmitglied. In dieser Zeit befasste er sich vor allem mit der französischen Innenpolitik.

Gustave **Flourens** (* 4. August 1838 in Paris; † 3. April 1871 in Rueil-Malmaison): französischer Politiker, Journalist und Ethnograf. 1871 Mitglied der Pariser Commune. Flourens war stellvertretender Lehrstuhlinhaber am Collège de France, dem sein Vater vorstand. Gustave Flourens ging dann nach Konstantinopel und Athen und nahm am Kretaer Aufstand 1866–1868 gegen die osmanische Herrschaft teil. Er konnte Victor Hugo bewegen, die Sache der Kretaer Aufständischen zu unterstützen. In Kreta bekam er von der Nationalversammlung die Ehrenbürgerschaft verliehen. Im März 1870 traf er in London ein und kam in Kontakt mit Karl Marx sowie auch mit dessen Frau Jenny und den Töchtern Jenny und Eleanor. Am 19. April 1870 wurde Flourens auf Vorschlag von Eugène Dupont und Auguste Serraillier in den Generalrat der Internationalen Arbeiterassoziation gewählt. Am 4. September 1870 forderten Demonstranten die unverzügliche Ausrufung der Republik und schlugen Blanqui, Flourens, Delescluze, Pyat und Rochefort als Mitglieder der provisorischen Regierung vor. Diese wurde aber aus der republikanischen Opposition gebildet, die im August das Kaiserreich gerettet hatte. Im September 1870 befehligte Flourens ein Korps der Nationalgarde. Am 5. und 8. Oktober organisierte Flourens mit den Schützen aus Belleville und dem XIX. Pariser Arrondissement Demonstrationen vor dem Pariser Rathaus. Flourens gehörte auch zu den Anführern des Putschversuches vom 31. Oktober 1870. Bei den Wahlen vom 5. November 1870 wurde er im Arrondissement Ménilmontant zum Vize-Bürgermeister gewählt. Am 21. Januar 1871 wurden Flourens, Léo Meillet, H. Bauër und Alphonse Humbert von bewaffneten Nationalgardisten aus dem Gefängnis befreit. Bei den Wahlen vom 26. März 1871 wurde Flourens, wie auch Gabriel Ranvier, Jules Bergeret und Blanqui, im XX. Pariser Arrondissement gewählt. Flourens gehörte zu den Verantwortlichen für den desaströsen »Spaziergang nach Versailles« zur Sprengung der Nationalversammlung und Verhaftung der Regierung Thiers/Favre am 3. April 1871. Er wurde am 3. April 1871 in Rueil Malmaison durch den Gendarmen Desmarets getötet und auf dem Friedhof Père Lachaise in Paris beerdigt.

Charles Auguste **Frossard** (1807–1875): Beim Beginn des Deutsch-Französischen Krieges 1870 erhielt Frossard den Oberbefehl über das 2. Armeekorps der Rheinarmee und leitete den Krieg am 2. August 1870 durch den Angriff auf Saarbrücken ein. Er besetzte anschließend die verschanzte Stellung auf den Höhen von Spichern und verteidigte sie am 6. August in der Schlacht bei Spichern acht Stunden lang mit großer Hartnäckigkeit.

Foutriquet: Spottname für Adolphe Thiers.

Gaston de **Galliffet**: Seit dem 30. August 1870 Général de brigade, führte Galliffet am 1. September während der Schlacht bei Sedan an Stelle des tödlich verwundeten Général de division Margueritte die französische Kavallerie bei den Angriffen auf die bei Floing stehende preußische Infanterie. Nach der Kapitulation von Sedan blieb Galliffet bis zum Schluss des Krieges in deutscher Kriegsgefangenschaft, übernahm dann den Befehl über eine Brigade der Armee von Versailles und führte diese während der Niederschlagung des Aufstandes der Pariser Commune.
In Karl Marx' *Bürgerkrieg in Frankreich* heißt es: »Galliffet prahlte in einer Proklamation, dass er die Ermordung einiger durch seine Reiter überraschten und entwaffneten Nationalgardisten, samt ihrem Hauptmann und Lieutenant, befohlen habe.«
Galliffet wurde durch sein unerbittliches Vorgehen bei der Niederschlagung der Commune wie Adolphe Thiers äußerst umstritten. Um die Jahrhundertwende wurde er noch einmal Kriegsminister, der aber ständig von sozialistischen Mitgliedern des Kabinetts wegen seines Rufs als Schlächter von Paris angegriffen wurde. Galliffet war bekannt für seine Strenge und Unbarmherzigkeit in der Verfolgung von Kommunarden und deren Sympathisanten.

Giuseppe **Garibaldi** (* 4. Juli 1807 in Nizza; † 2. Juni 1882 auf Caprera): italienischer Guerillakämpfer und einer der populärsten Protagonisten des Risorgimento, der italienischen Einigungsbewegung zwischen 1820 und 1870. 1870/71, während des Deutsch-Französischen Krieges, stellte Garibaldi, unterstützt von seinen Söhnen und seinem Schwiegersohn, erneut ein italienisches Freiwilligenkorps zusammen. Er griff damit in Burgund (erfolglos) gegen die Deutschen ein, um die neue Französische Republik zu unterstützen. Zum Dank wurde er 1871 von der französischen Nationalversammlung zum Abgeordneten für Côte-d'Or, Paris, Algier und Nizza ernannt. Er setzte sich allerdings für eine Rückkehr Nizzas nach Italien ein (Nizza und Savoyen waren 1861 als Gegenleistung für militärischen Beistand im Krieg gegen Österreich von Sardinien-Piemont an Frankreich abgetreten worden). Daher wurde seine Ernennung rückgängig gemacht. Daraufhin legte Victor Hugo aus Protest sein Mandat als Abgeordneter nieder.

Gaveau: Regierungs-Kommissar (Vertreter des Öffentlichkeitsministeriums) vor dem 3. Kriegsrat. Er war davor in einem »Irrenhaus« interniert gewesen und musste kurze Zeit später wieder eingeliefert werden.

Gekrönte Beharrlichkeit (La Persévérence couronnée), eine Loge der Freimaurer in Rouen.

Gensoule: Mitglied der Arbeiter-Internationale in Marseille.

Der **Germinal** (deutsch auch Keimmonat) ist der siebte Monat des republikanischen Kalenders der Französischen Revolution. Der Name ist von französisch *germer* (keimen) abgeleitet. Der Germinal ist der erste Monat des Frühlingsquartals *(mois de printemps)*. Er beginnt etwa am 21. März und endet etwa am 19. April.

Gesellenbruderschaft bezeichnet einen Zusammenschluss von Handwerkern unter dem Gedanken der Verbrüderung – im Unterschied zu einem Gesellenverein. Im traditionellen Sinn war dies eine rituelle Handlung mit ethischem Anspruch.

Gesetz vom 22. Prairial: siehe **Prairial**.

Ein **Ghul** ist üblicherweise ein leichenfressendes Fabelwesen und erscheint in verschiedenen mythologischen und literarischen Formen.

Die **Girondisten** (französisch *Girondins*) waren die Mitglieder einer Gruppe von Abgeordneten *(Gironde)* hauptsächlich aus dem Süden Frankreichs während der Französischen Revolution, die zum ersten Mal am 1. Oktober 1791 in der Gesetzgebenden Nationalversammlung in Erscheinung trat. Ihre Anhänger gehörten zum gehobenen Bürgertum. Die Girondisten trugen ihren Namen nach dem Département Gironde mit der Hauptstadt Bordeaux, aus dem viele der Abgeordneten stammten. In der gesetzgebenden Nationalversammlung fanden sie Mehrheiten für die Kriegserklärung an Österreich und für die Abschaffung der Monarchie. Im Konvent verloren sie allmählich ihre Macht an die Montagnards. Der Aufstand der Sansculotten 1793 führte zur Verhaftung und Hinrichtung führender Girondisten.

Der **Gnom Foutriquet**: siehe **Foutriquet**.

Philippe **Grenier**: möglicherweise Dr. Philippe Grenier, der in den 1890er Jahren zum Islam konvertierte und der erste muslimische Abgeordnete Frankreichs wurde. Er fiel durch extravagante Kleidung und sonderbares Auftreten auf.

Harmodius (Harmodios): Als Tyrannenmörder (auch Tyrannentöter) wird eine antike Statuengruppe bezeichnet, die im Jahr 477/76 v. Chr. auf der Agora von Athen aufgestellt wurde und die beiden Tyrannenmörder Harmodios und Aristogidon darstellt, die 514 v. Chr. Hipparch, den Bruder des Tyrannen Hippias, töteten.

Jardin des Plantes: Dieser Tiergarten kam als Resultat der Französischen Revolution zustande: Einem Beschluss aus dem Jahr 1793 zufolge hätten die exotischen Tiere privater Schausteller entweder den Resten der Menagerie von Versailles zugeordnet oder geschlachtet und den Naturforschern des Jardin des Plantes zur Ausstopfung übergeben werden sollen. Letztere ließen die Tiere leben.

Ernest Charles **Jones** (1819–1869) war ein englischer Schriftsteller, Dichter und Anwalt, der sich politisch in der Chartistenbewegung betätigte. Die Chartisten bildeten eine politisch-soziale Bewegung in England in der ersten Hälfte des 19. Jahrhunderts. 1846 schloss Jones sich dem Bund der Gerechten und dem Deutschen Arbeiterbildungsverein in London an. 1850 wurde er zusammen mit seinem Freund George Julian Harney in die Exekutive der National Charter Association gewählt. Unter Jones und Harney erhielt die Chartistenbewegung eine zunehmend sozialistische Ausrichtung und Jones verstand die Bewegung als Teil der proletarischen internationalen Bewegung. Die tatsächliche gesellschaftliche Bedeutung nahm jedoch offensichtlich ab. Der Chartismus als Bewegung endete mit dem letzten Chartistenkonvent 1858. Jones war Mitglied der Manchester-Sektion der Internationalen Arbeiterassoziation. Als Schriftsteller und

Dichter setzte sich Jones ebenfalls mit den Fragen politischer Unterdrückung und sozialer Ungerechtigkeit auseinander.

Juni-Revolte: Beim Juniaufstand 1832 handelt es sich um einen Aufstand französischer Republikaner gegen die Regierung von König Louis Philippe I. von Frankreich. Die Kämpfe zwischen Aufständischen und Regierungstruppen dauerten vom 5. bis zum 6. Juni 1832. Sie fanden in Paris statt, endeten mit der Niederschlagung des Aufstandes und hatten keine unmittelbaren politischen Veränderungen zur Folge.

Kürassiere: »La charge des cuirassiers« bezeichnet die Ereignisse in der Schlacht von Woerth/Reichshoffen am 6. August 1870, in der zwei verzweifelte Vorstöße der Kürassier-Regimente von General Michel und General Bonnemains die Niederlage gegen die zahlenmäßig weit überlegenen Deutschen nicht verhindern konnten. Siehe auch **Reichshoffen**.

Amédée Jérôme **Langlois** (* 7 Januar 1819 in Paris; † 25. September 1902 ebenda) war Mitglied der internationalen Arbeiterbewegung, Journalist und Marineoffizier. Als Freund von Proudhon wurde er dessen Nachlassverwalter.

»**Lascar**« ist die Bezeichnung für indische Seefahrer, die auf französischen Schiffen im Orient Dienst taten. Im Kreolischen der Seychellen bedeutet das Wort schlicht Moslem.

Blanche **Lefebvre** oder **Lefèvre**, Wäscherin in Sainte-Marie des Batignolles. Sie starb während der Verteidigung einer Barrikade in der Rue des Dames.

Adolphe Gustave **Lefrançais**, auch **Lefrançois** genannt (* 30. Januar 1826 in Angers; † 16. Mai 1901 in Paris). Noch unter dem Julikönigtum Absolvent des Grundschullehrer-Bildungsinstituts in Versailles, jedoch anschließend als Anarchist ohne Anstellung. 1848 Mitglied einer Union sozialistischer Grundschullehrer, u.a. dafür zu drei Monaten Gefängnis und zwei Jahren Hausarrest verurteilt, 1851 mit Lehrverbot belegt. Nach dem Staatsstreich Napoleons III. 1852/53 in London, anschließend Teil der Pariser Opposition. Während der Belagerung von Paris Organisator und Teilnehmer der regierungsfeindlichen Demonstration vom 31. Oktober 1870 und anschließend bis Februar 1871 in Haft. Am 26. März in den Rat der Commune gewählt, war Lefrançais dort Mitglied der Exekutivkommission, wechselte aber schon am 3. April in die Kommission für Arbeit und am 21. April in die Kommission für Finanzen.Er stimmte gegen die Gültigkeit der Nachwahl vom 16. April und gegen die Einsetzung des Wohlfahrtsausschusses. Nach den Barrikadenkämpfen floh er nach Genf, während er in Paris in Abwesenheit zum Tode verurteilt wurde. Nach der Amnestie 1880 kehrte er zurück und arbeitete in Paris als Buchhalter.

André **Léo** (* 18. August 1824 in Lusignan, Département Vienne; † 20. Mai 1900 in Paris; Pseudonym von Victoire Léodile Béra, verheiratete Champseix): französische Schriftstellerin, Journalistin und Feministin. In den letzten Jahren des Zweiten Kaiserreiches trat sie in den politischen und sozialen Kampf ein. 1868 entwickelte sie zusammen mit Élie und Marthe Noémie Reclus das Programm der Gesellschaft zur Geltendmachung von Frauenrechten.

1871 schloss sie sich den KämpferInnen der Commune an. Mit Madame Jaclard gründete sie die Zeitung *La Sociale* (31. März bis 17. Mai 1871). Dort veröffentlichte sie ihren *Appell an die Arbeiter der Felder*. Sie gehörte der Union der Frauen für die Verteidigung von Paris und die Versorgung

der Verwundeten an und arbeitete in der Kommission zur Organisation und Überwachung der Ausbildung in Mädchenschulen. Ein Erfolg dieser Arbeit war die gleiche Entlohnung für Lehrer und Lehrerinnen. Mit Louise Michel und Paule Mink war sie Teil des Wachsamkeitskomitees der Bürger von Montmartre. In der Zeitung *La Commune* veröffentlichte sie ihr Programm (10. April 1871): *Das Land für den Bauern, das Werkzeug für den Arbeiter, Arbeit für alle.*
Sie konnte in die Schweiz flüchten, wo sie »mit ihrer weiblichen Ungestümheit« die Sache der Bakuninisten aufnahm.
Zurück in Frankreich, blieb sie vergessen. Sie schrieb jedoch für fortschrittliche Zeitungen und war Redakteurin bei *L'Aurore*. Sie vermachte in ihrem Testament eine Rente derjenigen Gemeinde, die als Erste in Frankreich den Kollektivismus ausprobieren würde, indem sie ein gemeinsames Stück Land bearbeitete.

Lied des Aufbruchs, *Le Chant du Départ*, ist ein Revolutions- und Kriegslied, das 1794 von Étienne-Nicolas Méhul und Marie-Joseph Chénier verfasst wurde. Seinen ursprünglichen Titel *Hymne de la liberté* änderte Robespierre in den heutigen Titel. Das Lied war von 1804 bis 1815 die Nationalhymne Frankreichs. Sie löste unter der Herrschaft von Napoleon Bonaparte die Marseillaise ab, die erst nach der Julirevolution von 1830 wieder Hymne wurde. Valéry Giscard d'Estaing pflegte als Präsident den *Chant du Départ* bei offiziellen Anlässen regelmäßig zusammen mit der Marseillaise spielen zu lassen. Das Lied hat die Eigenart, dass vorgesehen ist, dass verschiedene Gruppen (Krieger, Alte, Mütter ...) es vortragen. Nur der Refrain ist für alle Gruppen wortgleich.

Als **»lois scélérates«** (deutsch etwa: *Verbrecherische Gesetze*) bezeichnet man eine Reihe von französischen Gesetzen, die in den Jahren 1893 und 1894 als Reaktion auf anarchistische Attentate erlassen wurden. Die Gesetze sollten die Bestimmungen zur Pressefreiheit von 1871 in der Dritten Republik einschränken und die anarchistische Agitation verhindern.

Lullier: Schillernde Persönlichkeit der Commune. Zum Chef der Nationalgarde ernannt, kurze Zeit später wurde ihm das Amt wieder aberkannt. Von Rochefort und Flourens unterstützt, kandidierte er für die radikalen Sozialisten. Wurde im Zuge der Verfolgungen von Kommunarden verbannt.

Antonio **Maceo Grajales** (* 14. Juni 1845 in Santiago de Cuba, Kuba; † 7. Dezember 1896 in San Pedro, Kuba) gilt zusammen mit Máximo Gómez als der wichtigste militärische Führer der kubanischen Unabhängigkeitskriege (1868–1898) gegen die spanische Kolonialmacht. Als 1878 die politische Führung der kubanischen Unabhängigkeitsbewegung keine Aussicht mehr für einen militärischen Erfolg sah und einen Friedensvertrag mit Spanien schloss, widersetzte sich Maceo. Er wollte den Kampf fortsetzen. Aufgrund der rassistischen Propaganda gegen ihn beschränkte er sich aber darauf, den Kampf aus dem Exil zu organisieren. Der sogenannte Kleine Krieg (spanisch: La Guerra Chiquita) endete für die kubanische Seite 1881 erfolglos. Dem kubanischen Revolutionär und Dichter José Martí gelang es schließlich, Antonio Maceo und den ehemaligen Oberbefehlshaber der kubanischen Revolutionstruppen, Máximo Gómez, zu einer Neuaufnahme des Unabhängigkeitskrieges zu bewegen. Zwischen 1895 und 1898 wurde die spanische Kolonialmacht entscheidend geschwächt, so dass die

Vereinigten Staaten im Krieg gegen Spanien (Spanisch-Amerikanischer Krieg) 1898 die Insel Kuba ohne größeren Widerstand besetzen konnten. Der große militärische Erfolg Maceos beruht insbesondere darauf, dass es ihm gelang, den Guerillakrieg auf den Westen Kubas auszudehnen, wo sich die wichtigste wirtschaftliche Ressource der spanischen Kolonialmacht, die Zuckerproduktion, befand. Die Bedeutung des Mulatten Maceo liegt aber auch darin, dass er dem revolutionären Krieg, der ursprünglich von den Großgrundbesitzern des Ostens Kubas begonnen wurde, die Komponente des Kampfes für soziale Gerechtigkeit hinzufügen konnte.

»Maiwoche«: siehe **»blutige Woche«**.

Armand Antoine Charles **Malato de Cornet**: Journalist, Schriftsteller, später Lektor. Anarchist und Internationalist. In Neukaledonien war er neben Louise Michel einer der wenigen Exilierten, die sich auf die Seite der Kanaken schlugen, als diese rebellierten.

Mariani: Kämpferin der Commune, später in Satory inhaftiert.

Marianne: Allegorie der revolutionären Freiheit, mit der blau-weiß-roten Fahne und oft auch mit der Phrygenmütze abgebildet.

Constant **Martin**, Blanquist und Anarchist, organisierte nach der Ermordung von Victor Noir und der Verhaftung von Rochefort die Arbeiterschaft und machte sich um die Commune verdient. Er galt als besonders besonnen, aber für die Reaktion als gefährlich. Im »Prozess der dreißig« in der Folge der Ereignisse um den 31. Oktober zu 20 Jahren Zwangsarbeit verurteilt, wurde er 26 Jahre später, 1896, nach Beeinspruchung des Urteils, freigesprochen und rehabilitiert.

Masse, ruchlose: siehe **Ruchlose Masse**.

Jules **Méline** war ab dem 4. September 1870 stellvertretender Bürgermeister im 1. Pariser Bezirk. Er wurde am 26. März 1871 zum Mitglied der Commune gewählt, demissionierte jedoch wenig später. In den 1890er Jahren wurde er zum Präsidenten des Ministerrats ernannt. In der Dreyfus-Affäre positionierte er sich durch die Negierung, dass es eine derartige Affäre gebe, als Gegner von Dreyfus.

Mexikanische Expeditionen: Die französische Intervention in Mexiko war eine Einmischung Frankreichs in die inneren Angelegenheiten Mexikos mit dem Ziel, den Konservativen in Mexiko nach dem bereits verlorenen Bürgerkrieg nachträglich zur Macht zu verhelfen und eine von Frankreich abhängige Monarchie zu installieren.

Jean-Baptiste **Millière**, geboren am 13. Dezember 1817 in Lamarche-sur-Saône in Burgund als Sohn eines Küfers, ab 1850 in Paris, wo er am 26. Mai 1871 standrechtlich erschossen wurde. Ab 1848 Journalist und Sozialist. Arbeitete danach in der Republikanischen Allianz der Départments mit und wird am 16. Mai als Kommandeur der 18. Legion der Nationalgarde erwähnt.

Paule **Mink**, auch **Minck**, polnischstämmige Feministin und Journalistin sowie Mitglied der Pariser Commune.

Die **Mitrailleuse** (von französisch *mitraille*, Kartätsche) ist ein manuell bedientes Salvengeschütz und wurde ursprünglich 1850 in Belgien entwickelt. Einige dieser Schusswaffen wurden im Deutsch-Französischen Krieg (1870–1871) auf französischer Seite benutzt.

Montagnards: Die Bergpartei (französisch *La Montagne*), deren Mitglieder Montagnards genannt wurden, war während der Französischen Revolution eine politische Gruppierung im Nationalkonvent.

Eugénie de **Montijo**, in der Langform auch María Eugenia Ignacia Agustina de Palafox Portocarrero de Guzmán y Kirkpatrick (* 5. Mai 1826 in Granada; † 11. Juli 1920 in Madrid), war als Ehefrau Napoleons III. von 1853 bis 1870 Kaiserin der Franzosen und die letzte Monarchin Frankreichs. Ihren späteren Mann, dessen Eheanbahnungsversuche mit Adelheid zu Hohenlohe-Langenburg, der Tochter einer Halbschwester von Königin Victoria, gerade gescheitert waren, lernte sie anlässlich eines Balls im Élysée-Palast kennen. Anlässlich der Verlobungsrede am 22. Januar 1853 nahm ihr zukünftiger Mann dazu folgendermaßen Stellung: »Ich ziehe eine Frau, die ich liebe und achte, einer anderen vor, mit der eine Verbindung gleichzeitig Vorteile, aber auch Opfer bedeutet hätte.« Die britische Presse reagierte darauf amüsiert. Sie betrachtete diese Liebesehe als zu bürgerlich für ein Herrscherhaus. Die britische Zeitung *The Times* schrieb: »Wir erfahren mit einem gewissen Amusement, dass dieses romantische Geschehen in den Annalen Frankreichs größte Opposition hervorgerufen hat und zu maßloser Irritation führte. Die kaiserliche Familie, der Ministerrat und sogar die niederen Hofangestellten betrachten diese Ehe als unglaubliche Demütigung.« Siehe auch **»Schöne Helena«**.

Montjuich: siehe **Castell de Montjuïc**.

Charles Auguste Louis Joseph de **Morny**, ab 1862 Herzog von Morny (* 15. September 1811; † 10. März 1865), ein Halbbruder Kaiser Napoleons III., französischer Unternehmer, Politiker und Kunstsammler.

Mürger: Eine Kommunardin, die im Wachsamkeitskomitee des IX. Arrondissements tätig war.

Victor **Noir** (* 27. Juli 1848 in Attigny, Département Vosges; † 11. Januar 1870 in Paris), eigentlich Yvan Salmon, französischer Journalist. Noir wurde wegen der Umstände seines Todes – er wurde von Prinz Pierre Napoleon Bonaparte, einem Großneffen Napoleon Bonapartes, erschossen – und der daraus folgenden politischen Konsequenzen bekannt.
Mehr als 100.000 Menschen nahmen an Noirs Beisetzung in Neuilly-sur-Seine teil. Der Freispruch Prinz Bonapartes löste einen Sturm öffentlicher Entrüstung gegen die bereits unbeliebte Monarchie aus, der in mehreren gewaltsamen Demonstrationen mündete.

Beatrix **Œuvrie**: siehe **Excoffon**.

Robert **Owen** (* 14. Mai 1771 in Newtown, Wales; † 17. November 1858 ebenda) war ein britischer Unternehmer und Frühsozialist. Er gilt als der Begründer des Genossenschaftswesens. Bereits früh beschäftigte er sich mit den sozialen Bedingungen der Industriearbeit und führte 1799 in seiner Baumwollspinnerei in New Lanark (Schottland) ein Experiment für menschenwürdigere Arbeitsbedingungen durch. Er versuchte nachzuweisen, dass Lohnsklaverei und Unterdrückung der Arbeiter keine Voraussetzungen für eine effektive Produktion sind. Deshalb verkürzte er die Arbeitszeit auf 10,5 Stunden gegenüber den damals üblichen 13 bis 14 Stunden pro Tag. Er richtete Kranken- und Altersrentenversicherungen ein, ließ erträgliche Behausungen bauen und räumte Mietvergünstigungen ein. Die Güter des täglichen Bedarfs wurden zu niedrigen Preisen gehandelt. Owen forderte das Verbot der Kinderarbeit oder deren Begrenzung auf sechs Stunden pro Tag für unter 12-Jährige und dass der Eintritt in jegliche Produktionsstätten nur mit schulischer Grundbildung (Lesen, Schreiben und Rechnen) erlaubt sein sollte und dass die Mädchen mindestens nähen können sollten. Die Produktivität in der Fabrik erhöhte sich drastisch, die Zahl der Diebstähle ging zurück. Die Erfolge waren auch auf das technische Geschick Owens zurückzuführen; in New Lanark wurden neue Produktionstechniken eingeführt, die die Konkurrenz noch nicht umsetzen konnte.

1825 verkaufte Owen die Fabrik und ging in die Vereinigten Staaten, um dort seine utopisch genossenschaftlich konzipierte Kolonie New Harmony zu gründen. Das Experiment scheiterte allerdings schnell. Owen kehrte 1829 nach England zurück. In der englischsprachigen Literatur wird er oft als »Vater des Sozialismus« bezeichnet.

Auguste **Papavoine** wurde wegen doppelten Kindsmordes 1825 guillotiniert. Er galt als geistig unzurechnungsfähig, wurde aber dennoch zum Tode verurteilt und exekutiert und hatte wohl wegen der Art seines Verbrechens großes Aufsehen und tiefen Abscheu erweckt.

Marie **Pape-Carpantier**: siehe Pape-**Carpantier**.

Eugène **Pelletan** wurde 1863 und 1869 als Mitglied der linken Opposition in den Gesetzgebenden Körper gewählt. Nach dem 4. September 1870 war er Mitglied der Regierung der nationalen Verteidigung und leitete während der Belagerung von Paris besonders die Ambulanzen. 1871–1876 gehörte er als Mitglied der republikanischen Linken zur Nationalversammlung.

Père Lachaise: großer und berühmter Friedhof in Paris.

Pétroleuses: »Am 23.Mai [1871] waren die Soldaten der Commune mehr und mehr zurückgedrängt worden, und als sie sich auch noch durch Scharfschützen von den Dächern der Wohnhäuser aus bedroht sahen, begannen sie, diese Häuser in Brand zu stecken. Begünstigt durch das trockene, windige Wetter begann Paris zu brennen. Die angespannte Stimmung erreichte hierdurch einen Höhepunkt, und schneller noch als das Feuer verbreiteten sich die Gerüchte. Da gab es zum Beispiel die Legende von den sogenannten Pétroleuses, die, wie es hieß, mit Petroleum getränkte Stofffetzen entzündeten und in die Kellerfenster der Häuser warfen. In dieser Zeit wurden zahlreiche Frauen umgebracht, die auf irgendeine Weise verdächtig wirkten: Frauen, die zur falschen Zeit am falschen Ort waren, Frauen, die zum Milchholen mit einer Flasche oder Kanne gesehen wurden, und sogar Kinder, die Streichholzschachteln tauschten oder zündelten. Sie wurden ohne zu zögern erschossen« (https://www.gibs.info/der-verein/projekte/projekt-187071/4-kapitel/blutwoche/).

Picpus-Gesellschaft: In Frankreich umgangssprachliche Bezeichnung für die Kongregation von den Heiligsten Herzen Jesu und Mariens (Pères des Sacres-Cœurs, gegründet 1800), nach ihrem früheren Hauptsitz in der Rue de Picpus in Paris (http://www.orden-online.de/wissen/p/picpus-gesellschaft/). Weiters heißt es in Wikipedia: »Zu den Märtyrerinnen der Revolution zählen die sechzehn seligen Karmelitinnen von Compiègne, die am 29. Messidor An II (17. Juli 1794) guillotiniert wurden, weil sie sich geweigert hatten, ihr Gelübde zu brechen und ihrem Glauben abzuschwören. Sie wurden am 27. Mai 1906 seliggesprochen.« Während der Pariser Commune wurden knapp 80 Ordensschwestern durch Angehörige der Commune als Geiseln genommen und ermordet.

De **Pleuc**: siehe **De Pleuc**.

Polen: Hier geht es wohl um die Situation in Polen nach dem Januaraufstand (polnisch *Powstanie styczniowe*), eine vor allem gegen die russische Teilungsmacht gerichtete polnische Erhebung in Kongresspolen sowie in litauisch-weißrussischen Gouvernements des Russischen Kaiserreichs in den Jahren 1863/64. Der Aufstand, dem sich auch Teile des Bürgertums und Bauern anschlossen, wurde hauptsächlich von den adligen Schichten geführt. Der Kampf der schlecht ausgerüsteten Aufständischen, die trotz Sympathien in England und Frankreich keinen militärischen Beistand gegen die kaiserlich-russischen Truppen erhielten, wurde vor allem als Partisanenkrieg geführt. Trotz einiger Erfolge wurde der Aufstand brutal niedergeschlagen, auch weil es nicht gelang, ähnlich wie zu Zeiten des Novemberaufstands 1830/31, die große Masse der Bauern für den Aufstand zu gewinnen. In der Folge wurden sämtliche polnischen Sonderrechte aufgehoben und es begann eine Politik der verstärkten Russifizierung.

Pontons: Anlegestellen der Schiffe, die u.a. die Kommunarden und Kommunardinnen in die Verbannung nach Übersee führen sollten.

Eugène Edme **Pottier** (* 4. Oktober 1816 in Paris; † 6. November 1887 ebenda), Textilzeichner, revolutionärer Liedermacher, Internationalist und als solcher Autor der *Internationale*, Kommunarde. Auf dem Père Lachaise wurde ein Denkmal für ihn errichtet.

Malvina **Poulain**: Als Sanitäterin verteidigte sie am 23 Mai 1871 die Barrikade der Place Blanche im IX. Bezirk. Nach der Niederschlagung der Commune wurde sie in Versailles inhaftiert.

Das Gesetz vom 22. **Prairial** (auch »Schreckensgesetz«, französisch meist *loi de Prairial*, »Prairialgesetz«) sollte die Verurteilung und Hinrichtung von Gegnern der Revolution erleichtern und beschleunigen. Es leitete die Hochphase der Terreur in der Französischen Revolution ein.

Madame **Quartier**: Sanitäterin der Commune, fordert gemeinsam mit Louise Michel und einigen anderen das Recht, »wie die anderen zum Gewehr greifen zu dürfen, wenn es die Stunde erfordert« (https://maitron.fr).

Gabriel **Ranvier**: Kommunarde und Internationalist, Mitglied des Zentralkomitees der Nationalgarde. Wurde öfter als Redner für wichtige Verlautbarungen der Commune eingesetzt (Rede zur Niederlegung der Regierungsämter seitens des Zentralkomitees der Nationalgarde, als die Commune gewählt wurde); er veröffentlichte die letzte Proklamation der Commune im Mai 1871 zur Verteidigung von Belleville.

Eugène **Razoua**: Internationalist und Kommunarde, Kommandant des 61. Bataillons der Commune. Beteiligt am Aprilmarsch der Kommunarden nach Versailles als Chef des Generalstabs von Duval. Ihm wird vorgeworfen, im Mai 1871 frühzeitig aufgegeben zu haben (am 22. Mai ließ er die Militärschule in Paris evakuieren und bereitete sich auf die Flucht nach Genf vor). Trotzdem gilt er als mutiger Kommunarde.

Jacques Elysée **Reclus**: Geograph und Autor des 19-bändigen Werkes *Neue universelle Geographie: Die Erde und die Menschen*. Obwohl er als Anarchist verbannt wurde, erhielt er 1892 von der geographischen Vereinigung in Paris die Goldmedaille.

Reichshoffen: Die Schlacht bei Wörth (französisch als *Bataille de Frœschwiller-Wœrth* und auch als *Bataille de Reichshoffen* bezeichnet) fand am 6. August 1870 im Deutsch-Französischen Krieg in der Nähe des Ortes Wörth im Unterelsass statt. Um der drohenden Umfassung seines rechten Flügels im südlichen Abschnitt zu begegnen, befahl Mac-Mahon einen Gegenangriff. Er hatte dafür die Kavalleriedivision unter General Duhesme ausersehen. Diese Division umfasste eine schwere Kürassierbrigade unter General Michel mit zwei Regimentern. Michel beklagte sich über den schlechten Untergrund und störende Bäume in diesem Gebiet, die seinem Angriff den Schwung nehmen würden. Trotzdem warf er sich mit insgesamt 1.200 Reitern von Eberbach her auf die vorrückende Infanterie der 22. Division. Die französischen Reiter gerieten bei ihrem Angriff in Flankenfeuer preußischer Infanterie. Der Angriff wurde bei Morsbronn vollkommen aufgerieben. Kein Reiter schaffte es, die Infanterielinien zu erreichen. Die Verluste der Franzosen bei diesem Angriff betrugen 800 von 1.200 Soldaten und nahezu alle Pferde.

Republikanische Ligen: Im April 1871 wurden republikanische Ligen, etwa die Ligue d'union républicaine pour les droits de Paris, gegründet, um zwischen Versailles und Paris zu vermitteln.

François **Rochebrune**: französischer Soldat, der verdienstvoll kämpfte und in der Schlacht von Montretout am 19. November 1870 als Regimentskommandant des 19. Regiments der Nationalgarde den Tod fand.

Die **Römische Republik** (italienisch *Repubblica Romana*) von 1849 war eine knapp fünf Monate bestehende demokratische Republik im bis dahin und danach wieder (bis 1870) bestehenden Kirchenstaat. Sie entstand nach der Flucht von Papst Pius IX. als Ergebnis der revolutionären Erhebungen ab 1848 in Rom. Am 9. Februar 1849 wurde sie von Anhängern Giuseppe Mazzinis, eines bedeutenden radikaldemokratischen Revolutionärs der italienischen Einigungsbewegung (Risorgimento), offiziell proklamiert. Nach der ab April erfolgenden militärischen Intervention durch französische und spanische Truppen wurde sie bis zum 3. Juli 1849 niedergeschlagen und die politische Herrschaft der römisch-katholischen Kirche wiederhergestellt.

Roncesvalles: Die Schlacht von Roncevaux fand nahe dem baskischen Dorf Roncesvalles (baskisch Orreaga, französisch Roncevaux) statt und war ein Überfall der einheimischen baskischen Bevölkerung auf die Nachhut eines fränkischen Heeres unter Karl dem Großen am 15. August 778.

Louis **Rossel** war Offizier der regulären Armee des Zweiten Kaiserreichs, bevor er sich als deren einziger höherer Offizier ab 19. März 1871 der Commune anschloss. Er wurde dafür am 28. November 1871 in Satory bei Versailles hingerichtet.

Der **rote Sultan**: Abdülhamid II. (1842–1918) begann im Herbst 1895 eine Reihe von Massakern vor allem an den Armeniern, die sich in ganz Kleinasien und in der Hauptstadt über viele Monate hinzogen.

Eugène **Rouher** (1814–1884): französischer Staatsmann. Von 1863 bis 1869 stand er als Staatsminister an der Spitze der französischen Regierung. Er hatte maßgeblichen Einfluss auf Kaiser Napoleon III., dessen Politik er meist vorbehaltlos verteidigte.

Ruchlose Masse, »la vile multitude«, ist ein Begriff, den Thiers gebrauchte, um zu versichern, er wolle nicht gegen die Masse der Armen vorgehen, sondern gegen die »ruchlose Masse«, wobei er wohl die widerständigen Teile der Pariser Bevölkerung und die Kommunarden meinte.

Sagunt: Die Stadt wurde auf Katalanisch Molvedre, auf Spanisch Murviedro genannt, beides nach dem Lateinischen *muri veteres*, alte Mauern. Sagunts Abstieg begann mit dem Aufstieg von Valencia. 1098 wurde die Stadt kurz von El Cid besetzt. Endgültige Rückeroberung 1238 durch König Jakob I. von Aragón. Während der Napoleonischen Kriege auf der Iberischen Halbinsel besiegten am 25. Oktober 1811 in der Schlacht von Sagunt (Murviedro) die Franzosen unter Louis-Gabriel Suchet eine spanische Armee unter General Joaquín Blake y Joyes. Am Tag darauf kapitulierte Murviedro vor Suchet.

Jean-Marie **Saisset**: Admiral; während des Deutsch-Französischen Krieges wurde er 1871, zu Beginn der Commune von Paris, zum Chef der Nationalgarde ernannt. Er versuchte zwischen Paris und Versailles zu vermitteln und scheiterte an der Ablehnung der Versailler Deputierten. Er legte sein Amt in der Nationalgarde zurück und wurde Deputierter des Zentrums in der Nationalversammlung.

Marie **Schmidt** (auch **Schmid**, **Schmitt** oder **Smith**) führte gemeinsam mit ihrem Mann die Versorgungsstation des 101. Bataillons der Commune. Sie folgte ihrer Truppe in der Uniform der Kommunarden und mit umgehängtem Gewehr. Nach Niederschlagung der Commune wurde sie zur Verbannung nach Neukaledonien verurteilt, ihr Urteil aber umgewandelt.

Schöne Helena: Mit der Operette »Die schöne Helena« konnte Jacques Offenbach an den Erfolg von »Orpheus in der Unterwelt« anschließen. Beide Werke sind Parodien auf das antike Griechenland, jedoch wird gleichzeitig auch die bessere Gesellschaft des französischen Kaiserreichs unter Napoleon III. parodiert. Der Textdichter Ludovic Halevy hatte als hoher Beamter intime Kenntnisse über die Pariser Politik und ließ der Gesellschaftskritik viel Raum. Die schöne Helena kann als Abbild der Kaiserin Eugénie gesehen werden, Menelaos porträtiert Kaiser Napoleon III.

Sedan: Bei Sedan fand die entscheidende Schlacht des Deutsch-Französischen Krieges statt, die das Ende des französischen Kaiserreichs und damit alle nachfolgenden Ereignisse – wie auch die Commune – einläutete.

Le **Siècle**: ursprünglich monarchistische, unter Napoleon III. kaiserkritische moderat-republikanische Zeitung.

Madame Jules **Simon** war die Frau von Thiers' Bildungsminister, eine Feministin, die mit den Frauen der Commune verbunden war. Mitgründerin des Komitees für Frauenrechte.

Mademoiselle de **Sombreuil**, eine junge Adlige, rettete während der Französischen Revolution ihren Vater vor der Hinrichtung, indem sie ein von den Henkern gereichtes Glas voller roter Flüssigkeit trank, der Mythenbildung nach Blut der vorher Hingerichteten.

Staatsstreich vom 2. Dezember 1851: Beim Staatsstreich vom 2. Dezember 1851 löste der gewählte französische Staatspräsident Charles Louis Napoleon Bonaparte die Nationalversammlung auf und ließ führende Oppositionspolitiker verhaften. Die folgenden blutigen Kämpfe konnte er am 5. Dezember für sich entscheiden. Nach der erfolgreichen Volksabstimmung vom 21. Dezember 1851 über eine neue Verfassung und dem Plebiszit vom 21. November 1852 über die Wiedereinführung des Kaisertums ließ er sich als Napoleon III. zum Kaiser der Franzosen ausrufen, was zum

Ende der 1848 gegründeten Zweiten Republik und zum Beginn des Zweiten Kaiserreichs führte.
Michel spricht in ihrem Text allerdings vom »troisième empire«, also vom »Dritten Kaiserreich«. Wir wissen nicht, warum.

François **Tamisier**: Artillerieoffizier und Politiker, der durch Hinzufügen von Kerben auf den Patronen von Waffen mit gezogenem Lauf die Schusskraft verbesserte.

Terreur: Die Terrorherrschaft, die Schreckensherrschaft oder der Schrecken (französisch *La Terreur*), Periode der Französischen Revolution von Anfang Juni 1793 bis Ende Juli 1794, durch die brutale Unterdrückung aller Personen gekennzeichnet, die als Gegner der Revolution verdächtigt wurden. Die Terrorherrschaft wurde vom Wohlfahrtsausschuss, einem Komitee von zwölf Männern, geleitet. Zuerst wurde es von Georges Danton und dann zunehmend von Maximilien de Robespierre angeführt. Die Terrorherrschaft begann mit dem Aufstand der Pariser Sansculotten gegen den Konvent vom 31. Mai bis 2. Juni 1793 und der Annahme der Verfassung vom 24. Juni 1793, die allerdings nie in Kraft trat. Ihren Höhepunkt erreichte sie im Juni und Juli 1794; diese Zeit wird auch als »Der große Terror« bezeichnet. Sie fand ein Ende mit der Verhaftung und Hinrichtung Robespierres und der Machtübernahme der Thermidorianer am 9. Thermidor II (27. Juli 1794). Je nach Schätzung wurden 25.000 bis 40.000 Menschen Opfer des Terrors. Dabei sind die hohen Opferzahlen etwa bei der Niederschlagung des Aufstands in der Vendée nicht vollständig mitgezählt.

Thermidor: Am 27. Juli 1794, nach dem Revolutionskalender der 9. Thermidor des Jahres II, endete mit dem Sturz Robespierres die Zeit der sogenannten »Terrorherrschaft« (französisch *Terreur*) in Frankreich. Der 9. Thermidor markiert damit in der allgemeinen Drei-Phasen-Aufteilung der Französischen Revolution den Schlusspunkt der zweiten, der radikalen Revolution (1792–1794).

Anne-Josèphe **Théroigne de Méricourt**, mit Geburtsnamen Anne-Josèphe Terwagne (* 13. August 1762 in Marcourt, Fürstbistum Lüttich; † 8. Juni 1817 in Paris), wird auch »Amazone der Französischen Revolution« genannt, weil sie für die Bewaffnung der Frauen eintrat.

Paolo **Tibaldi**: Das Kommando Paolo Tibaldi wurde auch »italienische Legion« genannt, es kämpfte auf der Seite der Protestierenden des 31. Oktober und stürmte gemeinsam mit revolutionären Bataillonen das Rathaus.

Tolain: Anhänger Proudhons, Internationalist und Freimaurer. Deputierter der Versammlung von Bordeaux. Zunächst Unterstützer der Commune, der er jedoch den Rücken zukehrte, um sich nach Versailles zu wenden.

Rue **Transnonain**: Während der Herrschaft von Louis-Philippe kam es am 15. April 1834 zu einem Volksaufstand, bei dem in der Rue Transnonain ein Hauptmann der Infanterie von einem Haus aus erschossen wurde. Am nächsten Tag wurden als Racheakt BewohnerInnen der Rue Transnonain von der Regierung massakriert. Dies wird Thiers zugeschrieben.

Louis Jules **Trochu** (1815–1896): französischer General und während der ersten Wochen der Belagerung von Paris (1870–1871) Präsident des Nationalen Verteidigungsrates.

»Turco« nennt man Soldaten der Ottomanen, die vor 1830 Algerien besetzten. Ihren Namen erhielten sie, als sie als »tirailleurs algériens« im Dienste der

Franzosen bei Sewastopol kämpften. Ihre Taten und Einsätze erhielten mythische Qualität. Während des Krieges gegen die Preußen wurden sie von der Bevölkerung bejubelt, als sie beispielsweise auf Zugdächern durch das Land reisten. Einige hundert schlugen sich auf die Seite der Commune.

Raoul **Urbain** setzte sich für die Erschießung von gefangenen Versaillern im Gegenzug zur Hinrichtung von Kommunarden ein. Als ein Versailler Offizier der Vergewaltigung und Ermordung einer Sanitäterin beschuldigt wurde, wurde Urbains Forderung nach Gerechtigkeit durch rächende Hinrichtungen nachgekommen. Der von Louise Michel genannte Montaud bot Urbain während der Repressalien durch Versailles ein Versteck an, verriet ihn und sorgte so für seine Verhaftung.

Eugène **Varlin** war Buchbinder, Sozialist und Gewerkschafter. Er gehörte der sogenannten antiautoritären Minderheit der Commune an, die sich gegen die Macht eines Wohlfahrtskomitees aussprach. Er wird im weiteren Sinn als Anarchist betrachtet. Nach dem 18. März 1871 wurde Varlin von den Bezirken XVII, XII und VI in die Versammlung der Commune gewählt. Er entschied sich für die Vertretung des VI. Bezirks und war Mitglied der Finanz-, später der Subsistenzkommission.

Bis zuletzt kämpfte Varlin gegen das Massaker an den Versailler Geiseln an. Er wurde am Sonntag, 28. Mai 1871, verraten und angezeigt, als er bei den Barrikaden herumirrte. In der Rue des Rosiers gegen eine Wand gestellt, rief er bei seiner Erschießung: »Vive la République! Vive la Commune!«

Man beachte die unterschiedliche Darstellung durch Michel und das *Maîtron*, das Wörterbuch der Arbeiterbewegung und des nationalen und internationalen Widerstands.

Vaughan: Als Sympathisant der Commune verfolgt und in Belgien exiliert.

Vereinte Künste (Les Arts-Réunis): 1808 gegründete Freimaurerloge in Rouen, die von Künstlern geschaffen wurde.

Joseph **Vinoy** (1803–1880): französischer General und Senator. Er trat 1865 in den Ruhestand, wurde aber bei Beginn des Deutsch-Französischen Krieges im Jahr 1870 in den aktiven Dienst zurückberufen. Während der Belagerung von Paris kommandierte Vinoy die 3. Armee und leitete alle Operationen im Südabschnitt der Stadt. Nachdem der bisherige Kommandeur Louis Jules Trochu auf Grund der Niederlage in der Schlacht bei Buzenval am 20. Januar 1871 zurückgetreten war, übernahm Vinoy das Oberkommando über die Verteidiger von Paris. Gegen den Widerstand der Regierung unter Léon Gambetta, die den Krieg auf jeden Fall weiterführen wollte, begann er die Verhandlungen zur Kapitulation. Während der Kämpfe mit der Pariser Commune kommandierte er ein Korps der Armee von Versailles und besetzte am 23. Mai den brennenden Tuilerien-Palast und den Louvre. Am 6. April 1871 wurde er zum Großkanzler der Ehrenlegion ernannt und 1877 zum Senator gewählt.

Valeriano (Valerià) **Weyler i Nicolau**, spanischer General. Nach dem Beginn des kubanischen Unabhängigkeitskrieges 1895 war er von 1896 bis 1897 Generalgouverneur auf Kuba. Im Kampf gegen die Aufständischen ließ er innerhalb kürzester Zeit die Zivilbevölkerung in sogenannten *campos de reconcentración* zusammenpferchen, ohne allerdings ihre Versorgung mit Lebensmitteln und Wasser sicherzustellen. Diese Praxis forderte »mehr als

100.000« Todesopfer. Die von ihm angelegten Lager gelten als erste Vorläufer der Konzentrationslager des 20. Jahrhunderts. Weylers brutales Vorgehen sowohl gegen die Aufständischen als auch gegen die Zivilbevölkerung Kubas trug ihm in angelsächsischen Medien den Beinamen »The Butcher« (Der Schlächter) ein und diente den USA als Vorwand für den Spanisch-Amerikanischen Krieg.

In Palma de Mallorca und Santa Cruz de Tenerife sind ihm zu Ehren zentrale Plätze als Plaza Weyler benannt. In Anbetracht von Weylers umstrittenem Wirken auf Kuba hat es seit 2008 wiederholt Initiativen gegeben, diese Plätze umzubenennen, die bisher jedoch ohne Erfolg geblieben sind.

Der **Zwerg Foutriquet**: siehe **Foutriquet**.

www.mandelbaum.at
www.mandelbaum.de
ISBN 978385476-962-0

2. Auflage

Lektorat: Erhard Waldner
Satz und Umschlaggestaltung: Michael Baiculescu
Umschlagabbildung: Pierre-Ambrose Richebourg, 1871
Druck: Interpress, Budapest